区域新农村建设发展战略与实践

郝晋珉　牛灵安　艾　东◎主编

DEVELOPMENT STRATEGY AND PRACTICE OF REGIONAL NEW RURAL CONSTRUCTION

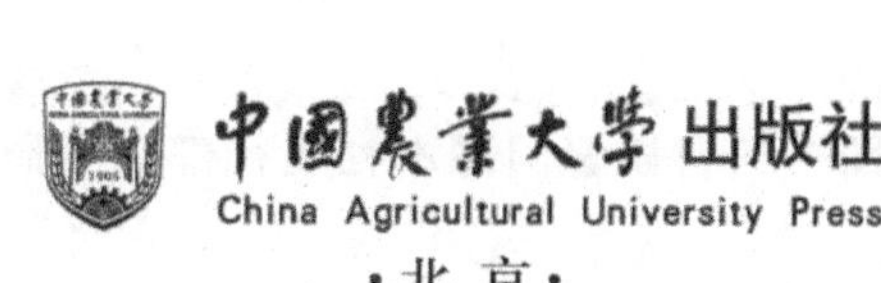

·北京·

内容简介

针对黄淮海粮食主产区农业综合生产能力偏低，农村人居环境脏、乱、差，农村经营机制与社会化服务体系难以适应全球化背景下现代市场经济的多元化要求，中国农业大学课题组以生态学理论、区域综合发展理论、农业农村发展三阶段理论为指导，以构建黄淮海粮食主产区科技型新农村为目标，按照"技术筛选—关键突破—集成创新—示范带动"的整体思路，采取单项技术集成与示范的方法，重点解决黄淮海粮食主产区社会主义新农村建设过程中的大面积粮食均衡增产、农业农村环境整治、农业产业链条延伸及农村社会化服务体系建设中存在的共性关键技术问题。为此，建立了小麦、玉米栽培管理决策系统，实现了大面积均衡增产；研究与集成了以工厂化育苗、机械化移栽为主要手段的棉麦一体化、棉田冬闲田利用技术体系；提出了小型有机废弃物生物处理、秸秆沼气生产等资源化利用技术；建立了以农业信息化技术为主要手段的农村综合服务体系；提出了基于县域的新农村建设规划的理论框架，以产业发展为支撑的多层次新农村规划技术，以及规划布局和村庄景观设计技术，形成相应的规划建设模式。本书是对以上相关研究内容的总结。

图书在版编目(CIP)数据

区域新农村建设发展战略与实践 / 郝晋珉，牛灵安，艾东主编. —北京：中国农业大学出版社，2022.1

ISBN 978-7-5655-2665-7

Ⅰ.①区… Ⅱ.①郝…②牛…③艾… Ⅲ.①农村-社会主义建设-研究-中国 Ⅳ.①F320.3

中国版本图书馆 CIP 数据核字(2021)第 247475 号

书　　名　区域新农村建设发展战略与实践

作　　者　郝晋珉　牛灵安　艾　东　主编

策　　划　梁爱荣　　**责任编辑**　梁爱荣　刘彦龙

封面设计　李尘工作室

出版发行　中国农业大学出版社

社　　址　北京市海淀区圆明园西路 2 号　　**邮政编码**　100193

电　　话　发行部 010-62733489，1190　　编辑部 010-62732617，2618

出版部 010-62733440　　读者服务部 010-62732336

网　　址　http://www.caupress.cn　　**E-mail**　cbsszs@cau.edu.cn

经　　销　新华书店

印　　刷　北京虎彩文化传播有限公司

版　　次　2022 年 1 月第 1 版　2022 年 1 月第 1 次印刷

规　　格　185 mm×260 mm　16 开本　18.25 印张　455 千字

定　　价　54.00 元

前　言

建设社会主义新农村，是党中央在深刻分析国际国内形势、全面把握我国经济社会发展阶段性特征基础上作出的重大战略决策，是我国现代化进程中的一项重大历史任务，是新时期解决“三农”问题的重大举措。从现代农业内涵、农业产业化、循环经济的角度出发，建立起城乡统筹可持续发展的现代农业，提高粮食产量、增加农民收入、改善乡村人居环境，形成高效的社会化公共服务与管理体系，以便促进社会主义新农村建设的健康、快速发展。

1973年以来，课题组(注:本书中“课题组”是一个广泛的概念，涉及的研究项目和人员均是动态的)成员逐步坚定了以石元春院士和辛德惠院士为代表的老一代农大人为我们指明的研究方向，特别是辛德惠院士研究提出的具有战略性、前瞻性的“农业农村发展三阶段理论”。在该理论的指引下，课题组于“十一五”期间，重点开展了以统筹黄淮海平原城乡社会发展、实现全面小康、建设和谐社会为目的的新农村建设研究；以保障国家粮食安全及主要农产品供给、实现大面积均衡增产、突破制约瓶颈为目的的科技创新研究；以改善农村生态环境，阻断和治理污染为目的的环境友好型循环农业技术体系及其生态保育模式研究；以实现传统农业走出困境为目的的规模化生产、产业化经营模式研究；以及高效的农村社会化服务体系研究。

本专著是上述研究的系统总结，由课题组全体成员共同完成。贡献不分大小，排名没有先后。各章节执笔撰写者如下:第1章概述，郝晋珉、牛灵安、李牧；第2章县域新农村发展战略，郝晋珉；第3章农业资源利用与环境管理，牛灵安、冯利平、吕振宇；第4章作物高产高效与大面积均衡增产，牛灵安、冯利平、梁卫理；第5章双增双降棉麦一体化生产，牛灵安、闫勇、张书奎、沈广诚、王绍雷；第6章环境友好型增产增收有机生产，牛灵安、杨合法、王绍雷；第7章农村环境整治与废弃物综合处理，牛灵安、秦莉、吕振宇、沈广诚；第8章农业产业化经营与社会化服务，牛灵安、王绍雷、赵明；第9章新农村建设模式与规划，艾东，郝晋珉；第10章效益分析与展望，艾东。全书由郝晋珉、牛灵安、艾东统稿。

自1973年以来，本课题组分别于“六五”期间出版了《旱涝碱咸综合治理的研究》、“七五”期间出版了《浅层咸水型盐渍化低产地区综合治理与发展》、“八五”期间出版了《盐渍化改造区农业综合持续发展》、“九五”期间出版了《浅层咸水型盐渍化改造区农业—农村可持续发展研究与实践》、"十五"期间出版了《区域绿色产业发展战略与实践》等专著，分别从不同侧面研究了区域农业农村发展不同时期面临的矛盾。"十一五"期间，课题组主持和参与了4项国家科技支撑计划课题、2项国家"863"计划课题、1项河北省科技支撑计划课题。其中，有的课题研究时间缩短为3年。尽管如此，课题组也取得了大量的具有开创性的成果，其中部分成果得到中央有关媒体的连续报道，并得到地方部门的推广应用，取得了显著的社会效益和经济效益。2010年，在"十一五"课题没有完全验收完之前，课题组就开始了"十二五"项目和课题的申报工作，编制有关项目建议书、项目概算书、课题申报书、课题预算书等。"十二五"课题的研究时间也缩短为3年，2013年就又开始撰写"十三五"项目和课题有关申报材料。尽管在新项目和新课题的申报和研究工程中，课题组不断地系统总结"十一五"课题的各项内容，但总是没有拿出成稿的专著文稿来。

作为本课题组系统研究区域发展的一个重要环节，对"十一五"课题研究成果进行总结是不可或缺的，"十二五"和"十三五"项目和课题也已完成，课题组也在继续编写这两个五年计划期间的研究成果总结，不久的将来也将呈现在读者的面前，为读者提供一套完整的区域综合发展的系统资料，也为年轻一代研究者树立长期专注于一个方向、一个区域的研究提供一些借鉴。

最后，需要说明的是，本专著是对"十一五"期间的研究成果的总结，其中涉及的资料、数据、国家标准、预测等，多截至2010年，请读者在阅读时注意。

编者

2021年6月

目　录

第 1 章

概　　述

本专著是课题组在中国农业大学曲周实验站“十一五”期间承担的国家和地方科技支撑计划课题及“863”“973”项目等课题研究成果的总结，是在长期对“三农”问题研究和实践的基础上完成的，是科研团队集体智慧的结晶。

1.1 历史的回顾与总结

曲周实验站自 1973 年建立以来，已经度过了 37 个春秋。回顾其走过的历史，总结成功的经验，几代中国农业大学的科学家，秉承“解民生之多艰，育天下之英才”的校训，艰苦奋斗，开拓进取，走出了一条理论联系实际，服务“三农”的光辉道路。

1.1.1 实验站发展历史是黄淮海平原“三农”发展的缩影

曲周实验站的建立与发展历史是黄淮海平原乃至全国“三农”发展历史的浓缩。所有不同发展历史阶段的区域攻关研究，都是立足解决不同阶段区域面临的现实问题以及国家农业规划而展开的。实验站创始人辛德惠院士根据长期的研究与实践提出了“农业农村发展三阶段理论”，即农业农村发展必须经历综合治理阶段、综合农业阶段和城乡一体化阶段。这也正是曲周实验站发展的过去、现在和未来。

1. 综合治理阶段：解决“吃得饱”的问题

20 世纪 60 年代，美苏两个超级大国对新成立的中华人民共和国顾虑重重。党中央和毛主席高瞻远瞩，审时度势，于 1964 年 5 月，作出了“备战、备荒、为人民”的决策，推出了三线建设大战略。随后，毛主席说：“根据我们现在所处的国内外形势和我们所坚守的社会主义制度和无产阶级立场，我们要‘深挖洞，广积粮，不称霸’。”毛主席的这一指示，使“备战、备荒、为人民”的伟大战略方针更加具体化。1973 年 1 月 1 日《人民日报》《红旗》《解放军报》元旦社论《新年献词》中传达了毛主席的这个指示。

作为三线建设大战略的一部分，中央决定在河北省的邯郸和邢台建设邯邢矿山基地，为此要从全国各地抽调 10 万名技术人员，携家眷到这里开展工作。为了解决新设立的邯邢矿山基地 30 万人的吃饭问题，中央指示中国农业大学（当时的北京农业大学）成立专家团队，赴邯郸开展中低产田的改良工作，以便尽快地提高粮食单产和总产，彻底扭转“南粮北调”的局面，同时也是为了探索中低产田改良的经验，为全面开展中低产田改良提供借鉴和模板。

曲周试验区位于冀鲁豫交界的黄淮海平原腹地。这里自然条件复杂，治理难度极大，中低产田改良曾走过一条崎岖、坎坷、痛苦的道路。20世纪50年代，重蓄水、修渠抗旱而忽视沥涝致盐碱化，加之治理方针上的错误，导致50年代末，冀鲁豫平原盐渍土面积由2800万亩猛增到4800万亩（1亩约为666.67 m^2），农民“废渠断水”“谈水色变”。1963年，整个海河平原又遭特大洪水袭击，土壤盐渍化进一步扩大，犹如雪上加霜，而20世纪60年代末和70年代初又连续三年大旱。周恩来总理召开北方十七省市抗旱工作会议，部署了在河北黑龙港地区（43个县）的“合理开发利用地下水”的科技大会战。为了进行“旱、涝、盐、碱、沙、薄”的综合治理，建立了若干综合治理试验区，曲周试验区正是在这种背景下应运而生的。

1973—1990年，曲周试验区历经17年的研究与实践，到“七五”攻关研究结束时，基本上完成了此阶段的研究任务。研究总结出在季风气候条件下，盐渍化低产地区水盐运动的客观规律及其调控途径和规范化配套技术体系；工程措施和生物措施相结合来综合治理旱、涝、盐、薄等的限制因素，改善农业基本条件，提高第一性（农产品）生产力，以获得较丰富的粮、棉、油、果等第一性产品和较高的经济收入。粮食播亩产量大于350 kg，皮棉播亩产量大于50 kg，农民人均收入大于1500元，农民生活有了较大改善，曲周试验区面貌发生了根本的改变。

曲周试验区取得的经验和效益，论证和推动了国家“区域综合治理和农业开发”（1988—2000年）。把试验区点上的成果放大到黄淮海平原，又由黄淮海平原推向三江平原、黄土高原、北方旱田和南方红黄壤等中低产地区的综合治理，从而为国家全面开展农业综合开发指明了方向；也为我国彻底扭转南粮北调的局面，解决我国粮食短缺问题作出了不可磨灭的贡献。

2. 综合农业阶段一：解决“吃得好”的问题

随着社会经济的发展，进入20世纪90年代后，我国开始告别农产品短缺的历史，出现了农产品过剩问题，“卖粮难，卖果难”成为一种普遍现象。农产品结构单一，产品质量差，严重困扰着区域农业生产的发展。同时，刚刚解决温饱问题的黄淮海平原，发展农村经济、提高农民收入成为各级政府的重要任务。大多数地区农村二、三产业还不够发达，农业劳动力占全部劳动力的比重仍高达81%。与此同时，随着区域干旱的连年发生，黄河的频繁断流，地下水的超采和水位连年下降，人均水资源量不及全国平均水平的1/3的黄淮海平原面临严峻的挑战。根据曲周县和黄淮海平原农业农村发展的需要，试验区攻关研究的目标确立为“综合发展、提高素质、高效服务”。以提高土地生产力和水土资源持续利用为基础，以第一、二、三性生产的综合发展，技术产品的系列化开发为核心，以持续发展能力建设为支撑，以“接口工程”（肥料工程、饲料工程、食品工程和贮藏工程）为重点，逐步建立起以农牧结合为主要内容，种养加一体化经营的高效、优质、持久和稳定的农业生态经济系统。任务是提供农业可持续发展的综合技术和优化决策，建立一个以技术为先导，农林牧加全面发展，农业生态环境得到保护和改善的新农村样板。这是一个大转折，是进入农村商品经济大发展时期后农业自身的一次革命，是改造传统农业、实现农业现代化的必由之路，也是曲周试验区科学研究的大转折。

进入新的世纪，面对加入WTO的挑战以及全面建设小康社会的任务，试验区研究又掀开了新的篇章，即以创“绿色”品牌为突破口，以建立无污染绿色生产资料的生产基地为目标，创立绿色产业，发展绿色经济，全面提高曲周县农产品的品质和市场竞争力，促进区域经济的全面增长。为黄淮海平原的农业农村发展探索出一条绿色产业化发展之路，也将为进入城乡一体化阶段，实现农业社会主义现代化，建立社会主义新农村和培育社会主义新农民奠定全面的基础。

3. 综合农业阶段二:解决“环境美”的问题

随着改革开放,市场经济体制建立以及世界经济一体化的进程,我国经济结构正在进行战略性调整。作为国民经济基础的农业,面临前所未有的挑战,处理不当就会使农业萎缩、市场失控、农民贫困、农村不稳。加入 WTO 对我国农业结构和布局将产生深远的影响,包括区域优势产业的选择、农业生产结构的调整,以及实现农业现代化的途径和措施等,所有这些对区域农业发展提出了新的要求。这也正是“十五”期间,黄淮海平原农业发展以及曲周试验区科技攻关所面临的形势。

20 世纪八九十年代,我国粮食生产经历了增长中的不断波动之后,形成了近 5 亿 t 的综合生产能力,粮食自给率也一直保持在 95%以上,为我国农业现代化进程加速奠定了基础。进入 21 世纪,我国粮食乃至农业生产呈现出一系列新的发展态势和区域特征,预示着农业生产不仅从整体上,而且从区域上已经进入了一个新的战略调整和发展时期,主要表现在如下 4 个方面。

(1)从农产品供求来看,基本上实现了总量供求平衡、丰年有余,部分品种在一些地区已有明显过剩。

(2)农业资源短缺和浪费、生态破坏和环境污染、数量大和质量低、投入高和效益低、供给大和需求低成为不同区域农业生产和农村经济进一步发展的新的突出矛盾。

(3)绝大多数农产品价格明显高于国际价格、农业比较效益进一步大幅下降、工业化和城市化进程加速、市场化和国际化的冲击使我国农业生产面临着更加严峻的外部发展环境。

(4)虽然我国长期以来遭受粮食短缺的困扰,但是却形成了以耗粮为主的畜牧业生产结构体系和相应的消费结构体系,存在着显著的生态经济的不合理性,不仅使先天不足的自然资源和生态环境承受着巨大的压力,而且进行结构性战略调整极其困难。

针对上述 4 个方面的问题,课题组完成了以县域经济发展为目标的绿色产业规划,并配套完成了曲周县绿色产业基地建设规划和生态建设规划,建立了曲周县资源环境管理空间数据库;形成了农业产业结构调整技术,推动了县域农业持续高效发展模式的框架构建;形成了无污染种植业生产技术、畜禽清洁化生产技术、农业废弃物转化系统及其由有机肥料生产技术、日光温室高效生产技术、水土资源高效利用技术和农业信息技术等构成的农业结构调整支撑配套技术体系;总结了产业结构调整中的各类运行模式,如林板一体化、甜玉米生产加工、中长绒棉开发以及小麦深加工等。

1.1.2　技术研究与示范仍然是科技支撑计划创新的有效途径

曲周实验站是于 1979 年,由农业部批准设立的最早的农业科研实验站;2008 年,农业部再次将曲周实验站命名为“农业部曲周农业资源与生态环境重点野外科学观测试验站”。它是将科学研究、技术示范与农业生产实际紧密结合的产物,实现了多学科的渗透和交叉,技术进步、理论创新和农业生产紧密联系,进而为科技成果的形成、转化奠定了基础。

1. 研究、示范、推广是检验科技创新的“三部曲”

20 世纪 70 年代,以石元春院士和辛德惠院士为代表的农大人,在曲周改土治碱,先从张庄村的 400 亩地开始做试验研究,取得成功后,在 6000 亩地的范围内进行了示范,以验证试验结果的可靠性、可行性,此后才在曲周县城以北的 23 万亩盐碱地上进行了推广。

多年来，科研团队秉持此“三部曲”，坚持顺应农业生产发展规律，按照国家“十一五”科技支撑计划课题的有关要求，因地制宜地开展了技术研究、技术示范和大面积推广相结合的工作，从而使得研究内容可以无缝应用于农业生产，找到了一条从科研到生产的正确道路。

棉麦连作技术是从调研邯郸市以往“1751”工程开始，收集有关历史经验和教训，整理有关小麦、棉花品种和生产性能，制定技术方案，了解现有移栽机的优缺点，从日光温室温湿度管理经验入手，进行品种选择、温室育苗、移栽机改进、田间试验、召开现场会，进而在小范围进行示范，再到邯郸东部平原、邢台市临西县、衡水市以及沧州市大面积推广，后经过中央电视台专题报道在黄淮海平原进行推广的过程，棉麦连作技术推广获得了成功。

2. 野外试验台站是科技创新的重要平台

农业“八字宪法”（土、肥、水、种、密、保、管、工）说明作物的生产受多种因素的影响，而这些因素又受气候、地域、地形、人为等因素的影响，因此农业领域的科研工作不像工业领域的研究可以在工厂加班，以提高速度，增加班次，早出成果。农业领域的一次试验结果只能适用于本次试验的环境条件和人为操作。为了使试验结果用于指导农业生产，必须有常年的数据积累并对各种限制因素进行分析，因此从事农业研究就必须要有长期的试验基地——实验站，提供长期的、固定的试验条件。

1973 年以来，石元春院士和辛德惠院士等农大人到曲周县开展盐碱地治理，取得了显著的治理效果。1979 年，农业部批准成立曲周实验站。30 多年来，实验站建立了多项长期定位试验，包括气象观测哨、水分蒸发仪、自动地下水位动态监测、氮磷肥配比试验、免耕培肥试验、微咸水灌溉试验、小麦和玉米品比试验、有机蔬菜试验、农户跟踪调查等；从“六五”到“十五”，每个五年计划都有专著出版；每年都有几十名研究生在实验站从事科研和毕业论文的写作，所有这些都积累了大量的数据和资料，为课题的申报和研究，为地方农业的发展和社会经济的进步打下了坚实的基础。

3. 科学研究催生学生实践教学活动的开展

曲周实验站自建站以来，研究提出了盐碱地水盐运动理论，即“盐随水来，盐随水去，水随气散，气散盐存”，进而为盐碱地的治理提供了理论和实践的指导；经过长期的土壤培肥试验，总结出了土壤养分的运移规律；通过小麦、玉米、棉花、蔬菜品种的选育，筛选出了适合当地的优良品种；通过调查和收集农田和农村废弃物的数量、特性，找到了废弃物处理的方法和措施；为大学本科二年级学生的暑期认知实习提供了场地和教学内容，为研究生的社会实践提供了广阔的天地。

为了使学生更多地了解华北地区农业生产情况，本团队每年组织研究生到实验站、曲周参观盐碱地治理成果、农业发展水平情况；考察太行山地质地貌；沿黄河、淮河考察其形成原因及其对沿岸农业生产的影响，进而使学生增加对自然的认识，为其今后的学习和完成学业提供必要的帮助；每年暑假，组织本科生到实验站开展为期一周的认知实习，指导教师带领学生深入田间地头，为学生讲解作物的生育时期特征及鉴别标准；深入农村搞社会调查，使学生了解农村、了解农民，树立知农爱农的思想；为了使学生更多地了解盐碱地的形成、危害、治理，课题组编写了相关的辅助教材，并带领学生行程 150 km，深入太行山区、低山丘陵区、冲积平原区和低洼地区，了解地形地貌、岩石矿物、农业利用，甚至人文历史，为学生树立为农业服务、为农民服务打下坚实的理论和实践基础。

1.2 城乡一体化的雏形

1.2.1 农业农村发展三阶段理论的指导思想

辛德惠院士指出:“没有理论指导的实践(包括研究),常常有盲目性、近视性、表面性、片面性和绝对化色彩,而理论又必须是在实践中探索、研究和升华而成,脱离实际的理论是无效的。”在曲周试验区长期的科研、生产和社会实践中,科研团队不断探索发展农业的有关理论,并逐步应用和完善,到“七五”结束时,基本完成了综合治理阶段的研究与实践任务,提出了我国农业发展战略和综合农业理论(1990 年),作为曲周试验区过去、现在和未来长期研究的指导理论。

我国农业农村发展战略构想的总目标是:以科技为先导、以改革为动力,在农业生产和农村经济稳步发展的基础上,经过全党全民的努力,逐步分阶段、按类型实现社会主义现代农业,建立社会主义新农村和培育社会主义新农民。

我国农业农村发展战略分为 3 个阶段实施。

1. 综合治理阶段

(1)运用配套技术对限制农业发展的制约因素进行综合治理,建立起良好的农业生产基本条件,改善和保护农业生态环境,提高系统的抗逆性,进而持续稳定地提高地力,使之成为不断发展农业生产力的可靠基础。

(2)采用有效的农业综合措施,使土地生产力的提高表现为农业第一性生产的不断增长。在持续的增长中,以粮食产量为主导指标,接近粮食发展第一战略指标,即平均播亩粮食产量由 100 kg 左右提高到平均≥350 kg,由中低产变为中高产。

(3)农民收入大幅度提高,人均总收入由百余元增加到 1500 元以上,增强扩大再生产能力,人们生活水平相应提高。

基本实现建成高产稳产的优化农田生态系统,这是综合治理阶段完成的综合标志。这是实现现代化农业的准备阶段,我国广大农村已经结束了这个阶段。

2. 综合农业阶段

这是整个农业农村发展战略中极其重要的承前启后的关键阶段,综合农业又是我国社会主义现代化农业发展道路。我国广大农村目前已经进入这个阶段或者正在进入下一个阶段。

本阶段初期,粮食生产的目标是达到和超过第一战略指标,即≥400 kg/播亩。在此基础上实现:①全面发展农林牧渔各业,不断发展和扩大夏秋粮均衡高产田、麦棉两熟制高产田,不断提高第一性(作物)产品和第二性(养殖)产品的生产力,使之形成合理的比例结构;②生产力发展与继续创造良好有效的农业生产基本条件,保证土地资源永续利用,以及改善与保护农业生态环境等方面同步进行;③以增效增值为目标,第一、二性产品的深加工和综合利用,形成第三性(加工)产品的生产力,以此推动种植结构、农业结构和产业结构的优化并在农村中协调发展;④在综合发展中提高总产值和人均产值,逐步达到第二战略指标,即农业型地区人均总收入达万元以上;农民和基层干部素质提高和科学文化的普及,是本阶段的关键性内容之一;

⑤加强和完善流通-供应-技术服务体系；⑥建设新农村，在文化教育、体育卫生、文化娱乐、商品流通各方面达到和超过目前城市的平均水平，使农村具有强烈吸引力。

3. 城乡一体化阶段

这是我国实现社会主义现代化农业，建立社会主义新农村和培育社会主义新农民这一总目标的阶段。

综合农业阶段完成时，已在不同层次农业农村系统的发展方向上，为进入城乡一体化阶段，实现了县级城市化和田园化；乡镇级中心城镇化、经联化；村级经联化、多元化；农户级专业化、规模经营化和组合化。

1.2.2 城乡一体化的雏形

以曲周县为例，盐碱地治理之前的1973年曲周县GDP为2094万元，到1979年盐碱地治理已初见成效，GDP达到了4785万元，6年间增长了1.29倍，人均GDP也从1979年的79元增加到169元，充分体现了盐碱地治理的效果；到1988年，盐碱地治理基本结束，全县GDP达到了34576万元，15年增长了15.51倍，人均GDP也增加到1075元，盐碱地治理取得了明显的效果。时任国务院总理的李鹏带领18位部级领导到曲周试验区，感慨地说："我就是要来看看旧貌换新颜的。"

1990年以后，曲周县的农业发展已经进入了综合农业阶段，限制粮食生产的主要制约因素得到了基本解决，全县GDP从1990年的4.02亿元，增加到2000年的18.23亿元，进而增加到2008年的55.05亿元，增长了12.69倍(图1-1)；农民的人均GDP也有了大幅度提高，从1990年的1167元，增加到2000年的4631元，进而增加到2007年的11647元，增长了8.98倍(图1-2)。第一、二性产品的深加工和综合利用率有了明显提高，种植结构、农业结构和产业结构得以优化并在农村中协调发展；农民和基层干部素质得以提高，科学文化得以普及，是本阶段的关键性内容之一；商品流通-供应-技术服务体系基本形成；文化教育、体育卫生、文化娱乐、商品流通各方面基本达到了城市的平均水平。

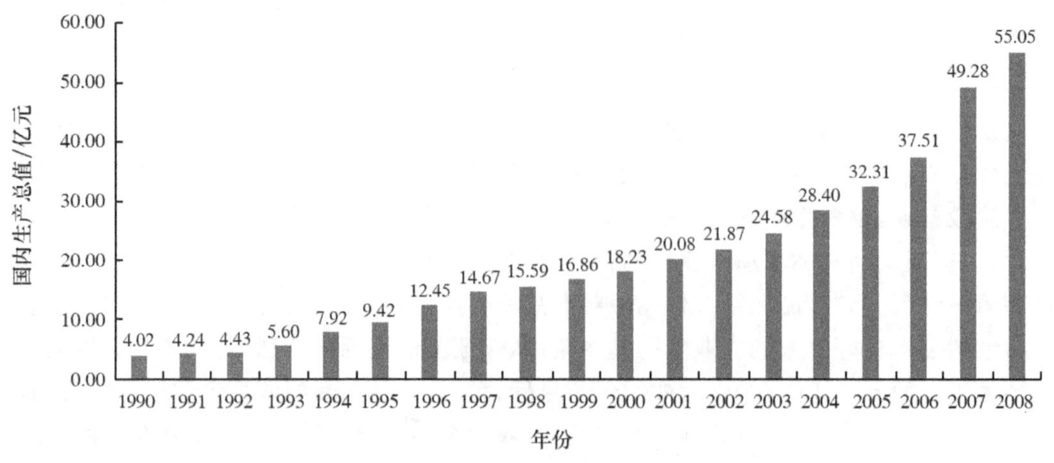

图1-1 曲周县1990—2008年历年GDP变化柱状图

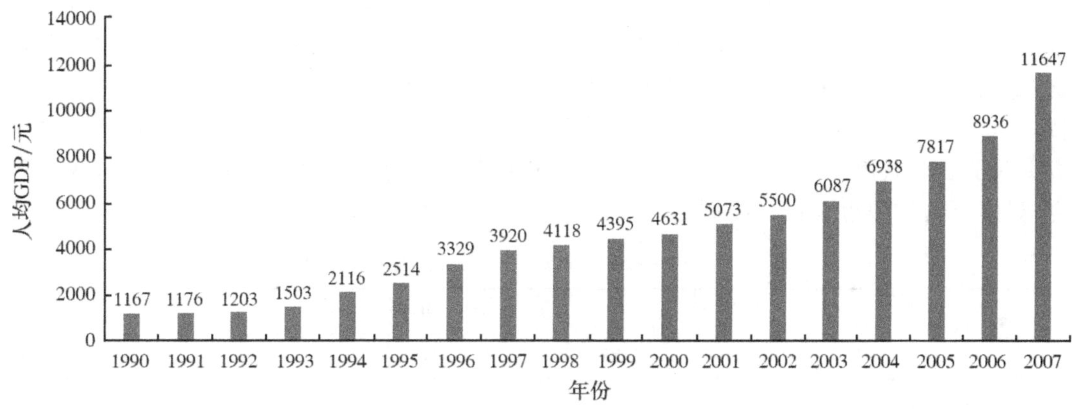

图 1-2 曲周县 1990—2007 年人均 GDP 增长趋势

近年来，随着农业综合生产能力的提高，曲周县乃至邯郸市已经达到了吨粮县和吨粮市，并正在向后吨粮市迈进。三产的比重也在发生重要的变化，由图 1-3 和表 1-1 可以看出，曲周县三产比重分别从 1990 年的 44.80%、31.40%和 23.80%，变化到 2007 年的 30.80%、38.94%和 30.10%。从 2003 年开始，第二产业的产值首次超过了第一产业的产值，到 2007 年，第二产业的产值比第一产业的产值高 26.95%；第三产业的产值与第一产业产值持平，达到了第一产业产值的 97.73%。第一产业，即农业在国民经济中的地位逐步降低，三产的结构趋于合理。在此基础上，基本实现了农产品的品种改良和结构升级，从根本上解决了产品结构老化，结构性剩余问题。农村工业结构调整不断完善，小城镇建设进程不断加快。农业产业化经营已经成为农村市场经济的主体；农产品深加工成为提高对农村资源的利用、推动农村市场的占有度、推动农业和农村经济效益提高的主要措施，从而为延长农产品的产业链条提供了保障。合理构建农、林、牧、渔四业之间的结构关系，在确保农业生产，特别是在确保粮棉生产基本满足国民经济需要的前提下，重点推动了畜牧业的快速发展。截至 2009 年 10 月底，全县禽类存栏 815.9 万只，出栏 868.97 万只；猪存栏 18.2 万头、出栏 23.62 万头；羊存栏 21.57 万只、出栏 24.1 万只；牛存栏 3.11 万头、出栏 2.85 万头，其中奶牛存栏 0.45 万头；肉类总产量

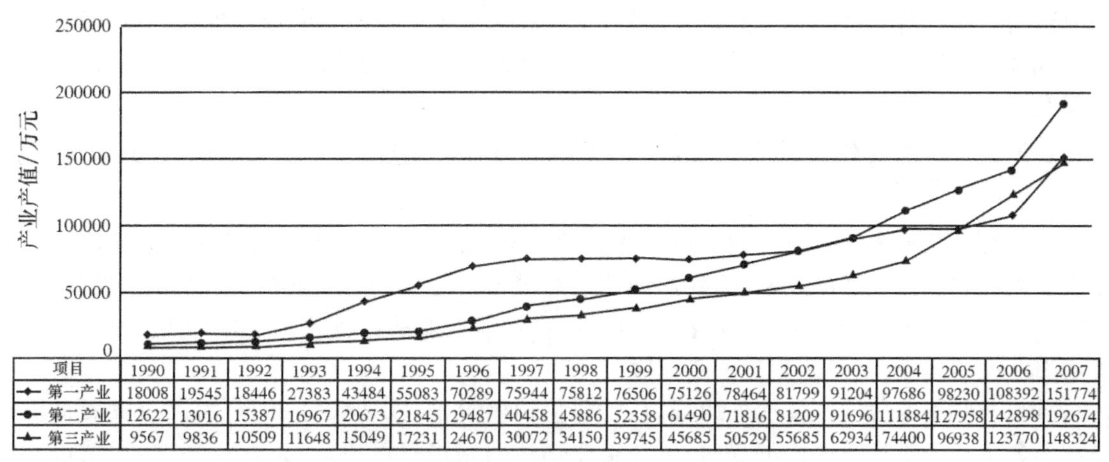

项目	1990	1991	1992	1993	1994	1995	1996	1997	1998	1999	2000	2001	2002	2003	2004	2005	2006	2007
第一产业	18008	19545	18446	27383	43484	55083	70289	75944	75812	76506	75126	78464	81799	91204	97686	98230	108392	151774
第二产业	12622	13016	15387	16967	20673	21845	29487	40458	45886	52358	61490	71816	81209	91696	111884	127958	142898	192674
第三产业	9567	9836	10509	11648	15049	17231	24670	30072	34150	39745	45685	50529	55685	62934	74400	96938	123770	148324

图 1-3 曲周县 1990—2007 年产业增长趋势

39389.6 t,禽蛋产量 80186 t,奶类总产量 12420 t,水产品产量 3000 t。所有这些为进一步优化第一产业,加快产业更新、升级换代提供了方便。曲周县依托色素龙头企业,壮大天然色素产业,形成了一个新兴主导产业,全县现有以晨光色素为龙头的 5 家色素厂,年生产色素系列产品 4500 t,产值近 2 亿元,是全国最大的色素生产基地,也为农村劳动力转移打开方便之门。逐步实现了县级城市化和田园化,乡镇级中心城镇化、经联化,村级经联化、多元化,农户级专业化、规模经营化和组合化。曲周县初步进入了城乡一体化阶段。

表 1-1 2002—2007 年第一、二、三产业比重对比 %

项目	年份					
	2002	2003	2004	2005	2006	2007
第一产业比重	37.4	37.1	34.4	30.4	28.9	30.8
第二产业比重	37.1	37.3	39.4	39.6	38.1	38.7
第三产业比重	25.5	25.6	26.2	30.0	33.0	30.1

1.3 面临的形势与挑战

1.3.1 面临的形势

建设社会主义新农村,是党中央在深刻分析国际国内形势、全面把握我国经济社会发展阶段性特征基础上作出的重大战略决策,是我国现代化进程中的一项重大历史任务,是新时期解决“三农”问题的重大举措。

黄淮海平原是我国土地资源的精华所在,优越的自然条件决定了其不仅是粮食(食物)的主要生产基地,也是我国城市群和人口密度最大区域之一,其所承担的责任以及所承受的压力都是巨大的。随着人口的增加、城市化的发展,特别是环渤海经济区开发战略的实施,这种责任和压力会不断增加。针对该地区资源紧缺,特别是土地资源、水资源的严重短缺,高投入高产出农业所带来的增产成本提高、资源利用效率低、面源污染加剧等不利影响,农业产业结构单一、农业经营效益不高、农民收入增长缓慢、地方财政紧张等普遍面临的挑战,必须从现代农业内涵、农业产业化、循环经济的角度出发,建立起城乡统筹可持续发展的现代农业,提高粮食产量、增加农民收入、改善乡村人居环境,形成高效的社会化公共服务与管理体系,促进社会主义新农村建设的健康、快速发展。

1. 建设社会主义新农村是黄淮海平原统筹城乡社会发展,实现全面小康,建立和谐社会的必由之路

黄淮海平原是我国农业开发历史最悠久的区域,农业向来是该区域经济的主导产业。平原农业生产和农村经济的发展,为我国国民经济增长、社会稳定、工业积累以及城市发展,作出过巨大的贡献。随着城市化、工业化进程的加速,经营农业的比较效益下降,传统农业、农村经济面临巨大的挑战,城乡差距进一步拉大。

纵观一些工业化国家发展的历程,在工业化初始阶段,农业支持工业,为工业发展提供原料和资金支持是带有普遍性的趋向;但在工业化达到相当程度以后,工业反哺农业,城市支持农村,实现工业与农业、城市与农村协调发展,也是带有普遍性的趋向。德国、法国、日本、韩国等发达国家，在工业化进程中都制定了加快农村发展的政策，使农业问题得到了很好的解决。20 世纪 70 年代，韩国由政府主导，积极推进“新村运动”，加快解决农村和农业问题，为韩国的现代化进程奠定了坚实基础。发达国家的经验表明，当工业化达到相当程度后，工业自身积累和发展能力不断增强，具备了反哺农业的能力，就要适时调整政策，加大工业对农业、城市对农村的支持力度，促进工农、城乡协调发展。国际经验表明，人均 GDP 超过 1000 美元是一个转折点，这个时期国家经济发展出现了两大类型：①韩国等东亚国家，在人均 GDP 超过 1000 美元以后，经济结构呈现可持续发展态势，城乡、工农之间协调发展，保持着旺盛的经济活力；②拉美的一些国家，在人均 GDP 超过 1000 美元以后，城乡、工农发展表现出失衡和经济发展缓慢的局面。由此可见，在人均 GDP 由 1000 美元向 3000 美元转化的过程中，经济结构将迅速调整，生产方式由粗放经营向集约经营转变，呈现出明显的生产力水平转型特征。目前的黄淮海平原区域发展，正处于这个调整阶段。没有农民的小康就不可能实现黄淮海平原区域整体全面小康；没有农业、农村的发展就不可能实现全社会的和谐发展。建设社会主义新农村，就是按照“生产发展、生活宽裕、乡风文明、村容整洁、管理民主”的总体要求，促进农村经济、社会的全面发展。

建设社会主义新农村，是提高农业综合生产能力、建设现代农业的重要保障；是增加农民收入、繁荣农村经济的根本途径；是发展农村社会事业、构建和谐社会的主要内容；是缩小城乡差距、全面建设小康社会的必由之路。

2. 保障国家粮食安全及主要农产品供给是黄淮海平原农业发展的责任，亟须通过科技创新，突破制约瓶颈，实现大面积均衡增产

黄淮海平原是我国最大的农业主产区，对保障我国粮食安全及主要农产品的供给有着不可替代的作用。全区耕地 0.22 亿 hm^2(居各农区之首)，占全国的 1/6；2005 年黄淮海平原小麦、玉米、棉花和油料总产量分别达到 4342.70 万 t、3479.23 万 t、182.08 万 t 和 782.74 万 t，分别占全国总产量的 44.57%、24.96%、31.86%和 25.44%；肉、蛋、奶生产分别达到 1796.48 万 t、721.30 万 t 和 1108.30 万 t，占全国总产量的 23.20%、25.18%和 38.49%。由此可见，黄淮海平原是我国粮棉生产的重要基地，也是畜禽产品生产的主要基地。保证粮棉油肉主要农产品产量的稳定提高是国家对黄淮海农业发展提出的目标，要实现这一目标，稳定黄淮海平原农业在全国农业中的地位，面临着严峻的考验。

黄淮海平原是我国经济与社会高速增长的地区，环渤海经济圈的启动将进一步加快本区域的城市化和工业化的进程。本区域建设用地不断扩张，仅 2002 年至 2005 年各类建设用地就增加了 26.6 万 hm^2，农业发展的空间被不断挤压；由于比较效益驱动，农业内部结构调整中，粮食播种面积逐年下降，从 1999 年的 2347.1 万 hm^2，下降到 2004 年的 1987.4 万 hm^2；占总播种面积的比例也从 74.2%降低到了 64%，稳定粮食生产的难度很大。黄淮海平原区域农业土地资源的开发程度已很高，宜农土地资源利用率已达 90.6%，土地垦殖系数高达 56.6%，分别比全国平均值高 1.9%和 43.1%，依靠外延扩展稳定粮食生产空间已很小，必须走出一条内涵挖潜的模式。

黄淮海平原粮食单产已经达到了较高的水平，冬小麦平均产量超过 6 t/hm^2，夏玉米平均产量超过 5.25 t/hm^2，进一步增产的难度增加。一些高产区虽然创造了一批高产、超高产的技术体系，但是多数是“高投入、高产出”模式，不仅加大了生产成本，降低了粮食生产的比较效益，而且以大量资源消耗为代价，大面积均衡增产受到制约，也不能达到可持续发展的目标。

黄淮海平原是我国缺水最严重的地区，人均水资源占有量 501m^3，仅为全国平均水平的 1/5，该区域以仅占全国 7.7％的水资源总量，支撑着占全国 39.4％的耕地面积。20 世纪 80 年代以来，气候变暖、干旱化加重与工农业用水量剧增等自然与人类活动的共同影响，水资源与水环境等水问题日趋严重，已经成为导致生态环境恶化与制约区域经济可持续发展的主导生态因素。本区年降水量少，80％集中于 6—8 月，春旱普遍严重，影响夏收作物的返青和生长及秋收作物的播种。流经本区的海河、黄河、淮河三大水系多年平均径流量为 1348 亿 m^3，平均每亩耕地占有水量 243 m^3，是全国亩均占有量的 14％。地表水资源少，如海河流域平水年、干旱年、特枯年，分别缺水 68 亿 m^3、80 亿 m^3、115 亿 m^3。由于连年超采地下水，在天津、沧州、衡水、德州之间形成了近万 km^2 的深层地下水漏斗区。目前，为了发展农业生产，还在继续超采，致使水位下降，漏斗区继续扩大。如不尽快改变用水方式和地下水的开采强度，后果不堪设想。

面对资源、技术和市场的多重制约，黄淮海平原粮食生产必须走出一条依靠科技创新提高单产、大面积均衡增产的道路。要充分挖掘区域耕地资源、水资源的潜力，建立多种形式的大面积均衡增产技术体系和生产管理体系；通过资源—物质—装备—技术的优化组合，进一步挖掘增产潜力，形成高产、高效、低耗能、低成本的粮食生产技术体系。

3. 改善农村生态环境是新农村建设的关键，阻断和治理污染，急需环境友好型循环农业技术体系及其生态保育模式

随着城市化、工业化步伐加快，农业生产水平、农村经济的发展所带来的污染不断加剧，农村环境形势极其严峻。目前，农村点源污染与面源污染并存，生活污染和工业污染叠加，各种新旧污染与二次污染相互交织，工业及城市污染向农村转移，土壤污染日趋严重。我国每年产生的约 1.2 亿 t 的农村生活垃圾几乎全部露天堆放；每年产生的超过 2500 万 t 的农村生活污水几乎全部直排，使农村聚居点周围的环境质量严重恶化。我国化肥和农药的消费总量分别占世界的 35％和 20％。平均施肥量由 20 世纪 50 年代的 4 kg/hm^2 增加到 2008 年的 400 多 kg/hm^2，远远高于发达国家认定的 225 kg/hm^2 的安全上限。我国农药年使用量约 130 万 t，其中 70％是杀虫剂，杀虫剂中 70％又是有机磷农药，有机磷农药中 70％更是高毒高残留品种，只有约 1/3 能被作物吸收利用，其余大部分进入了水体、土壤及农产品中，使全国 9.3 万 km^2 耕地遭受了不同程度的污染。乡镇企业布局不当、治理不力产生的工业污染迅速蔓延，污灌面积由 1978 年的 4000 km^2 增加到 2003 年的 30000 km^2，约占全国总灌溉面积的 10％。

黄淮海平原化肥、农药和农膜使用量平均分别达到了 382.51 kg/hm^2、10.72 kg/hm^2 和 14.22 kg/hm^2，分别是全国平均值的 124％、114％和 125.8％。局部地区的农田污染已非常严重。由于农产品产地环境的污染恶化，近年农产品卫生质量一直难有显著性改善。一些农产品农药残留与硝酸盐超标；饲料添加剂使用不当，致使一些有害成分残留于肉食及部分水产品当中，对人体构成潜在的危害。此外，随着黄淮海地区畜牧业生产的快速发展，特别是大型畜牧养殖场的发展带来了畜禽粪便废弃物的排放处理和污染问题，这是农村污染的新苗头。堆粪场（池）粪水的直接侵蚀使其周围农田失去了生产价值。此外粪尿中大量氮磷渗入地下，致使地下水中硝态氮、硬度和细菌总数超标。

同时，大量非农建设用地的扩张和盲目乱建，严重破坏了农村的生态景观格局，生物多样性降低，使本来就脆弱的生态环境更加不稳。农村居民点内部布局凌乱，基础设施严重不足，“脏、乱、差、臭”的现象比比皆是，农民生活环境质量下降。

社会主义新农村建设必须建立起环境友好型的生产模式，阻断和治理农村环境污染，改善农业生态环境和人居环境，保证农产品质量安全，提高农民生活质量。

4. 规模化生产、产业化经营是传统农业走出困境的有效途径，是新农村建设和发展的必然要求

农业规模化经营是农业发展的一个历史趋势。中国农业已进入到一个新阶段，加入世贸组织，已经使中国的农业置身于全球经济一体化、贸易自由化的大潮中。农业生产已经由单纯资源约束转变为资源和市场双重约束之中，农产品市场竞争力异常激烈。家庭联产承包责任制的推行，极大地调动起农户生产的积极性，在发展农村经济和提高农民收入方面也发挥过不可替代的作用。但是，简单的农户经营模式，生产成本高、劳动生产率低、产品规模小、商品率不高，逐步失去了在市场竞争中的优势，在一定程度上也制约了农业技术的革新，造成了土地和劳动力资源使用上的不经济。统计数据表明，2000 年，中国农业的产值占 GDP 的比重已下降到 15.9%，但农村劳动力仍占社会总劳动力的 50.0%，劳动生产率远远低于发达国家。同时，小农经济的资本规模弱小，降低了对市场和自然风险的抵抗能力，这些问题在黄淮海粮食主产区已成为普遍现象。这就要求在新农村建设中必须改变目前简单小农经营的现状，建立起能够适应大市场要求的生产经营机制，提高农产品市场竞争力，延长农产品产业链条，提高农民收入水平，走出一条符合黄淮海平原农业生产实际的、规模化生产、专业化经营的道路。

5. 建立高效的农村社会化服务体系是黄淮海粮食主产区建设社会主义新农村的重要推手

党的十一届三中全会以来，农村普遍实行了家庭联产承包责任制，极大地调动了广大农民的积极性，农村经济出现了飞跃，但随着农村商品经济和社会分工的发展，在农村经济生活中也出现了一些农民想办但办不了、办不好的事情。在社会主义市场经济发展过程中，建立和完善农村社会化服务体系，已成为深化农村改革的重点和振兴农村经济的有效途径，也是建设社会主义新农村的一项重要战略措施。

农村社会化服务体系不同于传统的农业推广体系。传统的农业推广以生产技术为主，集中解决的是产中问题，但对农业经营的全过程注意不够，特别是解决产业化问题、农业经营、农民增收问题的措施不多；传统的推广体系面向的对象一般都是生产大队、小队这样有一定生产规模的生产组织，而现在所面向的是农户以及经营组织，这时它的作用的发挥便显得力不从心，出现了“网破、线断、人散”的局面。农村社会化服务体系是为农业生产提供社会化服务的成套组织机构和方法制度的总称。它是运用社会各方面的力量，使经营规模相对较小的农业生产单位克服自身规模较小的弊端，适应市场经济体制的要求，获得大规模生产效益的一种社会化农业经济组织形式。这种组织不仅要提供农业生产中的技术服务，而且要为广大农民和经营组织提供急需的生产销售、物资采购、科技服务、信息服务、金融服务和政策法律服务，也要为农村文化生活、社区管理和农民素质提高提供相关的服务。

1.3.2 挑战与问题分析

黄淮海平原粮食主产区新农村建设关键技术集成研究与示范的基本思路是“技术筛选—关键突破—集成创新—示范带动”，重点开展大面积高产高效均衡丰产技术、人居环境整治与生态保育、农业规模化经营、社会化服务体系等共性关键技术的集成研究，并在示范区内示范，形成具有典型意义的新农村建设主导技术模式、技术规程，构建黄淮海粮食主产区社会主义新农村建设的技术支撑体系。

围绕以上思路，针对黄淮海粮食主产区新农村建设的实际情况，本课题重点解决的技术难点包括以下方面。

1. 小麦－玉米大面积高产高效均衡丰产技术体系集成

大面积粮食作物的增产必须依靠提高作物单产和大面积均衡增产来实现。黄淮海地区主要粮食作物小麦、玉米的产量水平已经很高。1997 年黄淮海地区小麦平均单产为 4.99 t/hm^2，为历史最高；随后出现波动起伏，2002 年后呈现逐年稳步增加态势，2005 年达到 4.78 t/hm^2，接近最高年份。这种现象表明进一步提高平均单产水平有较大的难度。同时，由于资源条件、技术水平和管理水平的差异，粮食产量水平差异很大。以夏玉米平均单产为例，2006 年安徽为 4.21 t/hm^2，河北为 4.82 t/hm^2，河南为 5.60 t/hm^2，山东为 6.17 t/hm^2。要实现粮食主产区粮食生产的稳定提高，一方面要进一步提高作物单产水平，另一方面必须实现大面积的均衡增产。近年来，黄淮海地区涌现出了一批小麦-玉米两熟制高产、超高产的典型，综合分析这些高产典型的技术特点可以看出，单项技术提高作物单产潜力有限，多数技术体系主要靠化肥、水资源的高投入来维持高产出，单一技术体系并不能适应大面积均衡增产的需要。因此，如何集成品种组合、栽培管理、测土配方施肥、农业节水以及农机农艺双适应技术，充分发挥农业资源（土壤、光热、水资源等）的时空生产潜力，降低生产成本，实现小麦-玉米大面积高产高效均衡丰产，是本课题研究的技术难点之一。

2. 棉花冬闲田种植制度与高效利用技术体系

黄淮海地区也是我国重要的棉花生产基地，最近 10 年（截至 2008 年），棉花在黄淮海区域的播种面积占全国的 32%～42%，产量约占全国的 40%。目前棉花种植模式多为春播棉，造成大面积棉田冬闲的状况，土地利用率不高。如何克服棉田冬闲的弊端，提高冬闲田利用效率是本课题研究的第 2 个技术难点。

实行冬小麦-春棉花和春棉花-油菜轮作体系，可以减少因种植春棉花造成的大面积棉田冬闲的状况，提高土地、光热资源利用率，解决粮棉争地问题，进而减少“白色污染”。这一栽培模式需要解决的关键技术是棉花的工厂化育苗设施与管理技术、棉花幼苗机械化移栽技术，以及生育期合适的冬小麦、春棉花、油菜品种筛选等。

3. 农村废弃物资源化利用关键技术筛选与集成

农村生产生活废弃物包括作物秸秆、农田残膜、畜禽粪便，以及生活垃圾等。这些废弃物排放量逐渐增大，而治理水平、综合利用率均较低，造成严重的环境污染，已威胁到广大农民群众的身体健康和农业农村的可持续发展。筛选适合于农村废弃物资源化利用的技术，并进行集成是本课题的第 3 个技术难点。

目前，通用废弃物处理技术大多是单项工程技术，如：秸秆还田技术、沼气发酵技术、堆肥化处理技术、农田残膜人工与机械回收技术等，这些技术在一定程度上缓解了废弃物的污染，但是依然存在一些问题，如秸秆还田会造成病菌的繁殖、堆肥化技术商品率低、农田残膜回收不彻底、一些处理工艺能耗高、沼气池供气不长等问题。由于农村生产、生活废弃物比较分散，成分复杂，再加上农村缺乏环境卫生公共服务组织，收集、分类、处理废弃物可操作性差，上述工程技术运用到农村实际中困难重重。如何优选适合黄淮海地区分散废弃物的综合处理技术，以及适合规模化养殖场、农产品加工业废弃物处理的节能简易环保技术，并将其集成，实现废弃物资源化利用，是本课题必须解决的问题。

4. 土地整理与农村景观规划方案的确定

黄淮海地区人多地少，生态负荷重，人地矛盾突出。农村建设用地总量非常大，土地资源浪费严重，造成许多"空心村"，乡村布局混乱、土地利用结构不合理。如何使农田及配套设施用地和农村居民点用地的布局更加合理，农民民居与农村居民点土地利用率提高、农用地布局合理是本课题研究的第 4 个技术难点。

在长时期、高强度的土地利用之下，农村景观中自然植被斑块所剩无几。进行农村景观生态规划应贯彻如下原则：建设高效人工生态系统，实行土地集约经营，适当保护集中连片的农田斑块；重建自然植被斑块，因地制宜地增加绿色廊道和分散的自然斑块，补偿和恢复景观的生态功能。一个地区的天然植被是经过长期进化和自然选择保留下来的适应本区域环境条件，并具有最大生态功能和环境效益的植物群落。因此，以这种植物群落构成的植被，是具有最佳质量的植被类型，也是最能维护该地区生态系统稳定的植被景观类型。在调查当地天然植被类型及组合的基础上，选择适宜的景观规划方案是本项研究的又一个技术难点。

5. 农业产业化经营模式的构建

家庭联产承包责任制在一定时期内将长期存在，而实现农业增效、农民增收就必须走规模化生产、产业化经营之路。如何在农村构建产业化经营的新模式，是本课题第 5 个技术难点。

在现阶段，实行农业规模生产、产业化经营面临如下问题：①劳动效率低。由于地块零碎，种植品种不一，大型农业机械无法作业，农业劳动效率的提高受到很大影响。②小生产不能适应大市场。家庭承包经营使农民成了独立的生产经营者，农民对市场信号难以把握，家庭经营与千变万化的大市场不相适应，难以进行科学预测，以抵御市场风险。③小农户生产制约农业生产专业化和产业化的发展。产业化要求主导产业实行区域化布局、专业化生产、社会化服务、企业化管理、贸工农一体化经营。上述问题的存在，要求必须探索新的农业产业化经营新模式。

6. 农村新型社会化服务体系建设

我国的农村社会化服务体系建设已有 50 多年的历史。从 20 世纪 50 年代起，各地就建立了农业、林业、水利、畜牧、农机、植保等技术推广部门，以及农村供销合作社、农村信用社、农村卫生院等为农业、农村、农民提供服务的组织。但是这些组织的政府职能在弱化，出现了"网破、线断、人散"的局面，市场职能也存在着一些弊端。针对上述情况，探索如何来建立新型社会化服务体系，为农民自身生产生活服务，是本课题研究的第 6 个技术难点。

目前的农村社会化服务体系，不足之处主要表现在：①在农业社会化服务体系方面，农业社会化服务组织的数量不足。据统计，我国目前仍有 60％的村没有农经服务组织，45％的村没有农技服务组织；农业社会化服务的质量不高，产前、产中服务较多，而产后服务较为薄弱；农业社会化服务的组织管理混乱，有官方组织、集体组织和个人组织，其分工不清晰，定位不明确；农业社会化服务组织与农民权利与利益不规范。②在农村社区公共服务体系方面，农村环境卫生状况差，农村基本上还没有建立垃圾无害化处理体系，影响农民的生活质量；信息资源的共享程度差，缺乏有效的信息资源共享机制，提供信息服务的渠道不畅，缺乏适合农民的信息服务；农民受教育程度低，没有受过系统职业培训，农村缺乏培训的组织与机制；没有统一的建设规划；农村医疗与医保工作欠缺等。针对上述不足，必须探索建立新型农村社会化服务体系，提高农民自我服务能力。

1.3.3 技术路线图

按照"技术筛选—关键突破—集成创新—示范带动"的整体思路,本着技术集成与基地建设相结合、技术研究与生产和示范相结合、自然科学与社会科学相结合、研究人员与政府官员和农民相结合的原则,以系统思想为指导,用先进的电子技术对现有成果、单项技术进行集成,使之达到真正意义上的"示范推广",以使政府决策做到有的放矢,真正为农业、农村、农民服务。技术路线图见图 1-4。

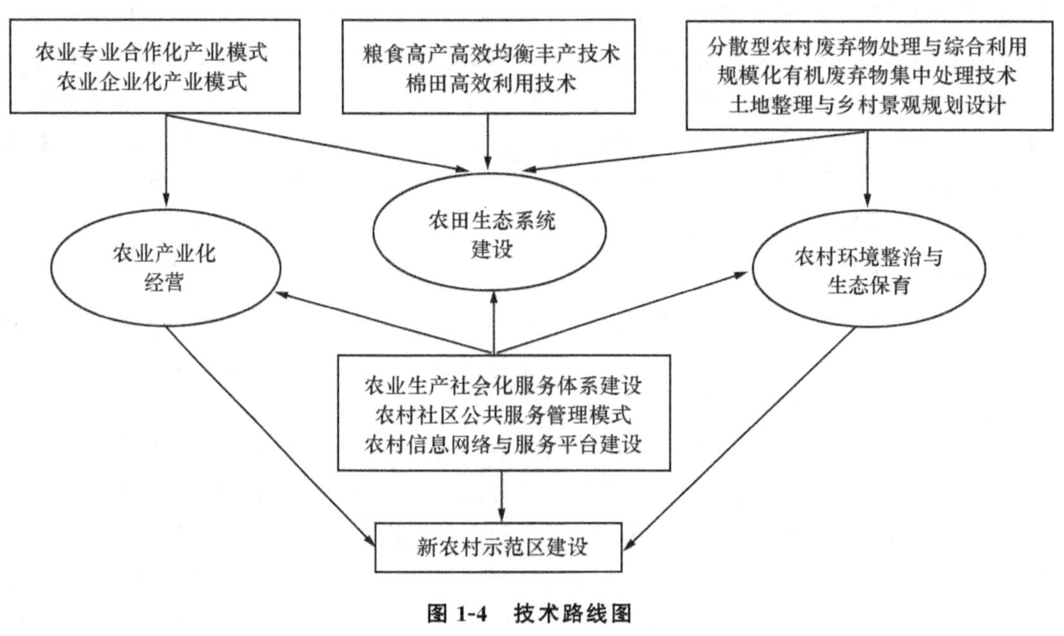

图 1-4 技术路线图

1.4 主要研究成果简介

针对黄淮海粮食主产区农业综合生产能力偏低,农村人居环境脏、乱、差,农村经营机制与社会化服务体系难以适应全球化背景下现代市场经济的多元化要求,以生态学理论、区域综合发展理论、农业农村发展三阶段理论为指导,以构建黄淮海粮食主产区科技型新农村为目标,按照"技术筛选—关键突破—集成创新—示范带动"的整体思路,采取单项技术集成与示范的方法,重点解决黄淮海粮食主产区社会主义新农村建设过程中的大面积粮食均衡增产、农业农村环境整治、农业产业链条延伸及农村社会化服务体系建设中存在的共性关键技术问题;主要研究内容包括:小麦玉米大面积均衡增产增效技术集成、农村环境整治与生态保育关键技术、农业产业化经营模式与支撑技术、新农村社会化服务体系建设以及黄淮海平原粮食主产区新农村建设示范等。基于国家和河北省多项研究任务,如国家科技支撑计划"黄淮海粮食主产区新农村建设关键技术集成与示范(2008BAD96B03)""农村典型区域生态环境监测和整治关键技术集成与示范(2006BAJ10B06-2)""粮食主产区农田生态健康管理关键技术研究与示范(2006BAD02A15)""农村粮食生产信息化技术研究(2006BAD10A1202)",国家高技术研究发展计划"863 计划"课题"粮食丰产数字化管理技术研究应用(2006AA10Z271)""水盐调控精量灌溉技术(2006AA100207)";河北省科技支撑计划"太行山山前平原农业综合生产能力提升关键技术研究(06220101d)"等,系统全面地提出了农业生产促进技术、农村环境改善技术、农业经营与社会化服务及新农村规划建设支撑技术和模式,为粮食主产区新农村建设提供强有力的技术支撑。

1.4.1 建立了小麦、玉米栽培管理决策系统,实现了大面积均衡增产

以区域宏观分析、农户调查和专家问卷调查为主,结合冬小麦-夏玉米生产潜力的模拟估算,并运用实地试验数据,采用理论分析与实证研究、宏观分析与微观分析相结合的方法,对影响黄淮海平原冬小麦—夏玉米两熟生产潜力发挥的主要限制因素进行系统的研究。经过研究,明确了小麦玉米在现有技术和生产条件下的产量潜力为约 30%的差距,这为大面积均衡增产提供了依据;也基本明确了限制产量潜力的技术、经济及社会因素及研发推广中的主要问题。限制大面积产量提高的因素分析——基于农户水平的问题是:①品种使用混乱;②整地质量差;③小麦播种偏早,玉米播种后管理偏晚;④小麦播量偏大,玉米密度不足;⑤播期不准;⑥施肥不平衡,全年分配不合理;⑦水利设施不足、效率低;⑧病虫害防治不及时、不到位;⑨玉米收获偏早,灌浆不充分。限制大面积产量提高的因素分析——基于专家水平的问题是:①进一步提高小麦产量要解决的限制因素(按重要程度由高到低排序)依次是选用产量潜力高的抗旱品种、培肥地力、保证最佳播期和播量、实施节水灌溉技术保证关键生育时期水分需求、加强田间管理;②进一步提高玉米产量要解决的限制因素依次是选用产量潜力高质量可靠的优良品种、培肥地力、提高播种质量、合理密植、肥水运筹、加强田间管理。

综上所述,经过 3 年多的研究,得出如下结论:

(1)针对以小麦、玉米两熟 1200 kg 为目标,将 7 种已经取得的高产、优质、节水等技术成果(①节水抗旱小麦品种与高产玉米品种的优化组合;②与秸秆还田和节水灌溉措施相配合的精细整地技术、播种技术;③小麦适当晚播,窄行播种,播后镇压;④玉米种植合理密植;⑤以节水丰产为目的的两季作物肥水综合运筹技术;⑥平衡施肥;⑦秸秆还田条件下的病、虫、草害综合防治技术)进行优化和系统集成,形成冬小麦-夏玉米两熟高产高效大面积均衡增产一体化技术模式,并在河北平原区进行示范推广。

(2)明确了进一步提高粮食大面积均衡增产的思路和途径 变专家技术为农民的技术;变一刀切的技术为分类指导的技术;变要求百分之百到位的技术为可以部分到位的技术;变生产上追求超高产为追求合理产量的技术;变良种良法的研究推广模式为以种植制度为核心的资源高效利用的系统研发模式。

(3)区域小麦玉米栽培管理决策系统的建立

①冬小麦栽培管理决策系统(WHTSYS)。它是根据作物生理生态学及作物生产原理,以实现冬小麦高产优质高效益为目标,以冬小麦田间试验资料为基础,应用人工智能、作物模型与知识模型的理论方法与技术而建立。该系统包括产量目标确定、播前栽培优化决策方案设计、实时水分管理决策、专家知识浏览、系统帮助与维护等功能,可以模拟预测小麦生育进程与土壤水分动态,提供用于系统决策运行的资料数据库。可为不同地区、县农业技术部门和农户提供冬小麦栽培管理的科学依据。小麦决策系统已在示范区河北曲周示范推广应用。

②玉米栽培管理决策系统(MAZSYS)。它以实现玉米高产优质高效益为目标,在玉米栽培优化原理与最新技术成果基础上,结合玉米田间试验资料,通过解析玉米生长发育特性与生

态环境、品种类型、生产技术水平及产量目标之间的量化关系，应用人工智能、作物模型与知识模型的理论方法与技术而建立。该决策系统已在示范区河北曲周示范推广应用。

上述研究注重多学科的结合，系统在本地化的作物、土壤、天气及管理数据的支持下，可为不同地区、县农业技术部门和农户提供栽培管理的科学依据，制定符合作物生长状况和生产条件的田间管理措施方案，实现小麦玉米生产管理的目标化、动态化、定量化与优化决策。示范区小麦面积 9 万亩，比前 3 年平均亩增 80.9 kg，总增产量 728.1 万 kg；辐射区面积 30.1 万亩，小麦平均亩增 47.5 kg，总增产量 1430.7 万 kg。夏玉米示范区 4 万亩，玉米平均亩增产 98.9 kg，总增产量 395.6 万 kg；辐射区面积 33.1 万亩，玉米平均亩增产 85.4 kg，总增产量 2830.3 万 kg。

1.4.2 研究与集成了以工厂化育苗、机械化移栽为主要手段的棉麦一体化、棉田冬闲田利用技术

针对本区棉花播种面积大、冬闲田利用效率低、地膜和农药使用量大、污染严重等突出问题，重点研究棉花工厂化育苗、机械化移栽技术以及棉麦连作技术，达到充分利用冬闲田、减少棉田“白色污染”、提高农田利用效益、缓解粮棉争地矛盾、实现粮棉均衡增产的目的。

(1)工厂化育苗　本研究进行了 3 年(2009—2011 年)，分别于每年 4 月 25 日和 5 月 1 日两次育苗。研究表明：育苗期适当早一些有利于棉苗的发育和生长。

(2)移栽机械的改进　本课题组于 2009 年对河北、山东及河南市场上的移栽机械进行了全面的考察和对比研究，对已有移栽机械进行了改进，研制了新的导苗管式移栽机。

(3)移栽棉的生长特性比较研究　在黄淮海平原，小麦的成熟期大约在 6 月 5 日，因此麦收后的棉花移栽时间基本上在 6 月 9—10 日。春播棉(邯 306)的株高在 7 月 15 日达到最高峰，即 87.6 cm，到 7 月 30 日维持在 88.8 cm；而移栽棉在前期基本上处于缓苗阶段，到 6 月 25 日第一次调查，其高度只有 12.6 cm 和 12.3 cm；到 7 月 5 日，移栽棉的株高生长加快；7 月 30 日，苗株高达到了 59.0～73.8 cm。可见，只要后期管理能够满足移栽棉的需要，其生长速度是可以达到春播棉的生长量的，同时说明移栽棉的育苗时间并非越早越好。

(4)蕾数的调查结果　3 个品种的现蕾数变化趋势基本一致，都表现出了春播棉从 6 月中旬开始现蕾，7 月 20 日左右现蕾数达到高峰期，此后逐渐减少；移栽棉从 6 月 25 日左右开始现蕾，到 7 月 30 日还在现蕾。

(5)棉花栽培管理决策系统(COTSYS)　以 VISUAL STUDIO. NET 2005 和 ACCESS 为主要开发平台进行程序设计。研究中创造性地将作物模拟、栽培优化决策和知识模型和专家系统的原理结合。此系统软件功能强，不仅可进行棉花栽培管理决策，同时可以进行资料查询、生产潜力计算等功能。由于界面全部采用窗口式友好界面输入用户的要求及选择，并输出决策结果，用户可在任意时间进行决策。系统应用的参数量适中，简单易行，实用性强，可视性好，回避了较多专业术语，便于用户理解，受到用户的好评。同时，系统增加了专家知识浏览，帮助农户增强相关农业知识，解答一些专业知识，并配以图片说明，更为直观地便于用户理解。该决策系统已在示范区河北曲周示范推广应用。

(6)效益分析　直播棉的成本为 707 元/亩，棉花的收益为 1900 元/亩，减去生产成本，每亩地的利润为 1193 元/亩。棉麦一体化中移栽棉的成本为 778 元/亩，棉花的收益为 1520 元/亩，减去生产成本，每亩地的利润为 742 元/亩；小麦的成本为 420 元/亩，小麦的收益

为 928.2 元/亩，减去生产成本，每亩地的利润为 508.2 元/亩。综上所述，棉麦连作比直播棉每亩净增 57.2 元，并且多收入一季小麦，提高了土地利用效率、保障了国家粮食安全；减少了农膜的使用、消除了农膜污染；提高了冬季地表覆盖，减少了水分蒸发，提高了土壤水分的利用效率；减少了农药的使用量，减少了农药对环境的污染，等等。该项技术也得到邯郸市农业系统的认可，并在不断推广。2010 年和 2011 年，中央电视台 7 频道的《科技苑》栏目做了两期专题报道。

1.4.3 提出了小型有机废弃物生物处理、秸秆沼气生产等资源化利用技术

黄淮海平原农村点源污染与面源污染并存、生活污染和工业污染叠加、各种新旧污染与二次污染相互交织，工业及城市污染向农村转移，土壤污染日趋严重。针对农村废弃物(作物秸秆、残留农膜、生活垃圾、畜禽废弃物等)种类多、规模大、分散化的特点，探讨农村废弃物分类、分选以及收运体系，进行基于村镇生活垃圾分类条件下，厨余类生活垃圾和农业废弃物联合堆肥的技术集成研究，并通过菌剂筛选与构建，进行生活垃圾、畜禽粪便及秸秆生物预处理，研究废弃物无害化快速发酵工艺与技术，以促进农业废弃物资源良性循环，改善农村人居环境，推动社会主义新农村的健康发展。明确了堆肥发酵过程中腐熟度评价的指标有以下几个。

(1)电导率(EC) 根据土壤浸出液的电导率与盐分含量和作物生长的关系，得出作物生长受抑制的限定 EC 值为 $0.4\times10^{4}\ \mu s/cm$。

(2)C/N 随着堆肥的进行，堆肥温度不断上升，同时产生的氨气大量挥发，氮素损失严重，堆肥的 C/N 略有上升。到堆肥化的中后期，氮素损失逐渐减小，而有机物的分解速度也逐渐减缓，所以堆肥的 C/N 变化趋于稳定，最后稳定在 10 左右。

(3)发芽指数(GI) 堆肥的种子发芽率，反映了堆肥对作物的毒害作用，如果 GI $>50\%$，则可认为基本无毒性，当 GI 达到 80%～85%时，这种堆肥就可以认为是对植物没有毒性。种子发芽率通过测试堆肥浸提液的生物毒性来评价堆肥腐熟程度。

(4)E4/E6 的变化 E4/E6 比可用来作为堆肥腐殖化作用大小的重要指标。堆肥腐殖酸通常随着堆肥腐熟度的提高和堆肥时间的延长而发生变化，主要向着腐殖酸分子量越来越大或缩和度越来越高的方向转化。

上述 4 个指标的集合，形成了小型有机废弃物堆肥的主要技术指标。

针对农村农作物秸秆资源浪费、污染严重的问题，进行了秸秆厌氧发酵产沼气试验。主要在实验室进行了秸秆发酵原料 C/N 条件的选择研究，秸秆分解菌的筛选、分离与鉴定，在户用沼气池中进行了秸秆分解菌剂的效果试验研究等。通过试验研究，制备了可促进秸秆分解的沼气微生物菌剂，形成了户用沼气池秸秆厌氧发酵产沼气技术。应用本技术后，户用沼气池可大量应用秸秆进行发酵，产气量高而稳定，解决了农村秸秆资源浪费、污染严重，以及非养殖区沼气池原料匮乏的问题。

1.4.4 建立了以农业信息化技术为主要手段的农村综合服务体系

针对在新农村社会化服务建设推进过程中存在的 5 个问题(①经济欠发达，农村信息化基础设施建设相对落后；②农民对信息化技术接触较少，查找、利用信息化的意识淡薄；③农业技术推广部门人力、专业所限，满足不了用户对技术推广的需求；④信息服务内容偏少，知识更新慢；⑤农技推广与信息传播途径少，工作效率低，应急反应慢)，课题组动员多方力量，建立村级

信息服务网站。通过网络、服务站、农科教联盟、协会等形式加大对农业信息化的科普、宣传和培训,促进了曲周县农业社会服务信息化体系的发展。课题组建立的服务体系模式从服务对象上分为两类:一是面向分散农户;二是面向专业化生产的合作组织。支撑服务的关键技术有三项:一是“产前—产中—产后”信息采集技术,产前、产后技术主要是通过自动采集技术来实现对市场、政策信息的采集,产中技术主要是通过 PDA 技术现场采集;二是后台处理技术,依托农业资源环境数据库,利用玉米、小麦等生产管理系统,进行决策信息的筛选和优化;三是信息发布技术,通过网络、服务站、农科教联盟、协会等多种形式发布相关信息,对农业生产进行指导。

1.4.5 提出了基于县域的新农村建设规划的理论框架,以产业发展为支撑的多层次新农村规划技术,以及规划布局和村庄景观设计技术,形成相应的规划建设模式

针对新农村建设在规划方面还缺乏统一的理论框架、新农村规划技术体系不完整、规划忽视城乡一体化过程、规划忽视产业支撑等问题,课题组提出了以“生产发展、生活宽裕、乡风文明、村容整洁、管理民主”为社会主义新农村建设的总体要求和目标,坚持“政府引导、农民自愿、企业参与、规划引领、政策支持、就业为本、民生为先”的原则,其内容是十分丰富的,既包含村镇建设,也包含农村发展;既包含农村经济的发展,又包含农民收入、生活质量的提高;既包含农村整体面貌、环境的变化,又包含农民素质的提升,还包含农村基层民主建设等;不仅涉及经济建设,也涉及政治、科技、教育、文化、生活等方面;不仅涉及物质文明,也涉及精神文明。因此,新农村建设是有着远大目标、丰富内涵和深刻内容的有机统一体,也是一项涵盖了“农业、农村、农民”三个方面、“生产、生活、生态”三个维度的人类命运共同体。

第 2 章

县域新农村发展战略

2.1 问题的提出

到十一五末，改革开放 30 余年，中国经济社会发生了翻天覆地的变化，农业生产结构和农村社会也在这样一场巨变中发生着深刻的变迁。中国处在了经济社会结构的重大历史性变迁时期——社会转型期，即从传统社会向现代社会的转型、从封闭半封闭性社会向开放性社会的转型、从农村社会向城市社会的转型、从农业社会向工业社会的转型、从贫困社会向富裕社会的转型。农业、农村的发展是这一场转型中的关键。

黄淮海平原以其独特的自然和人文社会特点，在中国的社会经济发展中占有特殊的地位。经过综合治理和综合农业开发的黄淮海平原，成为我国最重要的粮食生产基地，扭转了我国近千年来"南粮北调"的历史，黄淮海平原农业土地利用达到了辉煌时代。但是，随着时间的推移，特别是跨入新的世纪，社会结构、产业结构的调整，生产方式和生活方式的变化，使得黄淮海平原的土地利用面临巨大的挑战。人口的增加、城市化和工业化的快速推进，使得土地资源紧缺，人地矛盾日益凸显。

农业土地利用由资源约束时代转化为资源和市场双向约束的时代，农业土地利用的相对独立状态被彻底打破，代之而来的是越来越大的农业内部和农业之外的巨大压力。黄淮海平原农业、农村发展面临新的态势与挑战。

2.1.1 农产品主产区地位在动摇

黄淮海平原是我国传统的农业主产区。20 世纪八九十年代黄淮海平原经过中低产田治理和农业综合开发，粮棉产量极大提高，一举扭转了"南粮北调"的局面，在我国粮棉油肉的生产供应中发挥了不可替代的作用。

"十五"期间本区仍然保持了这一地位，粮食产量占全国粮食总产量的 21.4%～24.5%，棉花产量占全国总产量的 40.60%～46.12%，油料产量占全国总产量的 27.00%～32.24%(表 2-1)。进一步研究发现："十五"期间粮食生产波动较大，前 3 年黄淮海平原粮食总产量持续下滑，2003 年达到了谷底，全区总产量 9217.6 万 t，比 2001 年减产了 1853.6 万 t；占全国的比例也降到了低点 21.40%，比 2001 年下降了 3.06 个百分点。棉花总产量和油料的总产量也表现出了同样的趋势，究其原因，是政策和价格的波动，导致粮食、棉花和油料播种面积的下降。

表 2-1　黄淮海地区 2000—2005 年粮食、棉花、油料产量及其在全国所占比例

年份	粮食			棉花			油料		
	全国/万 t	黄淮海地区/万 t	占全国比例/%	全国/万 t	黄淮海地区/万 t	占全国比例/%	全国/万 t	黄淮海地区/万 t	占全国比例/%
2000	46217.5	11037.0	23.88	441.7	179.34	40.60	2954.8	924.66	31.29
2001	45263.7	11071.2	24.46	532.4	241.72	45.40	2864.9	923.71	32.24
2002	45705.8	10502.4	22.98	491.6	226.75	46.12	2897.2	918.13	31.69
2003	43069.5	9217.6	21.40	486.1	197.68	40.67	2811.0	759.11	27.00
2004	46946.9	11060.7	23.56	632.4	279.16	44.14	3065.9	892.47	29.11
2005	48402.2	11860.3	24.50	571.4	246.87	43.21	3077.1	874.45	28.42

数据来源：中国农村统计年鉴

2.1.2　耕地面积减少的挑战

由于城市化和工业化的发展，大量耕地被占用。根据国土资源部门数据，2005 年与 1997 年相比，黄淮海地区耕地面积减少了 45.43 万 hm^2，年均减少耕地约 5 万 hm^2（表 2-2）。其中，北京市耕地面积减少的最多，达 36.14%；其次是河北省，为 25.04%；天津市为 8.03%。可见，京津冀地区城市化和工业化占地面积远大于其他地区，说明这些地区粮食产量压力在加大。

表 2-2　黄淮海地区各省市 1997—2005 年耕地变化情况　　万 hm^2

年份	北京	天津	河北	江苏	安徽	山东	河南	合计
1997	26.80	48.44	514.83	194.89	262.15	447.78	512.05	2006.94
1998	26.66	48.44	513.78	194.85	261.98	447.81	511.58	2005.10
1999	26.43	48.44	513.20	194.29	261.95	447.74	511.89	2003.93
2000	25.74	48.34	513.36	193.99	262.14	448.09	511.72	2003.38
2001	22.06	48.12	513.39	193.67	262.28	448.14	511.76	1999.42
2002	20.41	47.85	513.02	193.38	261.87	447.76	510.31	1994.61
2003	20.31	47.85	508.43	193.22	261.87	447.76	510.31	1989.75
2004	17.44	44.56	503.93	192.57	254.96	443.28	507.56	1964.31
2005	17.15	44.55	501.94	192.36	254.90	442.96	507.65	1961.51
2005 年比 1997 年减少百分比/%	36.14	8.03	25.04	1.30	2.77	1.08	0.86	2.26

与此同时，农业内部结构调整也对粮食播种面积产生了巨大的冲击（表 2-3）。粮食播种面积占播种总面积的比例，从 1997 年的 75.44%下降到 2003 年的 63.67%，2005 年有所恢复但是也只达到 67.2%，整体表现出了粮食播种面积减少的趋势。

表 2-3 黄淮海地区粮食播种面积变化

年份	黄淮海地区粮食作物播种面积/×10³ hm²	黄淮海地区农作物播种面积/×10³ hm²	黄淮海地区粮食播种面积占农作物播种面积的比例/%
1997	2631.1	3487.9	75.44
1998	2668.0	3558.8	74.97
1999	2347.1	3164.5	74.17
2000	2206.4	3167.1	69.67
2001	2120.5	3153.8	67.24
2002	2082.6	3130.3	66.53
2003	1976.7	3104.5	63.67
2004	1987.4	3103.6	64.04
2005	2159.9	3213.9	67.20

2.1.3 农业生产成本不断增加

黄淮海平原平均粮食单产处在全国前列。2000—2005 年，平均单产均高出全国平均的 7.63%～22.36%（表 2-4），进一步增产难度加大。

表 2-4 2000—2005 年粮食单产比较

年度	全国平均单产/(t/hm²)	黄淮海平原	
		平均单产/(t/hm²)	高出全国的比例/%
2000	4.26	5.00	17.39
2001	4.27	5.22	22.36
2002	4.40	5.04	14.63
2003	4.33	4.66	7.63
2004	4.62	5.57	20.45
2005	4.64	5.49	18.30

为了保障农村照明和灌溉等用电量，1997—2005 年，黄淮海平原总用电量增长了 78.98%；实现机械化是提高农业生产效率的主要措施，1997—2005 年，农业机械总动力增长了 68.89%；为了提高产量，农用化肥、农膜和农药的施用量，1997 年至 2005 年分别增加了 24.83%、58.36%、12.21%。由此可见，随着农产品产量的提高，农业生产投入水平也在不断提高（表 2-5）。

2.1.4 农民收入增长缓慢，城乡差距加大

“九五”至“十五”期间，黄淮海平原无论城市居民收入还是农村居民收入都实现了持续的增长。其中，1995 年至 2005 年城镇居民人均可支配收入增长的幅度为 1.4 倍（变幅为 1.17～2.01 倍），而农村居民人均可支配收入增长的幅度为 1.25 倍（变幅为 0.84～1.85 倍）（表 2-6），城乡居民人均可支配收入的差距依然存在。

表 2-5 黄淮海平原农业投入变化

年份	农村用电量/(万 kW·h)	农业机械总动力/亿 W	化肥施用量/t	农用塑料薄膜用量/t	农药施用量/t
1997	4136872	1411	9847725	275214	264280
1998	4237371	1536	10264345	280939	264964
1999	4660281	1688	10564220	269338	267051
2000	4598858	1859	10782851	291918	267643
2001	4865302	1977	11086841	322751	273585
2002	5152008	2010	11393450	370259	294396
2003	5534076	2159	11482695	393244	294640
2004	6394868	2276	11798841	413521	286790
2005	7404352	2383	12293045	435834	296546
2005 年比 1997 年增加百分比/%	78.98	68.89	24.83	58.36	12.21

表 2-6 1995—2005 年黄淮海平原居民平均收入情况 元

项目		年份											增幅/倍
		1995	1996	1997	1998	1999	2000	2001	2002	2003	2004	2005	
平均	*a*	4292	4996	5438	5751	6104	6536	7073	7539	7874	9157	10297	1.40
	b	1629	2082	2348	2500	2558	2623	2739	2869	2931	3330	3684	1.25
北京	*a*	5868	6885	7813	8472	9183	10350	11578	12464	13883	15638	17653	2.01
	b	3208	3563	3762	4029	4316	4687	5099	5880	6496	7172	7860	1.45
天津	*a*	4930	5968	6609	7111	7650	8141	8959	9338	10313	11467	12639	1.56
	b	2531	3142	3548	3890	4055	4370	4825	5315	5861	6525	7202	1.85
河北	*a*	3883	4565	5236	5497	5845	6190	6469	6853	7373	8110	9432	1.43
	b	1777	2294	2557	2764	2764	2794	2879	2960	3097	3420	3743	1.11
江苏	*a*	4409	5015	5172	5452	5803	6277	6664	6980	7834	8621	9575	1.17
	b	1786	2323	2632	2878	2960	2987	3157	3344	3364	3748	4132	1.31
安徽	*a*	3393	4100	4354	4552	4781	5024	5382	5879	6487	7372	8311	1.45
	b	1249	1557	1868	1840	1859	1904	1916	2007	1844	2213	2302	0.84
山东	*a*	4404	4958	5260	5494	5761	6401	7075	7398	5928	9071	9835	1.23
	b	1612	2070	2256	2422	2517	2630	2767	2876	3051	3497	3907	1.42
河南	*a*	3424	3937	4212	4361	4696	4575	5048	5870	6531	7294	8276	1.42
	b	1271	1615	1903	1973	2042	2120	2193	2282	2153	2578	2910	1.29

注：a. 城镇居民可支配收入；b. 农村居民可支配收入。

但是农村居民收入的增长速度远远低于城市居民收入增长速度，城乡居民收入差距进一步扩大(表 2-7)。“十五”末期比“九五”初期城镇居民可支配收入和农村居民收入分别增加了 6005 元和 2055 元，收入差距进一步扩大，城乡居民收入比由 2.63 倍扩大到 2.80 倍，绝对收入差增加了 3950 元。

表 2-7　1995—2005 年黄淮海平原居民平均收入差距变化

年份	城镇居民可支配收入/元	农村居民人均纯收入/元	相差/元	城镇是农村的倍数
1995	4292	1629	2663	2.63
1996	4996	2082	2914	2.40
1997	5438	2348	3090	2.32
1998	5751	2500	3251	2.30
1999	6104	2558	3546	2.39
2000	6536	2623	3913	2.49
2001	7073	2739	4334	2.58
2002	7539	2869	4670	2.63
2003	7874	2931	4943	2.68
2004	9157	3330	5827	2.75
2005	10297	3684	6613	2.80
2005 年比 1995 年增加	6005	2055	3950	

2.1.5　城镇化速度明显提升

“十五”期间黄淮海平原城市化速度加快，2004 年城镇化水平超过 50%，高于全国 8 个百分点(表 2-8)。

表 2-8　黄淮海平原地区和全国城镇化水平比较　　%

项目	年份					
	2000	2001	2002	2003	2004	2005
全国城镇化率	36.22	37.66	39.09	40.53	41.76	42.99
黄淮海城镇化率	46.54	47.20	47.78	49.36	50.23	50.98
高出全国	10.32	9.54	8.69	8.83	8.47	7.99

数据来源：中国城市统计年鉴

未来 10～20 年城市化水平将进一步提高，将出现人口高峰、城市化高峰和工业化高峰。这些将对农业生产形成巨大的挑战，但也为农业农村发展提供新的机遇。

2.1.6　水资源短缺成为粮食生产的关键因素

20 世纪 80 年代以来，华北地区持续干旱少雨，海河、黄河、淮河的地表径流衰减十分明显。地表水资源的不足，促使当地工农业生产和城乡人民的生活用水主要依靠超采地下水来维持。尤其是海河平原地下水超采十分严重，从 1985 年到 1998 年就累积超采地下水

649 亿 m^3，平均每年超采 46.3 亿 m^3。地下水位持续下降，出现了河湖干涸、地面下沉、海水入侵等严重生态环境问题，水资源的可持续利用受到了严重挑战。

农业用水基数大，只要增加一点百分比，增加的绝对值就非常可观。黄淮海地区粮食高产是以增加农业耗水量为前提的，农业耗水量增加的直接后果就是挤占本该属于生态系统自身消耗的水资源，生态平衡遭到破坏，系统功能逐步退化，农业用水是黄淮海平原区地下水位下降的主要原因，因此为追求粮食高产的水资源利用方式在今后是不可取的，水资源成为限制粮食产量增加的关键因素。

总之，黄淮海平原粮食单产已经达到较高的水平，粮食增产的难度加大。同时，制约粮食增产的隐患日益凸显：耕地面积减少，而且还将进一步减少；比较利益驱动下，种植业结构调整，粮食播种面积难以持续增加；粮食生产的成本提高，单产提高受到影响；农业基础设施老化，耕地质量下降，成为粮食持续稳定的障碍；水资源短缺的制约，越来越成为农业发展的最重要瓶颈；农户土地规模小，经营分散制约了农业的现代化经营。

造成上述隐患的原因很大程度上来自农业外部。城市化、工业化的加速推进，大量的优质耕地被挤占，而“占优补劣”的现象，又使得耕地整体质量下降，这种现象在黄淮海平原尤为突出，客观上也是不可避免的。建设用地的不断扩张，挤占了农业空间，造成了农业生态空间的破碎，恶化了农业生产环境和生态环境；工业污染、居民生活污染，对农业土地质量和农产品质量产生越来越大的威胁。城市、工业对水资源、生产资料以及劳动力资源等的竞争，使农业生产更处在非常不利的境地。

但是，随着城市化的快速推进，城市人口不断增加，消费水平也将进一步提高，粮食供给保障将更加艰难。而城乡建设用地不合理布局，摊大饼式的扩张以及土地利用的浪费，不仅加剧了建设用地和农用地之间的矛盾，也造成了建设用地利用的诸多问题。

黄淮海平原农业生产的挑战，单靠农业内部是无法解决的，必须依靠土地利用的全局优化才能缓解。黄淮海平原作为我国最重要的粮食安全保障基地，在由传统农业向现代农业转型的时期，所面临的一系列难以克服的挑战，仅从农业自身应对是不可能解决的；必须在城乡一体化发展中，促进“三农”问题的解决，实现农业、农村的持续发展；必须提出一条城乡一体化趋势下的社会主义新农村发展战略。

2.2 曲周县区域发展态势辨析

曲周试验区从 1973 年建立以来，其总体研究框架就区别于一般的农业技术或技术示范研究。它将农业技术研究与农业农村社会发展研究融为一体，通过技术进步引领农业、农村社会的发展。早在 20 世纪 80 年代，辛德惠教授就根据在曲周试验区以及黄淮海平原的研究和实践，提出了农业、农村发展的三阶段理论，即典型农业、农村社会的发展必须经历综合治理、综合农业发展，最终实现城乡一体化发展，实现农业的现代化。

在“七五”结束时试验区完成了综合治理阶段的研究与实践，并把研究的重点转到了综合农业发展，辛德惠教授在预测这一阶段的任务时指出：“在综合治理开发的基础上，完成这个阶段约需 30 年(发达地区)到 50 年(一般地区)。”试验区在“八五”“九五”和“十五”期间努力进行了这方面的探索研究与实践。进入 21 世纪，曲周县经济社会发展明显提速，特别是在“十一五”研究期间，曲周县农业农村发展明显进入一个拐点。试验区发展要求新的发展战略探索，或者说需要提前对城乡一体化发展战略开展研究。通过解剖曲周试验区这个典型农业区域的发展，研究提出由农业、农村发展转型期进入城乡一体化阶段的发展战略，以求指导课题组科学研究及曲周县社会经济发展，为黄淮海平原乃至我国农业农村社会转型发展提供科学依据。

2.2.1 农业生产态势分析

曲周县地处华北平原南部，黑龙港地区的上游，长期受蒙古高压反气旋形成的强大季风的影响，在地理和气候的综合作用下，形成了大面积分布的盐渍土，春旱秋涝已成规律，历史上土地利用效率极低。如图 2-1 所示，曲周实验站建站初，即 1973 年，曲周县粮食总产量仅为 41770 t，粮食亩产只有 45.27 kg；棉花总产量为 680 t，棉花亩产仅有 9.87 kg。从图中可以看出，1973—2007 年，曲周县粮食总产量大体上呈增长态势，虽有一些小波动，但产量增加明显。2007 年曲周县粮食总产量达到 304527 t，相比 1973 年，粮食总产量增加了 6.29 倍，总产量水平明显提高。进一步研究表明，1973—1982 年粮食总产量波动较大，产量水平不稳定，尤其是 1974 年的粮食总产量比 1973 年的增加了一倍，到 1982 年粮食产量达到 103530 t，这主要是由于改土治碱技术的应用、水利设施的修筑、加大投入水平等方面解决了土壤盐渍化问题。在 1983—1991 年期间粮食产量平稳增长，而在 1992—1996 年粮食产量波动较大，自 1997 年之后曲周县粮食产量逐年稳步上升，表明长期的农业投入已经稳定作用于农业生产，生产水平提高。

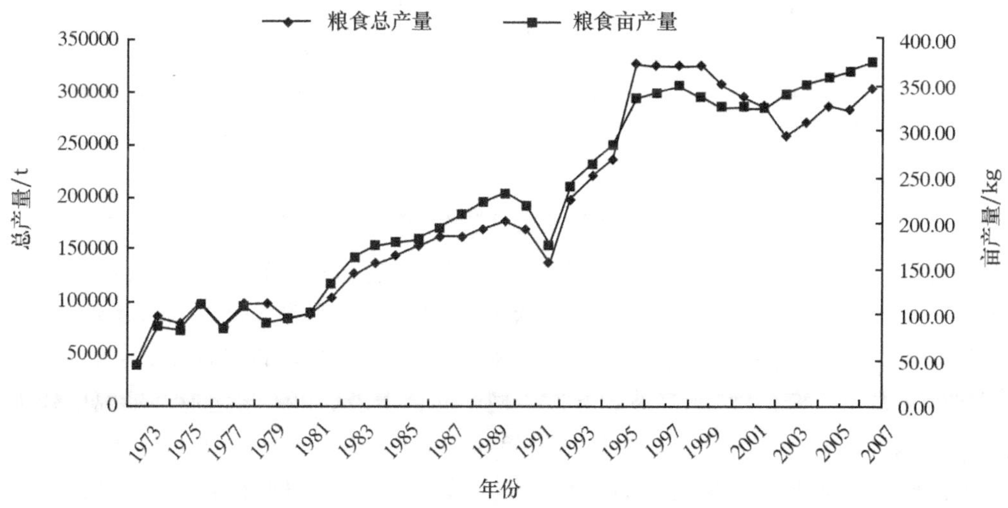

图 2-1 1973—2007 年曲周县粮食生产情况

1973—2007 年，曲周县粮食亩产量也大体呈增长趋势，从 1973 年的 45.27 kg 增长到了 2007 年的 376 kg，增长了 7.3 倍之多，这表明曲周县粮食总产量的增加，在很大程度上依赖于粮食亩产量的提高。结合图 2-2 可以看出，曲周县粮食亩产量与粮食总产量波动幅度在时间序列上也具有高度相关性，粮食总产和粮食单产大多数年份波峰和波谷完全对应，说明粮食单产水平与粮食总产量存在显著正相关的关系，且增长幅度也具有阶段性。1973—1983 年，粮食总产与亩产水平波动幅度较大，而在 1984—1991 年波动幅度有所减小，1992—1996 年又发生较大波动，而 1997—2007 年粮食单产与总产的波动幅度又有所减小，生产水平平稳。从上述 4 个阶段来看，1973—1983 年，正是曲周县进行盐碱地治理的阶段，也是各类配套设施不健全的阶段，当粮食单产和总产增幅较大时，也是治理效果最明显的时期，当波动较小或者出现负数时，也是配套设施不健全，如灌排条件不配套的时期；随着灌排条件的不断完善，盐碱地的治理效果也逐渐显现了，因此 1984—1991 年，粮食总产和单产的波动性较小，处于产量稳定阶段；1992—1996 年，全国的粮食价格处于动荡时期，也是联产承包责任制的实行时期，农民的种田积极性摇摆不定，导致了粮食总产和单产波动性；1997—2007 年，国家实行保护价收购小麦，平抑了粮食价格随市场的波动性，给种粮农民吃了定心丸，促使粮食的总产和单产处于平稳的状态。

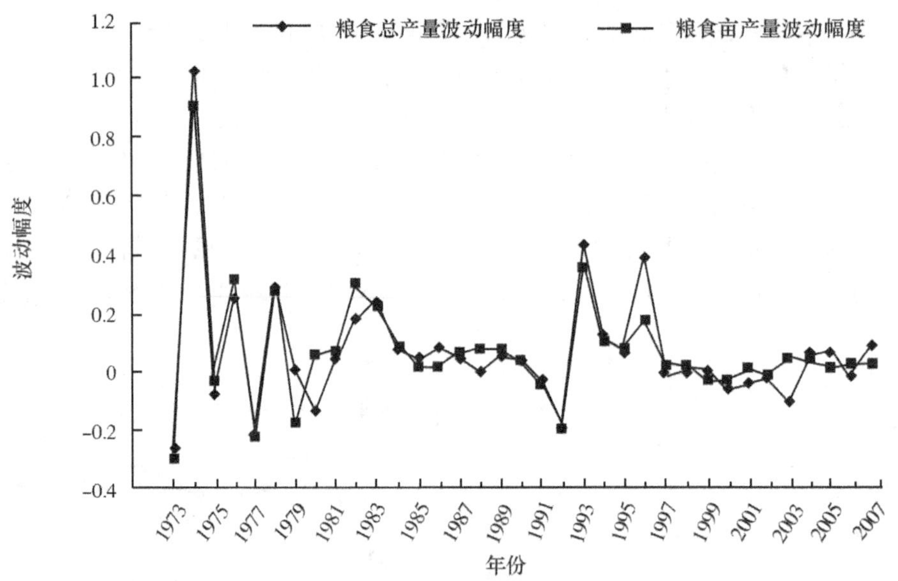

图 2-2　1973—2007 年曲周县粮食生产波动情况

棉花是曲周县的重要经济作物，但 1973 年曲周县棉花总产量仅为 680 t，亩产量仅为 9.87 kg；而到了 2007 年，曲周县棉花总产量已经达到 14619 t，亩产量达到 75 kg，棉花总产量与亩产量分别增加了 20.5 倍和 6.6 倍。棉花生产水平总体上是上升的，但 1973—2007 年棉花总产量与亩产量却有一定的波动，且波动幅度不同。总体上看，1994 年之前波动幅度较大，1994 年之后波动幅度相对较小。与粮食生产情况相同，棉花总产量与亩产量的波动幅度也具有相关性，相比较而言，棉花总产量的波动幅度比亩产波动幅度大，表明棉花总产量的变化除与亩产变化有关外，其与棉花播种面积的变化也有关。2007 年与 1973 年相比，棉花总产量增长倍数比亩产量增长倍数大很多，表明总产量的增加很大程度上依赖于棉花播种面积的增加，而棉花种植面积的变化取决于棉花价格的波动、病虫害的防治以及种植成本的高低（图 2-3，图 2-4）。

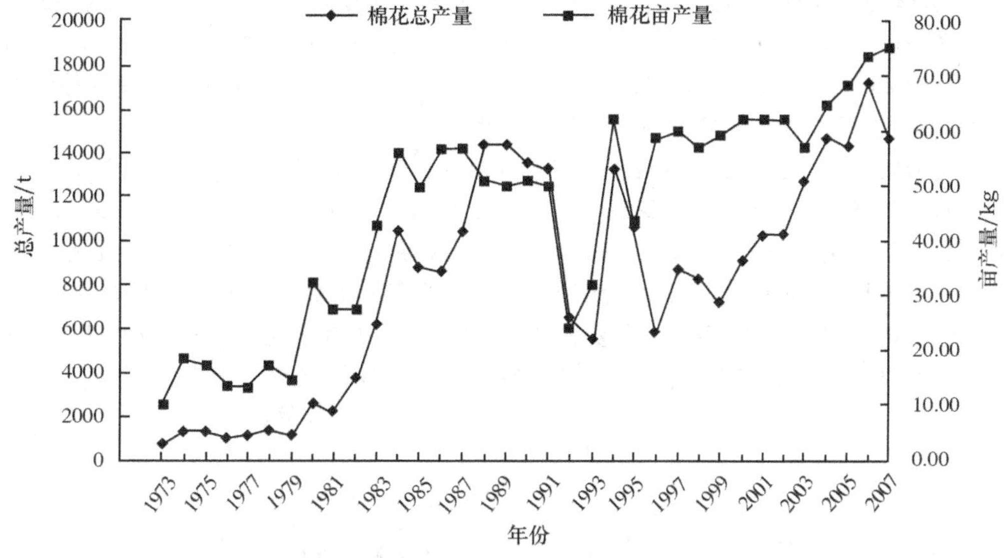

图 2-3 1973—2007 年曲周县棉花生产情况

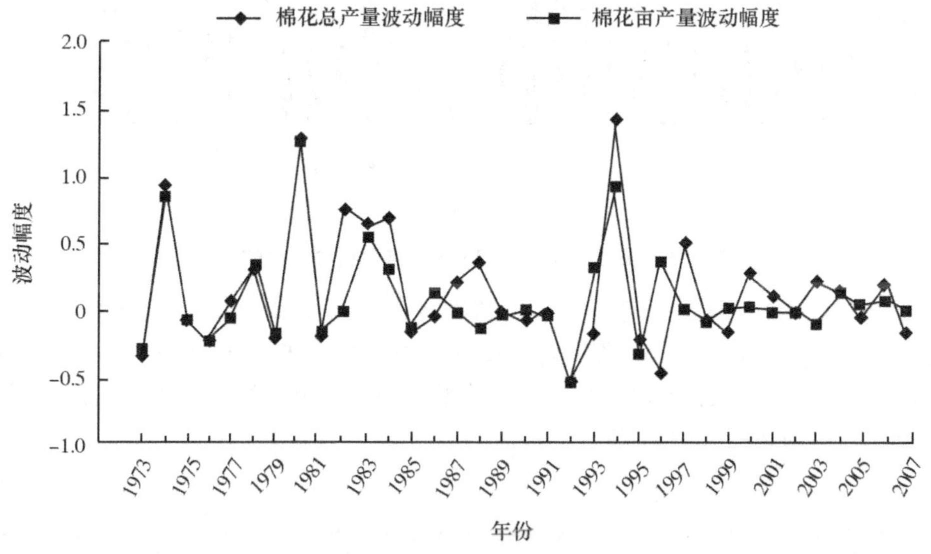

图 2-4 1973—2007 年曲周县棉花生产波动情况

2.2.2 种植业结构变化

农业生产是一个复杂的系统，它包括种植业、养殖业及其加工业等。其中，种植业是基础，在农业中所占比重较大，是伴随人类历史发展形成的最悠久的农业生产方式。

1980 年以来，曲周县种植业总体的播种面积数量稳定，但种植业内部的结构比例有所变化，此起彼伏。从图 2-5 中我们可以看出，1980 年是粮食作物的播种面积占主导地位，共有 57826 hm^2，占总的播种面积的 84.29%，科学技术的进步使得单位面积粮食作物的产量增加，1980 年之后粮食作物的播种面积有所下降但保持稳定，1996 年粮食作物的播种面积达到峰值，此时粮食作物的播种面积为 65128 hm^2，占总的播种面积的 84.68%。20 世纪 80 年代以后经济作物的播种面积开始有所上升，1989 年曲周县的经济作物播种面积为 22240 hm^2，占总的播种面积的 29.30%，达到峰值，此后开始有所下降。2000 年之后经济作物的播种面积重新增加并保持稳定，其他作物的播种面积增加了将近一倍。

种植业结构的变化受到多种因素的影响，市场变化是影响农业种植结构调整的一个重要因素，粮、油、菜等作物播种面积的多少也受当年播种期降水量的制约。20 世纪 80 年代以后，联产承包责任制的实施极大地调动了农民的生产积极性，农民种植作物种类和品种的选择权和决策权进一步扩大，从而带来农业种植结构的不断更新和调整。随着改革开放的不断深入，市场经济已渗透到国民经济的各个领域，由于对经济效益的追求，在价格杠杆作用下，市场对农作物结构调整的作用更加明显，农民种植作物种类和品种的选择更宽了。

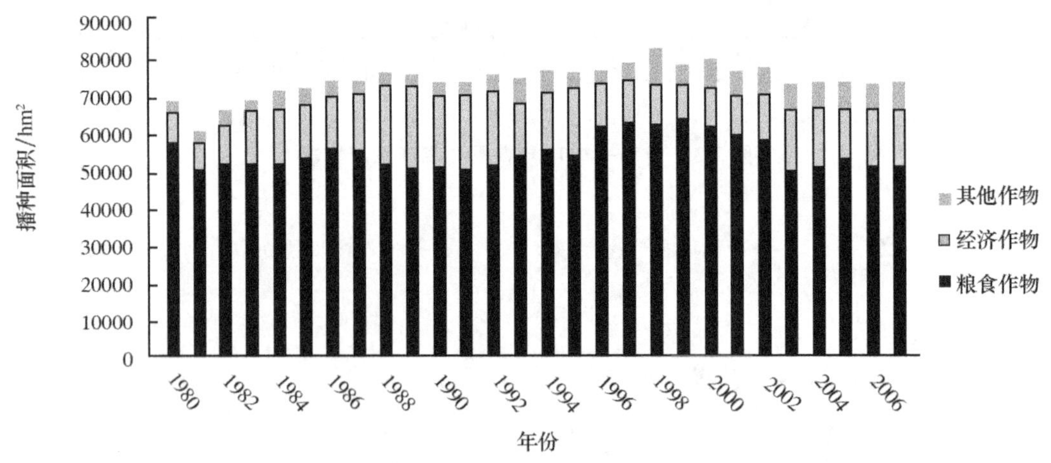

图 2-5　曲周县 1980 年以来种植业结构变化情况

从图 2-6 中我们能很直观地看出种植业结构变化的趋势：粮食作物的播种面积逐步减少并趋于稳定；经济作物的播种面积先增加后减少再增加并趋于稳定；2000 年以后其他作物的播种面积增加一倍以上并趋于稳定；2007 年，曲周县粮食作物、经济作物、其他作物的播种面积占总的播种面积的比例分别为 70%、21%、9%。

2.2.3　农业结构变化

曲周县是传统的农业大县，农业内部结构由种植业、林业、畜牧业组成，种植业一直占主要地位，主要粮食作物为小麦、玉米、高粱、大豆，经济作物主要有棉花、花生、甘薯、油菜等。随着社会经济的发展，曲周县的农业发展情况也有显著变化。1981 年曲周县农业生产总值为 4877 万元，2007 年已经达到 275891 万元，约为 1981 年的 56.6 倍。从农业结构变化来看，1981 年曲周县种植业、林业、畜牧业及副业的生产总值比例为 0.8∶0.06∶0.04∶0.1，种植业具有很大的优势，而 2007 年 4 者生产总值比例为 0.46∶0.01∶0.46∶0.07，种植业与畜牧业占有相对优势，尤其是畜牧业的比例有了很大提高。由图 2-7 可以看出，曲周县林业生产情况稳定、变化很小，种植业、畜牧业和副业生产总值呈逐年上升趋势。这其中副业上升程度相对较低，上升速度较为缓慢，而畜牧业的上升程度高，上升速度很快。在 2005 年畜牧业比例甚至超过了种植业的比例，表明曲周县畜牧业的快速发展已经成为拉动农业增长的重要动力。

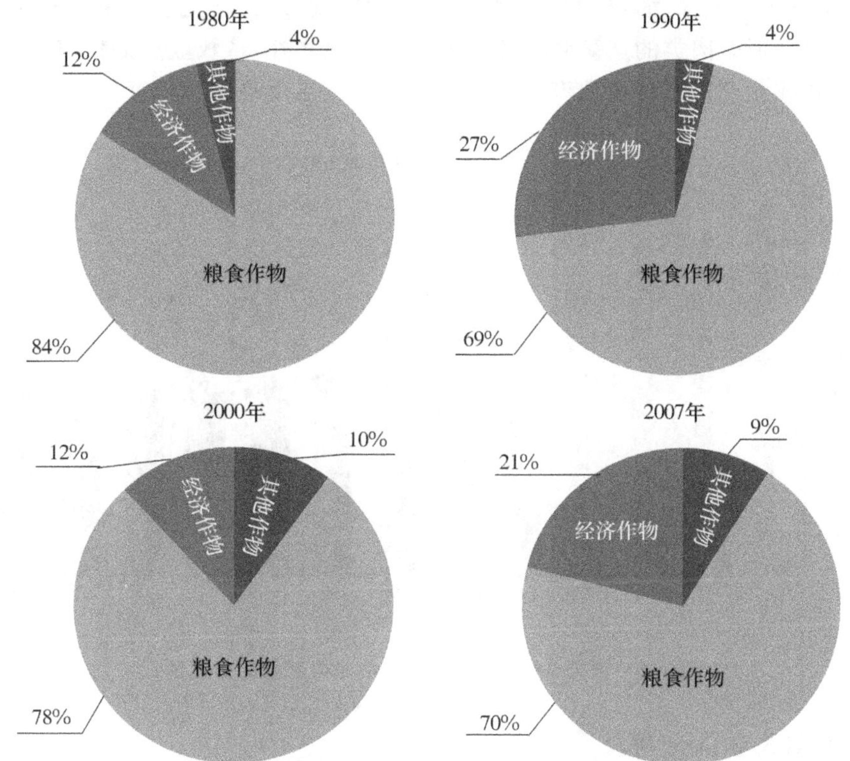

图 2-6 曲周县 1980 年以来种植业结构变化情况

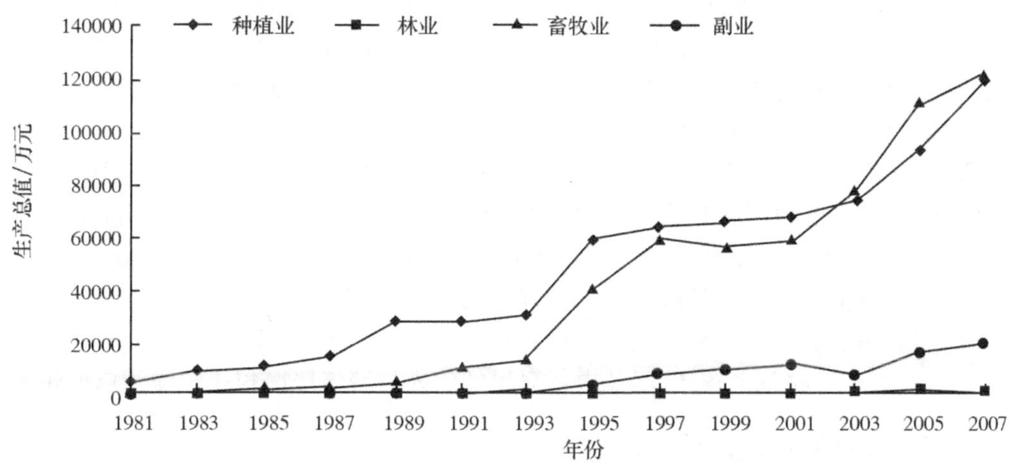

图 2-7 曲周县 1981 年以来农业结构变化情况

如图 2-8 所示，从 1983 年以来曲周县种植业与畜牧业产值占农业生产总值比重的变化情况可以看出，种植业在农业中的比重总体上降低，在 1994 年之前种植业比重降低速度比较快，而在 1994 年之后降低速度比较缓慢。畜牧业在农业中的比重总体呈上升趋势，其中在 1997 年之前畜牧业比重逐年上升，且上升速度较快，而在 1997—2007 年畜牧业比重略有波动但相对稳定，由于种植业比重有所下降，因此种植业与畜牧业比重有趋同倾向。这主要是由于随着社会经济的发展，人们的物质生活水平逐渐提高，相应的饮食消费结构也有了明显的变化。过去人们主要是依赖于玉米、面粉、大米等粮食为主的饮食习惯，肉类消费相对较少，而现在人们提高了肉类消费，那么肉类的产量就会相应提高。除此之外，畜牧业产品价格比粮食价格上升程度大，使得畜牧业产值与种植业产值所占农业总产值比重趋向于相近。

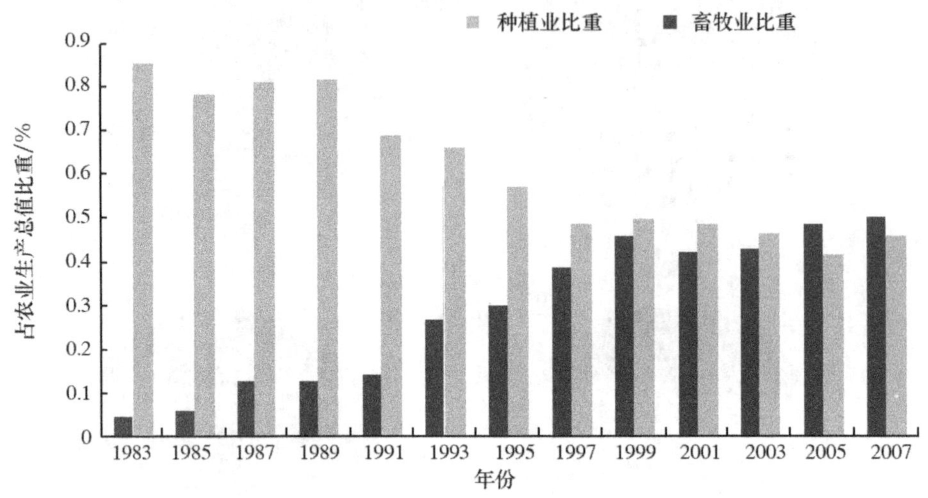

图 2-8　曲周县 1983 年以来种植业与畜牧业变化情况

2.2.4　城乡居民收入分析

如图 2-9 所示，1996—2007 年曲周城乡居民人均收入总体呈增长趋势。城镇居民人均收入由 1996 年的 2780 元增加到了 2007 年的 8412 元，增长了 2 倍；农民人均纯收入由 1996 年的 1978 元增加到了 2007 年的 4470 元，增长了 1.3 倍。由此可见曲周县的人民生活水平有了显著的提高，生活质量有了明显的改善。但是城镇居民人均收入的增长幅度大于农村居民人均收入增长幅度，由图 2-9 也可以看出城乡居民收入差距正在逐步拉大，1996 年收入差距为 802 元，城镇居民收入是农民收入的 1.41 倍，2007 年收入差距为 3942 元，城镇居民收入是农民收入的 1.89 倍。这说明曲周县的城乡居民收入存在一定的差距，且差距呈逐年增大的趋势。从图 2-10 可以看出，1996—2007 年城乡人均收入都在逐渐增长，但同时城乡人均收入差距也随之增大，最大时 2001 年城镇居民人均收入是农村居民人均收入的 2.25 倍。这与我国城乡二元结构有很大关系，农村产业主要以农业为主，二、三产业不发达，无法提供就业机会，并且依靠农业所获得收益也较低，因此农村居民的收入与城镇居民相比较增长速度较慢。

2.2.5　GDP 与财政收入分析

如图 2-11 所示，1973—2007 年曲周县国内生产总值（GDP）大体呈增长趋势，从 1973 年的 2094 万元增长到 2007 年的 43.94 亿元，增长了近 209 倍，实现了全县经济的大幅度发展，同时极大地提高了人民的生活水平。曲周县 GDP 增长速度可以分为 3 个阶段。第一个阶段是从 1973 年到 1993 年。在此阶段，曲周县的 GDP 增长率较低，增长速度缓慢，处于经济发展的缓滞期，尤其是 1973—1982 年 GDP 增长率很低，1983—1988 年增长率加快，但仍较缓慢，而从 1989 年到 1993 年期间 GDP 增长幅度很小，基本无太大增长。第二阶段是从 1994 年到 2001 年。在此阶段，曲周县的 GDP 增长率增大，增长速度加快，尤其是 1994—1997 年增长率

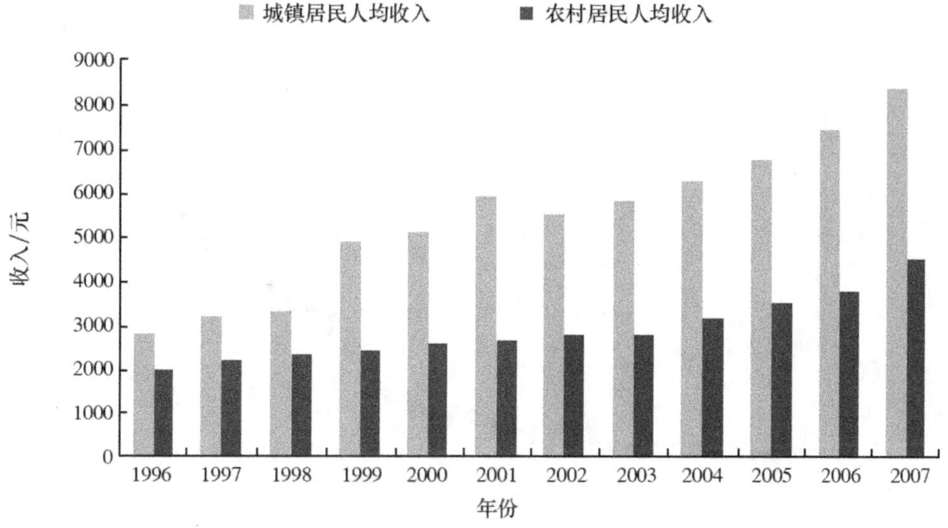

图 2-9 1996—2007 年曲周县城镇居民与农村居民人均收入

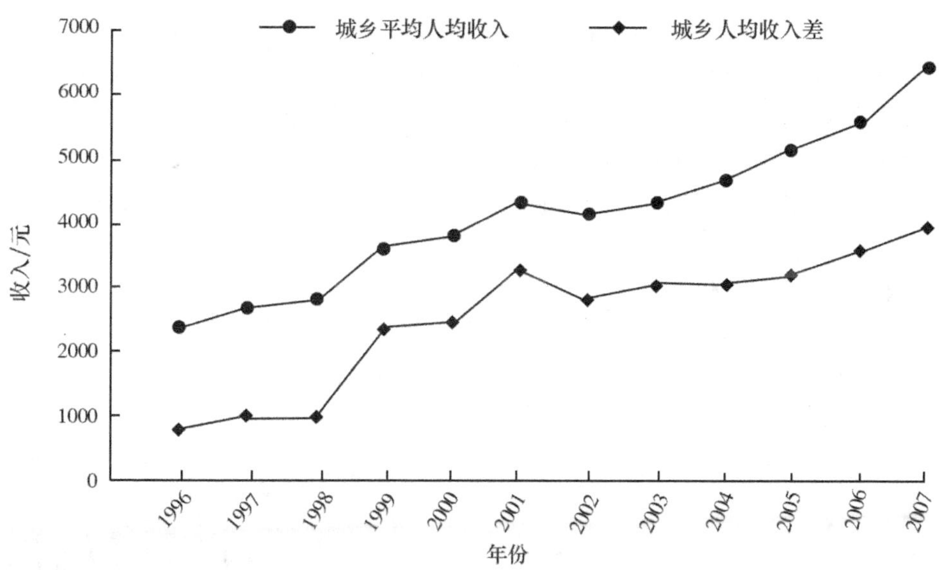

图 2-10 曲周县 1996—2007 年城乡人均收入差距

较快，1997 年到 2001 年期间增长率较之前较为缓慢，但仍然持续增长。第三阶段是从 2002 到 2007 年。在此阶段，曲周县的 GDP 增长率增大，增长速度最快，工业化、城镇化步入正轨，经济发展态势良好。

在人均 GDP 方面，从 1973 年的 79 元增加到 2007 年的 10385 元，增长了 131 倍，大幅度地提高了曲周县人民的生活水平和生活质量。人均 GDP 的发展趋势与曲周县 GDP 的发展趋势大致相同，增长趋势是基本吻合的，这表明曲周县的人口与经济发展情况是相对稳定并且较为协调的。此外，也可以看出，在 2003—2007 年以来，GDP 的增长幅度超过了人均 GDP 的增长幅度，这表明区域内的人口增长与经济增长相比较为滞后，经济增长呈现较为强劲的增长势头。

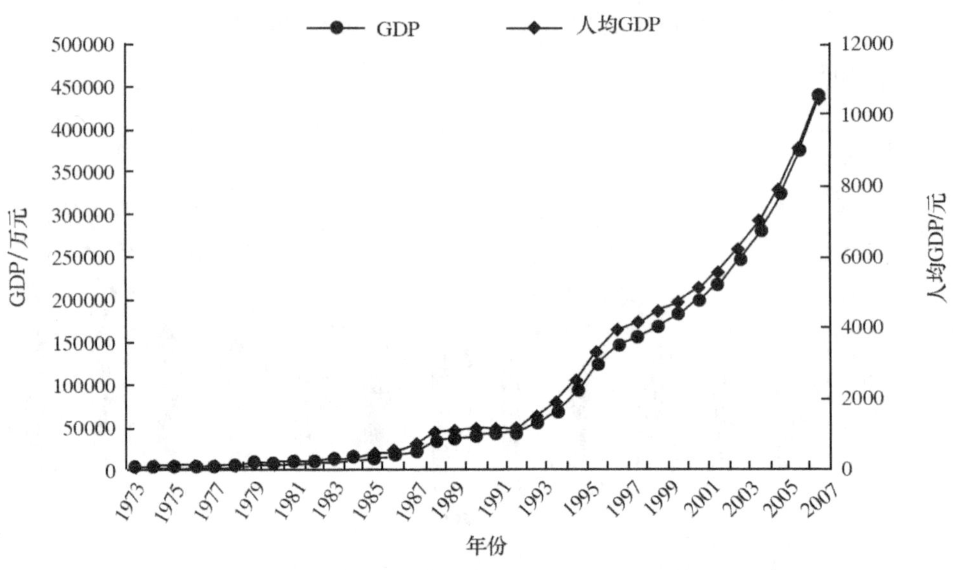

图 2-11　曲周县 1973—2012 年 GDP 增长情况

曲周县的财政收入由 1973 年的 194 万元增加到 2007 年的 10118 万元，增加了 51 倍。尽管财政收入尚不宽裕，但已经为曲周县的发展奠定了良好的基础。如图 2-12 所示，1973—2007 年曲周县的财政收入总体呈增长趋势。根据增长幅度情况可以看出，在 1973—1984 年财政收入不稳定，总体上也没有很大的增长，1985—1995 年增长明显，增长率较之前有很大提高，但仍然增长较为缓慢，1996—2002 年的财政收入增长率加快，在 2002 年时达到最高 7168 万元，但 2002—2004 年财政收入呈下降趋势，而 2005—2007 年又快速增长，尤其是 2007 年相对 2006 年财政收入增加了 44.17%。

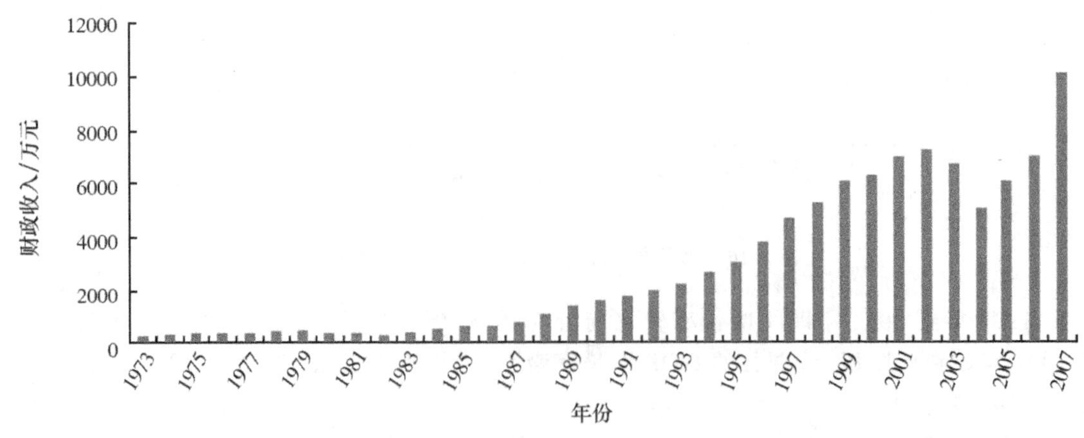

图 2-12　曲周县 1973—2007 年财政收入变化情况

2.2.6　产业结构分析

农业是一个地区经济发展的基础，发达的第二产业则是一个地区经济稳定发展的重要根基，也是面对危机冲击岿然不动的关键。服务业是内需潜力最大的产业，服务业大发展是经济社会大势所趋。

第一产业一直是曲周县的经济主导产业，支撑当地的经济发展。1990 年以来，第一产业产值所占比例呈现先增长后下降的趋势(图 2-13)，1990—1995 年，第一产业产值所占比例呈上升趋势，从 44.84%增加至 58.55%；1995—2007 年，其占比总体呈下降趋势，从 1995 年的 58.55%下降至 2007 年的 28.17%，与 1990 年相比，比重下降了约 37%。曲周县第二产业比重总体呈现上升趋势，1991—1995 年，产值比重有所下降，之后产值比重不断增加，与 1990 年相比，曲周县第二产业产值比重增加了约 25%。曲周县的第三产业也有了巨大的发展，但是所占比例仍然较低，2004 年之前，第三产业产值比重变化较平缓，2004—2006 年增长较快，而 2006—2007 年增长趋于平缓。

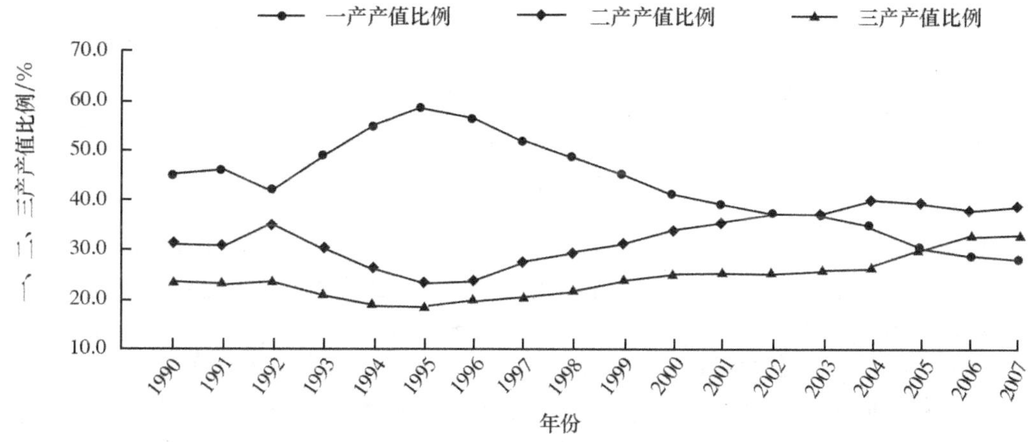

图 2-13 1990—2007 年曲周县产业结构变化

总体来看，曲周县产业结构呈现二、三产业比重不断增加，第一产业比重不断下降的趋势。2003 年，二产产值首次超过一产产值，2006 年，三产产值首次超过一产产值，曲周县产业结构处于不断调整和优化的过程中。我国 2007 年一产、二产、三产产值所占比例分别为 28.17%、39.03%和 32.79%，与全国相比，曲周县第一产业所占比重仍然较高，二产、三产所占比重偏低，曲周县是我国的粮食主产区，应该在保障粮食生产的情况下，大力发展二、三产业，特别是第三产业，从而带动经济的整体增长。

2.2.7 城镇化分析

曲周县是我国的粮食主产区、传统的农业大县，县域内人口以农业人口为主，城镇化水平较低。1995 年以来，曲周县非农业人口呈明显上升趋势(表 2-9)，非农业人口数从 1995 年的 15800 人上升到 2007 年的 29556 人，增加了约 87%。用非农人口占总人口的比例表示人口城镇化水平，曲周县人口城镇化水平从 1995 年的 4.22%上升到 2007 年的 6.99%，增长了约 60%。但是曲周县人口城镇化水平尚不足 10%，绝大多数仍是农业人口，这也从一方面表明曲周县城镇化仍然处于较低的水平。

表 2-9 曲周县非农业人口变化情况(1995—2007 年)

年份	总人口数	非农业人口数	非农业人口比例/%
1995	374606	15800	4.22
1996	373862	18965	5.07
1997	374247	19895	5.32
1998	378522	20642	5.45
1999	383702	21552	5.62
2000	393655	22644	5.75
2001	395853	23762	6.00
2002	397643	24480	6.16
2003	403897	25803	6.39
2004	409276	27557	6.73
2005	413386	28722	6.95
2006	419701	30517	7.27
2007	423093	29556	6.99

进入 21 世纪以来,曲周县城镇化进程加快。2003 年,曲周县的城镇化水平仅为 17.68%,至 2007 年,曲周县城镇化水平为 26.93%,城镇化水平上升了 52.3%,年平均增长率达到 13%。2003—2007 年我国的城镇化水平从 40.53%上升至 44.94%,年平均增长率为 2.7%,由此可见,曲周县城镇化进程迅速,城镇化水平年平均增长率是全国水平的 4 倍多。但是,曲周县的城镇化率仍较低,2007 年的城镇化率为 26.93%,远低于全国的城镇化水平,仅为全国水平的 60%(表 2-10)。

表 2-10 曲周县城镇化率(2003—2007 年) %

年份	曲周	全国
2003	17.68	40.53
2004	19.81	41.76
2005	23.44	42.99
2006	25.56	43.9
2007	26.93	44.94

总体来看,曲周县正处于城镇化水平急剧上升的加速阶段,农村人口会大量涌入城市,当地应大力发展二、三产业,吸纳农村剩余劳动力,从而推动当地城镇化进程。

2.2.8 土地利用现状分析

1997 年以来,曲周县耕地面积逐年上升,2003 年以前的增长平缓,增长幅度较低,2003 年增长幅度达到最大,之后增长平稳。2004 年之前建设用地面积增长缓慢,总体趋于稳定,2004 年以后逐年增加,且增加的幅度也在上升(图 2-14)。

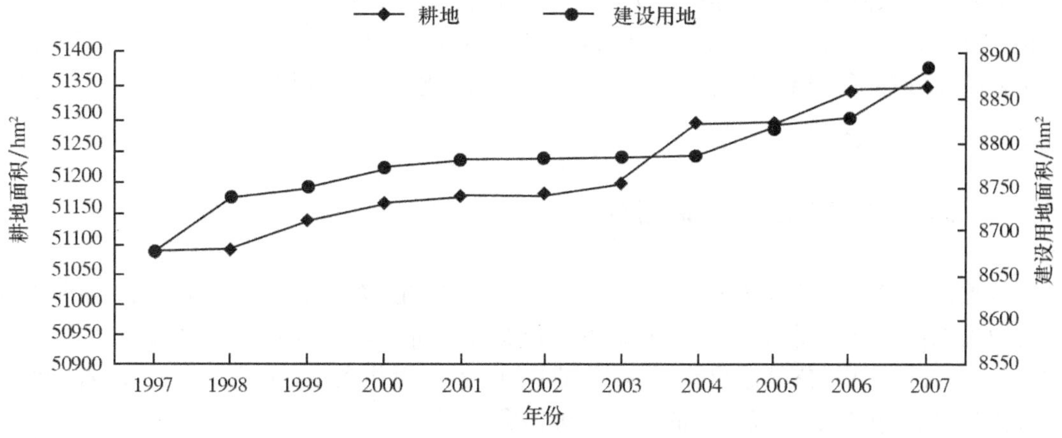

图 2-14 曲周县 1997—2007 年以来耕地与建设用地面积变化情况

曲周县是我国重要的粮食、蔬菜和瓜果类生产基地。为保障粮食、蔬菜等农产品的安全供应,必须有一定数量的耕地;保障全县生态安全,也需对具有生态功能的农用地特别是耕地进行保护;城镇化、工业化的推进将不可避免地占用部分耕地;现代农业发展和生态建设也需要调整一些耕地。但是曲周县耕地后备资源缺乏,生态环境约束大,制约着耕地资源补充的能力,农用地特别是耕地保护需要得到重视。

曲周县正处于城镇化、工业化快速发展阶段,城镇工矿用地需求量将在相当长时期内保持较高水平。推进城乡统筹和区域一体化发展,基础设施用地将会进一步增长;建设社会主义新农村,也需要一定数量的新增建设用地周转支撑。

从图 2-15 我们可以看出,1996 年以来曲周县耕地年均变化量和建设用地面积年均变化量有着一定的规律性,呈现此消彼长的态势,两种用地的年均变化量处于动态平衡中。随着耕地保护和生态建设力度的加大,可用作新增建设用地的土地资源十分有限,各项建设用地的供给面临前所未有的压力。

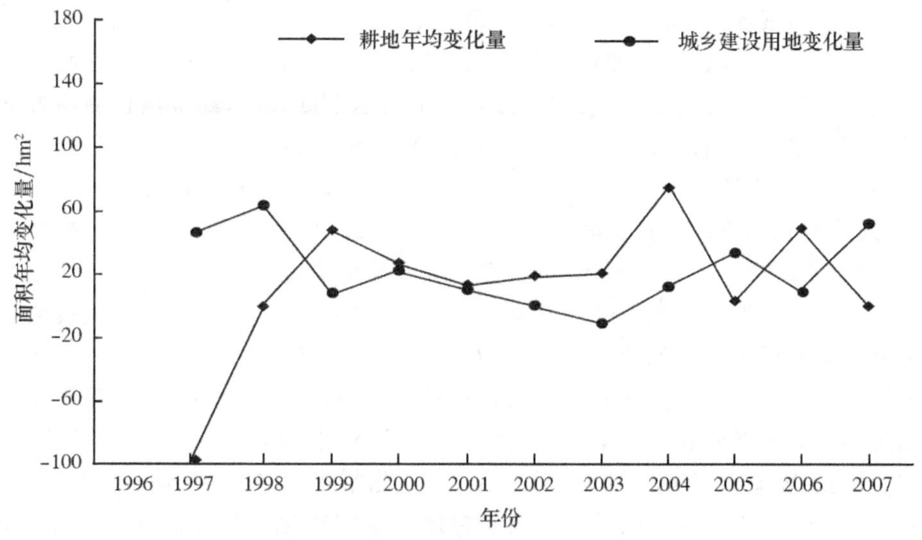

图 2-15 曲周县 1996—2007 年以来耕地与建设用地面积的年均变化量

土地利用现状是自然客观条件和人类社会经济活动综合作用的结果。今后一段时期，是曲周县经济社会发展的重要战略机遇期，也是资源环境约束加剧的矛盾凸显期。在分析土地利用面临的新形势下，需要深刻把握工业化、城镇化、信息化、市场化深入发展对土地利用的新要求，科学合理利用土地。

2.3 曲周县新农村发展战略与规划

县域是区域发展的基本单元，只有县域的全面发展才能实现区域的整体发展。在城市化、工业化的大潮中，农业农村发展已经开始迈入新的发展阶段。县域农业农村发展必须融入区域城市化、工业化之中，依靠城市化、工业化的拉动，发展现代农业，建设新农村，培育新农民，实现工业化、城市化与农业现代化的同步和协调发展。

2.3.1 曲周县发展战略选择

曲周试验区地处黄淮海平原的腹地，是平原农业县的典型代表。黄淮海平原是我国最大的平原，是大宗农产品的重要生产基地，在我国粮食安全、食物安全体系中具有极其重要的、不可替代的作用。没有农业农村社会发展的现代化，就不可能实现全国的现代化战略。我们之所以判断黄淮海平原发展进入到了一个根本性的转型期，是源于其基本理论和现实实践面临着不同于以往的形势与挑战：第一，大宗农产品生产在全国各大区中的地位均是不可替代的，但由于黄淮海平原粮棉油肉产量较高导致其进一步增产潜力受限，农业产业结构调整导致粮食生产比较效益下降，且农业生产成本不断加大，因而该区域农产品生产面临着严峻形势；第二，黄淮海平原城市、工业发展不断大规模占用耕地，导致耕地数量减少、质量下降，城市化、工业化严重挤压了农业发展空间；第三，黄淮海平原资源短缺、环境恶化的现实情况已成为制约农业经济和农村社会可持续发展的主要瓶颈。

“十一五”时期，解决好“三农”问题仍然是全党工作的重中之重，而缩小城乡差距、地区差距和贫富差距“三大差别”则是建设社会主义新农村的首要任务。改革开放30多年来，人民生活总体上达到了小康水平，但目前达到的小康还是低水平的、不全面的、发展很不平衡的小康，主要体现在城乡差距、地区差距和社会各阶层之间的贫富差距较大。尤其是多年来城乡居民收入差距呈现不断扩大的趋势，农民收入低导致消费水平低，农村经济增长的动力不足。农民占总人口的大多数，如果农民的收入不能有效提高，启动农村市场、扩大内需就成为无源之水、无本之木，实现全面小康的目标就难以达到。然而农民收入的增加单纯依靠发展传统农业是不行的，因为这样农民收入增长空间有限。提升农民收入的有效途径包括：①减少从事第一产业农民，扩大经营规模。②发展现代农业，实现农产品增值。要减少从事第一产业农民就必须大力发展二、三产业，创造充足的非农就业岗位，转移农业人口；现代农业的发展也将为吸纳传统农业剩余劳动力提供新的就业空间，提升农户的收入水平。

未来我们不能孤立地看待新农村建设，正在演进的城镇化进程可能对新农村建设产生重大而深刻的影响。如果城乡二元结构、农村投入过低、城市污染向农村转移等问题得不到有效解决，新农村建设就难以完成。同时，城镇化、工业化带来人口集聚、创造非农就业岗位的同时，也必然带来城镇、工矿空间的扩张。新农村建设与城镇化发展之间是一种相互影响、相互促进的关系，新农村建设必定是多种格局下多种因素和多种力量合力作用的结果。因此，县域新农村建设只有在城乡一体化的统一发展中才能健康发展，同时新农村建设也是促进县域发展的关键抓手。新农村建设必须发展现代农业、改善农民生活水平，为促进县域城市化、工业化创造人力资源、土地资源等方面的有利条件。

城市化、工业化背景下的新农村建设其本质是新的人地关系和社会结构的调整、空间格局的重构。在城镇发展的初期，城镇空间和人口规模比较小，城乡二元结构处于相互独立的状态，无论是空间，还是产业和人口，城乡相互影响甚至可以忽略。随着城市规模的扩大，城乡之间进入到了此消彼长的互动阶段。"生产发展，生活宽裕，乡风文明，村容整洁、管理民主"是新农村建设的基本要求。新农村建设不是单纯建设新村庄，而是要从根本上解决"农业、农村、农民"的问题。发展生产，保障粮食安全和农产品有效供给，提高农民收入，缩小城乡差别是新农村建设的核心。

县域城乡一体化新农村发展战略框架如下。

(1)空间一体化　城镇空间增长到一定规模，必然受到土地空间不足的制约。为了获得足够的发展空间，只得挤压周边乡村空间，而大量的农业空间转变为城镇空间又会引发农业空间的不足。这是一对难以克服的矛盾，因而县域城乡一体化新农村发展战略必须首先探索国土空间一体化。

(2)人口一体化　中国是人口大国，城市化将引导大量的农民进入城市。但是即使城市化达到 70%，也还会有 3 亿～4 亿人口生活在乡村区域。县域人口的就地城镇化是县域城乡一体化发展必须优先解决的关键问题，而人口城市化的核心是人口就业的非农化。

(3)产业一体化　县域是城乡融合的地区。县域中心城镇、特色集镇要根据自身特点，发展二、三产业，创造就业岗位，辐射带动乡村产业。乡村地区要充分发挥农田、景观、传统文化的优势，发展现代农业、休闲旅游等产业。在县域城乡之间形成一、二、三产业融合、一体化发展格局。

2.3.2　城乡一体化区域发展战略

在城乡一体化背景下，县域发展应统筹考虑各镇、村的资源环境条件、社会经济发展水平和历史文化传统，优化城乡空间资源和生产要素配置，引导资金和资源重点建设中心镇和中心村。镇村职能规划的目的是引导各城镇和村庄发展特色产业，强调城镇、村庄之间的分工与协作。综合考虑曲周县镇村分布、规模和管理特征，确定曲周县镇村等级有县域中心城市、中心镇、一般镇、中心村和基层村五级县域镇村等级结构。其中，曲周县城为县域的中心城市，是全县的行政、经济中心，应加大其经济发展的优势，发展成邯郸东北部的商贸物流中心；侯村镇、河南疃镇、安寨镇、第四疃镇，对曲周县的经济发展起着辅助的作用，在现有经济较厚重的基础上，逐步地完善其市场发展体系，成为曲周县重点镇，辅助中心城带动其他周边乡镇的发展；其他乡利用各自生态环境优势和农业优势，辅助中心城区与重点镇的发展。

依据国家和河北省城乡用地增减挂钩政策，确立曲周县城乡建设用地增减挂钩制度，明确挂钩工作开展的要求和程序，不断优化城乡土地利用结构，使农村居民点缩减与城镇工矿建设用地增减挂钩，推进农村建设用地整合。随着县域人口向城镇、中心村集聚，以改善农民群众的生产生活环境为目标，坚持因地制宜、以人为本、就近集中、城乡统筹、保护环境的原则，以镇村空间布局为基础，完善镇村体系，优化村庄空间布局，实现基础设施共享，引导村庄有序发展。村庄迁并应遵循以下几点基本原则和要求：①坚持城乡统筹、优化配置的原则；②坚持以

“点—轴”发展战略为指导，即向公路交通沿线、县城、乡镇和产业聚集地靠近；③地域空间上融为一体的村庄需合并；④非农产业发达、可以率先实现城市化管理的区域村庄优先迁并；⑤人口规模远低于全县平均水平的村庄优先迁并；⑥自然灾害频发、存在安全隐患的村庄需迁并；⑦位于历史文物保护区、风景名胜区内的村庄需迁并；⑧基础设施严重匮乏且难以修建的村庄需迁并；⑨重大工程建设占地需要搬迁的村庄需迁并。

2.3.3 “农业、农村、农民”三农统一发展战略

社会主义新农村全面综合反映社会文明进步的程度，不仅是一个村镇建设的问题，而且是一个村民发展的问题；不仅是一个经济建设的问题，而且是一个包括社会、政治、经济、科技、教育、文化、交通、人民生活、社会治安和社会保障等涉及社会生活方方面面的有机统一体，是农村社会综合发展程度的标志。为统筹城乡发展，应继续夯实“三农”发展基础，即加强农业基础，扶持农村发展，加快农民增收。

1. 大力发展农村产业，不断增加农民收入

当前，我国正处于传统农业向现代农业加速转变的时期。为适应这一发展趋势，必须从加强农业基础设施建设、调整优化农业结构、加快农业科技进步、提高农业装备水平、推进农业标准化生产、发展农业产业化经营、加快农业市场化进程、拓展农业社会化服务等方面入手，提高农业综合生产能力，构建适应市场经济体制要求的新型农业产业体系。

增加农民收入是建设社会主义新农村的重要目标和根本保障。必须从曲周县实情出发，按照市场经济规律，坚持以工业化思维发展农业，走工业化（重点是农产品加工业）、产业化之路，做新做优农业。一方面，努力向农业本身要效益，发展富民产业；另一方面，努力在农业之外找出路，进一步加快劳动力转移。具体做法有：①依托土地流转，大力培育规模化优势产业，实现农业产业化；②依托丰富劳动力，逐步培育劳动密集型产业集群；③依托特色农产品，大力培育农产品加工龙头企业；④以转移劳动力为重点，增加务工收入；⑤以富民创业为抓手，增加经营性收入；⑥以提高农业产业为基础，增加生产性收入。

2. 不断改善农村面貌，提高农民生活质量

扩大公共财政覆盖农村的范围，加强村庄环境整治，改善交通、街道、卫生、教育、医疗等公共基础设施，改善村容村貌，营造良好的生产生活环境，为农业发展、农村繁荣、农民富裕奠定物质基础。

新农村建设要有新面貌，在优化农村空间布局、美化农村人居环境方面，可围绕“饮水、行路、上学、用电、看病、养老”六个重点，做好“四个统筹”（统筹城乡统一规则；统筹城乡基础设施建设；统筹城乡环境整治；统筹城乡公共事业）。

3. 大力培养新型农民，全面提高农民素质

农民是新农村建设的主体，建设新农村必须重视培育新农民。要加强农民的教育和培训，使农民掌握现代农业科学技术，提高劳动技能，这不仅是提高农业科技水平的需要，更是转移农村富余劳动力的需要。

建设新农村，必须加大人才开发力度，全面提高农民素质，培养和造就大批有文化、懂技术、会经营和具有自立意识、合作精神、法制观念、创业本领的新型农民，这是建设社会主义新农村的力量源泉。具体做法有：以提高文化素质为突破口，丰富农民知识；以提高科技素质为

突破口，增强农业后劲；以提高人文素质为突破口，树立农村新风。

2.3.4 “资源—环境—经济—社会”和谐发展战略

要促进县域地区的快速发展，不仅仅是推动经济的快速增长，更要考虑到影响县域地区发展的环境、资源、社会因素，促进县域地区全面协调可持续发展。县域地区作为特定区域空间上社会、经济、环境、资源各子系统相互联系、相互作用、相互制约，组成的具有一定结构和功能的一个复合系统，协调发展是指各个子系统在协调状态下，以县域地区复合系统的功能为目标，引导复合系统向更加有序、均衡、和谐和互补状态进化的优化定向动态过程。为实现曲周县整体资源、环境、经济、社会协调发展水平的进一步提升和持续稳定发展，必须在促进经济社会发展的同时，从曲周县区域发展的资源与环境观角度，转变经济发展模式、调整社会结构。

实现县域城乡一体化的关键环节是要统筹城乡劳动力、土地、资本和技术等生产要素，实现生产要素在城乡间的合理流动和优化配置，实现各类资源的高效、节约利用。首先，统筹城乡工业的资源要素，发展各自具有比较优势的行业。城市工业可利用资金、技术、人才等能迅速集聚的优势，偏重发展一些高技术含量的产业门类和产品。乡村工业应按照市场需求变化，调整企业经营内容和经营方向，大力发展有农村资源优势、传统工艺和特定市场优势的特色产业。其次，实施城乡平等和城乡一体化的产业政策。按同一产业政策标准，在市场准入、财政金融支持、土地占用、劳动就业与人才引进、科技攻关以及技术改造等方面，采取一种政策、一种待遇。再次，处理好发展工业和加强农业的关系，促进工农业协调发展。在继续推进城市工业化的同时，必须加强农业的基础地位。要加大对农业的支持和保护力度，增加对农业的投入。最后，要统筹利用城乡自然资源，大力提倡节水节电节能，建立和谐的人和自然关系。

为建设资源节约型和环境友好型社会，实现乡村建设宜居便利、卫生健康、治理有效的目标，在新农村建设过程中应遵循以下几个原则：①节约土地，推进迁村并点工作，克服村村点火、处处冒烟、企业遍地开花等用地浪费现象；②节约能源，主要有节水和清洁能源的使用这两方面；③大力发展循环经济，实现清洁生产；④加强污染治理，解决工业遍地开花以及乡镇企业的污染问题；⑤解决农村用地布局散、乱等问题；⑥加强农村生态系统的保护，重点关注乡镇和村办企业污染防治，污水未经处理乱排乱放问题。

通过体制与机制的完善、资源与要素的整合、空间的整合、技术的升级、产业的转型，大力发展知识技术密集型产业、新能源产业、新材料工业，大力推进节能减排，加大环境保护与生态建设力度，深入推进资源节约型和环境友好型社会的建设，大力发展循环经济与生态经济，发展集约型、节约型、高效型、持续型与低碳型经济，力求实现县域城乡间社会效益、生态效益与经济效益的共赢。

2.4 新农村发展的技术需求与配置

黄淮海平原是我国最早开展新农村研究的地区。20世纪80年代，辛德惠院士就提出“农业农村发展三阶段理论”，研究目标随着地区社会经济发展的要求也一直在扩展，即从中低产田治理和农业结构调整的研究，到农业综合发展及绿色产业基地建设研究等。

这种转折也正是变革中的平原农业生产和农村经济所提出的挑战：第一，保障国家粮食安全及主要农产品供给是黄淮海平原农业发展的责任，亟须通过科技创新，突破制约瓶颈，实现大面积均衡增产；第二，改善农村生态环境是新农村建设的关键，阻断和治理污染急需环境友好型循环农业技术体系及其生态保育模式；第三，规模化生产、产业化经营是传统农业走出困境的有效途径，是新农村建设和发展的必然要求；第四，建立高效的农村社会化服务体系是黄淮海粮食主产区建设社会主义新农村的重要推手；第五，建设社会主义新农村是黄淮海平原统筹城乡社会发展，实现全面小康，建立和谐社会的必由之路。

曲周试验区是国家和河北省科技攻关建立最早的试验区之一，是黄淮海平原的典型代表。历史上旱涝碱咸的综合危害限制了这一地区农业生产的发展。从1973年建立试验区以来，经过“六五”“七五”攻关研究与实践，提出了“浅层咸水型盐渍化低产地区综合防治规范化配套技术”等一系列重大成果，建立了典型示范区。到“七五”结束时，曲周试验区盐渍化农田生态系统的主要限制因子已基本得到治理，初步建成了高产稳产的优化农田生态系统，粮食平均亩产(播亩产量)由100 kg提高到350 kg；农民人均总收入由不足百元提高到1500元，完成了农业、农村发展的综合治理开发阶段的任务，农业生产条件有了明显的改善，障碍性因子的消除取得了重大进展，农业生产水平有了较大幅度的提高。“八五”“九五”期间，曲周试验区的攻关研究，已经开始从综合治理开发阶段转向综合农业阶段。试验区平均粮食耕地亩产达到900 kg以上，人均收入达到2400元。“十五”期间，开始建立绿色农业产业基地，优化农业产业结构，研究开发无污染农产品生产技术体系，形成优质农产品系列化开发及其产业化经营体系，人均收入达到了3552元。但是，仍然存在一系列亟待解决的问题：

第一，局部高产、超高产典型已经形成，但是中低产田的面积仍占相当比重，各地农业生产条件差异较大、管理水平参差不齐，区域性大面积均衡增产、提高土地利用效率、增加农产品比较效益方面等仍有许多技术问题没有解决；

第二，农村废弃物数量大、污染严重，资源化利用关键技术筛选与集成问题亟待突破；

第三，家庭联产承包责任制的弊端逐步显现出来，经营规模小、抗风险能力差、市场信息不灵通，农业产业化经营和建立高效的农村社会化服务体系势在必行；

第四，新农村建设中还存在缺乏统一规划、布局混乱、偏重盖楼、忽视产业支撑等问题，必须因势利导地在城乡一体化进程中建设社会主义新农村。

针对上述问题，“十一五”期间，本课题组深入贯彻党的十六届五中全会关于建设社会主义新农村“生产发展、生活宽裕、乡风文明、村容整洁、管理民主”的总要求，以生态学理论、区域综合发展理论、农业农村发展三阶段理论为指导，立足黄淮海平原粮食主产区建设社会主义新农村的实践，在国家科技支撑计划“黄淮海粮食主产区新农村建设关键技术集成与示范(2008BAD96B03)”“农村典型区域生态环境监测和整治关键技术集成与示范(2006BAJ10B06-2)”“粮食主产区农田生态健康管理关键技术研究与示范(2006 BAD02A15)”“农村粮食生产信息化技术研究(2006BAD10A1202)”；国家高技术研究发展计划“863计划”课题“粮食丰产数字化管理技术研究应用(2006AA10Z271)”“水盐调控精量灌溉技术(2006AA100207)”及河北省科技支撑计划“太行山山前平原农业综合生产能力提升关键技术研究(06220101d)”课题经费的资助下，重点解决该区域提升农业综合生产能力、增加农民收入、改善农村环境、完善农村社会化科技服务体系等关键技术问题，研究提出以生态保育和规模农业为支撑的新农村建设推进模式及其技术体系，建立黄淮海平原粮食主产区科技型新农村示范区，为建设该区域社会主义新农村提供技术支撑和示范样板。

2.4.1 课题设计

结合党的十六届五中全会关于建设社会主义新农村的精神和辛德惠院士的"农业农村发展三阶段理论",课题组针对黄淮海粮食主产区农业农村发展的现状,对如何理解新农村建设的内涵、如何处理新民居建设和发展生产、增加农民收入、如何实现村容整洁、如何提升农民素质等问题开展研究,在试验区多年研究积累的基础上,提出了以促进生产发展和增加农民收入为新农村建设的第一要务、村容整洁和新民居建设是新农村建设基本要求、农民素质提高是新农村建设的终极目标。

在本区域局部高产、超高产典型的涌现和中低产田仍占相当比重的现实条件下,针对如何解决区域性大面积均衡增产、提高土地利用效率、增加农产品比较效益的问题,农村废弃物资源化利用关键技术筛选与集成问题,农业经营与社会化服务支撑技术问题,城乡一体化建设社会主义新农村的问题等,本课题以生态学理论和区域综合发展理论为指导,立足黄淮海平原粮食主产区建设社会主义新农村的实践,重点解决该区域提升农业综合生产能力、增加农民收入、改善农村人居环境、完善农村社会化科技服务体系等关键技术问题,研究提出以生态保育和规模农业为支撑的新农村建设推进模式及其技术体系,建立黄淮海平原粮食主产区科技型新农村示范区,为建设该区域社会主义新农村提供技术支撑和示范样板。

2.4.2 基本思路

基本思路(图 2-16)。

2.4.3 主要研究内容

1. 大面积高产高效均衡增产集成技术研究

针对黄淮海粮食主产区粮食生产中粮棉、粮油争地以及大面积粮食作物生产中存在的生产条件空间分布不均衡、中低产田以及冬闲田面积大、高耗能高成本、水资源短缺以及产品品质与产量不平衡等问题,通过创新种植制度、土壤培肥、节水农业、节本增效技术以及现代化农业装备的组装配套,提高水土光热资源的利用效率,减少化肥、农药、农膜等化学物质施用量,降低生产成本,提高农业生产的效率与效益,并且通过作物管理系统保证区域粮食生产稳定增产,进而为新农村建设提供第一性产品的保障和增加农民收入。

1)小麦玉米大面积均衡增产技术体系

以区域宏观分析、农户调查和专家问卷调查为主,结合冬小麦—夏玉米生产潜力的模拟估算,并运用实地试验数据,采用理论分析与实证研究、宏观分析与微观分析相结合的方法,对影响黄淮海平原冬小麦—夏玉米两熟生产潜力发挥的主要限制因素进行系统的研究。建立区域作物栽培管理系统,优化品种结构、因土种植、测土配方施肥(有机无机配合),集成秸秆还田、节水种植、规范化管理措施和农业技术装备,降低生产成本、提高资源利用率和劳动效率,实现区域粮食产量的大面积均衡增产。

2)棉花冬闲田高效利用技术体系

针对本区春播棉花种植面积大、冬闲田利用效率低、地膜和农药使用量大等突出问题,重点研究棉花工厂化育苗、机械化移栽以及棉麦两熟种植技术,充分利用冬闲田,减少棉田"白色

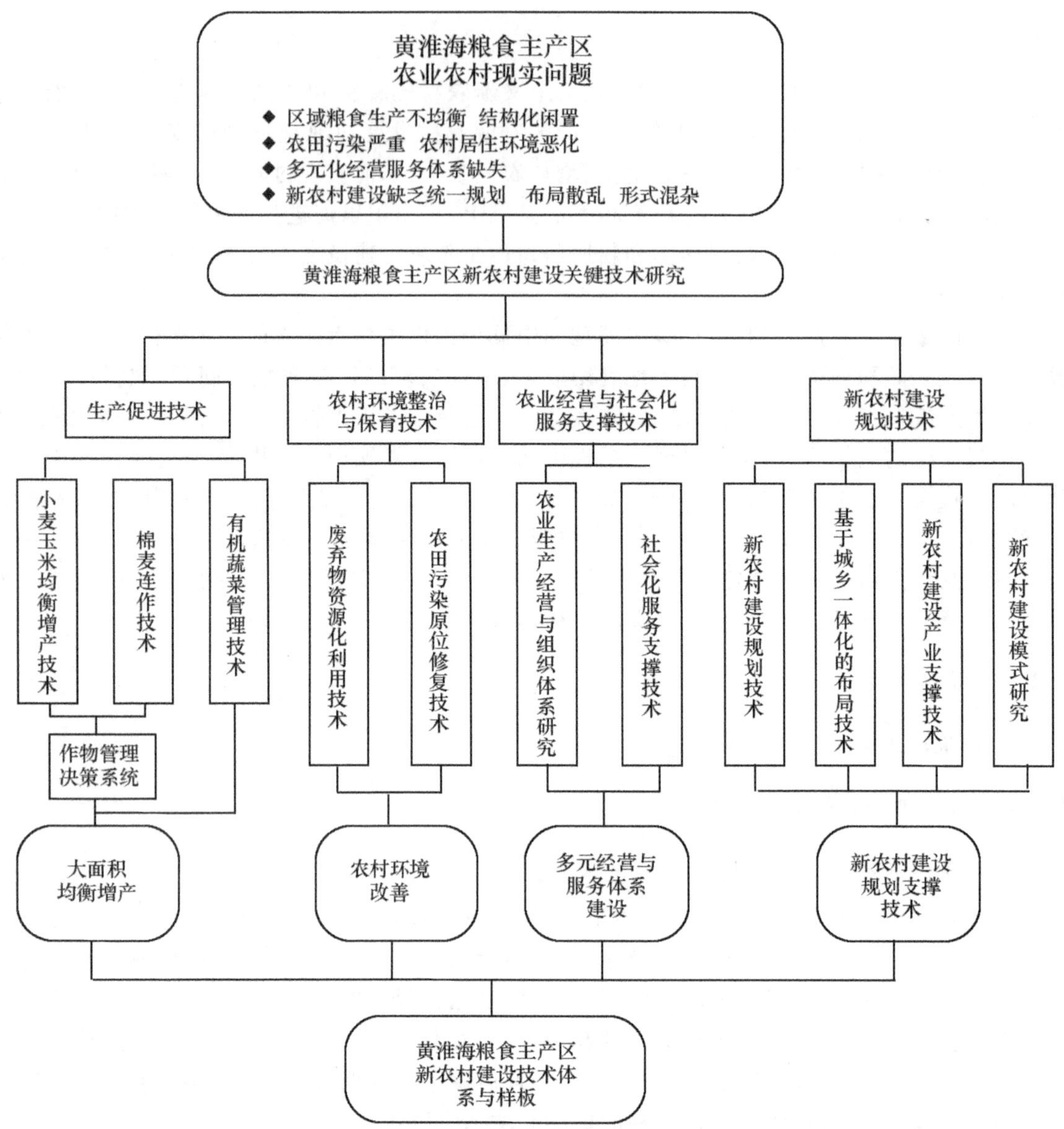

图 2-16 黄淮海粮食主产区新农村建设技术路线框图

污染”和农药化肥污染，提高农田利用效益，缓解粮棉争地矛盾，通过棉花栽培管理决策系统的应用，实现粮棉均衡增产的目的。

3)保护地有机蔬菜生产技术

本研究从土壤可持续发展及土壤健康培育入手，以提高农田收益为目的，以日光温室有机、无公害与常规蔬菜长期定位试验为基础，通过探讨不同蔬菜生产模式下土壤养分、作物产量、硝态氮累积，评价不同栽培模式对土壤健康作用，并对 3 种模式的长期持续性进行综合评价，为建立一套科学的土壤健康评价和有机蔬菜生产技术体系，为新农村建设过程中增加农民收入、促进农民就地转业、改善居民生活质量提供参考。

2. 农村分散型废弃物处理与综合利用技术研究

针对农村环境污染严重，生产、生活环境恶化等现状，研究提出农村废弃物监测、管理及资源化利用和污染原地修复技术，治理污染，改善生产生活环境条件，美化乡村，保护生态。其中，针对农村废弃物(作物秸秆、残留农膜、生活垃圾、畜禽废弃物等)种类多、规模大、分散化的特点，研究废弃物收集、分选以及分类处理和资源化利用技术，重点研究小型有机废弃物生物处理与堆肥技术、沼气生产利用技术(关键解决沼气池结构和防护以及周年产气、稳定供气的问题)和农田污染物的原位修复技术，为新农村建设提供布局合理、井然有序的环境条件。

3. 农业经营与社会化服务支撑技术研究

社会主义新农村建设涉及农业、农村、农民、经济、社会、生态环境等各方面，而首要任务还是“生产发展”。针对目前黄淮海粮食主产区存在农业生产规模小、生产经营机制差、资本技术集约度低、农产品竞争力差、生产与市场营销脱节、农产品产业链条短、抗风险能力差、经营效益低、可持续性弱、农业服务体系散乱等问题，研究新农村建设中以农户为主体、以村庄为核心的农业生产经营与组织体系，提出以信息技术为平台的社会化服务支撑技术。

1)新农村农业经营与组织体系研究

以充分发挥比较优势为基础、延伸产业链为途径、提高农产品质量为核心，研究黄淮海粮食主产区的特色农业和优质高效农业经营体系，并提出三种典型模式，即以提升产品价值和品质为核心的有机蔬菜专业化生产经营模式、以延伸粮食产业链为核心的粮食生产加工一体化生产经营模式、以企业为龙头面向市场的产业化经营模式，为增加农民收入、提高农业产业收益提供技术支撑。

2)社会化服务支撑技术研究

针对目前农村社会化服务组织数量不足、服务质量不高、组织管理混乱、针对性不强等现状，采用先进的网络信息、田间信息采集与传输技术，结合生产管理决策系统和空间数据库，研究以农业信息化技术为主要手段的农业社会化服务体系，在农业生产和新农村建设中发挥了重要作用。

4. 黄淮海平原粮食主产区新农村建设研究

新农村建设不是拆旧房、建新民居，不是搞形象工程，而是实实在在地发展生产、富泽农民、整治环境、提高农民素质。在上述大面积均衡增产技术和农村废弃物资源化利用技术集成应用、农业产业化经营模式形成和农业科技服务体系构建的基础上，农业生产条件和农产品产量得到较大提高、农民生活水平显著改善、农村环境表现出整洁和卫生、农业加工业水平和科技服务水平进一步提高，为新民居建设提供了基本保障。在此基础上，针对目前黄淮海粮食主产区新农村建设存在布局散乱、建设混乱、流于形式、复制城市、政绩工程等诸多问题，研究提出基于县域的新农村建设规划的理论框架、多层次的新农村规划技术、基于城乡一体化的规划布局技术和新农村建设产业支撑技术，并选择典型村庄开展示范研究。

第3章

农业资源利用与环境管理

3.1 问题的提出

3.1.1 农业资源利用

1. 农业资源的概念

农业资源就是人们从事农业生产或农业经济活动所利用或可资利用的各种资源，包括自然资源和社会资源。所谓农业自然资源，是指自然界存在的、可作为农业生产原料的物质和能量来源及农业生产所必要的环境条件。农业社会资源包括社会经济和技术中可用于农业生产的各种因素，主要有人口、劳动力、科学技术及其装备、信息与管理等。

习惯上把农业自然资源分为气候资源、土壤资源、水资源、生物资源和土地资源五大类。有学者认为，农业资源是光、热、水、土、肥、气及其他生产要素与生命物质组成的一个相互联系、彼此依存的耦合系统。

农业经济社会资源范畴有较大分歧，资源经济学者称其为“社会资源”，生态经济学者称之“生态经济资源”；对其分类则更显混乱，有人将其分为社会、经济、技术3类，还有人将其概括为物化劳动（资本）、劳动力（体力、智力）、科学技术、信息和管理等5个类别。

2. 农业资源利用

现代农业发展中出现了日益尖锐的生态与经济的矛盾，动摇着农业作为国民经济发展的基础。发展农业的实质是充分合理利用自然资源。为实现经济社会的可持续发展，一个十分重要的问题是在认识客观生态经济规律的基础上，明确指导农业资源利用的基准点，做到既要把农业资源利用起来，又要把它保护起来，进而提出我国农业资源利用的方向。

在可持续发展思想指导下，着力提高农业自然和经济社会资源利用效率是资源持续利用思想在农业生产中的具体化。在判定农业资源利用效率时，国内有些学者认为，不能仅以农产品产出状况为依据，而判别“高效”利用的第一位标准应当是农业自然资源的开发利用必须可持续。因而，农业资源利用效率隶属于在同等条件下少投入资源获得同样多产出或投入同样多资源获得更高产出的资源高效利用定义范畴。

3.1.2 中国农业资源利用面临的问题

目前，中国在农业资源利用方面存在的问题千头万绪、错综复杂，但从态势的紧迫性和严重性来看，主要体现在以下几个方面。

1. 水资源严重不足，且污染严重

水资源严重不足，水体污染也对水资源利用造成影响。中国人均水资源 2220 m^3，虽然属轻度缺水，但是水资源的分布很不均匀。占中国人口 1/2，也是粮食主产区的北方人均水资源只有 900 m^3，属于重度缺水。中国降水量南北分布严重不均和年际间变异大。占粮食播种总面积 55%的重要农业区，水资源只占中国总量的 14.4%，而且旱灾频繁，雨季降水集中且多暴雨，易造成涝灾。1991 年以来，中国耕地每年干旱受灾面积约 2700 万 hm^2，由此而减产粮食 2800 万 t。为了解决北方水资源的缺乏问题，国家从 2002 年投巨资开始建设“南水北调”工程，但在工程的施工和运行中，应注意防止沿线农业生产、工业生产等可能对水体造成的污染问题。

2. 人均耕地少，土壤环境安全问题日趋严重

中国人口众多，人均耕地 926.7 m^2，不到世界人均水平的 40%。2006 年中国耕地面积为 1.218 亿 hm^2，比上年度末的 1.221 亿 hm^2，净减少 30.68 万 hm^2。实行家庭联产承包责任制后，户均农田规模(0.5 hm^2左右)太小，致使农业规模效益得不到发挥，机械化水平较低，农业劳动生产率因此长期“居低不上”。2006 年中央明确提出，要坚守中国耕地不少于 1.2 亿 hm^2 这条红线。关于地力衰退以及土壤污染问题，由环境保护部和国土资源部于 2014 年 4 月 17 日公布的《全国土壤污染状况调查公报》指出：全国土壤环境状况总体不容乐观，部分地区土壤污染较重，耕地土壤环境质量堪忧，工矿业废弃地土壤环境问题突出。工矿业、农业等人为活动以及土壤重金属背景值高是造成土壤污染或超标的主要原因。全国土壤总的超标率为 16.1%，其中轻微、轻度、中度和重度污染点位比例分别为 11.2%、2.3%、1.5%和 1.1%。污染类型以无机型为主，有机型次之，复合型污染比重较小，无机污染物超标点位数占全部超标点位的 82.8%。从污染分布情况看，南方土壤污染重于北方；长江三角洲、珠江三角洲、东北老工业基地等部分区域土壤污染问题较为突出，西南、中南地区土壤重金属超标范围较大；镉、汞、砷、铅 4 种无机污染物含量分布呈现从西北到东南、从东北到西南方向逐渐升高的态势。

随着农业集约化程度的不断提高，中国面临的土壤环境安全问题将愈加突出。只有首先保证“净土”，保证“洁食”的目标才能实现。

3. 商品能源日趋紧缺

1988 年中国农业五项主要生产资料(化肥、农用电、农机、燃油及农药)所耗的商品能源利用处于高消耗、低效率状态。中国估计石油总储量为 300 亿～600 亿 t，最终可采量为 150 亿 t，以目前的开采速度，到 2030 年现有资源将只剩下 18%，到 2037 年将全部耗尽。1993 年中国首次由石油净出口国变为净进口国。2004 年原油进口量达到 1.5 亿 t，中国原油对外依存度增长至 42.1%。石油资源成为我国能源安全的核心问题。《2014 年中国能源报告》指出：能源供应总量保持增长但自给率继续下降。2013 年，中国一次能源生产总量为 33.9 亿 t 标准煤，同比增长 2.1%，能源自给率为 90.4%，同比下降 1.6%。因此，只有进行农业生产方式的变革，提高能源、资源等的利用效率，不断降低生产成本，才能保证农业生产的可持续发展。

4. 劳动力资源过剩

经典的经济学把资金、土地和人力不足并称为农业经济发展的基本限制(稀缺)因素，而人力这一个因素在中国情况却正相反，劳动力严重过剩已成为农业发展难以克服的障碍因子。据统计，有的种植业劳动力一年在农田的有效劳动时间不足 20 日，其余时间则赋闲在家，直接限制了农民收入的提高。而目前农业生产力的水平只需要 1 亿左右的劳动力，农业劳动力隐性失业率在 80%以上。目前我国存在至少 3 亿的过剩劳动力，而且还在随农村人口增长而增加。中国农业劳动力不仅存在这种数量上的绝对过剩，而且科技文化素质偏低。

5. 农业生物资源及生态环境面临的问题与挑战

未来中国农业耕地将进一步减少。到 2030 年前后，中国人口预计将从 13 亿增至 16 亿。要满足人民群众对农产品的需求，就必须在既有土地上不断提高农产品产量。这就意味着对耕地使用的集约化程度，将必然比目前已达到的相当水平再有大幅度的提高，这将是未来几十年中国农业的必然趋势。而国际科技界的一种共识是，农业的集约化与生态、环境安全之间有着尖锐的矛盾。显然，如何化解这一矛盾必将成为农业科技的长期任务。国际经验证明，在人均 GDP 超过 3000 美元后，对畜禽产品的消费量必然大幅度增长，与其相适应，畜牧业的集约化程度必然迅速提高，而集约化程度很高的荷兰畜牧业和美国的北卡罗来纳州的养猪业等对环境造成严重污染的典型事件，已经成为前车之鉴，如不采取措施，中国在这方面极可能会重蹈覆辙。

3.1.3 环境管理

1. 环境的概念

在环境科学中，所谓环境，系指围绕着人的全部空间以及其中一切可以影响人的生活与发展的各种天然的与人工改造过的自然要素的总称。由此可见，环境是个很大的概念。按要素分，有自然环境与社会环境。自然环境包括大气、水、土壤、地质、矿藏、生物、星球、宇宙等；社会环境包括聚居环境(院落、村镇、城市等)、生产环境(厂矿、农场等)、交通环境(车站、港口等)、文化环境(学校、剧院、风景名胜、自然保护区等)。按环境的功能分，有劳动环境、生活环境、生态环境、区域环境、流域环境、全球环境等。

从环境的法律定义说，各国不同时期对它的表述方式有所不同，反映出不同时期人们对环境认识的发展及立法的目的。例如，1989 年 12 月颁布施行的《中华人民共和国环境保护法》的第二条对环境的界定是："本法所称环境，是指影响人类生存和发展的各种天然的和经过人工改造的自然因素的总体，包括大气、水、海洋、土地、矿藏、森林、草原、野生生物、自然遗迹、人文遗迹、自然保护区、风景名胜区、城市和乡村等。"可见，法律规定的是一个"大环境"的概念，既包括自然环境，也包括人工环境；既包括生活环境，也包括生态环境。

2. 环境的功能

人们对环境的功能作用与价值是逐步认识的。迄今，人们认识到环境至少有以下四大功能：

(1)提供资源　人们的衣、食、住、行和生产中所需的各种原料，无一不来自自然环境、江河湖海、土地、矿藏、森林、草原等，上百万年以来，它们一直给人们提供着大量的资源。随着人口增加和经济增长，一些不可再生资源已日见稀缺。

(2)消纳废物　存在于大气、水体和土壤中的大量微生物能够分解环境中的一些有机废物,将它们转变成为稳定的无机物,如水,CO_2、O_2等,又重新进入不同元素的循环中。环境这种消纳废物的能力称之为"环境容量"。但某些人工合成的有机物(如塑料薄膜、有毒化学品等)难以被微生物降解,或者很难在短期内被分解,遂成为环境公害。

(3)美学与精神享受　秀美的山川、有意义的自然景观与人文遗迹可以愉悦人的心情、陶冶人的情操,每年都吸引成千上万的人来此观光旅游。

(4)生命支持系统　人类不可能孤零零地生活在这个星球上。自然界中,由上千万种生物物种及其生态群落和各种环境因素构成的系统正在支持着人类的生存。目前人类还离不开地球环境这个生命支持系统。

3. 环境管理的提出与发展

1)从"环境冲突"到"环境管理"

现代意义的环境保护通常以1972年的联合国第一次人类环境会议作为第一个里程碑。近200年的产业革命,到了20世纪五六十年代,污染已到了人类忍无可忍的地步,典型的有"八大公害"事件。其时,美国、西欧、日本等工业化国家不断发生"环境冲突"。

1970年4月22日,美国环境保护主义推动的2000万人上街,吹响了公众广泛参与环保的号角。美国《国家环境政策法》于1970年元旦批准生效,同年12月,美国国家环境保护局成立。联合国于1972年6月5日在瑞典斯德哥尔摩召开了第一次人类环境会议。会议通过的《人类环境宣言》指出:"现在已经到达这样一个历史时刻,我们在决定世界各地的行动时,必须更加审慎地考虑它们对环境造成的后果。""为当代和将来的世世代代保护和改善人类环境,已经成为人类的一项紧迫的目标。"这次会议还决定建立一个新机构——联合国环境规划署(UNEP)。

1974年,UNEP和联合国贸易与发展会议(UNCTAD)在墨西哥召开"资源利用、环境与发展战略方针"专题研讨会,会上形成3点共识:①全人类的一切基本需要应当得到满足;②要进行发展以满足基本需要,但不能超出生物圈的容许极限;③协调这两个目标的方法即环境管理。这样,"环境管理"概念便首次被正式提出。同年,休埃尔在其《环境管理》一书中指出:"环境管理是对损害人类自然环境质量的人为活动施加影响。"环境管理的含义也在不断经历着变化与发展。20多年来,环境保护经历了从消极的"公害治理"与应对"全球性环境问题"(如臭氧层耗损、全球变暖、生物多样性消失、荒漠化、海洋污染等)到着手实施"可持续发展"的阶段;管理理论从"管理科学"和"行为科学"这两大流派分别发展到同"系统理论"结合而形成"系统管理理论",从"双因素论"到"多因素论",从"封闭系统"到"开放系统";经济学也经历了围绕罗马俱乐部的"零增长"论到新古典经济学派的"自我限制"论与美国经济学家鲍尔丁的"宇宙飞船经济"论的变迁,并在福利经济学、发展经济学的基础上发展形成了环境经济学理论。同时,围绕全球性环境问题,法学理论也有很大的发展。

目前,关于环境管理的定义尚无完全一致的结论,参照刘天齐主编的《环境保护通论》中的主要观点,可将环境管理概述如下:运用行政、法律、经济、科技与教育等手段,预防与禁止人们损害环境质量的行为,鼓励人们改善环境质量的活动,通过全面规划、综合决策、制定环境目标、选择行动方案,正确处理发展与环境的关系,实现既满足当代需求又不危及后代人满足其需求能力的发展。

2)环境管理的理论基础

(1)生态学理论　包括自然生态系统(由各种各样的生物物种、群落及其生境构成。小如一滴水、一片草地,大如江河湖海、森林、草原乃至生物圈)及其功能、人工生态系统、系统功能协调、生物多样性、生态平衡等。

(2)管理理论　包括系统管理理论(系统工程、系统分析、环境系统分析、系统预测、系统决策等)和工商管理理论等。

(3)经济学理论　包括环境资源的稀缺性和资源的资本化管理、环境资源的供给与需求、供求弹性、均衡理论(帕累托最优性)、外部性理论及其管理策略(税费、市场、法制、规划、绿色账户等)。

(4)法学理论　包括环境权、环境损害的责任与赔偿及其复原、国家主权与全球性环境问题及全球资源管理等。

3)环境管理的不同种类

(1)按环境管理的范围分　资源(生态)管理:包括可再生的与不可再生的各种自然资源的管理。如水资源、海洋资源、土地资源、矿藏资源、森林资源、草原资源、生物资源、能源等的保护与永续利用。

区域环境管理:包括国土整治、大经济协作区或流域环境管理(如淮河流域、太湖流域水污染防治)、城市环境管理、海洋环境管理、自然保护区建设与管理等。

部门环境管理:包括工业(如冶金、化工、轻工等)、农业、能源、交通、商业、建筑业环境管理等。

(2)按环境管理的性质分　环境规划与计划管理:组织制定、督促检查和调整各地方、各部门的环境规划与计划,使其纳入国家或地方的国民经济与社会发展计划并付诸实施。

污染源管理:包括点源管理与面源管理。不只是消极地进行"末端治理",更要积极地推行"清洁生产"。其中,特别要针对污染者的特点,实施有效的法规和经济政策手段。

环境质量管理:环境管理的核心是保护和改善环境质量。通过调查、监测、评价、研究、确立目标、制定规划与计划,科学地组织人力、物力去逐步实现目标。实施中,要经常进行对照检查,采取措施纠正偏差。

环境技术管理等:包括环境法规标准的不断完善、环境监测与信息管理系统的建立、环境科技支撑能力的建设、环境教育的深化与普及、国际环境科技的交流与合作等。

3.2　农业资源与环境现状调查与评价

围绕农药、农膜、化肥对农田的污染,重金属等对农田及水体的污染,开展了全面的调查和分析,进而采用单因素指数法和综合指数法对曲周县农田及水体污染状况进行了评价,形成了农田及水体环境质量调查及评价技术体系,建立了环境监测数据库,为下一步开展定点监测提供了技术支撑。

3.2.1　曲周县农田生态环境背景调查与监测

曲周县是华北平原典型的农业大县,是国家批准的对外开放县、全国粮棉生产基地县和节水基地县。2012年，小麦、玉米两季粮食亩产达到1049.2 kg，粮食总产达到43.12万t，粮食生产实现九连增。在大力提高粮棉单产和总产的背景下，农田环境质量也相应恶化，主要表现在：农药过量使用，且一些禁用农药也在使用；化肥施用量偏大，且滥用现象较普遍；农膜用量大，且多为不易降解的农膜。农用化学品的大量施用，对农业生产群落的结构和生态环境产生的负面影响也在不断加剧。为了解农民在农业生产中农用化学品的实际施用状况，我们于2007年7月对曲周县四疃镇（注：该镇先后名称为四疃乡、四疃镇、第四疃镇）的农民进行了调查。调查结果见表3-1。

表3-1　不同作物农药施用品种与概率

作物	农药品种数	农药名称（出现概率高的）	化学类型	功效	出现概率/%	用量/(kg/hm^2)
棉花	214	氟乐灵	二硝基苯胺类	除草剂	100	2.8
		乙烯利		催熟剂	100	4.1
		氯氰菊酯	菊酯类	高效、广谱性杀虫剂	60.4	7.4
		阿维菌素	抗生素	生物杀虫杀螨剂	59.7	5.5
		啶虫脒		高效内吸性杀虫剂	47.0	6.4
		吡虫啉		新一代氯代尼古丁杀虫剂	22.1	6.2
		甲胺磷	有机磷	高效、高毒杀虫杀螨剂	16.8	7.5
小麦	27	氯氰菊酯	菊酯类	高效、广谱性杀虫剂	28.0	0.7
		吡虫啉		新一代氯代尼古丁杀虫剂	25.6	0.5
		氧化乐果	有机磷	杀虫、杀螨剂	24.4	0.9
		啶虫脒		高效内吸性杀虫剂	23.2	0.8
玉米	27	玉无忧		除草剂	100	3.9
		氯氰菊酯	菊酯类	高效、广谱性杀虫剂	52.4	0.8
		1605	有机磷	广谱杀虫剂和杀螨剂	18.3	0.7
		甲胺磷	有机磷	高效、高毒杀虫杀螨剂	14.6	0.7

四疃镇位于曲周县北部，有40个行政村，人口3.5万，耕地5142 hm^2，为传统农业镇。农民种植作物主要为春棉花、冬小麦、夏玉米，其中棉花种植面积占83.0%。

1.调查范围与方法

调查四疃镇的40个行政村，每个村随机选取10户进行问卷调查。调查内容为农作物农药、化肥、地膜使用的类别与用量。

2.调查结果分析

1）农药使用状况

根据对四疃镇40个村400农户的调查问卷统计，棉花整个生育期都需要喷施农药，当地农民5～7 d喷施一次，施药量为36.8 kg/hm^2。在调查中共出现了214个农药品种，农药品种涵盖杀虫剂、杀菌剂、植物生长调节剂、除草剂等。棉花在播种前均100%施用除草剂——氟乐灵，用量为 2.8 kg/hm^2。在棉花采摘后期均施用催熟剂，用量为 4.1 kg/hm^2。其次施用较多的农药依次为氯氰菊酯(出现概率 60.4%)、阿维菌素(出现概率 59.7%)、啶虫脒(出现概率 47.0%)。国家明令禁止生产使用的农药在棉花种植中仍有使用，该类型农药有甲胺磷(出现概率 16.8%)、1605(出现概率 8.1%)、久效磷(出现概率 2.0%)、对硫磷(出现概率 2.0%)。

小麦喷施农药主要在抽穗期防治蚜虫，调查显示用药品种达 27 个，用药量为 1.1 kg/hm^2。农民种植小麦施用较多的农药品种依次为：氯氰菊酯(出现概率 28.0%)、吡虫啉(出现概率 25.6%)、氧化乐果(出现概率 24.4%)；使用国家禁用的农药有甲胺磷(出现概率 11.0%)、1605(出现概率 11.0%)。

玉米喷施农药主要在出苗前、苗期、拔节期，用于防治杂草、灰飞虱、玉米螟、蚜虫等，调查显示用药品种达 27 个，用药量为 5.0 kg/hm^2。农民在玉米播种后出苗前均施用玉米专用除草剂。此外，农民种植玉米施用较多的农药品种依次为：氯氰菊酯(出现概率 52.4%)、1605(出现概率 18.3%)、甲胺磷(出现概率 14.6%)。由此可见，该地域玉米种植中使用国家禁用的农药 1605、甲胺磷机会较多。

上述数据说明棉花与小麦、玉米相比，其用农药量较大，且在四疃镇由于棉花种植面积占耕地面积的 83.0%，所以棉花喷施农药情况关系到当地生态环境受到农药污染的程度。统计说明，当地农民施用农药品种较多，名称五花八门，且一药多名，农民在选用农药时缺乏指导，盲目性较大。调查中发现农民用药兑水倍数并未按照农药标签注明的比例，而是根据经验，往往超过规定的 2～3 倍。农民喷药时间的选择并未严格按照病虫害的发生规律，而是根据自己的喷药习惯，且不同农户的相邻田块未能做到同时喷药，这些都造成了农药喷施效果降低与农药浪费。农业部明令禁止施用的 5 种高毒有机磷农药中有 4 种在生产中仍有使用，说明需要对当地农药市场加大督查力度，严格禁止高毒农药进入市场，并把禁用公告通知到农民。

2)化肥施用状况

调查显示，棉花平均施肥量为 N 192.9 kg/hm^2、P_2O_5 123.1 kg/hm^2、K_2O 121.9 kg/hm^2。冬小麦施肥量为 N 308.6 kg/hm^2、P_2O_5 168.1 kg/hm^2、K_2O 44.6 kg/hm^2。夏玉米施肥量为 N 172.5 kg/hm^2、P_2O_5 32.0 kg/hm^2、K_2O 31.6 kg/hm^2(表 3-2)。

表 3-2 不同作物 N、P_2O_5、K_2O 投入量 kg/hm^2

作物	N		P_2O_5		K_2O	
	平均	变幅	平均	变幅	平均	变幅
棉花	192.9	90～402.9	123.1	60～189.0	121.9	0～189.0
小麦	308.6	228～460.5	168.1	45～240.0	44.6	0～168.8
玉米	172.5	45～373.5	32.0	0～168.0	31.6	0～168.0

在四疃镇，由于小麦、玉米秸秆已做到直接还田，棉花秸秆却均未还田，农民所用肥料均为无机化肥，因而棉花田缺乏有机肥的施入。在四疃镇，当地政府部门并没有将农作物配方施肥落到实处，农民施肥缺乏科学指导。特别在玉米施肥中存在偏施氮肥，忽视磷钾肥。从棉花、小麦、玉米的实际施肥量看，农民并没有做到平衡施肥，且氮投入量过剩。

3)地膜施用状况

在四疃镇，农民种植的农作物主要为棉花、小麦、玉米，土地利用类型比较单一。在农业生产中，只有春棉花种植用到地膜，调查中没有发现农民种植夏播棉的。调查发现，农民种植春棉花地膜使用量为每卷重为 5 kg 的地膜铺 3 亩地，即每公顷春棉花种植地膜用量为 25 kg。农民所用地膜均为不可降解地膜。在实际生产中，农民在连续种植棉花地块，播种前用耙来收集地面残存地膜，但仍有相当量地膜会残存于土壤，年复一年土壤耕层地膜残留较多。

4)讨论与建议

从四疃镇农用化学品的施用状况看，农药、化肥的施用需要科学指导，春棉花种植急需价格低廉的可降解地膜。

施用农药会对大气、土壤、地下水、生物多样性及生态平衡造成负面影响。为避免农药滥施，当地的农药植保部门应加大对农民施用农药技术培训及病虫害预测预报，做到及时向广大农民提供病虫害发生情况及防治措施，控制农药的使用浓度、施用量，让农民用药做到适期、适量、对症下药，提高农药利用率，减少农药使用的剂量。在农药品种方面向农民推广施用低毒、生物类农药，严禁施用剧毒农药。

化肥的不合理施用会造成土壤理化性状恶化，土壤养分失去平衡，土壤生物活性降低。长期过量施用氮肥会导致地面水体富营养化，地下水硝酸盐污染和作物蓄积硝酸盐，被人饮用或食用危害人体健康。而且，不合理施用氮肥还会导致农产品质量下降。根据以上统计，四疃镇农民施肥基本上依靠经验，在养分投入量与有机无机肥配施方面缺乏专业知识，存在养分投入不平衡、忽视有机肥的施用、氮肥投入过剩等问题。为避免化肥不合理施用造成的恶果出现，当地农业局土肥站应确实推广农作物配方施肥技术，减少化肥的过量施用，提高化肥的利用效率。

地膜材料的主要成分是高分子化合物，在自然条件下，这些高聚物难以分解，可长期存在。随着地膜使用年限的延长，残留地膜得不到及时回收，天长日久，地膜碎片不断积累于土壤，影响土壤的透气性，阻碍土壤水肥的运转，从而影响农作物根系的生长发育，导致作物减产。四疃镇 83.0%的耕地种植春棉花，春棉花种植又离不开地膜的使用，所以采取措施解决地膜造成的污染迫在眉睫。在现阶段应采取以下几项措施：①结合生产实际，改进农艺技术，促进地膜回收；②加强地膜回收机的研究，提高残膜的回收和利用率；③开展地膜替代品和新农业技术研究，减少普通地膜的应用量。根据地膜增产原理，开发研究新型的覆盖保温保湿材料，如光降解地膜、生物降解地膜和光、生物降解地膜和液态地膜。目前，生物降解地膜的研究虽然有一定的进展，但由于受到材料、价格的影响，大面积应用还存在一定的难度。同时，还可以采用麦草、玉米秸秆等农作物进行覆盖等。

3. 农田环境污染评价

地球表面的元素不均匀性使局部地区某些元素含量出现异常，加之各种污染物致使居住在当地的居民从土壤中摄入超出（或低于）人体的需要量导致地方性疾病暴发；人类生活和生产所处的生态环境日益严重地受到多种外来的化学和物理因素的影响，如对人体有害的化学元素 Hg、Cd、As、Pb、Se 等，工业“三废”物质的污染及区域性某些元素的缺乏，加剧了有害元素对生物及其环境的危害，因此耕地质量评价不仅应进行耕地地力分析，更应进行环境污染评价。

1)环境污染评价的指标

本次调查与评价主要采用农田污染评价污染指数法，也是现阶段环境质量评价普遍采取的方法。根据这次调查与评价的要求，我们主要分析了 Cu、Zn、Cd、Cr、As、Hg、六六六和 DDT 等指标；灌溉水样主要分析了 Hg、Cd、As、Pb、Cr、NO_3^--N、总磷、悬浮物、硫化物、Cu、

Zn、COD、Ni、氟化物和氰化物等指标。

由于不同环境要素的各项指标对人体及生物的危害不同，因而把水、土等各环境要素的评价指标分为两类：一类为严控指标；另一类为一般控制指标(表 3-3)。严控指标只要有一项超标即视为该级别不合格，应该降级。一般控制指标若有一项或多项超标，只要在该环境要素的综合指数小于 1，可不降级，综合指数大于 1 时则降级。若水、土各严控指标都低于规定标准，而一般控制指标有的大于规定标准则需进行综合评价，决定是否降级。

表 3-3　评价指标分类

环境要素	严控指标	一般控制指标
土壤	Cd,Hg,As,Cr	Cu,Zn,Pb,DDT
灌溉水	Pb,Cd,Hg,As,Cr^{6-}	pH,COD,Cr,F

2)土壤污染评价标准

根据国家及有关行业标准，要符合绿色产品生产地环境技术条件及无公害农产品农田土壤环境要求，可以分为以下 3 级标准(表 3-4)：

1 级，优，符合我国《绿色食品产地环境技术条件》(NY/T 391—2000)。

2 级，良，符合农业部发布的《无公害食品蔬菜产地环境条件》(NY 5010—2002)。

超过 2 级的为 3 级，不合格。

表 3-4　农田土壤单项指标评价标准　mg/kg

级别*	pH	Cu	Zn	Pb	Cd	Cr	As	Hg	六六六	DDT
1 级(优，≤)	>7.5	60	120	50	0.4	120	20	0.35	0.1	0.1
2 级(良，≤)	>7.5	100	300	350	0.6	250	25	1.0	0.5	0.5
3 级(不及格，>)	>7.5	100	300	350	0.6	250	25	1.0	0.5	0.5

* 注：表中 1 级、2 级全部用“≤”(pH 除外)；3 级全部用“>”

3)水污染评价的标准

以农田灌溉水质标准为基础，为与土壤的 3 级标准相一致，也将农田灌溉水质分 3 级标准：

1 级，灌溉水质优，符合我国《农田灌溉水质标准》(GB 5084—2005)及《绿色食品产地环境技术条件》(NY/T 391—2000)和《无公害食品蔬菜产地环境条件》(NY 5010—2002)。

2 级，灌溉水质良，符合我国《农田灌溉水质标准》(GB 5084—2005)及《绿色食品产地环境技术条件》(NY/T 391—2000)和《无公害食品蔬菜产地环境条件》(NY 5010—2002)，1 级和 2 级相同。

3 级，不合格，灌溉水质指标大于 1 级或 2 级。

4)污染评价的方法

(1)单项污染指数法　通过单因子评价，可以确定出主要的污染物质及危害程度，同时也是多因子综合评价的基础。一般以污染指数来表示，借以消除量纲或化为同一量纲，便于各污染物之间的比较分析。

(2)综合污染指数法　单因子污染指数，只能分别反映各个污染物的污染程度，不能全面、综合地反映耕地的污染状况，故进行耕地评价时，需将单因子污染指数按一定方法综合，较全面反映耕地环境质量。由于污染指数 Pi 消除了量纲，为综合指数的获取提供了方便。

曲周县耕地环境质量评价采用内梅罗污染指数确定综合指数，即将各污染物单因子污染指数平均值和最高值平方后叠加，求得综合指数。

权重法确定综合指数

此方法以耕地中各污染物的污染指数和权重大小求算综合指数，可以全面反映耕地各污染物的不同作用，计算公式为：

$$P = \sum W_i P_i$$

式中：P 为综合指数；W_i 为污染物 i 的权重；P_i 为污染指数。

在曲周县土壤质量综合评价中，为了表示各污染物对耕地环境质量作用的不同，水和土的权重在环境质量评价中取值为：$W_{水}=0.6$，$W_{土}=0.4$，则水、土环境要素综合指数 $P_{综}=P_{土}W_{土}+P_{水}W_{水}$。

根据环境要素综合指数 P 综和环境质量分级标准(表 3-5)，确定耕地环境质量水平。

表 3-5　环境质量分级标准

项目	等级划定				
	1	2	3	4	5
综合污染指数	$P_{综}\leqslant 0.7$	$0.7<P_{综}\leqslant 1.0$	$1.0<P_{综}\leqslant 2.0$	$2.0<P_{综}\leqslant 3.0$	$P_{综}>3.0$
污染等级	安全	警戒线	轻污染	中污染	重污染
污染水平	清洁	尚清洁	土壤污染物超过背景值视为轻污染，作物开始受污染	土壤、作物均受到中度污染	土壤、作物受到污染已相当严重

有机氯农药自 20 世纪 60 年代开始生产到 1983 年停止生产，使用量呈逐年持续增长趋势。这一时期有机氯农药的大量使用造成了该类农药在土壤和农作物中的大量积累，自 1983 年全面停产禁用有机氯农药后，食物中的残留量有了明显降低，但这并不意味着“六六六”的危害不存在了。这是因为有机氯农药化学结构稳定，在环境中难以降解，土壤中残留期长。对曲周县耕地中六六六、DDT 及其异构体的残留水平测定结果表明，六六六均未检出，而 DDT 的检出率为 100%，DDT 残留量平均值为 0.0421 mg/kg，大部分集中在 0.0500 mg/kg 以下，极少部分在 0.10 mg/kg 以上，范围为 0.0017～0.1476 mg/kg，偏差 0.0341、方差 0.0020。各类土壤类型中有机氯残留水平不一致，硫酸盐氯化物盐化潮土＞黏质褐土化潮土＞壤质褐土化潮土＞壤质潮土＞黏质潮土；水浇地高于菜地；北部的盐渍化地区高于南部的非盐渍化地区。

DDT 单项指数评价表明，曲周县绝大多数耕地 DDT 单项指数＜0.7，为清洁生产水平，仅有极少部分＞0.7 或超过 1.0，达到轻度污染水平。

比较同一乡镇、同一土壤上不同利用类型的土壤环境质量评价结果，大多数污染指标的综合指数是水浇地高于菜地，这与菜地生态系统的物质、能量、信息流的流转速度很快有关。菜地无论单项指数还是综合指数都处于清洁生产水平，而水浇地的部分单项指数 P_i 为 $1.0\geqslant P_{综}>0.7$，达到基本清洁水平，可进行无公害农产品生产。

在此基础上，我们对利用类型为水浇地的不同土壤类型耕地环境质量区域变化进行了专门分析，发现曲周县水浇地总体上无污染，绝大多数耕地的土壤污染综合指数＜0.7，局部单项污染指数 P_i 为 $1.0\geqslant P_{综}>0.7$，达到警戒线，主要在 Cu、Zn、As 和 DDT 上。这些地方仍然达到基本清洁水平，可进行无公害生产。个别地方土壤污染综合指数 $P_i>1.0$，超过警戒线，是多项指标达到或超越警戒线所致，DDT 超过警戒线最大。

3.2.2 曲周县村庄生活污染基本情况调查

随着曲周县人口的增长，村镇规模在不断扩大，人民的生活水平日益提高，引发村镇的生活废弃物也在不断增加。比如，玉米和棉花的秸秆到处堆放，不但造成了环境污染，也极易引起火灾。但是由于人们的生活习惯、资金、技术以及其他因素，村镇的生活废弃物处理设施的建设及容量都不能满足实际的需要。相当多的村镇废弃物不经过任何处理就直接排出，严重地污染了农村生活环境。

实现"村容整洁、乡风文明"就必须对农村的街道进行全面的规划和整治。以曲周县四疃镇王庄村为例，探索农村环境整治的路子。

1. 王庄村生活污染概况

王庄村位于曲周县四疃镇(图 3-1)。现有农户 197 户，总人口 818 人。总土地面积444 hm^2，人均 0.54 hm^2。其中耕地总面积 359 hm^2，人均 0.44 hm^2；水域 20 hm^2。王庄村 2006 年种植业收入 242.8 万元，养殖业收入 28.8 万元，农民年人均纯收入 3320 元(全国农业普查，2006)，低于全县平均水平(3882 元)。

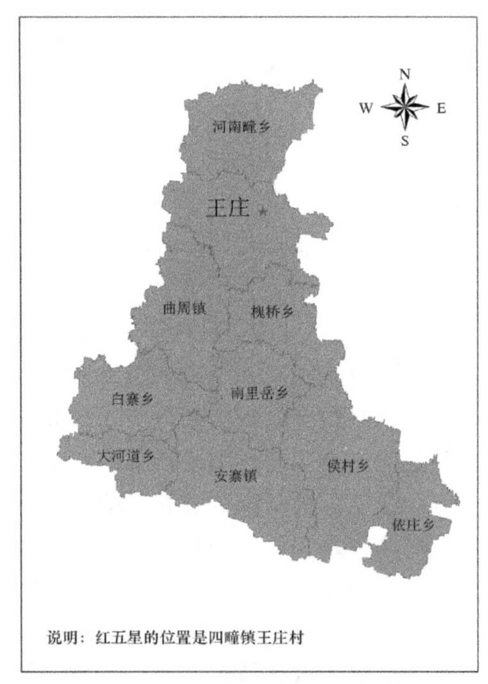

图 3-1 王庄村地理位置示意图

根据对曲周县王庄村的走访调查研究，王庄村的生活污染归纳如下。

1)来源的复杂性与典型性

调查表明，生活污水排放、垃圾堆放、村镇卫生状况(包括地面的清扫、垃圾清理、厕所的使用情况)等均是造成村内环境污染的主要来源。这种污染人为因素影响随机性大，难以确定具体污染源及各污染源的贡献率。但在各来源中，生活污水无序排放、生活垃圾随意堆放以及厕所造成的污染最为典型。

2)产生的稳定性及持续性

农村的生活污染主要来源于每日的日常生活，无论是污水、固体废物、人粪尿等均是每日必定产生的，因而具有稳定性；正是这样的稳定性决定了生活污染除在不同季节稍有变化外，它的发生并不是中断而是持续的。因此，对生活污染的控制与管理将是一个长久的持续过程，要求常抓不懈而不是临时应付。

3)迁移扩散的季节性与潜伏性

若对广大农村生活污染不集中管理，它会以非点源存在而具有非点源污染的一些特性，季节性就是其中之一。潜伏性也正是季节性的一种表现。生活污染不加处理时，在少雨季节，污染物堆积潜伏；在多雨季节，尤其是大雨、暴雨之后，污染物流失严重；农忙时节，由于各种农药化肥的使用，垃圾量也会呈现季节性的增长。因而加强村镇不同季节的卫生管理，就显得非常重要。

2. 村民环境意识分析

农村生活污染与人口的日常生活行为，如生活污水、生活垃圾的排放、人畜粪便的管理等有密切关系，而行为往往会受个体认知及意识的影响与制约。对王庄村农户展开与生活污染相关的环境保护意识及行为的调查与分析，有助于我们从农民的角度去考察污染的产生及源头控制中有效的解决途径。研究主要通过问卷调查的方式展开，使用SPSS统计软件对问卷进行统计分析。

1）问卷调查基本情况

（1）问卷设计　首先明确整治村容环境的研究目标，认真收集相关资料，拟定问卷提纲，开放式访谈进行定性调查，了解基本情况，广泛征集意见，设计调查问卷初稿。在进行了查阅资料及预调查之后，检验问卷的合理性，同时对问卷进行了必要的修订，最终确定问卷的内容。

问卷包括“村庄基本情况调查”及“农户环境意愿、意识及行为调查”两部分。前者为村庄统一状况，由熟悉村镇的管理者完成，同时适当采纳村民的意见，问题采用表格填写的形式，内容包括人口、经济收入、给排水及垃圾情况等；后者问卷调查以农户为单位，由被抽取的农户家庭成员完成。问卷问题内容涉及个人及家庭基本情况、乡村环境状况、生活垃圾处置、家庭用水及污水情况、厕所情况、环保支付意愿。同时，在调查的过程中，根据实际情况适时调整调查的项目及选项。

（2）抽样方法与问卷调查　本调查为抽样调查，一般而言，调查的可靠性和精确度与样本规模有密切关系。曲周县王庄村总农户为197户，人口为818人，人口较少。为了使调查具有代表性，此次样本选择采用分层（又称类型）定比随机抽样的方法，即先将王庄村按村中南北街道划分，共5组，再采用简单随机抽样的方法在本村中按人口8∶1的比例抽取被调查者，每条街道选取周围8～9户农户作为调查对象。这样调查问卷更具有全村代表性。

因调查样本的选取还会受到一些主客观因素的影响，故本次问卷调查共调查了44户农户，收回有效问卷40份。具体被调查农户见表3-6。

表3-6　王庄村调查问卷发放、收回情况　　份

农户所在街道	发放调查问卷	收回有效问卷
环村北路	9	7
村内北路	8	8
村内中路	8	8
村内南路	9	8
环村南路	10	9

（3）被访者基本情况　所设计问卷调查了被访农户家庭人数组成、受教育程度等个人结构状况。被访者的各类别组成情况见图3-2和图3-3。

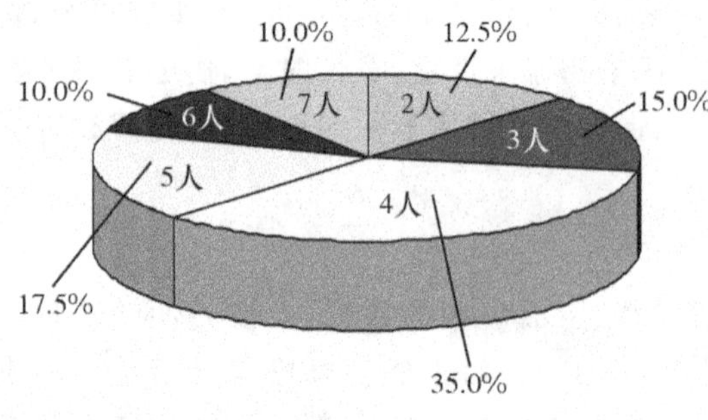

图 3-2　王庄村所调查农户人口数比例

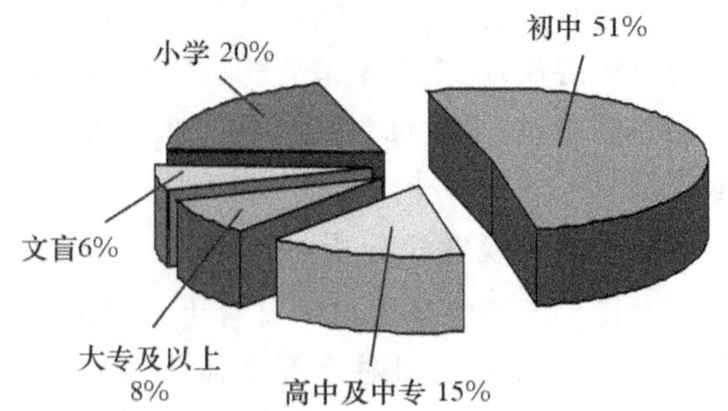

图 3-3　调查者受教育程度分布

被调查村民全部为农民，主要以种植业为主，农闲时在周围村镇打工。在人口构成方面，4～5 口人的家庭占到所调查农户的半数以上。受教育程度方面，初中的居多，占 51%，受高等教育的人数较少。这样的被调查者情况，基本符合当地农村的社会经济现状。在所调查的农户中，家庭主角以已婚及中壮年者为主，反映出这部分人在农村社会经济发展与建设中担任着主要角色，当前环境的管理与改善也主要靠这部分人实现。对被访者的家庭经济状况进行调查，农户年人均收入在 1 万元左右。

2)公众环境意识分析

(1)环境保护态度倾向　问卷从不同角度调查了农户所持的环境保护态度。分析发现，村民的环境保护态度基本为“依赖型”。用来科特标尺技术分别对村民的 5 项环境改善态度进行测量，这 5 项态度分别是：农户对生活环境改善态度、生活污水处理态度、生活垃圾处置态度、卫生厕所改善意愿、环保投入支付愿望等。

首先需要对这 5 项态度进行相关性分析。如果 5 项陈述的相互联系程度高，则意味着这些陈述是在度量同一个名义概念。5 项陈述间的相关性采用 Kendall 等级相关分析，它适合于次序变量的相关测量。SPSS 统计分析软件分析后显示结果见表 3-7。

表 3-7　5 项环境改善态度 Kendall 等级相关分析

Kendall 相关系数		生活环境改善态度	污水处理态度	垃圾处置态度	厕所改善意愿	环保支付愿望
生活环境改善态度	相关系数	1.000	0.845**	0.826**	0.855**	0.758**
	Sig. (2-tailed)[1]	—	0.000	0.000	0.000	0.000
	N	40	40	40	40	40
生活污水处理态度	相关系数	0.845**	1.000	0.920**	0.903**	0.886**
	Sig. (2-tailed)	0.000	—	0.000	0.000	0.000
	N	40	40	40	40	40
生活垃圾处置态度	相关系数	0.826**	0.920**	1.000	0.901**	0.844**
	Sig. (2-tailed)	0.000	0.000	—	0.000	0.000
	N	40	40	40	40	40

续表 3-7

Kendall 相关系数		生活环境改善态度	污水处理态度	垃圾处置态度	厕所改善意愿	环保支付愿望
卫生厕所改善意愿	相关系数	0.855**	0.903**	0.901**	1.000	0.802**
	Sig. (2-tailed)	0.000	0.000	0.000	—	0.000
	N	40	40	40	40	40
环保投入支付愿望	相关系数	0.758**	0.886**	0.844**	0.802**	1.000
	Sig. (2-tailed)	0.000	0.000	0.000	0.000	—
	N	40	40	40	40	40

备注：Sig. (2-tailed)，即双侧(尾)显著性检验，* 表示显著相关(Sig. ≤0.05)；** 表示极显著相关(Sig. ≤0.01)。

5 项环境改善态度的双侧(尾)显著性检验 Sig. (2-tailed)≤0.05，均为显著及极显著相关，说明 5 项陈述是在度量统一名义概念，可以用来科特标尺技术对村民环保态度进行测量。

我们对被调查者关于这 5 个项目的态度分别赋予 1(不支持)、2(随大流)、3(依靠政府)、4(支持但有顾虑)、5(非常支持)的分值，并设定得分 1～1.6 为“反对型”，1.6～2.6 为“随大流型”，2.6～3.6 为“政府依赖型”，3.6～4.4 为“支持型”，4.4～5 为“非常支持型”。对 40 份问卷的计算结果见表 3-8。这样，最后求得总体环保态度平均值为 2.8，总体环保态度表现为“政府依赖型”；涉及环保支付愿望，其分值最低，为 2.0，说明农民在涉及自身经济利益时是很现实的，对政府的依赖性降低；其余选项中，从分值上看最高的为“垃圾处置态度”，为 3.4，说明在王庄村，村民普遍认为应改善的就是垃圾处理问题，但分值较低，依然是“政府依赖”倾向，说明在改善某项村容环境问题时，依旧要政府带头方可实现。对上述 5 项环境改善态度进行离散趋势分析，从标准差可以看出，村民对污水处理、厕所改善、支付愿望这 3 个问题的回答，差异性较大，反映出在对待这 3 个问题上公众的意识差异明显。

表 3-8 村民改善环境及村镇卫生态度的总体水平

项目	最小值	最大值	均值	标准差	环保态度类型
生活环境改善态度	2	5	3.0	0.975	政府依赖型
生活污水处理态度	1	5	2.8	1.4	政府依赖型
生活垃圾处置态度	2	5	3.4	0.997	政府依赖型
卫生厕所改善意愿	1	5	2.8	1.259	政府依赖型
环保投入支付愿望	1	4	2.0	1.214	政府依赖型
总体环保态度均值	2.8				政府依赖型

(2)对生活环境的感受与改善态度　王庄村村民对村庄总体生活环境基本满意，其中对改善村内垃圾处置的愿望强烈，大部分村民在意识上能认识到政府及个人在改善生活环境方面均负有责任，但同时也暴露了对政府的依赖性态度(图 3-4 至图 3-6)。

统计显示，47.5%的村民对村庄总体生活环境基本满意。对满意程度用来科特标尺技术对其进行测量，对“很不满意”到“非常满意”分别赋予 1～5 的分值来计算(刘光栋，2004)，最后求得村民在该问题上的平均得分为 3.175 分，说明在该问题上，通过改善乡村环境使之达到“非常满意”，从而实现生活污染源的控制仍有足够的可行性空间。

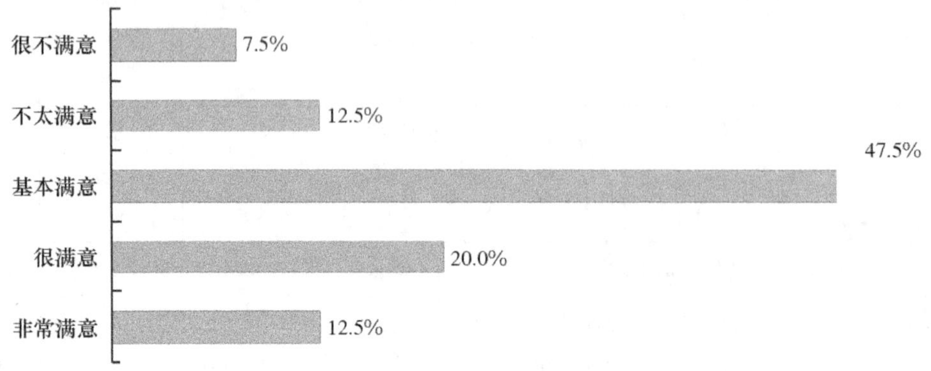

图 3-4　农户对生活环境的满意度

村民认为，各种生活条件中，最应该首先改善的是垃圾及厕所卫生状况，见图 3-5，各有 37.5％及 25.0％的人对此作出了选择，而垃圾与厕所事实上都涉及环境卫生的问题。这说明，村镇卫生环境受到众多村民的关注，这些迫切的改善愿望对于首先在村镇开展环境建设是一个重要的积极因素。

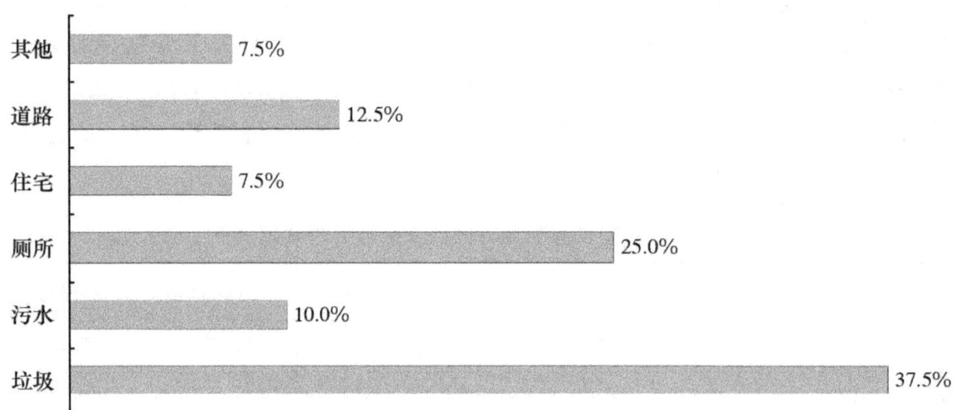

图 3-5　首要改善的生活条件

但就改善的主动性来看(图 3-6)，虽有 30.0％的农户认识到个人和政府在改善环境方面均负有责任，但仍有很大一部分(42.5％)的农户选择了“等待政府解决”的消极被动态度，只有 15.0％左右的人表示会“靠个人力量来改善生活条件”。因而在改善态度方面，村民仍有普遍的政府依赖倾向，主动程度不高。因此，对以王庄村这样的北方典型农村来说，进行村容环境整治需要政府的大力参与和引导。

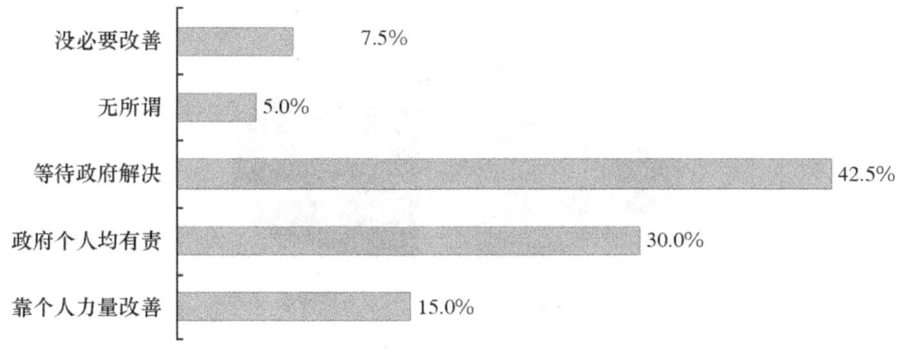

图 3-6 农户改善生活的态度

3)农户改厕意愿

对王庄村的调查结果表明,村民使用的厕所主要有3种类型:第一类为与沼气池相连的水冲厕,总计有20户,粪尿进入沼气池进行发酵,这是一种生态环保的厕所类型,但花费较高,村中个数有限,推广有一定难度;第二类为浅坑旱厕,建于屋外,坑深1~1.5 m,粪便进行定期、不定期的清掏,直接上地,这种类型厕所较为普遍,村内大多数农户为此类厕所;第三类也是水冲厕,但粪尿直接进入地下渗坑。此类个数也较少。王庄村到目前为止,村内没有公共厕所。

王庄村大部分农户的浅坑旱厕在使用中有较多的弊端,尤其对环境的危害最大,极不利于农村环境改善。针对这部分农户,进行了改厕愿望的调查,调查结果见图3-7。只有2.5%的此类农户认为维持现状,"没必要改",除10.0%的人持"随大流"及20%的人持"政府安排"的无所谓态度外,67.5%的人明确表示了应该改的愿望。这说明农户的改厕愿望强烈。

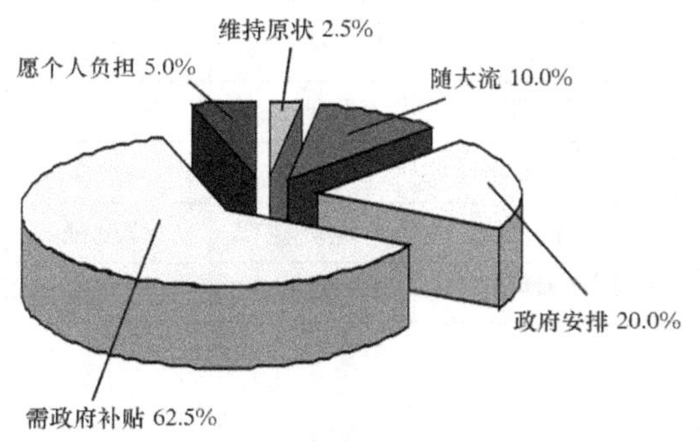

图 3-7 改造旱厕的看法

使用水冲厕的农户有较多对水冲厕的使用不太满意(图3-8),只有20.0%的人认为"使用方便、干净卫生"。曲周县水资源紧张,王庄村的用水都是以买为主,因此在使用水冲式厕所的农户中,30.0%的用户认为存在"浪费水"的问题,持"其他看法"农户中,多数是认为厕所产生的粪便进入沼气池中不能产生较好的效果,产气不足。

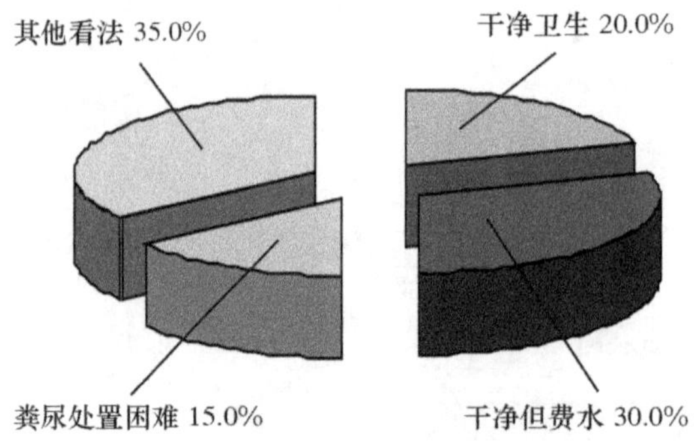

图 3-8　水冲厕使用看法

4)生活废物的处置行为和处置愿望

农户对生活废物(包括生活垃圾、生活污水、人粪尿等)的处置及将来的处置愿望也能反映出农户的环境保护行为及意识现状。因此对农户的废物处置行为及将来的处置愿望进行了统计。统计结果显示,农户对人粪尿的处置相对合理,对污水、垃圾将来的处置愿望受到当前的处置方式影响。具体处置愿望见表 3-9、图 3-9 及图 3-10。

表 3-9　生活废物处置及将来处置愿望

项目		各选项在项目中所占比例/%				
生活污水	目前处置方式	泼院里	泼地里	排水沟	自家下水道	下渗池
		37.5	25.0	27.5	7.5	2.5
	将来处置愿望	随大流	政府安排	修排水道	下渗池	收集净化
		40.0	30.0	15.0	5.0	10.0
人粪尿	目前处置方式	从未处理	清掏运走	回田作肥	沼气池	
		2.5	12.5	75.0	10.0	
生活垃圾	目前处置方式	倒路边	倒地里	倒垃圾坑	倒垃圾桶	回收利用
		15.0	17.5	47.5	17.5	2.5
	将来处置愿望	随大流	垃圾池	垃圾桶	流动垃圾车	回收利用
		15.0	20.0	17.5	7.5	40.0

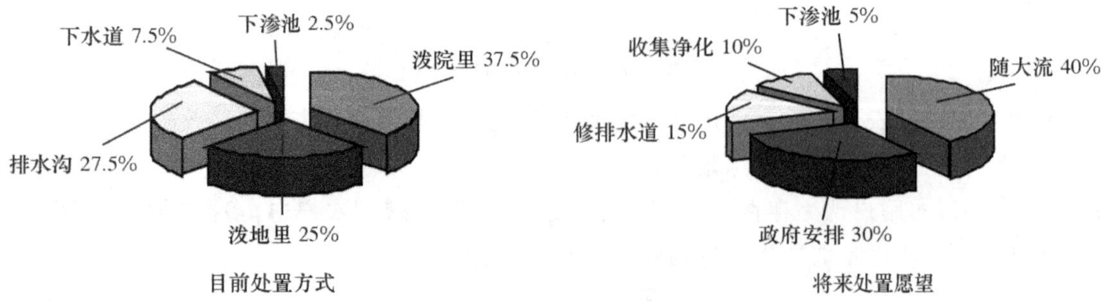

图 3-9　生活污水处置方式

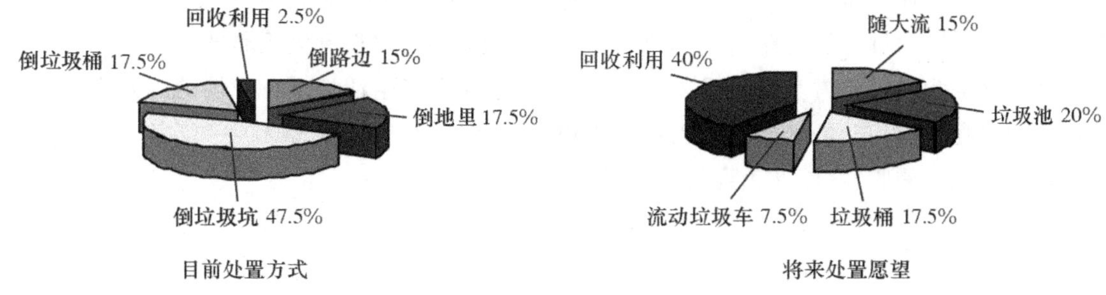

图 3-10　生活垃圾处置方式

农户在对待生活污水、人粪尿、生活垃圾这 3 类废弃物的处置行为中，对人粪尿处置的选择较为集中，75%选择了回田作肥料，12.5%选择清掏运走，最后的用途依然是作为田间肥料，说明在该区域，人粪尿作为肥料这一传统的农村生活生产方式仍继续保留着。根据对实地的走访调查，也能看出这一状况，但实地走访也看到，农户粪尿堆肥的工艺缺乏科学指导，露天堆肥导致蚊蝇繁殖、细菌传播以及氮、磷流失率高。另外，村中已有 10.0%的农户率先使用了沼气技术，人粪尿作为产生沼气的原料既缓解了能源需求，又对人粪尿进行了很好的处理。

另外，对污水、垃圾将来的处置愿望受到当前的处置方式的影响。在城市中，污水处置最理想的情况是“集中净化处理”，然而在王庄村进行调查时，只有 10.0%的农户作出了这个选择，其次就是“修建下水道排出村外”的占了 15.0%，说明这部分人已意识到污水对本村的污染，但对生活污水流入其他地方造成污染却并不知情或不关心。与之对应的，随意泼洒在院落、通过自家下水道排到路边、倒入田间是目前农户最主要的污水处置方式，共占了 70.0%。大部分农户产生的生活污水往往以就近原则排放，靠近沟渠、靠近田间地头、路边的都以随意方式排放。

生活垃圾的处置与收集愿望的统计显示，现有的处置方式多为“倒入垃圾坑”，只不过村庄没有建成的垃圾坑，自然的沟坑起到了垃圾坑的作用，此种方式占到 47.5%。收集工具多为家中的简易工具。另外，由于经济条件所限，一般农户家中没有垃圾桶，目前垃圾“倒入垃圾桶”的仅占 17.5% 。这说明，村民对集中收集这种方式是极为认可的。垃圾桶因为体积小、易搬动、可随处放置、带有桶盖等优点肯定会受到广泛欢迎，但需要政府一定的财政支持。可见，农户的环保意识主要仍是建立在自身感性认识和经济条件之上。同时，农民进行环保教育后回收利用垃圾的意愿相应地增强。

3. 生活垃圾的产生量与组成成分分析

1）垃圾产生量

生活垃圾的产生强度反映了该村生活垃圾特征。王庄村生活垃圾实行“户分类、保洁员收集运输、村处理”的管理模式。示范区内选择典型农户 6 户，自垃圾源头分类工作开展以来的人均生活垃圾产生强度变化见图 3-11，呈现逐渐增多的趋势。9 月生活垃圾产生量明显高于其他月份，主要源于 9 月为收获季节，部分农产品附属物如玉米皮等混入生活垃圾，造成产生强度明显增加。自垃圾分类开展以来，王庄村人均生活垃圾产生强度为 0.45 kg/d。这个数据小于城市人们垃圾产生量(1.14 kg),其原因主要是王庄村的经济发展、生活水平与城市相比有着较大的差距,村内没有集贸市场,只有零散的几家商店,也没有大型养殖厂和工厂,生活垃圾的来源全部为居民日常生活。另外,该类农村普遍存在着生活垃圾自我消纳的方式,除了厨余垃圾饲喂禽畜,煤灰、渣土等垃圾也多用来填垫旱厕,产生较多的塑料袋和农药瓶大部分可以出售获取相应的收益,因此丢弃为垃圾的很少。

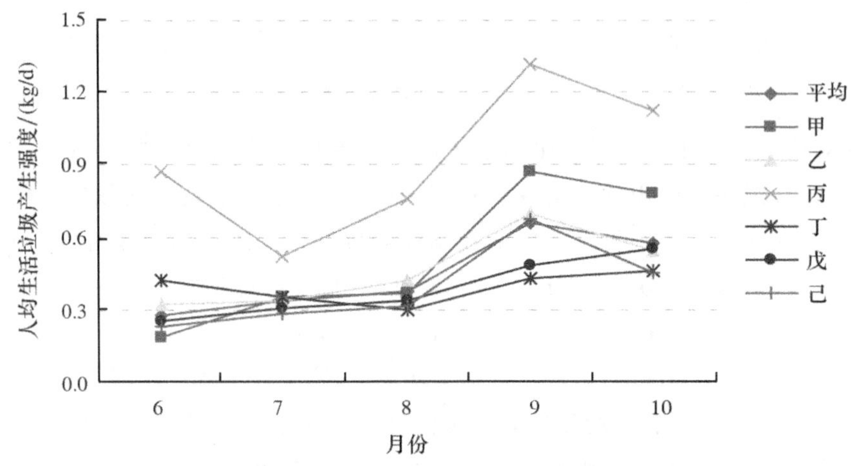

图 3-11 王庄村人均生活垃圾产生强度变化

通过调查也了解到,近些年来,王庄村的庭院养殖因市场原因已经越来越少,传统的垃圾消纳方式日渐萎缩,加之生活水平的提高,煤球等的使用比例大幅增加,各类生活垃圾的产生量已成增多的趋势。

2)垃圾组成及特点

对不同人口数的农户生活垃圾进行分类收集的分析结果表明,各农户的生活垃圾都是以有机垃圾和无机垃圾为主,塑料垃圾和有害垃圾所占比例很小(图 3-12)。通过对数据进行分析可知,日产生活垃圾中有机物比重最大,达到 56.76%,其次是无机垃圾(35.97%)、有害垃圾(6.97%)、塑料垃圾(0.30%)。

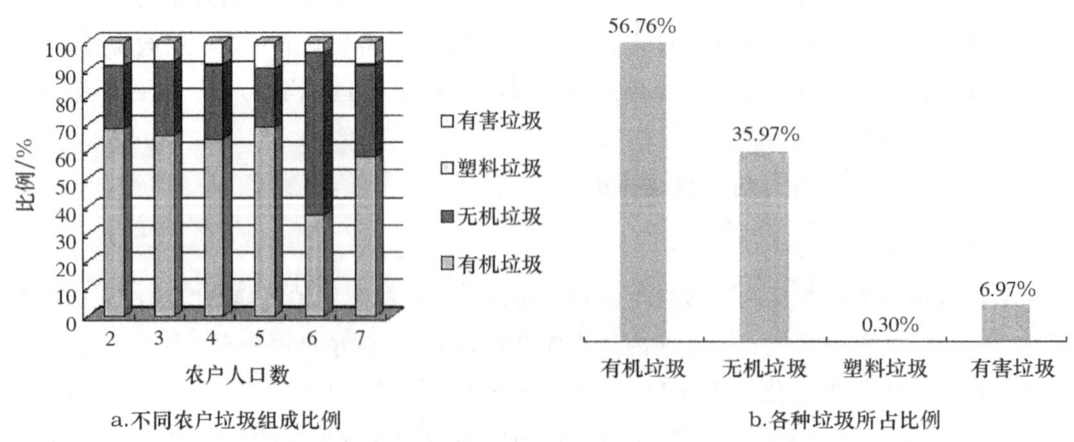

图 3-12 王庄村生活垃圾组成成分及比例

垃圾分类调查显示，在有机垃圾中，绝大多数为厨余类垃圾，秸秆和家畜粪便的产量很少，这是由于虽然新的能源方式正在普及，但限于经济条件，秸秆作为一种炊事能源依然普遍存在，特别是棉花秸秆，家家户户均或多或少在使用。而家畜粪便则由于饲养量的减少，产生量也越来越少，且大部分直接用于农田施用。

无机类垃圾则主要以燃料的灰渣、扫地灰土和建筑垃圾为主，占到生活垃圾总产生量的35.97%。这种垃圾特点和当地村民的生活习惯有着很大的联系，煤球及蜂窝煤在当地的能源结构中占有很大的比例，除了用作炊事外，冬天的取暖也主要以燃煤为主。而在日常的生活中，农户装修及盖房产生的砖瓦块在垃圾中也随处可见。有害垃圾在这种传统的以种植为主的农村里，多数为农药瓶（袋），所占比例不是很大，为6.97%，但这类垃圾由于其危害性大，合理处置显得相当重要。种植作物，特别是棉花，由于其自身的特点，在生长周期内需要不断地喷药，是农药瓶（袋）产生的主要来源。塑料垃圾由于其可再利用性，丢弃为垃圾的比例很小，只有0.3%，但塑料的不可降解性极大地影响了村容村貌的整洁。

3）主要垃圾组分的变化趋势分析

通过对王庄村4类垃圾进行数月的收集称重，得出4类垃圾的动态变化如图3-13至图3-16。

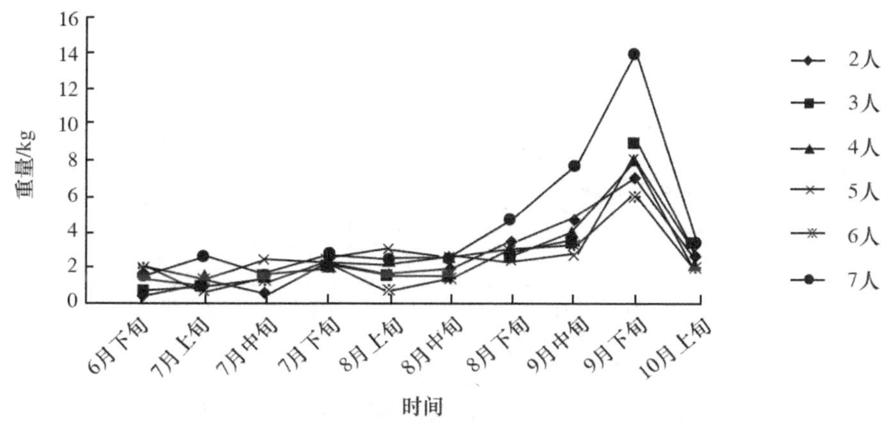

图 3-13　王庄村不同人口农户有机垃圾动态变化

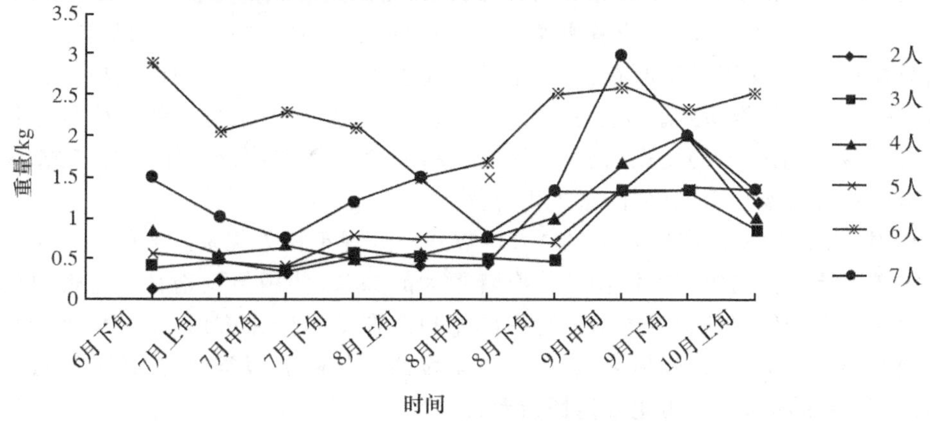

图 3-14　王庄村不同人口农户无机垃圾动态变化

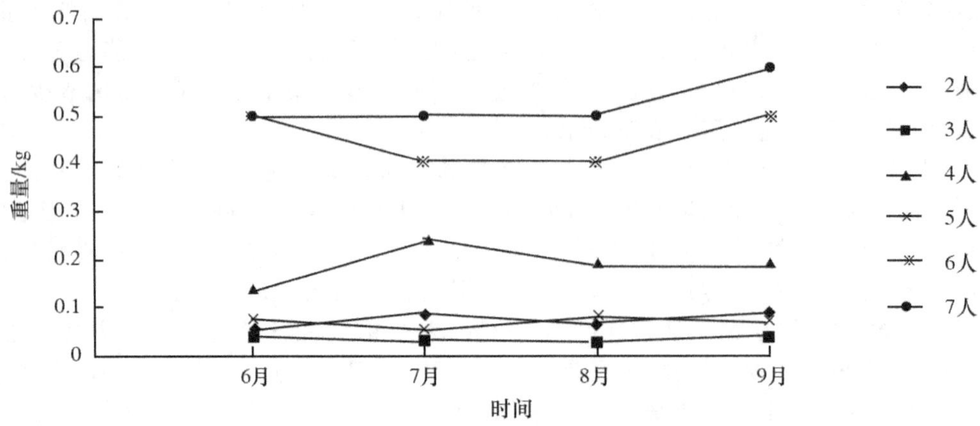

图 3-15　王庄村不同人口农户塑料垃圾动态变化

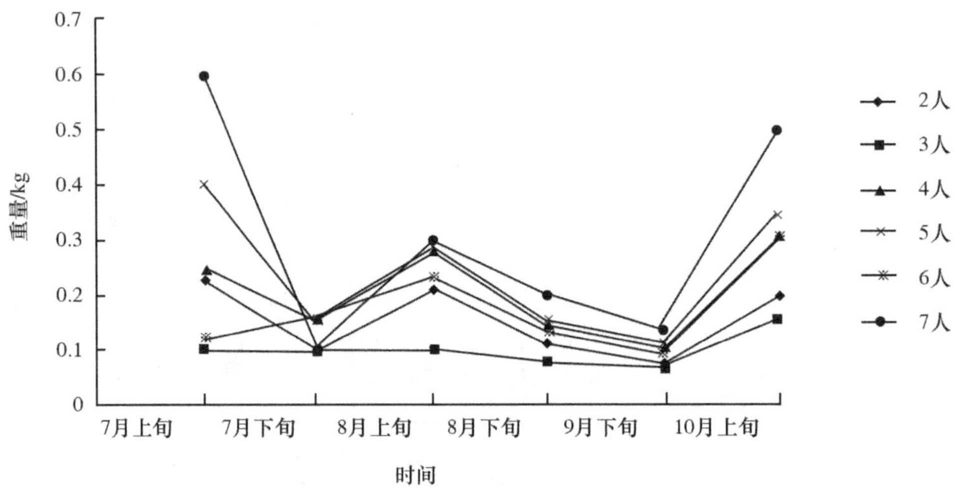

图 3-16　王庄村不同人口农户有害垃圾动态变化

由以上动态变化图可看出，王庄村的农户日产生活垃圾量大体是随着农户人口数的增多而增多。在经济条件相差不大的情况下，农户人口数是决定垃圾产生量多少的主要因素，由图 3-13 可知，从 6 月底至 9 月初，农户有机垃圾产生量的变化幅度并不是很明显，在 9—10 月产生量达到最高峰，之后又回降至原有水平，这种变化主要是由于 9—10 月为农村收获季节，大量的作物秸秆丢弃为垃圾所致。这也从另一方面说明，丢弃的厨余垃圾的产生量全年几乎维持在同一水平，并不随季节的变化而变化，这与农村厨余垃圾的传统利用方式有关，大部分厨余垃圾均是饲喂畜禽或是沤肥处理，很少丢弃为垃圾。

图 3-14 中，无机垃圾的产生量与农户人口数并不呈现正相关关系。实际调查中发现农户无机垃圾的产生量多少与农户的能源结构有着很大的关联，使用传统秸秆或是燃煤的农户无机垃圾产生明显多于使用液化气等清洁能源的用户。在动态变化方面，无机垃圾产生量逐月有增多的趋势，在 9—10 月达到最大，这与有机垃圾的变化趋势很类似，主要原因可能是在收获季节，农户普遍使用秸秆作为主要能源所致。

图 3-15 中，塑料垃圾的产生量随时间变化的幅度很小，产生量也很少，多为一些不可回收

的塑料袋。图3-16中,有害垃圾随时间的变化有明显的特点,在7月上旬,8月上旬和10月上旬有着明显的增多,这种变化趋势与当地的种植特点密切相关,有害垃圾成分多为农药瓶,在各种作物喷洒农药的时间内,有害垃圾容易集中产生。

总之,曲周县王庄村这样的典型农村代表了以种植业为主的广大农村。调查表明,农户的文化程度普遍较低,对于改善环境没有强烈的要求,基本属于政府依赖型,这对于开展村容环境的整治存在一定的难度,因此需要政府积极地参与和引导。在满意度调查中,虽然缺乏足够的动力,但农民仍希望对现有环境进行整改,整改的重点在生活垃圾与户厕改造方面。在对农村垃圾成分进行分析后得出,王庄村的垃圾主要是有机垃圾与无机垃圾,塑料垃圾产生量很少,而有害垃圾则随着作物的特点产生周期性的变化。因此,在垃圾处理方面,有机垃圾由于其特点,可以采取堆肥的方式,无机垃圾则可采取填埋的方式,而塑料垃圾和有害垃圾则可根据其可回收的特点采取变卖或是暂存的方式。在户厕改造方面,水冲式厕所在农户的使用中存在很大的问题,选取适合当地的户厕改造方式是一个亟待解决的问题。

4. 环境综合整治方案

针对曲周王庄村实际情况,将各子课题的研究技术具体应用,对曲周地区污染状况进行时间空间定性定量分析。首先识别曲周农村地区环境重点污染源与重点污染物,通过对重点污染物的量化,识别各乡镇主要污染类型及污染程度;其次对曲周地区进行污染控制区划,识别出重点污染区域,以及重点控制区域等,对曲周地区的污染现状进行全面分析。

根据王庄居民点分布特征、产生污染物的类型与数量以及时间空间分布特征,结合曲周已有规划,如《曲周现代农业科技创新与新农村建设研究示范基地建设规划》《王庄景观规划》等,结合现有的基础设施状况,对王庄村进行环境综合整治,合理规划环境综合治理,提出各项综合整治措施,总体整治方案见图3-17。

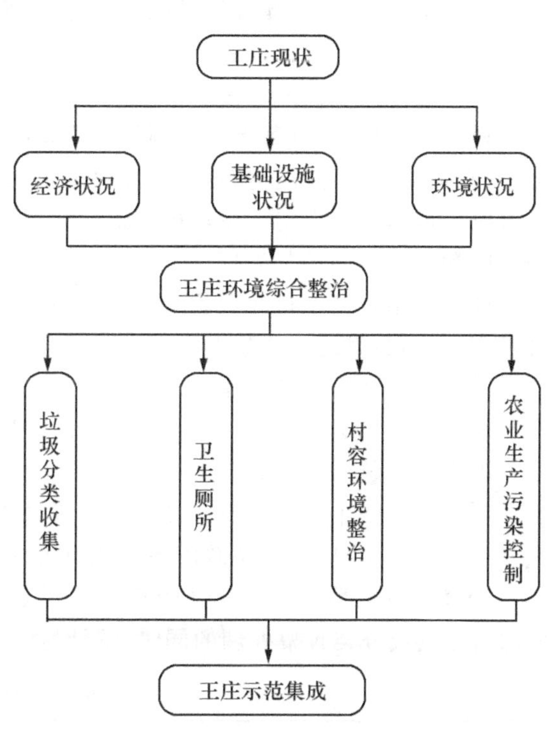

图3-17 王庄村环境整治流程

5. 污染控制配套技术与农村环保创新政策应用

1)生活垃圾收集处理系统建设

(1)硬件设施建设 生活垃圾实行源头分类,统一收集处理,须配备相应硬件设施,如垃圾箱、垃圾车等。

根据调查结果,在王庄村进行区域划分,以东大街沿线为示范区,每家发放4个垃圾桶,分有机垃圾、塑料垃圾、无机垃圾、有害垃圾。

购置1辆合适的垃圾转运车,定期对各户的垃圾进行清运,送往指定地点。

选定某地为垃圾堆肥化处理点，对有机垃圾进行无害化堆肥处理，再回田，充分利用有机资源。

对现有的西大坑垃圾堆放点进行整治，划分垃圾存放区域，定期覆土。

(2)管理系统建设　运用目前大力推广的“村收集、乡(镇)运输、区(县)处理”的管理模式，具体应用到王庄村垃圾处理管理系统，可改为“村民定点存放、保洁员收集运输、村统一处理”。

A. 垃圾分类

村东大街沿线村民实行垃圾源头分类。课题组为示范区内农户免费配备源头分类的设备；农户将日常产生的垃圾分三大类存放，定点定时投放到垃圾清运车上：

a. 有机垃圾：厨余垃圾(菜帮菜叶、水果皮等)、杂草木屑、未烧尽秸秆等。

b. 塑料垃圾：各种塑料袋、塑料膜等。

c. 无机垃圾：灰土垃圾(炉灰、扫地土、拆炕土等)、建筑垃圾(建房或拆除建筑物所产生的废弃物)、厕卫垃圾(卫生纸、尿不湿等)。

d. 有害垃圾：旧电池、旧灯管、旧灯泡、过期药品、农药瓶、除草剂包装物等。

B. 收集方法

a. 有机垃圾的收集处理

村里专用垃圾车，每天定点到村里流动收集。垃圾车停在街上，农户自己将自家的厨余垃圾桶(必须是桶，不能用塑料袋打包)提出来，倒进垃圾车内，运至村集中垃圾堆肥点。将厨余等有机垃圾运至村内定点垃圾堆肥地，并对堆肥过程进行管理。

b. 塑料垃圾的收集处理

村里专用垃圾车每 2 天收集一次塑料垃圾，定点到各户收集，农户将自家的塑料垃圾倒进垃圾车内，由村里统一收集暂存。

c. 无机垃圾的收集处理

保洁人员每 2 天清运一次，转运至垃圾坑指定堆放区域，每月覆土，更换填埋区。

d. 有害垃圾的收集处理

村民将生活中产生的有害垃圾放到发放的垃圾袋中，保洁人员每月上门进行一次有害垃圾集中收集，集中后运至镇政府指定地点统一存放，由镇政府统一集中处理。

全村垃圾分类收集处理综合模式采用“村民定点存放、保洁员收集运输、村统一处理”(表 3-10)；对垃圾分类收集处理的同时，统计垃圾产生量(表 3-11)。

表 3-10　垃圾分类收运处理模式

类别		有机垃圾	塑料垃圾	无机垃圾	有害垃圾
收集频次	每天	√			
	每 2 天		√	√	
	每月				√
收集车辆	人力三轮车	√	√	√	√
存放单位	村	√	√	√	
	镇				√

续表 3-10

存放场所		垃圾点	垃圾点	垃圾点	垃圾点
存放点状况描述	距村民主要居住地	庭院	庭院	庭院	庭院空闲处
	一般存放时间	1 天	2 天	2 天	1 月
处理单位	村	√	√	√	
	镇				√
最终去向	填埋			√	
	简易堆肥地	√			
	其他(请描述)		暂存待处理		暂存待处理
其他					

表 3-11 垃圾量统计表 kg

日期	类别			
	有机垃圾	塑料垃圾	无机垃圾	有害垃圾

C. 奖惩办法

为促进村民养成垃圾分类收集处理的习惯,以奖励与惩罚的形式带动村民行动。在月底进行有害垃圾上门收集时,对收集合格的农户,保洁员出具一张统一印制的小票(由农户保存),村民凭小票到村委会领取相当于 5 元钱的酱油、醋、洗衣粉等生活必需品。建立乱堆乱倒垃圾有奖举报制度,设立举报电话。凡是对乱堆乱倒垃圾行为进行举报的,一经查实,每次奖励 5 元,对重大问题进行举报的重奖,被举报方罚款 5 元。

D. 权责明确

a. 村委工作职责

成立垃圾分类领导小组,指定一名村干部具体负责垃圾分类工作,将工作落实到人、落实到实处。建立垃圾分类责任书,做到责任到人,工作到位。村委监督保洁员和村民的职责完成情况。

b. 保洁人员职责

按照垃圾分类收集处理方案,定期收集 8 个垃圾点的各类垃圾,转运至指定地点,并做好有机垃圾的堆肥管理工作、无机垃圾的每月覆土工作,确保垃圾存放点周围干净、整洁,堆肥地块堆肥存放有序,垃圾坑无机垃圾填埋工作有序进行。

对清运的各类垃圾,每清运一次需对垃圾量进行统计,并做好相应记录。

c. 农户职责

各户要自觉自愿地将垃圾进行分类,投放到指定垃圾存放点的对应垃圾分类箱内。各农户要养成不随便倾倒垃圾、不乱扔纸屑的良好习惯,确保垃圾分类工作的正常进行,确保院外、院内、室内环境卫生干净、整洁。

2)卫生厕所建设

(1)硬件设施建设　目前王庄村生活污水处于零处理状态。针对农村居民产生生活污水量较少的特征,对农村生活污水的处理方式可采用目前较为广泛使用的无水生态厕所。结合政府改水、改厕等实施方案,促进王庄村改厕工作的进行。

无水生态厕所是在农户普遍使用的旱厕基础上进行改造的,相关研究表明无水生态厕所对北方农村生活污水与厕所废水的处理十分有效。

首先,按照调查结果对王庄村进行区域划分,在区域内选取环保意识较高,愿意进行改厕的农户 5～6 户作为典型示范户,根据原有户厕的大小及容量,对其用水泥进行硬化,并在粪坑底部进行防渗处理,防止对地下水源的污染。在使用过程中,每天用填料对粪坑进行覆盖,按照实际情况,此处选用填料为秸秆粉,每天用量为 1～2 kg,秸秆粉可以将污水吸收并可减少臭气的挥发。在厕所容量满载后,人工进行清粪,用于农田或种树。秸秆粉的来源可利用燃料秸秆进行粉碎后制成。在王庄村,秸秆来源广泛,因此填料厕所的使用可以很好地处理农户生活污水。

(2)管理系统建设　农村生活污水处理管理系统相对于生活垃圾管理系统较为简单,主要负责农户无水生态厕所及其他处理设施的管理,并指导农民如何正确使用与维护。

3)村容环境整治

(1)村中道路硬化绿化

A. 环村北路

现状:环村北路目前为土路,宽度为 8 m,存在雨天泥泞以及与村内东街和村内西街交叉路口处易积水等问题。

道路规划:环村北路建设水泥混凝土路面,路基宽 4 m,两侧各建 1 m 宽水渠,水渠距路基 0.5 m,水渠两侧 0.5 m 各建两行行道树。

B. 环村南路

现状:目前整条路都为土路,但宽度不宽,大都为 2～3 m,两侧为绿化带及杂草和枯木以及垃圾。

道路规划:整路硬化,配以排水设施。硬化道路路基 4 m 宽,距北侧房屋 3 m,之间配置乔木,南侧有水渠,配置 5 行行道树。

C. 村内北路

现状:村内北路宽度为 6.5 m,与村内西街交叉路口西侧为 2.5 m 土路,两侧为杂草和两排杨树;东侧为 4 m 水泥路,两侧为灌木和乔木,较杂乱。路口地势低洼,易积水。村内北路于村内东街交叉路口西侧和东侧都为水泥路,但地势凸凹不平,需要整治。

道路规划:对村内北路进行整路硬化,两侧配以排水沟、人行道以及进行相应的道路绿化。村内北路建设水泥混凝土路面,路基宽 3.5 m,两侧各建 1 m 宽水渠,水渠上覆盖水泥板,可行走。水渠距绿化带间 1 m 建设 1 m 宽人行道,行道树距两侧房屋各 3 m,人行道与房屋之间兼植灌木和乔木。

D. 村内中路

现状:村内中路与村内西街往西为 3 m 土路,交叉口易积水,东街与西街之间为 3.5 m 水泥路。东侧为广场。

道路规划：铺设水泥硬化，对易积水的地方可适当加高，硬化道路路基宽 3.5 m，两侧各建 1 m 宽水渠，上铺水泥板，水渠距房屋各 1.9 m，水渠和房屋之间配置乔灌木。

E. 村内南路

现状：村内西街东侧为 1.5 m 宽土路，两侧为秸秆，乔木和杂草。村内西街和东街为 4 m 宽水泥路面，两侧有灌木和乔木及农用杂物。东街西侧为 4 m 土路。

道路规划：对村内南路的土路部分进行硬化，水泥路面适当加固。硬化道路路基 3.5 m，两侧各建 1 m 宽水渠，上铺水泥板，水渠与房屋间配置灌木。

F. 村内东街（重点）

现状：该街是连接乡镇和其他村庄的主要通路，目前整条路都为水泥路，宽度为 4 m，两侧为绿化带及水渠，较整齐。

道路规划：硬化道路路基宽 4 m，两侧各建设 1 m 宽水渠，上铺水泥板可用于行走。水渠两侧各 1.3 m 用于配置乔木行道树，行道树两侧各建宽 1.5 m 高 80 cm 的水泥坛，配置槐树，花坛与房屋之间各 4.5 m 配置灌木。

G. 村内西大街

现状：村内西街与环村北路以北为土路，以南到环村南路为水泥路，但宽度不宽，大都为 2～3 m，两侧为绿化带及杂草和枯木以及垃圾。

道路规划：硬化道路路基宽 4 m，两侧各建设 1 m 宽水渠，上铺水泥板。水渠距东侧 7 m，配置 3 行行道树，兼植灌木；水渠距西侧 9 m，水渠西侧 3 m 处配置一行行道树，水渠与西侧房屋 9 m 间兼配置灌木。道路规划详见图 3-18。

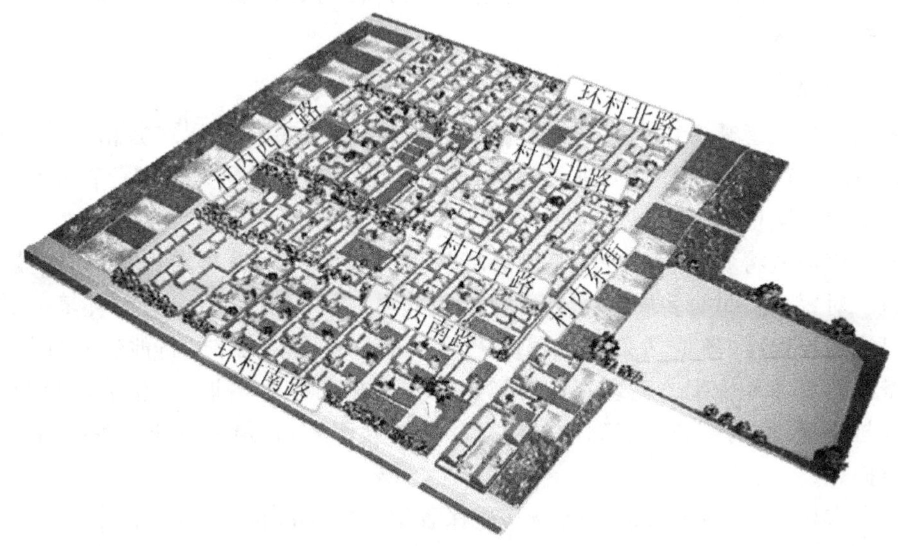

图 3-18　王庄村道路规划图

(2)村中环境卫生管理　由保洁员每 2 日清扫大街 1 次，负责村域内等级道路、非等级道路、村宅周边道路的清扫保洁。保洁员负责对村内卫生进行清洁保洁，做到村前屋后、路边、村边、田边、池塘边无暴露垃圾，无乱堆垃圾杂物，无污水横流，垃圾点密闭、周围清洁，村内公共场所卫生达到常治久洁。

农户按照“门前三包”责任制负责自家房前屋后的环境卫生、绿化、村容整治，并将垃圾清扫后直接投放到附近的垃圾房或指定地点，住宅室内整洁、场地平整、庭院绿化美化。

4)农业生产污染控制

(1)测土配方控制氮磷流失　测土配方施肥是以肥料田间试验、土壤测试为基础，根据作物需肥规律、土壤供肥性能和肥料效应，在合理施用有机肥料的基础上，提出氮、磷、钾及中、微量元素等肥料的施用品种、数量、施肥时期和施用方法等。

据实地调研，当地有关部门做过测土配方，但由于各种原因未能按照配方具体实施。在控制农田氮磷流失方面，要积极按照测土配方进行施肥，避免农田氮、磷过量施用而向环境排放，实现村域农田优质、高效生产功能与生态功能的协调。

另外，提倡发展精准农业。精准农业是由信息技术支持，根据空间变异，定位、定时、定量地实施一整套现代化农事操作技术与管理的系统，其基本含义是根据作物生长的土壤性状，调节对作物的投入，即一方面查清田块内部的土壤性状与生产力空间变异，另一方面确定农作物的生产目标，进行定位的“系统诊断、优化配方、技术组装、科学管理”，调动土壤生产力，以最少的或最节省的投入达到同等收入或更高的收入，并改善环境，高效地利用各类农业资源，取得经济效益和环境效益。

(2)秸秆与畜禽粪便堆肥后还田　以农户—庭院—村落—农田为循环体系，将农业生产所产生的作物秸秆、畜禽粪便以及有机生活垃圾等有机固体废物进行堆肥，不仅可以减少对农村环境的污染，还可以加强资源循环利用。经过高温堆肥，可杀死病原微生物、寄生虫及其卵和草籽等，还可将复杂有机物降解为易被植物吸收的简单化合物，变成高效有机肥，可替代部分化肥直接用于农业生产，增加有机肥和优质土壤供给，提高有机质的还田率，同时控制氮磷等营养物质流失进入水体。

6. 基层人员能力建设

农村环境整治管理需要广大基层人员的大力支持，需要基层人员掌握相关管理理念与管理技术，提高环保意识，能自觉自动进行环保行为。因此，需对基层人员进行管理培训，组建曲周自己的环保使者队伍。

基层人员培训需将农村居民分为基础环境管理人员和广大农村居民两部分，分别进行针对性的培训。对每个村每个乡镇的基础环境管理人员，首先，需贯彻中央对环境的关注力度、对环境治理的重视程度、环境污染对农民生产生活的影响程度等，提高他们对环境的重视程度；其次，需进行具体环境配套治理基础设施运行与维护的技术培训，如生活垃圾分类收集处理系统运行与管理，他们是公共基础设施运行的具体操作者，必须清楚地了解各治理设施的操作方法与维护。

对于广大农村居民，最重要的是提高其环保意识，集中培训其生活垃圾分类收集的方式方法，使其逐渐养成良好的自觉习惯；居民对庭院周围环境卫生负责。

提高农民的环保意识，必须改变农村居民对“环保”理解的偏颇。大多数农村居民的“环保意识”还只停留在“卫生意识”这一层面。所谓“卫生意识”就是保持周围环境干净整洁的意识，而不是减少对周围环境污染和破坏的“环保意识”。只有真正具有了环保意识，为了卫生而导致环境的污染和破坏的现象才会减少。

同时，需要培养农民对污染源头的认识。一般农民认为看得见的或者是意识中脏的东西

才是污染环境的来源,对许多有着潜在危害的,例如生活垃圾及污水任意排放对饮用水源的影响、燃烧秸秆对人体健康的影响等认识不足。

7. 资源与环境要素空间管理数据库

在采样测试和调查的基础上,建立了数据库(图3-19)。依据各类土壤和水体的现场监测数据,结合土壤重金属和地表水的环境要素指标限值,对所监测项目进行了评价和取舍,得出了和当地污染密切相关的环境因子,确定了土壤和水体环境要素的评价因子,利用单因子指数法确定了污染评价指标,并对曲周县土壤和水体环境进行了污染等级分类,明确了目前土壤和环境的污染状况,为曲周县制定国民经济计划提供了相关的资料和借鉴。

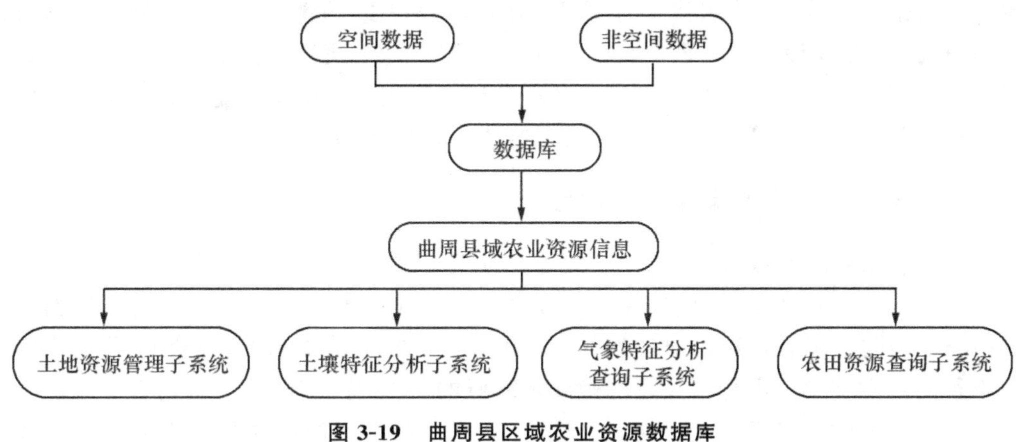

图3-19　曲周县区域农业资源数据库

3.3　水土资源利用与潜力评价

淡水资源短缺已成为制约我国尤其是华北地区社会经济发展的突出问题,但我国有着丰富的地下咸水资源,其中华北平原矿化度为2～5 g/L、埋深10～20 m浅层咸水和微咸水,浅层咸水区面积约为4.7×10^4 km^2,2～5 g/L微咸水资源约5.4×10^9 m^3,占浅层咸水区面积的80%以上。利用咸水资源,将成为我国缓解淡水资源危机的重要举措,特别是在农业用水方面。华北地区是全国冬小麦的主产区,种植面积占全国种植面积的77%以上,充分利用该地区的微咸水资源可以有效地缓解水资源的压力。

国内外关于咸水和微咸水灌溉农作物的研究,已经有100多年的历史,并就灌溉的水质、适宜灌溉土质和作物、田间管理方面进行了大量的实践。美国关于微咸水利用已经形成了一系列完善的灌溉技术和标准。我国在咸水开发利用发面也进行了大量的工作,宁夏、甘肃、内蒙古、陕西、河南、河北、山东、辽宁等省份,也都有利用微咸水灌溉的试验和生产实践。因此,对于微咸水利用条件下作物的耐盐性指标的研究,可以从理论上指导实践。

3.3.1　材料与方法

我国现行的农田灌溉水质标准,对于灌溉水矿化度的要求不是很明确,具体的要求在非盐碱地区,矿化度≤1 g/L,在盐碱土地区矿化度≤2 g/L,有条件的地方可以适当放宽。国内的不同学者在不同的地区已经进行了大量的微咸水灌溉的试验研究,在前人研究的基础上,通过对前人所作的咸水和微咸水灌溉试验资料的收集和整理分析，以冬小麦的相对产量代替实际产量，来建立冬小麦灌溉水矿化度和相对产量的函数关系。由于不同研究者所做试验不同，所处地区不同，考虑到存在多因素变量的影响，本文采用的是相对产量(CRY)来衡量各种灌溉措施对经济产量的综合影响，具体的表达式为：

$$CRY = 100 \times Y_i / Y$$

式中：CRY 为相对产量，Y 为当年水肥适宜下冬小麦的产量；Y_i 为限制因素 i 存在条件下的产量。本文设定的限制因素为微咸水灌溉和咸水灌溉，其他措施为当地传统措施。当 CRY 小于100时，说明该因子(微咸水灌溉和咸水灌溉)不利于产量的提高。

本文主要是在微咸水、咸水灌溉条件下，其他条件一致的情况下，所得到的产量 Y_i，当 CRY 小于100时，说明该因子在研究的水平上不利于产量的提高，原因主要是根据当地的灌溉方式，以养分肥料与当地一致的情况下，冬小麦淡水灌溉下的最高产量为参考值。在同个试验中，灌溉不同矿化度的水所得的产量与最高值的比，即得到的相对产量。

3.3.2 不同学者微咸水灌溉资料的总结

关于咸水和微咸水灌溉，前人进行了大量的研究。20世纪70年代石元春和辛德惠在河北曲周进行了地下咸水利用的研究，提出了咸水灌溉中作物的盐害诊断和耐盐性的指标。20世纪90年代，俞仁培和陈德明等对作物的相对耐盐性进行了分类研究，王全九、吴忠东等在河北沧州中科院南皮试验站进行了大量的微咸水灌溉的研究，宇振荣、乔玉辉等在中国农业大学曲周试验站进行了微咸水灌溉的长期定位试验，研究了微咸水灌溉对华北平原土壤环境和冬小麦生长和产量的影响。表3-12是对前人所做试验的整理和分析，得出了在不同的处理下，不同学者在不同地区得到的冬小麦的实际产量和相对产量情况。

表3-12 不同研究者对微咸水灌溉处理下的冬小麦实际产量及相对产量的统计情况

研究者	淡水实产/(kg/亩)	灌溉水矿化度/(g/L)	微咸水、咸水实产/(kg/亩)	相对产量/%	备注
邵玉翠，李悦等	483.3(品种1)	2.5	453.3	93.8	该数据从图上查询得到
		3.5	396.7	82.1	
		4	353.3	73.1	
		5	346.7	71.7	
		6	303.3	62.8	
马东豪，王全九等	380	2	370	97.4	
		3	320	84.2	
		4	260	68.4	
		5	220	57.8	
吴忠东，王全九	390	2.98	353.3	90.6	
		3	289.3	74.2	
		3.04	341.7	87.6	
叶海燕	362.5	2.45	328	90.5	

续表 3-12

研究者	淡水实产/(kg/亩)	灌溉水矿化度/(g/L)	微咸水、咸水实产/(kg/亩)	相对产量/%	备注
石元春，辛德惠等	380(统计得到) 344.2(实际值)	3	350.2	92.2	淡水的产量380是总结当地情况后提出的
		4	327.5	86.2	
		5	319.8	84.2	
		6	301.8	79.4	
方生，陈秀玲等	323.2	4	242	74.9	
		5	195	60.3	
	310	5	244	78.7	
严晔端 李悦等	341	2.2	334	97.9	
		2.6	325	95.3	
		4.1	237	69.5	
		4.7	192	56.3	
郭会荣，靳孟贵等	501.7	3	445.8	88.9	
		3.57	438.1	87.3	
		3.94	414.7	82.7	
		4.5	402.1	80.2	
郭永辰，赵勇	416.7	7	122.4	29.3	7、9 g/L 的咸水的小麦产量是根据该文中计算得到
		9	110.2	26.4	
	416.7	5	283.4	68.0	
	310	4.5	244	78.7	

注：该表是查大量资料后总结得到的

从表中可以看出，不同研究者在不同的地区进行的咸水、微咸水的灌溉试验，由于前提条件不同，所处地区的土壤类型、土壤肥力、气候条件、作物的品种、栽培措施、灌溉方式等也不同，所得到的冬小麦的实际产量差异比较大，我们采用相对产量来表示，通过对数据的分析、处理得到了在灌溉不同矿化度的咸水的条件下，冬小麦的相对产量，进而分析两者之间的关系。

3.3.3 微咸水灌溉矿化度与冬小麦相对产量关系情况

通过搜集前人大量的关于咸水、微咸水灌溉的资料，建立起关于冬小麦相对产量和灌溉水矿化度之间的关系，从图 3-20 上可以看出随着灌溉水矿化度的增加，小麦的产量逐渐变小，两者呈负相关的关系。这个结果和多数的研究者的结论是一致的。由图不难看出，一方面，冬小麦对灌水的矿化度十分敏感，其相对产量与矿化度呈负相关；另一方面也表明，在干旱时，实施一定范围矿化度的咸水以咸替淡进行补充灌溉，可以得到较高产量。采用 2～3 g/L 的微咸水灌溉，相对产量可得到 88.1%～94.4%，最高产量为 94.4%；采用 3～4 g/L 的咸水灌溉，相对产量可得到 80.5%～88.1%；采用 5 g/L 以上的咸水灌溉，冬小麦有明显减产，相对产量大都低于 71.6%。与淡水灌溉相比，小于 3 g/L 微咸水灌溉，只略有减产，减产幅度在5.6%～11.9%。经加强农艺措施，其产量水平可以与淡水灌溉持平，不会出现明显差异。小于 5 g/L

咸水灌溉的相对产量水平比淡水灌溉减产幅度在28.4%左右;6 g/L咸水灌溉产量水平比淡水灌溉减产幅度最大,可达38.6%。

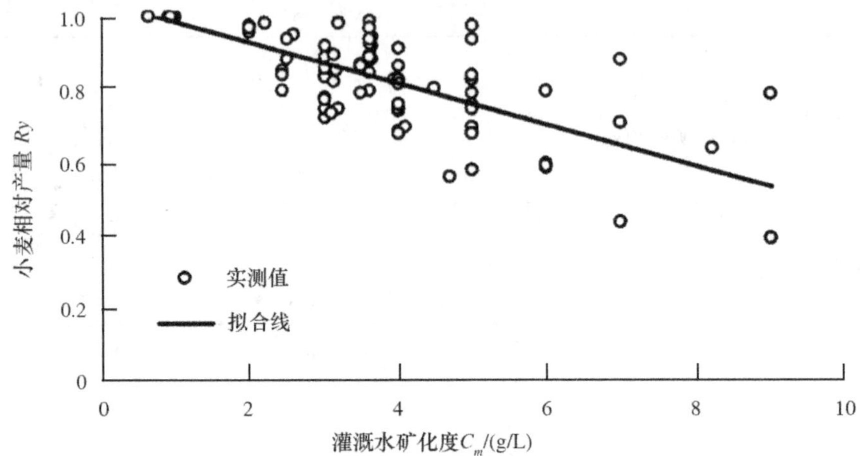

图3-20 灌溉水矿化度和冬小麦相对产量的关系情况

注:数据量为130组

研究表明,冬小麦咸水灌溉矿化度控制标准,以产量水平作为主要制约因素,按产量减产幅度作为控制标准,冬小麦咸水灌溉矿化度上限控制标准为5 g/L,5 g/L以内咸水和微咸水(矿化度小于3 g/L的咸水)灌溉是可行的,也是安全的。5 g/L以上的咸水不适合灌溉。

3.3.4 微咸水灌溉矿化度与冬小麦相对产量方差分析情况

通过搜集前人在不同试验地点所作的微咸水灌溉试验资料,对数据进行了单因素方差分析,考虑了灌溉不同矿化度的咸水对冬小麦相对产量的影响,根据灌溉水矿化度的不同分为以下4个处理,具体见表3-13:

表3-13 不同矿化度灌溉水处理情况

项目	不同处理			
	处理1	处理2	处理3	处理4
灌溉水矿化度/(g/L)	2~3	3~4	4~5	>5
冬小麦平均相对产量/%	90.1	81.4	75.5	58.0

从表3-13可以看出,随着灌溉水矿化度的差异,冬小麦的平均相对产量差异较大,采用2~3 g/L的微咸水灌溉时,其相对产量和淡水灌溉相当,采用矿化度大于5 g/L咸水灌溉时,冬小麦减产严重,不宜采用。4个处理的方差分析和数据统计分析见表3-14。

表3-14 4个处理的方差分析情况

差异源	*SS*	*DF*	*MS*	*F*	*P*-value	*F* crit
组间	0.95551	3	0.318503	42.50585	2.89E-17	4.004402
组内	0.681878	91	0.007493			
总计	1.637389	94				

通过对 4 个不同的处理进行 F 检测，处理 1 和处理 2，$F=23.299>F_{0.01}=7.077$，两个处理之间达到非常显著水平；处理 2 和处理 3，$F=7.73>F_{0.01}=7.15$ 两个处理之间达到非常显著水平；处理 3 和处理 4，$F=19.65>F_{0.01}=7.53$，两个处理之间达到非常显著水平。所以，采用不同的矿化度的咸水灌溉对冬小麦的相对产量具有非常显著的影响。表 3-15 是 4 个处理间的统计分析数据情况。

表 3-15　4 个处理间的数据统计分析情况

处理	相对产量平均值	标准差	方差	变异系数	最小值	中位数	最大值
1a	0.900638	0.073495	0.005402	0.081604	0.74188	0.921297	0.991453
2b	0.813535	0.068349	0.004672	0.084014	0.678788	0.81476	0.946982
3c	0.755436	0.08327	0.006934	0.110228	0.578947	0.754797	0.898755
4d	0.580155	0.144375	0.020844	0.248857	0.264406	0.603342	0.794211

注：显著水平为 0.01

从表 3-15 可以看出，采用矿化度为 2～3 g/L 的微咸水进行灌溉时，其相对产量与淡水灌溉相差不多，可以达到淡水灌溉产量的 90%，所以，华北地区在气候干旱、降雨量少的春季，可以采用微咸水进行灌溉。采用 3～5 g/L 的咸水进行灌溉时，其冬小麦的相对产量在 75.5%～81.3%，在年降雨量比较多的情况下，可以谨慎地使用，因为这还要考虑到灌溉后土壤中带入的盐分的情况。采用 5 g/L 以上的咸水灌溉时，冬小麦相对产量在 50%左右，减产严重，不宜作为灌溉用水。

对上述灌溉水矿化度和冬小麦相对产量关系进行拟合，发现两者具有较好的相关性，相关系数 $R^2=0.8179$，结果如下：

$$y=-0.0064x^2-0.0313x+1.0322 \qquad R^2=0.8179$$

式中：y 为冬小麦的相对产量；x 为灌溉水矿化度(g/L)。

3.3.5　验证灌溉水矿化度与冬小麦相对产量的经验公式

对前人所做结果带入拟合方程中，比较拟合值和实际值的差异，进而来验证拟合方程的准确性和实用性(表 3-16)。

表 3-16　验证冬小麦灌溉水矿化度与相对产量的经验公式情况表

研究者与研究地	灌溉水矿化度/(g/L)	冬小麦相对产量/%		相对误差/%	备注
		实际值	拟合计算值		
李文运，天津静海	2.5	91.42	93.89	2.63	
	3.5	84.47	89.13	5.23	
	4.0	80.51	84.86	5.12	
	5.0	71.61	76.11	5.91	
	6.0	61.41	56.23	9.21	

续表 3-16

研究者	灌溉水矿化度/(g/L)	冬小麦相对产量/%		相对误差/%	备注
		实际值	拟合计算值		
郭太龙，沧州南皮	2.0	97.26	94.41	2.93	
	3.0	83.97	88.11	4.93	
	4.0	78.22	80.51	2.93	
	5.0	69.86	71.61	2.50	
李科江等，黑龙港地区	2.0	91.30	94.41	3.41	
	3.0	85.50	88.11	3.05	
	4.0	75.60	80.51	6.50	
	5.0	67.50	71.61	6.09	
	6.0	58.70	61.41	4.62	
	7.0	49.80	49.91	0.22	

通过表 3-16 我们可以看出，从华北不同地区的微咸水灌溉试验来看，采用拟合公式得到的拟合值和实际值相差不大，相对误差控制在 0.22%～9.21%。这说明我们建立的冬小麦相对产量和灌溉水矿化度之间的拟合公式是可以使用的。

3.3.6 结论

(1)冬小麦咸水灌溉矿化度控制标准，以产量水平作为主要制约因素，按产量减产幅度作为控制标准，冬小麦咸水灌溉矿化度上限控制标准为 5 g/L，同时，建立冬小麦相对产量和灌溉水矿化度之间的经验公式，使得研究具有定量化，其经验公式为：

$$y = -0.0064x^2 - 0.0313x + 1.0322 \qquad R^2 = 0.8179$$

具体指标见表 3-17。

表 3-17 灌溉不同矿化度的水与冬小麦相对产量的关系

灌溉水矿化度/(g/L)	2	3	4	5	6
冬小麦相对产量/%	94.4	88.1	80.5	71.6	61.4

(2)通过对建立的冬小麦相对产量和灌溉水矿化度的拟合公式进行验证，相对误差控制在 0.22%～9.21%，说明该公式具有较高的准确性和实用性。

3.4 农业气候资源利用与预警——以冬小麦为例

3.4.1 问题的提出

华北平原的冬小麦生产在我国粮食生产中占有重要的地位，该地区小麦稳产、高产对于保障国家粮食安全至关重要。然而，这一地区的季风气候，导致冬小麦产量年际间变化大，该区的水资源短缺又严重制约着冬小麦生产的持续发展。随着全球气候变化的加剧，这种影响变得越来越严重，也越来越复杂。冬小麦生产应适应气候变化与气候变异的影响，降低小麦生产

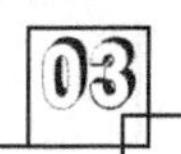

的风险、减轻气候灾害的影响，保证冬小麦生产持续和稳定，保证粮食供给能力。为此，提出冬小麦生产气候应变管理研究，这一工作的开展将具有重要的现实意义和长远的战略意义。

3.4.2 研究设计

影响冬小麦生产的因素很多，从农业气候资源利用的角度分析，限制黄淮海平原冬小麦生产高产稳产、生产潜力发挥及持续发展有两个主要因素：①干旱缺水，水资源不足，影响了小麦生产；②季风气候引起的年际间较大的气候变异造成年际间干湿、冷暖的差别，导致冬小麦产量波动。针对上述两个重要限制因素，研究设计通过改进品种类型、改进作物栽培措施（包括播种期、种植密度、灌溉方式、施肥措施）及改进种植方式，以使这些生产因素适应不同的气候年型，即采用冬小麦生产气候应变管理的方式，来提高冬小麦产量，提高作物水分利用率，使得小麦生产在不同的气候变异年型中都能平稳、降低冬小麦生产的风险、减少损失，实现可持续的发展。

研究方案：

(1)选取黄淮海平原冬小麦生产有代表性的地点（如北京、河北、河南、山东），开展冬小麦大田试验，取得不同生产条件和气候条件下的作物生长特性与产量，分析这些因素对产量及产量变异的影响，找出实现冬小麦稳产、减少产量风险因素的措施。

(2)模拟研究　可选用的小麦作物模型有 WheatSM、APSIM-Wheat、CERES-Wheat 模型，利用大田试验研究资料对模型进行适应性调参，得到可模拟研究地点的系列作物品种参数、土壤参数等，利用多年历史气象数据，进行长期作物生长及产量模拟，得到不同年份下各地冬小麦生长数据及产量，利用模拟结果进行分析。

(3)气候年型分析　根据历史气象数据，进行不同气候年型划分。

3.4.3 冬小麦田灌溉管理决策系统

农田作物水分管理及灌溉决策是作物生产管理中的一个重要环节，对于科学合理地利用水分资源，提高作物水分生产效率和作物增产增收有着极其重要的意义。近年来，运用土壤水分平衡原理、作物水分生产函数和冬小麦各生育期适宜水分指标等进行的冬小麦水分优化灌溉决策的研究取得了一定进展。朱自玺等建立了冬小麦优化灌溉模型；邓天宏等建立了冬小麦土壤墒情预报及优化灌溉技术的计算机模型，给出以最高产量和最佳经济效益为目标的灌溉建议；汪志农等提出了节水灌溉决策的依据、方法及评价标准，研制了灌溉预报与节水灌溉决策专家系统；毛飞等建立了冬小麦土壤水分预报和灌溉决策业务服务系统，朱艳等建立了基于作物模型的农田水分管理决策支持系统；张兵等研究了基于遗传算法求解的冬小麦优化灌溉产量模型。国外研制的农田水分管理系统 CROPWAT、ISAREG 等也可用于农作物灌溉管理决策。这些研究有利于提高作物水分管理和灌溉决策水平与效率，但仍然存在地域性强、生育期确定困难、模型参数复杂或数据库庞大等问题。

本研究基于土壤水分平衡原理、小麦作物发育期模型、作物水分生产函数及系统优化与灌溉管理决策原理等建立了一个适应性较广、机理性较强的冬小麦田灌溉管理决策系统(CropIrri-Wheat)，可以实现作物生育进程预测、根层土壤水分动态变化预测、小麦播前水分管理与实时水分管理及产量减少率评估等，以期进一步提高冬小麦生产管理灌溉决策的可靠性和实用性。

1. 系统设计原理与实现

冬小麦田灌溉管理决策系统(CropIrri-Wheat)融气候、土壤等环境条件和作物生育特性为一体,基于土壤水分平衡原理、小麦作物发育期模型、作物水分生产函数及系统优化与灌溉管理决策算法与原理等按照层次结构而建立。第一层次是用户界面与灌溉决策结果信息输出,实现人机交互、信息显示;第二层次是数据库管理、模型模块与灌溉决策三大功能模块,实现调用模型、求解与处理问题;第三个层次是对应各功能模块的子模块,包括不同数据库构成、主要模型算法及灌溉决策模式,是系统的核心与支撑部分。CropIrri-Wheat 系统的整体结构框图如图 3-21 所示。

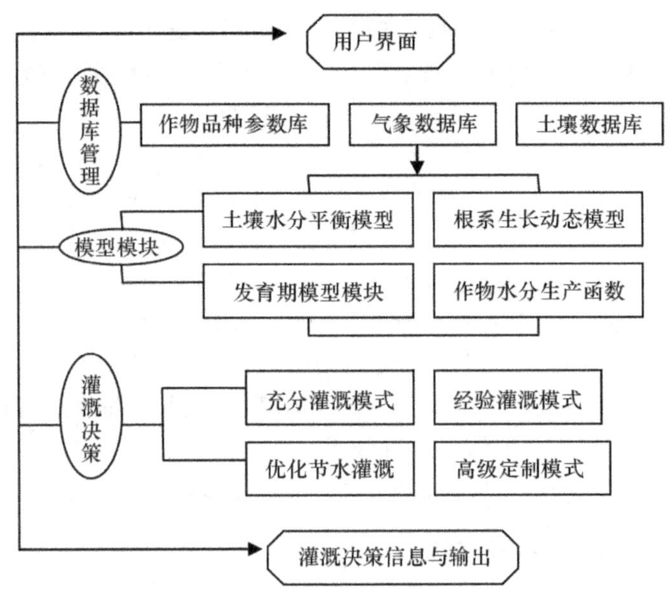

图 3-21　CropIrri-Wheat 系统基本结构框图

以中文 Windows XP 操作系统为运行环境,进行软件系统设计。采用 Visual Studio. NET 2005 开发环境,基于面向对象的程序设计原则与方法,研制结构化、组件化的冬小麦田灌溉管理决策系统(CropIrri-Wheat)。系统通过菜单、工具条、对话框、图表等方式与用户进行交互和信息表达。为方便应用,系统数据文件采用文本格式。

2. 系统功能模块与原理

1)主要功能模块

冬小麦田灌溉管理决策系统(CropIrri-Wheat)主要功能模块包括:

(1)土壤水分平衡模型模块　基于土壤水分平衡原理,计算土壤水分各收支分项,采用递推方法,进行土壤水分变化计算及作物根层土壤水分亏缺量预报。

(2)小麦发育期模型模块　小麦作物发育期预测是确定准确灌溉日期的关键,基于析因指数形式的小麦发育期"钟模型"(WDSM)构建小麦发育期模型模块,通过作物发育期模型模拟小麦的生长发育进程,确定不同小麦品种各生育时期及生育天数。

(3)作物根系生长动态模型模块　通过调用小麦根系生长模型计算小麦根长生长动态,以计算作物根层土壤水分的动态变化。

(4)作物水分生产函数模块 采用 Jensen 模型,定量描述作物产量与灌溉供水之间的关系,用于预测分析不同灌溉条件下不同生育阶段水分对作物产量的影响,评价灌溉的有效性。

(5)作物灌溉决策模块 主要实现决策地点小麦适宜的灌溉日期、灌溉量确定。决策模块提供充分灌溉、优化节水灌溉、经验灌溉及高级灌溉(用户定制)等不同灌溉模式,根据作物的需水耗水特性,确定不同生育时期指导灌溉的适宜土壤水分指标或依据用户设置的灌溉指标,提供是否灌溉以及灌溉量多少的辅助决策信息,可满足不同层次用户的使用需求。

(6)数据参数库文件管理模块 支持系统运行的数据参数库文件包括气象数据库、土壤特性数据库和作物品种数据库等,以及结果输出文件。系统设计了可视化的数据文件管理模块,实现数据的输入、输出及数据库文件的编辑修改等。

2)系统模型与决策原理

(1)土壤水分平衡模型 作物根层土壤水分的收支情况反映出土壤水分的变化,这里用作物根层土壤水分亏缺量表示。降雨、灌溉和地下水补给增加了土壤水分含量,减小了作物根层的土壤水分亏缺,而农田蒸散、地表径流和深层渗漏则减少了土壤水分含量,从而增加了作物根层土壤水分的亏缺。作物根层上壤水分的变化量可由逐日土壤水分平衡来表达(Richard G. Allen,Luis S. Pereira,1998),公式如下:

$$SWD_i = (ETa_i + RO_i + OP_i) - (EP_i + G_i + I_i) + SWD_{i-1} \tag{1}$$

式中:SWD_{i-1}是第 $i-1$ 天作物根层土壤水分变化量(mm),即土壤水分亏缺量;SWD_i是第 i 天作物根层土壤水分变化量(mm);ETa_i是第 i 天的作物耗水量(mm);EP_i是第 i 天有效降雨量(mm);I_i为第 i 天的总灌溉量(未考虑农田灌水利用率的灌溉量);G_i是第 i 天地下水补给量(mm);RO_i为第 i 天地面径流量(mm),地势平坦,土壤通透性好的地区,可忽略此项;OP_i为第 i 天土壤深层渗漏量(mm),大雨或大量灌溉后,作物根层的土壤含水量可能超过田间持水量,此时土壤水分变化量(亏缺量)为零,深层渗漏量为土壤含水量超过田间持水量部分,而当根层土壤含水量小于田间持水量时,$OP_i=0$。

当大雨或灌溉过后作物根层土壤含水量达到田间持水量时,土壤含水量为最大值,而土壤水分亏缺量为最小值,等于零;渗漏和农田蒸散使得根层的土壤含水量逐渐降低,土壤水分亏缺逐渐增大,直到没有水分补充时,土壤含水量降到作物萎蔫点,达到最低值,此时土壤水分亏缺量增加到最大值,等于土壤有效储水量(TAW)。因此,土壤水分亏缺量的变化范围为:

$$0 \leqslant SWD_i \leqslant TAW_i$$

(2)作物根层土壤有效储水量 土壤含水量大于田间持水量时发生水分流失,土壤含水量低于凋萎含水量时,作物不能吸收土壤水分。因此,土壤有效水分含量为田间持水量与凋萎含水量的差值。作物根层土壤有效储水量指作物根层可以吸收的土壤有效水分含量,其值取决于土壤类型和作物根系深度,计算方法(Richard G. Allen,Luis S. Pereira,1998)如下:

$$TAW_i = 1000 \times (\theta_{fc} - \theta_{wd}) \times Zr_i \tag{2}$$

式中:TAW_i为第 i 天作物根层土壤有效储水量(mm);θ_{fc}为田间持水量(m^3/m^3);θ_{wd}为凋萎含水量(m^3/m^3);Zr_i为第 i 天作物扎根根深(m),可以是设定值或采用公式计算。

(3)作物根层易吸收土壤储水量 作物根层易吸收土壤储水量指在土壤有效储水量中易于被作物根系吸收的那部分土壤储水量,也即作物发生水分胁迫时的临界土壤储水量,由下式

(Richard G. Allen,Luis S. Pereira,1998)计算:

$$RAW_i = P_i \times TAW_i \tag{3}$$

$$P_i = PS + 0.44 \times (5 - ETm_i)$$

式中:RAW_i为第 i 天作物根层易吸收土壤储水量(mm);P_i为第 i 天的临界土壤水分系数,指大于某临界土壤湿度的土壤有效水分与最大土壤有效水分的比值,不同作物的 P_i不同;PS 为 $ETm=5$ mm/d 时的 P_i标准值,对于冬小麦作物,PS 取 0.55;ETm_i为第 i 天作物最大蒸散量(mm/d)。

(4)初始土壤水分亏缺量　初始土壤水分亏缺量是确定作物灌溉量和灌溉时间的依据。播前足墒时认为土壤水分亏缺量为零,可通过实测的作物根层土壤含水量得到初始土壤水分亏缺量,计算公式(Richard G. Allen,Luis S. Pereira,1998)如下:

$$SWD_{i-1} = 1000 \times (\theta_{fc} - \theta_{i-1}) \times Zr_{i-1} \tag{4}$$

式中:θ_{i-1}为第 $i-1$ 天作物根层土壤含水量(m^3/m^3)。

(5)时段内有效降雨量　有效降雨量是自然降水中实际补充到植物根层土壤水分的部分,计算公式如下:

$$EP_i = a \times TP_i \tag{5}$$

式中:TP_i为第 i 天预报降雨量或实际降雨量(mm);a 为降雨入渗补给系数,其值与一次降雨量、降雨强度、降雨延续时间、土壤性质、地面覆盖及地形等因素有关,取值(李明生,2005)如下:

$$a = \begin{cases} 0 & TP_i < 5 \text{ mm} \\ 1 \sim 0.8 & 5 \text{ mm} \leqslant TP_i \leqslant 50 \text{ mm} \\ 0.7 \sim 0.8 & TP_i > 50 \text{ mm} \end{cases}$$

(6)地下水补给量　地下水补给量主要取决于地下水埋深、土壤类型和根层湿润度。一般当地下水埋深大于作物根层 1m 时,地下水补给量可不予考虑。计算公式如下:

$$G_i = ETa_i \times e^{-\sigma Ho} \tag{6}$$

式中:G_i为地下水补给量,σ 为经验系数,与土壤类型有关,对沙土、壤土、黏土分别取值为 2.1,2.0,1.9;Ho 为地下水埋深(m),可作为输入值;ETa 为作物耗水量。

(7)作物耗水量　作物耗水量及其变化主要取决于气象条件、作物群体状况、土壤水分等。作物耗水量通过计算参考作物蒸散量后,经过作物系数和土壤水分修正系数的二级订正获得。

A. 参考作物蒸散量

采用 1998 年 FAO 推荐的 Penman-monteith 公式和参考蒸散量的新定义(Richard G. Allen,Luis S. Pereira,1998)。参考作物蒸散量为一种假想的参考作物冠层的蒸散速率,假设作物高度为 0.12m,固定的叶面阻力为 70 s/m,反射率为 0.23,非常类似于表面开阔,高度一致,生长旺盛,完全遮盖地面而不缺水的绿色草地的蒸腾和蒸发量。计算公式如下:

$$ETo_i = \frac{0.408\Delta(Rn - G) + r\dfrac{900}{T+273}U_2(ea - ed)}{\Delta + r(1 + 0.34U_2)}$$

式中：ETo_i为第 i 天作物参考蒸散量(mm/d)；Rn 为冠层表面净辐射[MJ/(m^2·d)]；G 为土壤热通量(MJ/m^2·d)，一般来说，其数值和净辐射 Rn 相比很小，尤其是在有作物覆盖地面的情况下更是如此，在逐旬、逐日等较短计算时段的计算中可以忽略不计；ea 为饱和水汽压(kPa)；ed 为实际水汽压(kPa)；Δ 为饱和水汽压—温度曲线斜率(kPa/C)；r 为温度计常数(kPa/C)；T 为平均气温；U_2为 2 m 高处的风速(m/s)。

B. 作物最大蒸散量

作物系数 Kc 值反映了不同作物及不同时间蒸散的差异，根据 Kc 值对参考作物蒸散量进行订正，即可得到作物最大蒸散量：

$$ETm_i = Kc_i \times ETo_i \tag{7}$$

式中：ETm_i为第 i 天作物最大蒸散量(mm/d)；Kc_i为第 i 天作物系数，采用 FAO 推荐的分段单值平均作物系数法计算，也可通过试验测定得到，作为系统的输入值。

C. 作物实际耗水量

对作物最大蒸散量进行土壤水分订正，即可得到作物实际耗水量：

$$ETa_i = Ks_i \times ETm_i \tag{8}$$

式中：ETa_i为第 i 天作物实际耗水量(mm)。Ks_i为第 i 天土壤水分修正系数，反映根区土壤含水量不足时对作物蒸腾的影响，$Ks_i=1$，表示未发生水分胁迫，$0<Ks_i<1$，表示发生水分胁迫。根据 FAO-56 推荐的方法(Richard G. Allen，Luis S. Pereira，1998)，Ks_i由下式确定：

$$Ks_i = \begin{cases} 1 & SWD_i \leqslant RAW_i \\ \dfrac{TAW_i - SWD_i}{TAW_i - RAW_i} & SWD_i > RAW_i \end{cases}$$

利用式(2)至式(8)，将水分的各收支项代入式(1)，采用递推的方法，即可计算出土壤水分变化及作物根层土壤水分亏缺量预报。

(8)作物发育期模型　小麦作物发育期预测是确定准确灌溉日期的关键。小麦发育期模型采用析因指数形式的小麦发育期“钟模型”(WDSM)。小麦“钟模型”(WDSM)考虑了作物品种基因型特性、环境因素温度、光照及播种深度等因子的影响及其综合效应。其基本模型算法为：

$$\frac{\mathrm{d}M}{\mathrm{d}t} = \frac{1}{DS} = e^k \cdot (TE)^p \cdot (PE)^q \cdot f(EC) \tag{9}$$

式中：DS 为生育期或生育阶段的日数；k 为基本发育系数，由品种自身的遗传特性决定；TE 为温度效应因子，反映温度对小麦发育的非线性影响，p 为温度反应特性遗传系数(温度系数)；PE 为光周期效应因子；q 为光周期反应特性遗传系数(光周期系数)；$f(EC)$为播种深度影响函数。TE 由下式确定：

$$TE = \begin{cases} (T_i - Tb_i)/(To_i - Tb_i) & Tb_i < T_i \leqslant To_i \\ (Tm_i - T_i)/(Tm_i - To_i) & To_i < T_i < Tm_i \\ 0 & T_i \leqslant Tb_i,\ T_i \geqslant Tm_i \end{cases}$$

式中：T_i为平均气温(℃)；Tb_i为小麦生长的下限温度(℃)；Tm_i为小麦生长的上限温度(℃)；

To_i为最适温度(℃)。

PE则由下式确定：

$$PE = \frac{PL_i - PLb_i}{PLo_i - PLb_i}$$

式中：PL_i为平均光长(h)；PLo_i为最适光长(h)；PLb_i为临界光长(h)。且当 $PL_i < PLb_i$时，$PL_i = PLb$；$PL_i > PLo_i$时，$PL_i = PLo_i$。

将小麦的生长发育过程分为4个生育阶段：播种—出苗期，出苗—拔节期，拔节—抽穗期，抽穗—成熟期。每个生育阶段的指标与模型参数各不相同。调用当地气象数据，通过作物发育期模型可模拟小麦的生长发育进程，确定不同作物品种各生育时期及生育天数，进而可确定不同生育阶段的作物系数、作物根长的变化。

(9)作物根系生长动态模型　通过调用小麦根系生长模型计算作物根层土壤水分的动态变化。小麦根长生长动态算法采用如下方法(冯广龙等，1998)：

$$Zr_i = Zr \times (0.005628 + 2.3501 \times tr - 4.5548 \times tr^2 + 3.2148tr^3)$$

式中：Zr_i为第 i 天作物扎根深度(m)；Zr 为最大扎根深度(m)；tr 为相对时间，表示播种后天数(第 i 天)与根系达到最大深度天数之比。把播种深度(一般为0.03～0.05 m)认为是作物初始扎根深度。冬小麦在扬花期达到最大根深，最大扎根深度取值为1～1.5 m(中国农业百科全书农业气象卷编辑委员会，1986)。

(10)作物水分生产函数　作物水分生产函数是作物产量与灌溉供水之间关系的定量描述，用于分析不同灌溉模式对作物产量的影响，评价灌溉制度。由于作物生长是连续进行的，某一生育阶段缺水不仅影响该时期，而且也会影响下一生育阶段。Jensen 模型表达了多阶段缺水构成相互影响及对总目标产量的影响，是在非充分灌溉条件下，预测缺水对作物产量影响精度较高的数学模型(葛岩等，2003)。采用 Jensen 模型，计算公式如下：

$$\frac{Ya}{Ym} = \prod_{j=1}^{n} \left(\frac{ETa}{ETm}\right)_j^{\lambda j}$$

式中：Ya、Ym 分别为作物实际产量与最高产量(kg/hm^2)；ETa、ETm 分别为第 j 个阶段作物实际耗水量与最大蒸散量(mm)；λj 为第 j 个阶段缺水对产量影响的敏感指数；j 为作物全生育期划分的生育阶段。

作物减产率是作物实际产量与最高产量的差值占最高产量的百分比，表示为：

$$y = \left(1 - \frac{Ya}{Ym}\right) \times 100\%$$

式中：y 为减产率。采用 Jensen 模型以了解每一阶段水分对作物产量的影响。

3. 系统决策原理

冬小麦田灌溉管理决策主要实现决策地点小麦适宜的灌溉日期、灌溉量，分析评价选定的灌溉模式对小麦产量的影响。CropIrri-Wheat 系统决策模块根据小麦作物需水关键期和非需水关键期的适宜水分范围提供在充分灌溉、节水灌溉、经验灌溉等不同模式下是否灌溉以及灌溉量多少的辅助决策，结合作物水分生产函数评价选定灌溉模式作物减少率。

(1)充分灌溉模式　冬小麦田充分灌溉模式是从丰产角度进行灌溉决策，满足作物全生育

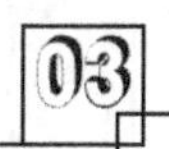

期内潜在蒸散量对水分的需求，以获取作物最大产量为目标。通过每日的土壤水分亏缺量和作物易吸收的土壤储水量比较，当土壤水分亏缺量接近作物易吸收的土壤储水量时（SWDi=RAWi)，也就是作物发生水分胁迫的临界期时，进行充分灌溉决策，确定灌溉量和灌溉日期。为了避免深层渗漏造成水分损失，确定净灌溉量的适宜指标定为根层土壤含水量达到田间持水量的80%。计算公式为：

$$I_i = RAW_i - SWD_i$$

$$SWD_i = 200 \times \theta_{fc} \times Zr_i$$

式中：I_i为第i天的净灌溉量(mm)；RAW_i为第i天作物根层易吸收土壤储水量(mm)；SWD_i为灌溉后土壤水分变化量（作物根层土壤水分亏缺量）(mm)；θ_{fc}为田间持水量(m^3/m^3)；Zr_i为第i天作物扎根根深(m)。

(2)优化节水灌溉模式　冬小麦田优化节水灌溉模式从优化节水的角度进行灌溉决策，该模式是作物实际蒸散量小于潜在蒸散量的灌溉方式，它不以获取单位产量最高为目标，而是以单位水量经济效益最大为目标。当土壤水分降低到一定程度就会对作物的生长发育及产量产生影响，节水灌溉需要根据作物的需水耗水特性，确定指导灌溉的适宜土壤水分指标。作物不同生育阶段的适宜水分下限值有一定的变化，系统中将作物非需水关键期根层适宜水分范围定为田间持水量的60%～70%，作物需水关键期适宜水分范围为65%～75%，小麦需水关键期为孕穗期。当作物根层土壤含水量达到适宜水分范围下限时，作出决策，灌溉到适宜水分范围的上限值。

(3)经验灌溉模式　经验灌溉模式从农户理解及应用方便的角度出发，是结合小麦生产实践经验考虑作物生长季内经验灌溉的方式。为了保证作物正常出苗的底墒要求，应优先考虑播种前的灌溉量，其次按照作物需水期的重要性考虑灌溉次数和灌溉量。在小麦生长期间，若灌溉一水，应在孕穗期进行灌溉；若灌溉两水，当播种前灌溉时，为返青期与孕穗期进行灌溉，当播种前不灌溉时，为越冬期与孕穗期进行灌溉；若灌溉三水，则为越冬期、拔节期和开花灌浆期三次进行。每次灌溉量为达到田间持水量的80%。

(4)高级灌溉模式（用户定制）　高级灌溉模式是面向科研技术和推广人员的一种灌溉决策模式，允许从研究中得到的发现和结果扩展到试验以外的大田条件下，用户可以制定适于自身需要的灌溉指标与方式，比如定期定量灌溉、定期不定量灌溉等。在不同的水分供应、土壤及小麦栽培条件下提供可行的灌溉决策建议。如用户可以设定当根层土壤含水量降低到田间持水量的60%时进行灌溉，灌溉量为40 mm，或者固定间隔40 d灌溉等，从而可以了解一定条件下土壤水分和作物耗水量的逐日动态变化，结合Jensen相乘模型，预测评价不同灌溉方式对产量的影响及影响程度，对科学试验研究具有一定的辅助作用。

4. 系统功能

冬小麦田灌溉管理决策系统（CropIrri-Wheat）的功能主要面向冬小麦生产水分灌溉管理，提供小麦灌溉管理决策支持信息。系统功能包括以下几方面。

(1)小麦灌溉决策支持　包括小麦播前灌溉决策和实时灌溉决策。根据决策地点的气象资料、作物品种特性、土壤数据以及用户选择的灌溉模式标准，提供用户小麦作物灌溉决策信息，包括灌溉日期、实际灌溉量等。在进行实时灌溉决策时，系统可根据天气预报信息、初始实测土壤含水量和选择的灌溉指标对未来作物是否需要灌溉、灌溉时间和灌溉量作出逐日预报。若无天气预报数据，则调用历史数据补足。系统还可以根据作物生育期内实测根层土壤含水量值或读取土壤水分监测仪器数据修正预报结果，从而达到提高准确度的目的。

(2)模拟根层土壤水分动态变化　通过计算土壤水分各收支分项，采用递推方法，模拟根层土壤水分变化，进行作物根层土壤水分亏缺量预报。

(3)实现作物生育进程预测　通过作物发育期模型模拟小麦的生长发育进程，进行发育期预测，确定不同小麦品种各生育时期及生育天数，以确定准确灌溉日期。

(4)评价不同灌溉模式对作物产量的影响　通过分析不同灌溉条件下不同生育阶段水分对作物产量的影响，评价灌溉的有效性，为制定适宜优化灌溉方案提供决策支持信息。

(5)数据参数库文件管理功能　系统数据文件包括输入文件(品种参数、天气、土壤等数据文件)和输出文件(结果汇总输出文件和结果分项输出文件)，系统设计了可视化的数据文件编辑和修改子系统，可进行数据参数库文件管理。

本研究面向冬小麦生产水分管理，为在小麦栽培管理中提供灌溉决策支持信息，科学合理地指导灌溉实践，以土壤水分平衡原理、小麦作物发育期模型、作物水分生产函数及系统优化与灌溉管理决策原理等为理论依据，通过系统设计与软件开发，构建了一个适应性较广、机理性与实用性较强的冬小麦田灌溉管理决策系统(CropIrri-Wheat)，可以实现作物生育进程预测、根层土壤水分动态变化预测、小麦播前水分管理与实时水分管理及产量减少率评估等功能，是一个面向多层次用户的灌溉决策支持系统工具软件。

CropIrri-Wheat 系统具有如下特色。

①系统中嵌入小麦作物发育期模型，可以模拟预测作物生育进程，确定不同小麦品种各生育时期及生育天数，以根据不同生育阶段来调用相应的参数，可更为准确地确定灌溉时间。

②可实现决策地点小麦播前灌溉决策和实时灌溉决策，提供用户小麦作物灌溉决策信息，包括灌溉日期、实际灌溉量等。

③在进行实时灌溉决策时，系统可根据实际天气数据、天气预报信息、实测根层土壤含水量或读取土壤水分监测仪器数据对未来作物灌溉时间和灌溉量作出预报或修正预报结果，从而达到提高准确度的目的。

④提供充分灌溉、优化节水灌溉、经验灌溉及用户定制高级灌溉 4 种决策模式，并可评估不同灌溉模式对作物产量的影响。系统适于不同生产目的、不同层次用户的需求，更具实用性。

⑤系统提供默认参数数据，用户可根据系统推荐的几种参数适用标准来运行系统。同时系统模型参数量适中，也较易获取，便于系统的推广应用。

第4章

作物高产高效与大面积均衡增产

4.1 问题的提出

4.1.1 作物高产高效问题的提出

我国是人口大国，目前人口已经突破13亿，按照现在国家计划控制指标增长，到2030年人口数量将达到最高峰值16亿。按照现在的消费水平计算，仅满足每年新增人口对农产品的直接消费需求，每年就要增加粮食60亿kg以上。生活水平的提高要求粮食总量同步增加。据美国观察所布朗对各国发展历程的研究表明：经济发达国家在由不发达走向发达过程中，人均粮食消费量显著提高。我国1980—1989年直接粮食消费增长15%左右，但间接粮食消费则增长了40%，也体现了这一规律。其主要原因是人们的消费目标由原来的“吃饱穿暖”转为“吃好穿好”。例如人们的膳食结构中脂肪及蛋白质食品比例迅速增长就是间接耗粮的重要方式。据胡耀高估计，2000年我国需精饲料2.04亿kg(精饲料与粮食总产量之间的相关系数为0.94)，因此也需要粮食产量的大幅增加。

人均耕地少且不断减少的现状要求粮食总量的增加只能以提高单位耕地面积的产量来实现。我国目前的耕地红线为18亿亩，耕地复种面积为24亿亩，人均耕地面积已经不足1.5亩(世界平均为5.3亩)，即所谓的以占世界7%的耕地养活占世界22%的人口。同时，总耕地面积由于各类建设用地(包括房地产开发、交通用地、工矿企业用地)的日益增加等原因正以每年400万～600万亩的速度减少。这样，到2020年由于以上原因及粮、经、饲耕地比例的调整，粮食占地面积将减少0.5亿亩。粮食总量要求增加而耕地面积又趋于减少，因而只有提高单位面积产量这一条路可行。

粮食要持续高产，必须保证高产高效同步。首先，高产必须同时具有高的经济效益，这是当今农业生产进入市场体系的必然要求。高产不增收，甚至是高产低效，不能激发农民生产积极性，在一些经济发达地区已出现土地弃耕现象，这样连生产都不能持续，更谈不上持续高产。其次，高水肥利用效率、高气候资源利用效率、高劳动生产率也是持续高产必须满足的条件。肥水在我国作物增产中具有重要作用，当前作物增产因素中50%来自于化肥，高产田中绝大部分为降水量大于800 mm的田块和灌溉田。但目前水肥资源已经成为高产再高产及持续高产的主要限制因素。

水肥资源的有限性决定了必须对其加以高效利用，这有两条途径：一条是利用各种先进技术手段直接节水节肥，如适水生产、抗旱育种、节水灌溉、保墒技术、平衡施肥技术、以产定肥技术等。而充分高效利用人力资源、光温降水资源则是在同等肥水条件下提高土地生产力和经济效益，进而提高肥水生产率，间接节约水肥资源，使粮食高产得以持续的另一重要途径。

多熟种植是我国农业实现高产高效的重要途径。多熟种植包括间作、套种和复种 3 种模式。由于多熟种植具有增加光合时间和光合面积的功能，使得田间漏光减少，光温利用率大大提高，而在我国农业生产特别是粮食生产中发挥了重要作用。我国有近 0.53 亿 hm^2 土地复种，0.33 亿 hm^2 土地间套作，复种指数达到了 158%，大致等于增加播种面积 5729 万 hm^2。直到目前，我国采用各种多熟模式的耕地已经占到全国总耕地的一半以上，播种面积占到 2/3 以上，而生产的粮食则占到 3/4 以上。多熟种植除了对光温降雨和土壤高效利用外，全国的实践普遍证明其水肥效率和经济效益也是提高的。

4.1.2 大面积均衡增产问题的提出

保障国家粮食安全及主要农产品供给是黄淮海平原农业发展的责任，亟须通过科技创新，突破制约瓶颈，实现大面积均衡增产。

《全国新增 1000 亿斤粮食生产能力规划（2009—2020 年）》中明确要求，黄淮海地区新增粮食产能占 38.7%，其中来自中低产田改造的贡献必须在 40%以上，这就意味着未来 10 年通过中低产田改造新增粮食生产能力必须超过 155 亿斤。如何实现这一目标，已成为各级政府正在面对的问题。

黄淮海平原是我国最大的农业主产区，对保障我国粮食安全及主要农产品的供给有着不可替代的作用。全区耕地 0.22 亿 hm^2（居各农区之首），占全国的 1/6；2005 年黄淮海平原小麦、玉米、棉花和油料总产量分别达到 4342.70 万 t、3479.23 万 t、182.08 万 t 和 782.74 万 t，分别占全国总产量的 44.57%、24.96%、31.86% 和 25.44%。肉、蛋、奶生产分别达到 1796.48 万 t、721.30 万 t 和 1108.30 万 t，占全国总产量的 23.20%、25.18%和 38.49%，由此可见，黄淮海平原是我国粮棉生产的重要基地，也是畜禽产品生产的主要基地。保证粮棉油肉主要农产品产量的稳定提高是国家对黄淮海农业发展提出的目标。实现这一目标，稳定黄淮海平原农业在全国农业中的地位，面临着严峻的考验。

黄淮海平原是我国经济与社会高速增长的地区，环渤海经济圈的启动将进一步加快本区域的城市化和工业化的进程。建设用地不断扩张，仅 2002 年至 2005 年各类建设用地就增加了 26.6 万 hm^2，农业发展的空间被不断挤压；由于比较效益驱动，农业内部结构调整中，粮食播种面积逐年下降，从 1999 年的 2347.1 万 hm^2，下降到 2004 年的 1987.4 万 hm^2；占总播种面积的比例也从 74.2%降低到了 64%，稳定粮食生产的难度很大。黄淮海平原区域农业土地资源的开发程度已很高，宜农土地资源利用率达 90.6%，土地垦殖系数高达 56.6%，分别比全国平均值高 1.9%和 43.1%，依靠外延扩展稳定粮食生产空间很小，必须走出一条内涵挖潜的模式。

黄淮海平原粮食单产已经达到了较高的水平，冬小麦平均产量超过 6 t/hm^2，夏玉米平均产量超过 5.25 t/hm^2，进一步增产的难度增加。一些高产区虽然创造了一批高产、超高产的技术体系，但是多数是“高投入、高产出”模式，不仅加大了生产成本，降低了粮食生产的比较效益，而且以消耗大量资源为代价，大面积均衡增产受到制约，也不能达到可持续发展的目标。

黄淮海平原是我国缺水最严重的地区，人均水资源占有量为 501 m^3，仅为全国平均水平的 1/5，该区域以仅占全国 7.7%的水资源总量，支撑着占全国 39.4%的耕地面积。20 世纪 80 年代以来，气候变暖、干旱化加重与工农业用水量剧增等自然与人类活动的共同影响，水资源与水环境等水问题日趋严重，已经成为导致生态环境恶化与制约区域经济可持续发展的主导生态因素。本区年降水量少，80%集中于 6—8 月，春旱普遍严重，影响夏收作物的返青和生长及秋收作物的播种。流经本区的海河、黄河、淮河三大水系多年平均径流量为 1348 亿 m^3，平均每亩耕地占有水量 243 m^3，是全国亩均占有量的 14%。地表水资源少，如海河流域平水年、干旱年、特枯年，分别缺水 68 亿 m^3、80 亿 m^3、115 亿 m^3。由于连年超采地下水，在天津、沧州、衡水、德州之间形成了近万平方公里的深层地下水漏斗区。目前为了发展农业生产，还在继续超采，使水位下降，漏斗区继续扩大。如不尽快改变用水方式和地下水的开采强度，后果不堪设想。

面对资源、技术和市场的多重制约，黄淮海平原粮食生产必须走出一条依靠科技创新提高单产、大面积均衡增产的道路。要充分挖掘区域耕地资源、水资源的潜力，建立多种形式的大面积均衡增产技术体系和生产管理体系，通过资源—物质—装备—技术的优化组合，进一步挖掘增产潜力，形成高产、高效、低耗能、低成本的粮食生产技术体系。

4.2 大面积均衡增产的技术途径

4.2.1 研究内容和方法

1. 调查研究方法

本研究以区域宏观分析、农户调查和专家问卷调查为主，结合冬小麦—夏玉米生产潜力的模拟估算，并运用实地试验数据，采用理论分析与实证研究、宏观分析与微观分析相结合的方法，对影响河北平原冬小麦—夏玉米两熟生产潜力发挥的主要限制因素进行系统的研究。

根据河北省的资源生态条件和小麦、玉米播种面积，选取太行山山前平原、黑龙港地区进行研究。2008—2009 年及 2009—2010 年选取了河北平原 6 个具有代表性的县(市)，包括山前平原的藁城、辛集和黑龙港地区的曲周、大名、深州、宁晋为研究对象，设计调查问卷，从这 6 个县(市)中选择有代表性的村庄，在村中采用随机抽样方法选择农户，共选取 18 个村、389 个农户，采用半结构访谈方法对 2008—2009 年及 2009—2010 年小麦、玉米的生产情况进行调查。另外，还选择了作物栽培、育种、植保、土壤肥料、植物营养等不同专业的专家 32 人进行了有关河北省小麦、玉米生产潜力及限制因素等方面的调查。调查内容主要包括农户基本情况、粮食作物种植面积、农户收入以及生产行为以及影响小麦、玉米生产的限制因素等。

调查目的在于，根据调查数据和访谈资料，探明河北平原冬小麦—夏玉米生产现状，运用农学、经济学、社会学等方法对影响冬小麦—夏玉米生产潜力发挥的限制因素进行系统分析，以期发现农户在冬小麦—夏玉米种植过程、技术决策及技术推广服务体系等方面存在的问题，从而制定提高冬小麦—夏玉米生产潜力的开发途径。

2. 试验方法

试验分别在中国农业大学曲周实验站和中国科学院栾城农业生态系统试验站进行。

中国农业大学曲周实验站位于河北省邯郸市曲周县北部，地处暖温带半湿润大陆性季风气候区，年平均气温为13.2℃，无霜期201 d，年降水量为542. 7 mm，年降水的60%以上集中在6—9月，年蒸发量为1841 mm。试验区光、热、水资源比较丰富，但由于受季风气候影响强烈，冬季寒冷干燥，夏季温暖多雨。试验区为改良后的盐化潮土，肥力均匀。冬小麦—夏玉米一年两熟制是当地主要的种植制度。试验地土壤理化性质见表4-1。

表4-1 试验地土壤理化性质

土层/cm	土壤质地	土壤容重/(g/cm^3)	全氮/(g/kg)	全磷/(g/kg)	全钾/(g/kg)	有机质/(g/kg)
0～35	粉沙壤土	1.46	0.11	7.09	4.86	9.08
36～85	粉沙壤土	1.43	0.09	5.67	4.75	7.11
86～145	粉沙壤土	1.42	0.08	6.32	4.67	7.05
146～200	黏壤土	1.39	0.07	6.17	4.94	8.33

中国科学院栾城农业生态系统试验站位于河北省石家庄市栾城县城东部，北纬37°53′，东经114°41′，海拔高度50.1m，位于太行山山前平原，为华北地区典型高产区，种植制度为冬小麦—夏玉米一年两熟。该地区具有显著的大陆性季风气候特点，年平均气温12.2℃，7月的平均气温为26.4℃，1月的平均气温－3.9℃。年日照时数2522 h，大于10℃的积温4713℃，无霜期200 d左右。降水年内、年际变化大，夏季(6—8月)降水占全年降水量的65%～74%，秋、春季分别占14%～21%、9%～11%，冬季占3%，降水年际相对变率约30%，多年平均降水347.6 mm。冬小麦生长期间平均降水量只有100～150 mm，是中国冬麦区降水量最少的地区之一。该地区地势平坦，肥力均匀。土壤为褐土，表层为轻壤土，土壤母质为黄土性物质。

试验地土壤基础养分数据：0～20 cm土层土壤养分含量有机质13.93 g/kg、碱解氮28.18 mg/kg、速效磷5.35 mg/kg、速效钾42.88 mg/kg。

试验设计及观察测定项目

试验一：玉米品种比较试验(曲周和栾城)

针对目前小麦—玉米生产中玉米收获偏早，不能充分利用后期光、热等资源，不利于高产等问题，为提高玉米对生长后期光、热资源的利用效率，选择目前生产中大面积应用的中、晚熟品种进行品种对比试验，为筛选适合晚收、充分利用后期光热资源的玉米品种提供科学依据。

A. 试验处理。品种选用生产中大面积种植的'先玉335''浚单20'以及偏晚熟品种'超试1号'。曲周试验站试验采用小麦收获后铁茬直播，栾城设置套播和铁茬直播两种处理。曲周试验站采用对比法排列。小区面积81 m^2，重复3次。密度5500株/亩，行距60 cm，株距20 cm。

栾城试验站采用随机区组设计，'超试1号'设平播和套播两种处理，'先玉335'平播。密度5500株/亩，行距60 cm，株距20 cm。小区面积90 m^2，重复3次。

B. 田间管理。施肥：全生育期氮肥20 kg/亩，分底肥(种肥)(30%)和追肥(70%大喇叭口期)两次施用，磷肥(P_2O_5 5 kg/亩，底肥)、钾肥(K_2O 7.5 kg/亩，底肥)。其他病虫害草害防治及时,根据降雨情况进行灌溉。

C. 观察测定项目。①生育时期:准确记录各品种播种、出苗、拔节、大喇叭口、抽雄、吐丝、生理成熟的日期。②产量:小区实际产量。收获前精确记录密度、有效穗数。③考种:常规考种。④试验站气象数据:生育期间每日气温、降水量等气象数据。

试验二:玉米灌浆后期灌溉及对冬小麦底墒效应试验(曲周和栾城)

在玉米生长后期(灌浆后期)灌溉对玉米产量与小麦底墒水效应的作用进行研究,为玉米晚收后小麦尽快播种,充分利用光热水资源提供科学依据。

A. 曲周试验设计。试验品种为'浚单 20',2008 年 6 月 12 日播种。设置 2 个处理,I1,夏玉米灌浆后期不灌溉;I2,玉米灌浆后期灌溉。小麦品种为'冀 5625'。田间管理同一般高产田。

B. 栾城试验设计。设置 2 个处理:S1,夏玉米灌浆后期不灌溉;S2,玉米灌浆后期灌溉,并作为小麦底墒水。小区面积均为 7 m×9 m=63 m^2,不同灌水处理间设置 2 m×9 m=18 m^2 隔离带,3 次重复。

2008 年、2009 年两年夏玉米灌浆后期灌溉试验在中国科学院栾城农业生态系统试验站进行。玉米播种前的土壤贮水状况,2008 年度,0～100 cm 土层的有效含水量为 174.47 mm,占田间持水量的 50.71%,低于田间持水量的 60%;0～200 cm 土层的有效含水量为 451.71 mm,占田间持水量的 63.57%。2008 年供试夏玉米品种为'极峰 2 号',9 月 19 日玉米灌浆后期灌溉处理(S2)灌溉 101.3 mm 作为小麦底墒水,10 月 4 日收获。冬小麦品种为'科农 199',10 月 10 日播种,播种量 150 kg/hm^2,6 月 14 日收获。

玉米播种前的土壤贮水状况:2009 年度,0～100 cm 土层的有效含水量为 201.22 mm,占田间持水量的 58.49%,也低于田间持水量的 60%;0～200 cm 土层的有效含水量为 515.26 mm,达到田间持水量的 72.51%。2009 年供试夏玉米品种为'超试一号'和'先玉 335',其中于 6 月 7 日套播玉米品种'超试一号',6 月 11 日平播玉米品种'超试一号'和'先玉 335'。9 月 16 日玉米灌浆后期灌溉处理(S2)灌溉 75 mm 作为小麦底墒水,10 月 5 日收获。冬小麦品种为'石新 828',10 月 11 日播种,播种量为 165 kg/hm^2。

试验田夏玉米用肥为氮 255 kg/hm^2,K_2O 75 kg/hm^2,40%的氮肥做底肥,其余 60%氮肥在大喇叭口期追施,钾肥全部做底肥,氮肥为尿素(含 N46%),磷肥为过磷酸钙(含 P_2O_5 14%),钾肥为硫酸钾(含 K_2O 47%),其余管理措施同一般大田栽培。冬小麦用肥为纯氮 255 kg/hm^2,P_2O_5 187.5 kg/hm^2,K_2O 120 kg/hm^2,氮肥为尿素(含 N 46%),磷肥为过磷酸钙(含 P_2O_5 14%),钾肥为硫酸钾(含 K_2O 47%)。尿素 50%耕前施入,50%拔节期结合浇水施入,过磷酸钙和硫酸钾全部于耕前施入,其他措施也同一般高产田。

C. 观察测定项目:

a. 土壤含水量。用中子仪(CNC503 型)法,测深 200 cm,从 20 cm 深度开始每隔 20 cm 取一值,表层 0～20 cm 的土壤含水量使用土钻取土烘干法测量,取土时间为冬小麦、夏玉米生育期间的各个生育时期。

b. 生育时期。按常规方法调查冬小麦、夏玉米的生育时期,可分为:冬小麦生育时期为播种期、出苗期、分蘖期、越冬期、返青期、拔节期、孕穗期、抽穗期、灌浆期、成熟期;夏玉米生育时期为播种期、出苗期、拔节期、大喇叭口时期、抽雄吐丝期、灌浆期、成熟期。

c. 作物形态指标。分别在冬小麦不同的生育时期测量株高(从根基部到穗尖)、分蘖总数(根据 1 m 内分蘖总数进行估算)、叶面积、叶面积指数等。分别在夏玉米不同的生育时期测量株高(从根基部到雄穗尖端)、叶面积(系数法进行)、叶面积指数等。

d. 干物质积累。在冬小麦不同的生育时期分别测量 10 株冬小麦的茎鞘、叶、穗的鲜重之后,105 ℃杀青 30 min,80 ℃烘干至恒重,测量其干重。在夏玉米不同的生育时期分别测量 5 株夏玉米的茎鞘、叶、穗的鲜重之后,105 ℃杀青 30 min,80 ℃烘干至恒重,测量其干重。

e. 产量。选取 10 株夏玉米,测定穗行数、行粒数、穗粒数、百粒重等产量构成因素。从小区中间取 3 行测定小区产量。选取 10 株冬小麦,测定穗数、穗粒数、千粒重等产量构成因素,每小区取 1 m^2 测定小区产量。

f. 灌溉量。在每次灌溉时利用出水表计量。

g. 播前、生育期间及收获后利用烘干法和中子仪测 0~2 m 土壤水分含量。

h. 气象数据。由试验田附近的自动气象站获得。(注:旬日平均气温=旬内每日平均气温之和/每旬天数)

试验三:高产水平下小麦耗水量及产量研究

A. 试验处理。小麦生长期间按照高产田灌溉方案进行,设 T_1 处理:底墒水、越冬水、拔节水、抽穗扬花水 4 次灌水,灌水量根据实测 0~2 m 土壤含水量而定;T_2 处理:底墒水、拔节水、抽穗扬花水 3 次灌水,灌水量根据实测 0~2 m 土壤含水量而定。小区面积为 4.6 m×7 m = 32.2 m^2,3 次重复,不同灌水处理之间设 2 m×7 m=14 m^2 隔离带。

B. 观察测定项目。主要测定播前、各生育时期及收获后土壤水分含量,产量等。

4.2.2 明确了小麦—玉米在现有技术和生产条件下的产量潜力

1. 冬小麦—夏玉米生产潜力的模拟估算

据河北省 30 年平均的气象资料,计算了 6 个典型县冬小麦—夏玉米种植制度的光温生产潜力、光温降水生产潜力如表 4-2 所示。冬小麦—夏玉米光温生产潜力为 1527.3~1736.3 kg/亩。从冬小麦和夏玉米的光温潜力看,山前平原的藁城冬小麦光温潜力最大,为 841.7 kg/亩,黑龙港地区的大名最小,为 716.8 kg/亩。夏玉米的光温潜力藁城最大,为 894.6 kg/亩,黑龙港地区的宁晋最小,为 807.4 kg/亩。从表 4-2 还可看出,降水对冬小麦光温潜力实现的限制程度较大,有 28%~46%的光温生产潜力由于降水的限制不能发挥,降水对夏玉米光温潜力的限制很小,仅约 15%的光温生产潜力因降水的作用不能发挥。

表 4-2 冬小麦—夏玉米生产潜力的模拟估算 kg/亩

县	光温生产潜力			光温降水生产潜力		
	冬小麦	夏玉米	冬小麦—夏玉米	冬小麦	夏玉米	冬小麦—夏玉米
藁城	841.7	894.6	1736.3	453	751.8	1204.8
辛集	796.6	862	1658.6	494.7	724.4	1219.1
曲周	752.3	827	1579.3	422.1	702	1124
大名	716.8	810.9	1527.3	519.2	724.9	1244.1
深州	735.7	855.1	1590.8	451.4	718.5	1169.9
宁晋	758.4	807.4	1565.8	472.8	694.6	1167.4

2. 技术潜力实现光温生产潜力的程度以及农户大田产量与技术潜力的差距

目前，各县市高产攻关田的产量(表 4-3)说明了当地小麦一玉米在技术潜力下所实现的最高产量，小麦可实现光温生产潜力的 75.8%～80.9%，平均为 79.4%；玉米可实现光温生产潜力的 78.3%～90.7%，平均为 82.9%；小麦一玉米为 77.1%～86.0%，平均为 81.2%。

表 4-3 技术潜力和光温生产潜力的比较 kg/亩

县	小麦			玉米			小麦—玉米		
	理论	实际	实现潜力/%	理论	实际	实现潜力/%	理论	实际	实现潜力/%
藁城	841.7	637.9	75.8	894.6	700.5	78.3	1736.3	1338.4	77.1
辛集	796.6	635.9	79.8	862	701.3	81.4	1658.6	1337.2	80.6
曲周	752.3	608.6	80.9	827	750.0	90.7	1579.3	1358.6	86.0
大名	716.8	596.0	83.1	810.9	700.0	86.3	1527.8	1296.0	84.8
深州	735.7	580.0	78.8	855.1	685.0	80.1	1590.8	1265.0	79.5
宁晋	758.4	589.0	77.7	807.4	650.0	80.5	1565.8	1239.0	79.1
平均	766.9	607.9	79.4	842.8	697.8	82.9	1609.8	1305.7	81.2

但技术潜力与农户生产的产量相比，农户实现技术潜力的程度，小麦平均为 71.9%，玉米平均为 69.4%，小麦—玉米平均为 70.6%，存在约 30%的差距，这也充分说明了提高农户生产水平和产量还具有很大的潜力(表 4-4)。

表 4-4 农户实现技术潜力的程度 kg/亩

县	小麦			玉米			小麦—玉米		
	大田产量	技术潜力	实现潜力/%	大田产量	技术潜力	实现潜力/%	大田产量	技术潜力	实现潜力/%
藁城	452.1	637.9	70.9	486.7	700.5	69.5	938.7	1338.4	70.1
辛集	469.1	635.9	73.8	499.3	701.3	71.2	968.3	1337.2	72.4
曲周	423.2	608.6	69.5	490.0	750.0	65.3	913.2	1358.6	67.2
大名	429.0	596.0	72.0	471.0	700.0	67.3	900.0	1296.0	69.4
深州	421.7	580.0	72.7	475.9	685.0	69.5	897.5	1265.0	70.9
宁晋	427.9	589.0	72.6	479.1	650.0	73.3	906.9	1239.0	73.2
平均	437.2	607.9	71.9	483.7	697.8	69.4	920.8	1305.7	70.6

4.2.3 基本明确了限制产量潜力的技术、经济、社会因素及研发推广中的主要问题

1. 限制大面积产量提高的技术因素分析——基于农户水平

(1)品种使用混乱　调查发现，有 42%农户的麦种来源于往年自留或向邻里换种，种子多而乱，造成了品种的混杂退化；有 29%的农户甚至不知道自己所用品种的名称，这在很大程度上限制了管理技术对品种的针对性，从而无法发挥品种的生产潜力。

(2)整地质量差　目前河北平原 84%的农户采用玉米秸秆还田后进行旋耕的技术，然而

由于机械问题、农户的重视程度及宜耕期掌握不当等原因，造成玉米秸秆还田后整地质量普遍不高，地面凹凸不平，玉米残茬、杂草依稀可见，由此造成小麦播种深浅不一、出苗不整齐、缺苗断垄。

(3)小麦播种偏早，玉米播种后管理偏晚　根据调查结果，山前平原在小麦适播期内播种的农户仅占40%，偏早的占20%，偏晚的占40%。黑龙港地区适期播种的农户仅占16%，偏早的占28%，偏晚的占56%。播种偏早或偏晚都对小麦或玉米的生长产生一定的影响。另外，玉米播种后由于灌溉设施等方面的影响，造成管理偏晚，从而影响产量。

(4)小麦播量偏大，玉米密度不足　河北平原小麦平均播量为15.2 kg/亩，播量偏大，曲周高达19 kg/亩，大播量大群体造成无效分蘖多，成穗率低，穗粒数下降，影响产量。夏玉米平均密度为3700株/亩，距高产玉米生产所要求的密度偏低，低密度限制了玉米产量潜力的发挥。另外，在播前种子处理(包衣或药剂拌种)中，85%的农户对小麦种子进行了处理，76%的农户对玉米种子进行了处理，但还有一小部分农户不采取任何处理，在一定程度上影响了苗子质量。

(5)播期　各地小麦都有适宜的播期，按冬小麦有效积温在500～550 ℃/d计算，山前平原在适期内播种(据2003年气象资料，藁城适宜播期为10月2日至6日，辛集适宜播期为10月6日至9日)的农户平均占40%，播种偏早的占20%，偏晚的占40%；黑龙港地区适期播种(曲周的适宜播期为10月10日至15日、大名适宜播期为10月6日至9日、深州适宜播期为10月4日至7日、宁晋适宜播期为10月1日至4日)的农户平均占16%，播种偏早的占28%，偏晚的占56%。播种早，一是引起小麦冬前旺长，消耗土壤水分和养分过多；二是抗冻能力弱，容易发生冻害；播期晚，需要加大播量，增加了生产成本。同时小麦播期的早晚都会对夏玉米的生长发育产生影响。

(6)施肥的养分比例不平衡，全年分配不合理　调查农户小麦玉米两季作物投入的氮、磷、钾平均值分别是33.2 kg/亩、11.9 kg/亩、2.8 kg/亩，施用比例为1∶0.36∶0.09，与高产示范田施肥相比(平均为氮31.3 kg/亩，P_2O_5 14.1 kg/亩，K_2O 9.9 kg/亩，比例为1∶0.45∶0.32，)农户施氮肥量偏大，磷、钾肥投入偏少。在调查中发现，农户使用的氮、磷、钾都偏重于小麦，两季作物化肥投入总量的66.8%(氮肥的60.8%、磷肥的85.1%、钾肥的60.1%)用于小麦。但从产量方面看，玉米在总产中所占的比例(52.8%)略高于小麦(47.2%)。

从农户施肥水平的分布看，调查农户小麦施氮量在17.5～20 kg/亩的比例最大，占43.6%，其次是施氮量在20.0～25 kg/亩的范围，占16.3%，大于30 kg/亩的比例为15.2%，说明氮肥过量施用的农户较多。农户玉米施氮量在8～12 kg/亩的比例最大，占34.4%，其次是施肥量在小于8 kg/亩和15～20 kg/亩的比例，分别占19.5%和17.9%。玉米施氮量超过20 kg/亩的农户很少，仅占11.4%，这说明玉米施氮不足的农户较多。

根据农户的施肥水平分布，N素投入的农户间变异系数为35.90%，P_2O_5投入的农户间变异系数为65.43%，分别是产量变异系数(11.71%)的3.06倍和5.58倍。这说明了农户肥料施用的不合理。

(7)水利设施不足、效率低　各地不同程度地存在水源不足、水利系统老化失修、机电配套不到位有的甚至超期服役、管理混乱等问题，造成灌溉设施效率低，轮灌周期长，影响灌溉的适时性，从而影响了作物产量潜力的发挥。

(8)灌溉不适时、不到位　农户在小麦生育期平均灌水次数为3.5次，最少为2次，最多为5次。浇3水的农户占45%，4水的农户占36%；玉米平均灌水次数为2.3次，最少的0次，最多4次,浇2水的农户占50%,浇3水的农户占25%。在小麦两个需水临界期灌溉的农户所占的比例分别为42%和36%。农户在小麦灌溉上往往忽视拔节水重视返青水,浇返青水的农户所占比例为63%~92%,平均为80%,浇冻水和灌浆水的农户分别有46%和45%。在玉米需水临界期灌溉的农户仅占30%。

(9)病虫害防治不及时、不到位　调查农户表明,大部分农户对小麦玉米病虫害的防治是在病虫害大流行的阶段,以化学防治为主,农户很少能够做到根据病虫害发生规律以预防为主进行防治。且农民在病虫害防治中,要么凭借习惯经验,要么凭借邻里行为施药。

(10)玉米收获偏早,灌浆不充分　在河北平原地区各县市,大部分农户都不同程度地存在玉米收获偏早的情况,不能在玉米乳熟期进行收获,从而影响玉米产量潜力的发挥。

2. 制约小麦、玉米产量潜力发挥的限制因素——基于专家的看法

与农户调查相比,了解小麦、玉米生产中存在的主要限制因素及农户生产管理中存在问题的经济有效的办法就是咨询有经验的农学专家,专家问卷采用开放式设计,回收有效问卷29份。

1)高、中、低产的划分

表4-5(综合专家认可的标准)、表4-6表明,在小麦上,山前平原高产阶段的农户占的比例最大,而黑龙港地区中产阶段农户所占比例最多;对玉米而言,两个地区中产阶段的农户所占比例均最多,分别为69%、79%,这说明玉米产量比小麦有更大的增产潜力。在小麦—玉米两熟生产上,两个地区农户小麦—玉米的产量水平大部分处于中产阶段,分别占到62%、80%,平均为75%,两个地区高产阶段的农户所占比例分别是37%、15%,平均21%,说明小麦、玉米生产上还存在很大的增产潜力。

表4-5　小麦玉米产量的划分标准　kg/hm^2

品种	高产	中产	低产
小麦	≥6750	5250~6750	≤5250
玉米	≥8250	6000~8250	≤6000
小麦—玉米	≥15000	11250~15000	≤11250

表4-6　不同产量阶段农户所占的比例　%

地区	小麦			玉米			小麦—玉米		
	高产	中产	低产	高产	中产	低产	高产	中产	低产
山前平原	72	27	1	22	69	9	37	62	1
黑龙港地区	39	48	13	13	79	8	15	80	5
平均	49	42	10	15	76	8	21	75	4

2)不同地区小麦、玉米进一步提高产量的限制因素

某地区某种作物的产量表现是该地区各种生产因素综合作用的结果,在限制产量的众多因子中,总有一种占主导地位的因子限制着产量的提高,当这种主导因子被克服后,另一种因子就可能成为产量的主要限制因子。因此,因地制宜,分析不同产量阶段制约小麦玉米产量潜力发挥的限制因素,并进行比较分析,明确主次,采取相应的措施,才能持续地提高小麦玉米的产量。

专家咨询的结果表明：山前平原，小麦由低产到中产阶段，其限制因素的主次依次是肥水不足、密度不合理；产量从中产提高到高产阶段要解决的限制因素依次是肥水不当、密度和播种期配合不当、产量构成因素不协调。在小麦高产阶段进一步提高产量的限制因素主要是播种基础，其次是品种产量潜力及肥水的精确掌握程度。玉米由低产到高产阶段要解决的限制因素依次是肥水不足、密度不够、选用的品种高产潜力小，从中产阶段到高产阶段限制因素重要性程度依次是密度不合理、施肥量不足或配比不当、品种潜力小，在高产阶段限制玉米产量进一步提高的因素主要是品种产量潜力和抗倒伏能力、播种质量(包括播期)、施肥配比和时期分配。

针对黑龙港地区小麦玉米目前的生产状况，进一步提高小麦产量要解决的限制因素(按重要程度由高到低排序)依次是选用产量潜力高的抗旱品种、培肥地力、保证最佳播期和播量、实施节水灌溉技术保证关键生育时期水分需求、加强田间管理；进一步提高玉米产量要解决的限制因素依次是选用产量潜力高质量可靠的优良品种、培肥地力、提高播种质量、合理密植、肥水运筹、加强田间管理。

3)经济因素

不同产量水平的小麦—玉米的净产值在354.4～1091.4元/亩，平均为683.1元/亩。而在当地棉花的净产值为870.1元/亩(调查数据)，是小麦—玉米的1.32倍(表4-7)。另外，由于农村中青壮年外出打工，留下的只有妇女、儿童和老人。因此，种棉花和外出打工较高的机会成本也在一定程度上限制了产量潜力的发挥。

表4-7　小麦—玉米不同产量水平的经济效益

产量段/(kg/亩)	平均产量/(kg/亩)	物质成本/(元/亩)	净产值/(元/亩)
＜700	640	490.4	354.4
700～750	743.9	512.2	461.0
750～800	797.9	478.0	567.8
800～850	847.6	510.3	595.6
850～900	890.6	538.3	627.2
900～950	940.1	522.4	708.3
950～1000	993.9	517.1	792.8
1000～1050	1042.6	517.4	842.1
10501～1100	1095.0	525.4	907.6
＞1100	1228.6	506.2	1091.4
平均	917.3	517.8	683.1

4)社会因素

(1)土地经营规模　河北平原小麦—玉米生产基本上是小规模、分散的家庭兼业经营，受调查农户户均耕地面积约8亩，耕地超过1 hm^2 的种植大户仅占9%。在现有生产条件及技术水平下，经营规模比较大的农户家庭收入主要来自农田，他们非常重视农田的产量和收益高低，其文化素质、良种的普及率、先进技术的应用率、劳动生产率和投入产出率相对较高；而经营耕地面积较少的农户通常外出寻找新的经济收入来源，种粮积极性不高，管理粗放，人力物力投入不足。

(2)农户的技术决策行为　调查结果表明，农户获得技术信息的主要渠道是亲朋好友、宣传媒体(报刊、广播、电视)，通过上述渠道获得技术信息的农户所占比例分别为57%、39%。从推广人员那里获得技术信息的农户占13%，参加过技术培训的农户仅占6%，这充分说明了技术推广体系服务于农业生产的空缺和空白。由此可见，农户获得技术信息主要是通过非正式的渠道，从“正规渠道”获得的技术信息非常有限，从而影响了农户采取相应措施提高作物产量。

(3)政策导向　国家相继出台的粮食直补、良种补贴等相关政策也在一定程度上影响了农民的种粮积极性。

5)大面积均衡增产的潜在产量和效益分析

通过以上分析可知，在现有技术水平下，河北平原小麦—玉米生产还有约30%的增产潜力，但制约因素是技术、经济、社会等的综合作用。通过综合措施解决上述问题，使大田产量达到当前技术水平下的高产水平，年单产可增加达36.6%～49.5%，平均每亩可增产383.1 kg。小麦、玉米两季可节约种子成本约为12.3元/亩；农户需要增加化肥投入30.3元/亩，减少灌水1～2次，减少灌溉投入约为35.1元/亩。总计可使农户减少生产成本17.1元/亩，增收与节约成本合计，每亩每年可增加516.5元的净产值。

4.2.4 玉米品种比较试验结果与分析

已有的研究结果表明，在吐丝后30～40 d，收获期每推迟1 d，产量平均增加120～293 kg/hm²，吐丝后40～50 d，收获期每推迟1 d，产量平均增加288～340 kg/hm²。此外，利用生育期较长品种可充分利用9月底到10月上旬的积温，增加产量。曲周和栾城试验站2019年玉米品种比较产量试验结果如表4-8所示。

表4-8　曲周和栾城试验站2009年玉米品种比较产量

地点	品种	产量/(kg/hm²)
栾城试验站	‘超试一号’(套播)	9399.9
	‘超试一号’(平播)	8032.7
	‘先玉335’(平播)	8720.7
曲周试验站	‘超试一号’(平播)	11112.0
	‘先玉335’(平播)	10536.0
	‘浚单20’(平播)	10503.0

从试验结果可以看出，生育期长的品种‘超试一号’可以充分利用玉米生长后期的光热资源，发挥绿叶的光合作用，有利于增加产量。2009年河北省石家庄地区玉米灌浆期间出现11～12级大风的极端天气，因而产量偏低。从曲周试验站的产量结果可知，‘超试一号’产量达到了11112.0 kg/hm²。因此，根据河北省乃至黄淮海地区玉米生长期的光热资源分布，各地应选择适合当地生长的生育期稍长的玉米品种。

4.2.5 夏玉米灌浆后期不同灌溉处理的玉米产量

已有研究结果证明，在日平均气温16 ℃以下时，玉米灌浆速度明显下降，在14 ℃以下时，灌浆几乎停止。根据栾城试验站试验结果，从图 4-1 可以看出，2008 年度，夏玉米灌浆后期灌溉时到收获的 16 d 内日平均气温高于 16 ℃的天数有 9 d，积温 171.53 ℃；高于 14 ℃的天数有 13 d，积温 231.38 ℃，仅有 3 d 的日平均气温低于 14 ℃。由表 4-9 可知，两处理收获时平均单株绿叶面积、处理前后粒重差均是灌溉处理的高于不灌溉处理的，说明玉米灌浆后期灌溉可以延长叶片的功能期，达到增产的目的。

由图 4-2 可知，2009 年度，灌溉处理后至收获时 20 d 内日平均气温高于 16 ℃的天数有 19 d，积温 375.9 ℃；日平均气温高于 14 ℃的天数有 20 d，积温 389.96 ℃。处理前后粒重差规律同 2008 年(表 4-9)。

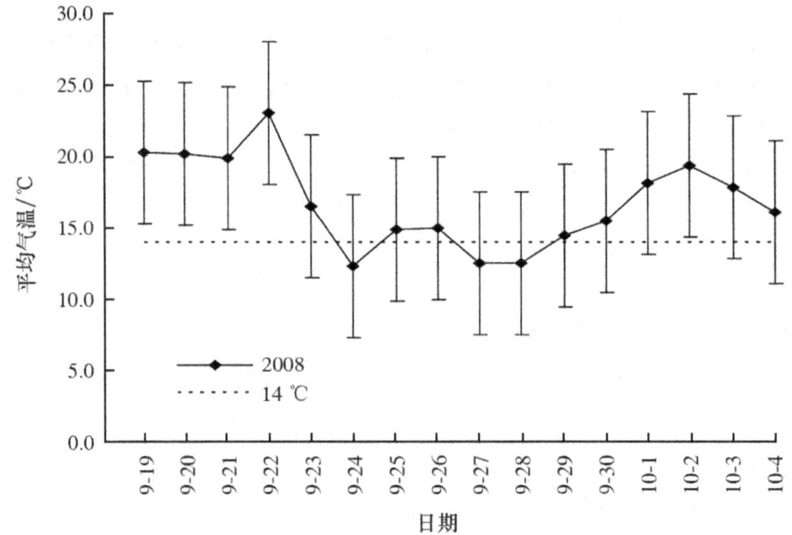

图 4-1　2008 年玉米灌溉处理后至成熟期间日平均气温的变化

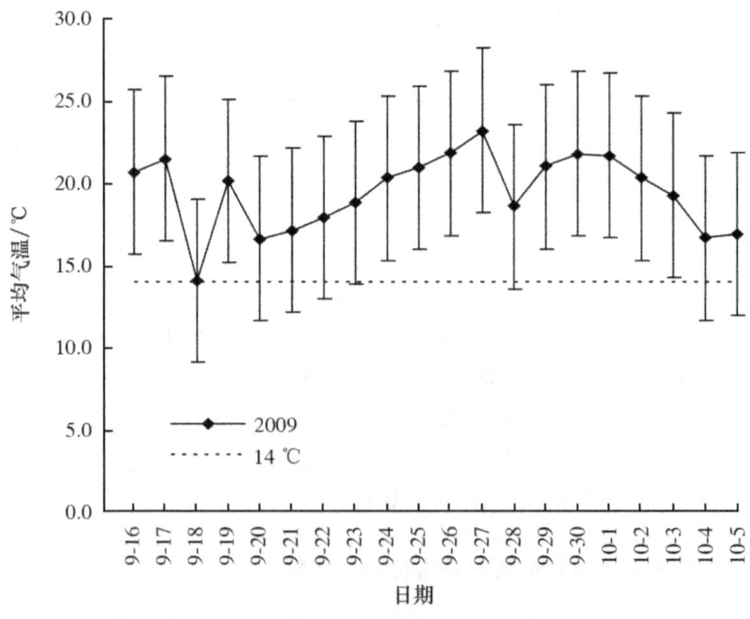

图 4-2　2009 年玉米灌溉处理后至成熟期间的日平均气温

由表4-9可知，玉米灌浆后期不灌溉的处理(S_1)和玉米灌浆后期灌溉的处理(S_2)产量差异不显著，除平播玉米品种'先玉335'灌浆后期的灌溉处理减产外，其他处理玉米灌浆后期的灌溉对玉米均有增产作用。与玉米灌浆后期不灌溉的处理(S_1)相比，玉米灌浆后期灌溉的处理(S_2)提高了穗粒重，并且在收获时还有较高的叶面积指数，延长了叶片的功能期，使灌浆持续时间增长。2009年度，玉米的理论产量和实际产量都明显低于2008年；玉米套播时间比平播早5天，积温多115.8℃，玉米灌浆后期不灌溉的处理(S_1)套播较平播的同品种玉米增产1366.93 kg/hm^2，玉米灌浆后期灌溉的处理(S_2)套播较平播的同品种玉米增产1630.69 kg/hm^2；玉米灌浆后期不灌溉的处理(S_1)套播较平播的中熟品种增产678.93 kg/hm^2，玉米灌浆后期灌溉的处理(S_2)，套播较平播的中熟品种增产1361.69 kg/hm^2。以上结果说明，玉米灌浆后期的灌溉处理有提高玉米产量的潜力；套播提高了玉米的高产稳产性，提高了光能的利用效率。在生产上可把二者结合起来达到玉米增产的目的。'先玉335'减产原因可能是玉米灌浆期遭到强雨大风等自然灾害，倒伏严重，以及取样误差等。

表4-9　不同处理的玉米产量

年份	品种	处理	灌浆后期	成熟时	穗粒重/g	粒重差/g	理论产量/(kg/hm^2)	实际产量/(kg/hm^2)
2008	'极峰2号'(平播)	S_1	4.3	2.1	175.47	54.50	12728.56a	10113.26a
		S_2	4.3	2.4	176.81	55.84	12732.43a	10485.12a
2009	'超试一号'(套播)	S_1	—	—	135.56	63.53	11557.58a	9399.93a
		S_2	—	—	144.04	70.96	11550.79a	9785.69a
	'超试一号'(平播)	S_1	—	—	112.40	67.12	11381.72a	8032.74a
		S_2	—	—	115.66	70.38	11367.59a	8154.77a
	'先玉335'(平播)	S_1	—	—	148.89	73.18	11434.77a	8720.67a
		S_2	—	—	151.51	75.80	11586.20a	8423.92a
2009(曲周)	'超试一号'(平播)	S_1	—	—	—	—	12487.50a	11112.00a
		S_2	—	—	—	—	12296.50a	11137.50a
	'先玉335'(平播)	S_1	—	—	—	—	11349.00a	10536.00a
		S_2	—	—	—	—	11361.00a	10108.50a

注：表中小写字母表示差异达到5%显著水平

曲周试验站的结果表明，玉米灌浆后期灌溉与未灌溉的产量差异不显著，可能与当时的降雨有一定关系，还有待于进一步深入分析。

4.2.6　玉米灌浆后期灌溉对小麦底墒水及生长发育的影响

1. 不同灌溉处理0～60 cm土层冬前的土壤含水量

从表4-10可知，2008年和2009年，小麦播种至越冬期间，玉米灌浆后期灌溉的(S_2)处理在0～60 cm土层的有效含水量均多于玉米灌浆后期不灌水的(S_1)处理。2008年度，播种时玉米灌浆后期灌溉的(S_2)处理在0～60 cm土层的有效含水量为120.35mm，占田间持水量的58.08%，有效含水量比玉米灌浆后期不灌水的(S_1)处理的多11.37 mm；在分蘖期和越冬期分别比玉米灌浆后期不灌水的(S_1)处理的多 3.95 mm 和 3.66 mm。2009 年度，播种时玉米灌浆后期灌溉的(S_2)处理在 0～60 cm 土层的有效含水量为 111.06 mm，占田间持水量的 53.06%，有效含水量比玉米灌浆后期不灌水的(S_1)处理的多 9.59 mm；在分蘖期和越冬期分别比玉米灌浆后期不灌水的(S_1)处理的多 3.73 mm 和 5.30 mm。这说明，玉米灌浆后期的灌溉增加了 0～60 cm 的底墒，为小麦出苗提供了较为充足的水分，有利于苗齐苗壮。

表 4-10　不同处理 0～60 cm 土层的土壤含水量

处理	播种		分蘖期		越冬期	
	有效含水量/mm	占田间持水量/%	有效含水量/mm	占田间持水量/%	有效含水量/mm	占田间持水量/%
2008 年						
S_1	108.98	52.59	101.59	49.03	90.04	43.46
S_2	120.35	58.08	105.54	50.94	93.70	45.22
2009 年						
S_1	101.47	48.97	92.73	44.75	107.90	52.06
S_2	111.06	53.60	100.46	48.48	113.20	54.62

2. 不同灌溉处理表层土壤温度

由表 4-11 可知，冬前表层土壤温度随着气温的降低而逐渐降低，返青后表层土壤温度随着气温的升高而又逐渐升高。2008 年度，分蘖至越冬期间，08:00 在 0～10 cm 土层玉米灌浆后期不灌溉(S_1)的处理比玉米灌浆后期灌溉(S_2)的处理土壤温度高 0.2 ℃，10～20 cm 土层高 0.1～0.3 ℃；14:00 在 0～10 cm、10～20 cm 两土层玉米灌浆后期不灌溉(S_1)的处理比玉米灌浆后期灌溉(S_2)的处理土壤温度均高 0.1 ℃；20:00 在 0～10 cm 土层玉米灌浆后期不灌溉(S_1)的处理比玉米灌浆后期灌溉(S_2)的处理土壤温度高 0.1～0.4 ℃，10～20 cm 土层高 0.2 ℃左右。返青至拔节期间，两处理 0～20 cm 土层的土壤温度差为 0.1～0.3 ℃。2009 年度试验结果与 2008 年度结果一致，但 12 月 15 日的土壤温度较 2008 年 12 月 11 日的更低，这是由于 11 月 10 日降大雪，气温骤冷所致。说明玉米灌浆后期的灌溉处理增加了土壤底墒，降低了 0～20 cm 土层的土壤温度。

表 4-11　不同处理的表层土壤温度　　℃

日期	S_1/cm						S_2/cm					
	08:00		14:00		20:00		08:00		14:00		20:00	
	0～10	10～20	0～10	10～20	0～10	10～20	0～10	10～20	0～10	10～20	0～10	10～20
2008-10-29	9.5	11.5	12.1	12.1	11.9	12.6	9.3	11.2	12.0	12.0	11.8	12.6
2008-11-19	2.8	5.4	6.5	5.8	6.0	6.8	2.6	5.2	6.5	5.7	5.6	6.6
2008-12-11	0.9	2.7	0.9	2.4	1.7	3.1	0.7	2.6	0.9	2.3	1.6	2.8
2009-3-8	3.6	4.8	11.1	6.5	10.6	9.1	3.6	4.8	10.9	6.4	10.7	8.8
2009-3-27	6.7	8.6	11.7	9.3	11.3	10.5	6.6	8.5	11.7	9.1	10.8	10.3
2009-4-7	9.7	10.8	16.3	12.4	15.6	14.4	9.7	11.0	16.3	12.3	15.5	14.1

续表 4-11 ℃

日期	S_1/cm						S_2/cm					
	08:00		14:00		20:00		08:00		14:00		20:00	
	0～10	10～20	0～10	10～20	0～10	10～20	0～10	10～20	0～10	10～20	0～10	10～20
2009-10-29	13.3	15.2	18.4	16.4	17.0	17.0	12.8	14.9	18.5	16.3	17.0	17.1
2009-12-15	0.3	1.5	0.5	1.4	0.5	1.3	0.3	1.5	0.6	1.5	0.5	1.4
2010-3-22	5.4	5.8	7.4	6.1	7.9	7.1	5.5	5.8	7.5	6.1	7.8	7.0
2010-4-24	9.0	10.4	16.9	12.7	14.8	13.4	9.1	10.4	17.0	12.8	12.8	13.5

3. 不同灌溉处理对小麦生产底墒水的效应

从表 4-12 可以看出，2008—2009 年，玉米灌浆后期至成熟自然降雨为 12.1 mm，玉米灌浆后期灌溉的处理（S_2）灌水 101.3 mm。与玉米灌浆后期不灌溉的（S_1）处理相比，0～200 cm 土层的土壤含水量多 56.05 mm。说明玉米灌浆后期灌溉能为小麦苗期提供较为充足的底墒。

播种至越冬自然降雨 10.4 mm，在越冬期，两处理在 0～60 cm 土层的土壤含水量差异变小，60～200 cm 土层的土壤含水量，玉米灌浆后期灌溉的（S_2）处理仍高于玉米灌浆后期不灌溉的（S_1）处理的；并且两处理 0～60 cm 土层土壤含水量低于越冬期，说明此阶段小麦主要消耗了 0～60 cm 土层的土壤水分。

在越冬至拔节自然降雨 13.6 mm，拔节期灌水 75 mm 的情况下，与越冬期相比，0～140 cm 土层的土壤含水量均有降低，而 140 cm 以下土层土壤含水量没有降低反而升高。这说明越冬至拔节小麦主要利用了 0～140 cm 土层的土壤水分。玉米灌浆后期灌溉的（S_2）处理 0～200 cm 土层的土壤含水量仍然高于玉米灌浆后期不灌溉的（S_1）处理的。

拔节至开花自然降雨 7.3 mm，与拔节期比较，开花期 0～200 cm 土层的土壤含水量均降低。两处理 0～140 cm 土层的土壤含水量差距进一步变小，140～200 cm 土层玉米灌浆后期灌溉的（S_2）处理的土壤含水量仍高于玉米灌浆后期不灌溉的（S_1）处理。而此时 0～200 cm 土层玉米灌浆后期灌溉的（S_2）处理的土壤含水量比玉米灌浆后期不灌溉的（S_1）处理仍多 21.86 mm。

在开花至成熟自然降水 77.7 mm，灌浆期灌水 75 mm 的条件下，与开花期比较，各处理 0～200 土层的土壤含水量显著低于开花期，说明此期小麦耗水量最大，对深层土壤水的利用能力提高。此时 0～200 cm 土层玉米灌浆后期灌溉的（S_2）处理的土壤含水量比玉米灌浆后期不灌溉的（S_1）处理仍多 45.08 mm。

以上结果说明，玉米灌浆后期灌溉的（S_2）处理增加了 0～200 cm 土层的土壤含水量，为小麦苗期的生长创造了较为充足的底墒。

表 4-12 不同处理不同生育时期 0～200 cm 不同土层土壤含水量

生育时期	土层/cm	处理	
		S_1	S_2
玉米灌浆后期—成熟	灌溉量/mm	0.00	101.30
	降雨量/mm	12.10	12.10
玉米成熟期土壤含水量/mm	0～30	52.68	60.84
	30～60	48.79	59.42
	60～100	75.88	80.96
	100～140	83.91	95.56
	140～200	197.94	218.49
播种—越冬	灌溉量/mm	0.00	0.00
	降雨量/mm	10.40	10.40
越冬期土壤含水量(mm)	0～30	42.24	47.79
	30～60	46.92	48.36
	60～100	71.74	87.75
	100～140	76.93	92.25
	140～200	196.18	209.42
越冬—拔节	灌溉量/mm	75.00	75.00
	降雨量/mm	13.60	13.60
拔节期土壤含水量/mm	0～30	26.04	29.33
	30～60	36.52	41.47
	60～100	66.51	61.69
	100～140	64.28	74.09
	140～200	196.66	214.52
拔节—开花	灌溉量/mm	0.00	0.00
	降雨量/mm	7.30	7.30
开花期土壤含水量/mm	0～30	31.46	28.32
	30～60	37.51	42.80
	60～100	62.96	61.45
	100～140	61.53	71.33
	140～200	193.42	204.84
开花—成熟	灌溉量/mm	75.00	75.00
	降雨量/mm	77.70	77.70
成熟期土壤含水量/mm	0～30	28.67	30.33
	30～60	12.49	21.57
	60～100	31.11	29.64
	100～140	16.74	25.84
	140～200	165.90	192.61

由表 4-13 可知，无论玉米还是小麦，玉米灌浆后期灌溉（S_2）处理的耗水量均高于玉米灌浆后期不灌溉（S_1）处理。在玉米生长期间，因灌浆后期的灌溉处理使得降水量和土壤供水量占耗水量的比例降低。在小麦生长期间，两处理在灌溉和降水利用比例上差异较小，而在土壤供水方面，玉米灌浆后期灌溉（S_2）处理的利用比例高于玉米灌浆后期不灌溉（S_1）处理。这说明，玉米灌浆后期的灌溉处理增加了土壤底墒，使得小麦生育期间有较为充足的土壤供水。

表 4-13 不同处理不同水分来源占耗水量的百分率

作物	处理	耗水量/mm	灌溉		降水		土壤供水	
			数量/mm	比例/%	数量/mm	比例/%	数量/mm	比例/%
玉米	S_1	417.80	0.0	0.00	279.3	66.85	138.5	33.15
	S_2	475.80	101.3	21.29	279.3	58.70	95.2	20.01
小麦	S_1	448.69	75.0	16.72	170.7	38.04	203.0	45.24
	S_2	481.56	75.0	15.57	170.7	35.45	235.9	48.98

4. 不同灌溉处理的单株干物重

由表 4-14 可知，在 2008—2009 年和 2009—2010 年两个年度，在越冬期间，玉米灌浆后期灌溉（S_2）处理的单株干物重与玉米灌浆后期不灌溉（S_1）处理的单株干物重没有差异。而在其他生育时期，玉米灌浆后期灌溉（S_2）处理的单株干物重高于玉米灌浆后期不灌溉（S_1）处理的。2009—2010 年度，在越冬期、起身期和拔节期，玉米灌浆后期灌溉（S_2）处理的次生根和总茎数均少于玉米灌浆后期不灌溉（S_1）处理，而干物重和分蘖成穗率却多于玉米灌浆后期不灌溉（S_1）处理。这说明，玉米灌浆后期的灌溉处理有利于冬小麦壮蘖的形成。

表 4-14 不同处理的单株干物重 g

处理	越冬期	起身期	拔节期	孕穗期	开花期
2008—2009 年					
S_1	0.43	0.89	1.50	2.81	5.71
S_2	0.43	0.99	1.70	3.26	6.18
2009—2010 年					
S_1	0.11	1.15	1.18	2.46	3.46
S_2	0.11	1.36	1.39	2.72	3.83

4.2.7 高产水平下小麦产量及耗水量分析

1. 冬小麦不同生育阶段耗水量与耗水系数

从表 4-15 中可以看出，高产水平下开花至成熟期是小麦生长发育耗水量最大的时期。2007—2008 年和 2008—2009 年两个年度，除拔节至开花期外，灌越冬水的处理（T_1）高于不灌越冬水的处理（T_2）。在拔节至开花期，各个处理均灌拔节水，而冬前不灌水的处理（T_4）返青最早，也相应地最早进入拔节期，因此，耗水量有所增加。

表 4-15 不同处理不同生育时期的耗水量和耗水系数

处理	播种—越冬		越冬—返青		返青—拔节		拔节—开花		开花—成熟	
	耗水量/mm	耗水系数/%	耗水量/mm	耗水系数/%	耗水量/mm	耗水系数/%	耗水量/mm	耗水系数/%	耗水量/mm	耗水系数/%
2008 年										
T_1	45.69	14.25	31.86	9.94	39.91	12.45	40.23	12.55	162.90	50.81
T_2	45.08	15.83	18.65	6.55	23.61	8.29	53.14	18.66	144.31	50.67
2009 年										
T_1	33.00	6.76	30.86	6.33	45.68	9.36	113.14	23.19	265.22	54.36
T_2	22.44	5.16	24.08	5.54	34.07	7.84	118.89	27.36	235.01	54.09

2. 不同处理不同水分来源占耗水量的百分率

由表 4-16 可知，2007—2008 年度，冬前灌越冬水(T_1)处理的耗水量为 320.59 mm，降雨、灌溉和土壤供水分别占耗水量的 26.95%、53.25%和 19.80%；冬前不灌溉(T_2)处理耗水量为 284.79 mm，降水量占耗水量的 59.94%，土壤供水量占耗水量的 24.89%，说明在冬前底墒充足的条件下，冬前可以不进行灌溉。2008—2009 年度的试验结果同 2007—2008 年度结果一致，由于本年度降水少于上一年，灌水和土壤供水所占比例增加，降水比例减少。因此，在高产情况下耗水量随灌水量的增加而增加。降水量和土壤供水量占耗水量的比例冬前不灌溉(T_2)大于冬前灌越冬水(T_1)的处理。随着灌水量的增加，灌水量占耗水量的比例提高，降水量和土壤供水量占耗水量的比例下降。

表 4-16 不同处理不同水分来源占耗水量的百分率

处理	耗水量/mm	灌水		降水		土壤供水	
		数量/mm	比例/%	数量/mm	比例/%	数量/mm	比例/%
2007—2008 年							
T_1	320.59	86.40	26.95	170.70	53.25	63.49	19.80
T_2	284.79	43.20	15.17	170.70	59.94	70.89	24.89
2008—2009 年							
T_1	487.90	138.70	28.43	109.00	22.34	240.20	49.23
T_2	434.49	92.10	21.20	109.00	25.09	233.39	53.72

3. 不同处理的产量和产量构成

由表 4-17 可以看出，2007—2008 年度，两种处理的产量差异不显著。从产量构成因素来看，也没有达到显著性差异；2008—2009 年度，冬前灌溉的处理实际产量显著高于冬前不灌溉的处理。从产量构成上看，各个处理间的穗数和穗粒数差异不显著，但千粒重差异显著。

试验表明，在冬前底墒充足的情况下，冬前灌水次数多，反而不利于产量的提高；在冬前底墒不足的情况下，冬前为保证充足的水分供应，可以根据实际情况安排灌溉措施。

表 4-17 不同处理的冬小麦产量及产量构成

处理	穗数/(万/hm²)	穗粒数	千粒重/g	理论产量/(kg/hm²)	实际产量/(kg/hm²)
2007—2008 年					
T_1	623.36a	33.33a	40.60a	6728.22a	6712.95a
T_2	593.36b	31.63a	40.69a	7225.34a	6715.86a
2008—2009 年					
T_1	667.44a	35.33a	38.10a	8496.71a	6263.34a
T_2	637.81a	31.83a	36.36b	7779.90a	6103.34b

注：表中各列中的小写字母表示差异达到 5%显著水平

4. 不同处理的水分利用效率

由表 4-18 可以看出，2007—2008 年和 2008—2009 年两个年度，冬前不灌溉的处理(T_4)水分利用效率显著高于其他处理，说明充分利用＋墒供水可以提高水分利用效率，但产量较低。在以小麦高产为目标的情况下，不应提倡；但在以节水为目标的情况下，应多提倡。本试验所获得的产量数据均为小区试验的结果，相对而言稍有偏低，因此水分利用效率也相应偏低，处理间由于水分条件所反映出的差异不明显。

表 4-18 不同处理的耗水量、灌溉水效率和水分利用效率

处理	产量/(kg/hm²)	耗水量/mm	灌溉量/mm	水分利用效率/[kg/(hm²·mm)]	灌溉水利用效率/[kg/(hm²·mm)]
2007—2008 年					
T_1	6712.95	320.59	86.4	20.61	76.48
T_2	6715.86	274.79	43.2	24.06	153.03
2008—2009 年					
T_1	6263.34	487.90	138.7	12.64	44.45
T_2	6103.34	434.49	92.1	13.83	65.23

4.3 主要作物生产模型——小麦栽培管理决策系统

4.3.1 小麦栽培管理决策系统(WHTSYS)

小麦是华北地区最主要的粮食作物之一，应用小麦栽培管理系统可实现小麦生产管理的目标化、动态化、定量化与最优化决策，使广大农民、基层农业技术人员及时得到与小麦专家一样的技术指导，从而实现更准确地预报、监测小麦的生长动态和产量，制定符合实际的田间管理措施，实现合理有效地利用自然资源，确保小麦生产高产优质。

“小麦栽培管理决策系统”是由中国农业大学研发的用于小麦生产管理的辅助决策支持系统。系统主要实现产量目标确定、播前技术方案设计、实时管理调控、专家知识浏览和系统维护管理等主要功能。

1. 系统设计思路

根据决策地点的常年生态条件和用户的产量目标制定优化栽培方案。在产量目标驱动下，根据当地气象资料和土壤情况，匹配专家知识和模型预测制定小麦播前优化栽培方案，内容包括品种、播期、密度、肥料运筹、水分管理等，以及根据中长期天气预报的数据进行实时水分管理。

2. 系统功能

系统主要实现产量目标的确定、播前技术方案设计、实时管理调控、专家知识浏览和系统维护管理等主要功能(图 4-3)。

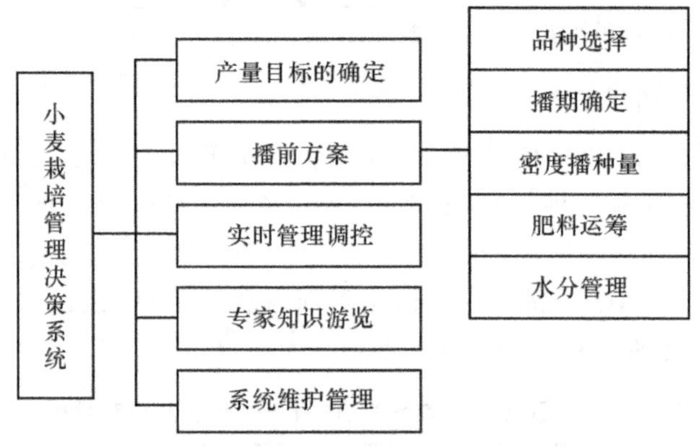

图 4-3　小麦栽培管理决策系统功能简图

系统功能模块：

1)初始条件设定模块

该模块主要是设定初始土壤环境条件，包括土壤肥力(判断标准为高、中、低)、土壤质地、田间持水量、凋萎含水量、初始土壤含水量和农田灌水利用率，其中初始土壤含水量可以为实际测定值，也可以是估计量(高、中、低)。

2)品种选择模块

适宜的品种是方案设计中首要考虑的问题。模型根据决策点的历史气象数据决定当地是否适宜种植小麦。在确保决策点适宜种小麦的基础上，通过用户对品种的需求(包括产量目标、抗病性、生育期长短等，图 4-4)，推荐符合条件的作物品种。

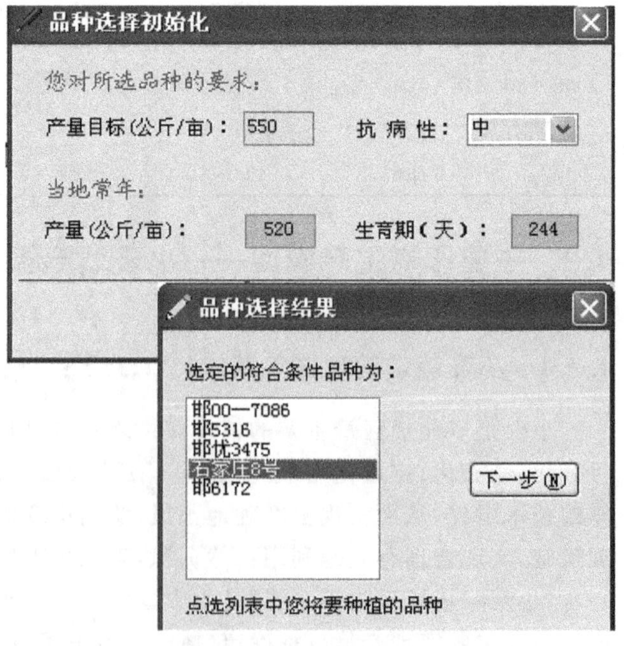

图 4-4　系统根据用户要求推荐的作物品种

3)适宜播期确定模块

根据种植区域多年平均历史气象数

据，本模型用冬前形成壮苗且能安全拔节作为冬小麦播期确定的依据，积温法确定小麦最适播期和最适播期范围(图 4-5)。同时，运行小麦发育期模型判断作物不同品种类型在种植区域生长是否适宜，得到给定条件下的小麦生育进程，确定不同生育阶段的作物系数、作物根长的变化，从而提高系统的适用性。

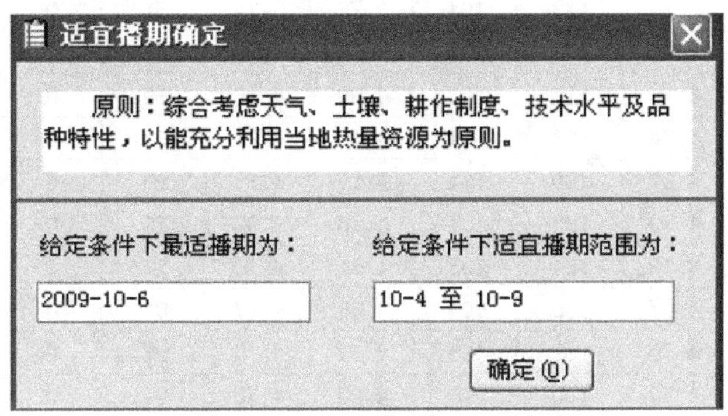

图 4-5 小麦适宜播种期确定

4)水分灌溉管理模块

该模块包括播前水分管理和实时水分管理两部分。预报不同时段内土壤水分状况是实施农田水分合理灌溉的前提。该模块通过引入土壤水分平衡模型、作物发育期模型、根系生长模型等组建系统。主要功能包括：①灌溉决策服务。根据历史气象资料和气象预报资料，预测作物灌溉需水量，实现作物播前灌溉决策和实时灌溉决策，提供给用户灌溉日期、灌溉量(图 4-6)。②模拟根层土壤水分逐日变化(图 4-7)。③评价给定的灌溉制度，用减产率表示。④系统可以根据作物生育期内实测土壤含水量或读取土壤水分监测仪器数据来进行预报结果修正，提高预报准确度(图 4-8)。

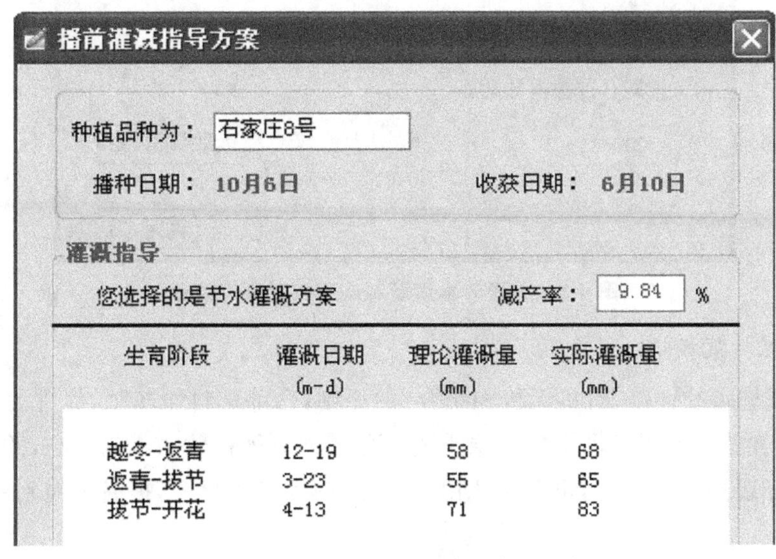

图 4-6 小麦播前节水灌溉管理方案

播前灌溉数据详细报告

日期	ETM	TAW	RAW	ETO	ETA	SWD	TIR	RAIN
4-16	3.93	170	101	4.04	3.93	43	0	0.0
4-17	3.94	172	102	4.00	3.94	47	0	0.0
4-18	3.74	173	104	3.76	3.74	51	0	0.0
4-19	3.95	175	104	3.92	3.95	55	0	0.0
4-20	4.16	177	103	4.09	4.16	59	0	0.0
4-21	4.24	178	104	4.12	4.24	63	0	0.0
4-22	4.31	180	104	4.15	4.31	68	0	0.0
4-23	4.39	182	104	4.18	4.39	72	0	0.0
4-24	4.70	184	103	4.43	4.70	77	0	0.0
4-25	4.67	185	104	4.35	4.67	81	0	0.0
4-26	4.70	187	105	4.34	4.70	86	0	0.0
4-27	4.70	189	106	4.29	4.70	91	0	0.0

图 4-7 小麦播前节水灌溉制度下土壤水分动态

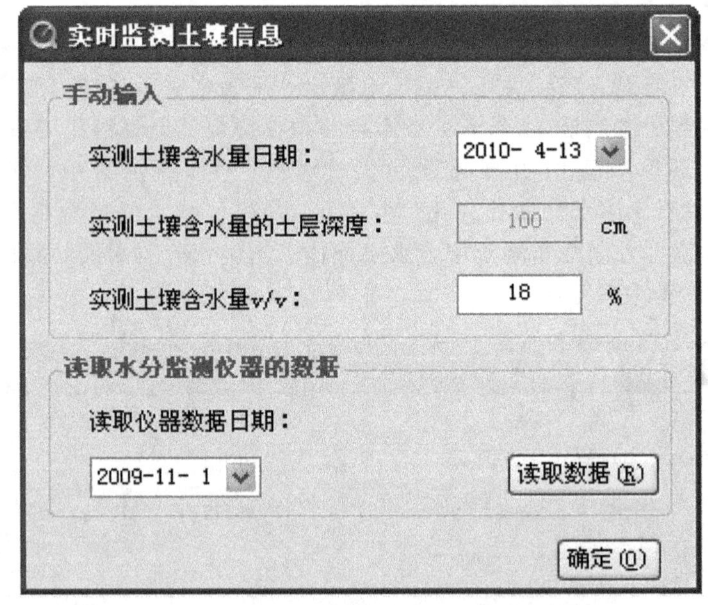

图 4-8 小麦节水灌溉制度下实时决策信息

5）最佳施肥决策模块

掌握“限氮稳磷补钾锌、有机无机相结合”的原则，全部肥料作基肥，促进前期根系发育和养分吸收，可以补偿因晚播和前中期上层土壤水分亏缺对穗粒数的不利影响，并为后期多利用下层土壤水分创造条件。同时，可以简化田间作业，减少氮肥损失，提高肥料利用率（图 4-9）。

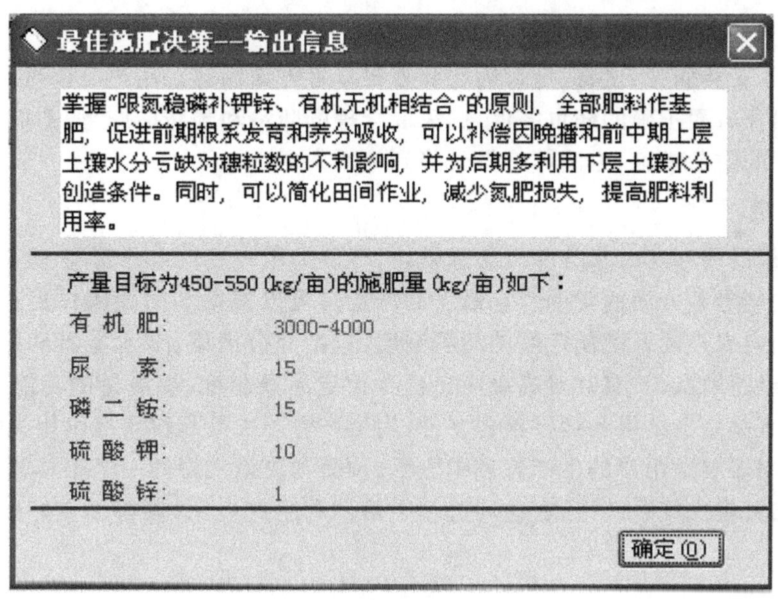

图 4-9　小麦播前施肥决策

6)其他管理决策模块

该模块主要输出如下信息：播种量、行距配置以及播种前的整地措施(图 4-10)。适宜的密度和合理的群体结构，是使小麦个体与群体、营养器官与生殖器官的生长相互协调，充分有效地利用温、光、水、肥、气，提高光合功能和效率，达到穗足、粒多、粒饱，夺取高产的重要环节。本模型主要是以产量为目标，考虑单位面积群体成穗数和单株可靠成穗数来确定适宜基本苗，在此基础上结合播种时的土壤基本状况、肥水管理水平、整地质量、播种方式、播种质量以及种子的纯净度等确定种子田间出苗率，从而进一步确定合适的播种量。

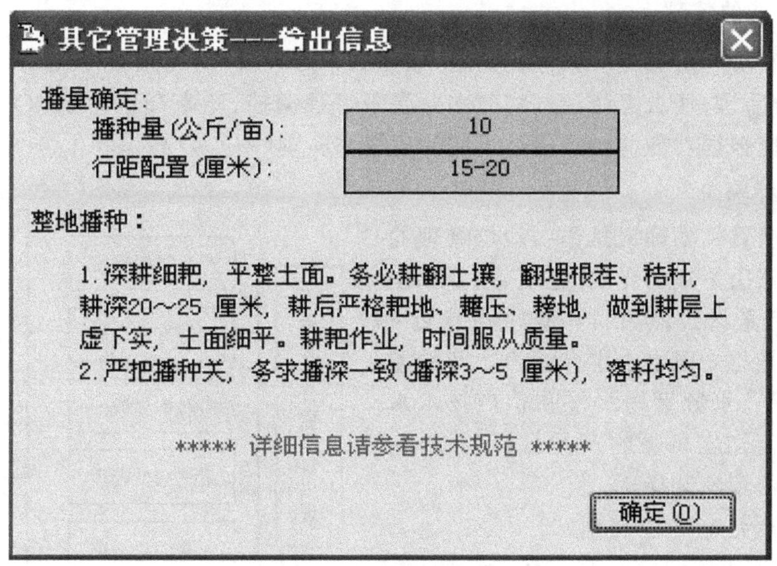

图 4-10　其他管理决策信息

7)病虫草害防治模块

系统提供了麦类病害、虫害、生理病害和麦田草害方面内容。用户可以对照系统提供的文字和图片,得出及时而正确的病虫害信息,采取合理的防治和预防措施,如药剂的使用,配合比例,及其他可行的防治措施、方法等将损失降到最小。

3. 研究特色

研究建立了播前和实时水分灌溉管理模块,可以为用户提供水分管理、逐日灌溉需水量计算、灌溉制度的制定等方面的帮助。它最大的特点是可以根据不同的用户提供不同的灌溉管理水平,既有面向农户的系统制定好的灌溉制度,包括充分灌溉、节水灌溉和结合实践经验考虑灌溉次数的经验灌溉,又有针对高级用户自身设定灌溉制度、灌溉量的功能。此外,系统可输出详尽的各有关变量结果和运行报告文件,为生产管理决策和科研提供相关数据。因此,该系统是一个面向多层次用户的生产管理中分析、预测和决策支持的一个工具软件。

"小麦栽培管理决策系统"已在曲周进行了培训和生产应用,取得了良好的经济效益和社会效益。

4.4 主要作物生产模型——玉米栽培管理决策系统

"玉米栽培管理决策系统"是由中国农业大学研发的用于玉米生产管理的辅助决策支持系统。系统主要实现产量和品质目标确定、播前技术方案设计(适宜品种、播期、密度、播种量;施肥运筹;水分管理;病虫害防治)、实时水分灌溉管理调控、专家知识浏览和系统维护管理等功能。系统以玉米栽培优化原理与技术研究理论为基础,通过解析玉米生长发育特性与生态环境、品种类型、生产技术水平及产量目标间的量化关系,采用 Visual Basic. Net 作系统开发工具,在 Windows XP 平台上建立了玉米栽培管理决策统。

1. 系统功能的实现

系统主要实现产量和品质目标的确定、播前技术方案设计(适宜品种、播期、密度、播种量;施肥运筹;水分管理;病虫害防治)、实时水分灌溉管理调控、专家知识浏览和系统维护管理等功能。系统功能根据功能的特点通过不同的途径来实现(图 4-11)。

1)产量目标确定

产量和品质目标的确定是作物栽培管理的前提。系统根据决策点的光照、温度、水分和土壤条件,确定产量潜力然后再根据决策点近 3 年玉米平均产量与光温水土生产潜力之间的差距以及施肥水平、水分管理水平和生产技术水平等为用户确定切实可行的产量目标与结构。主要品质目标由用户选择。

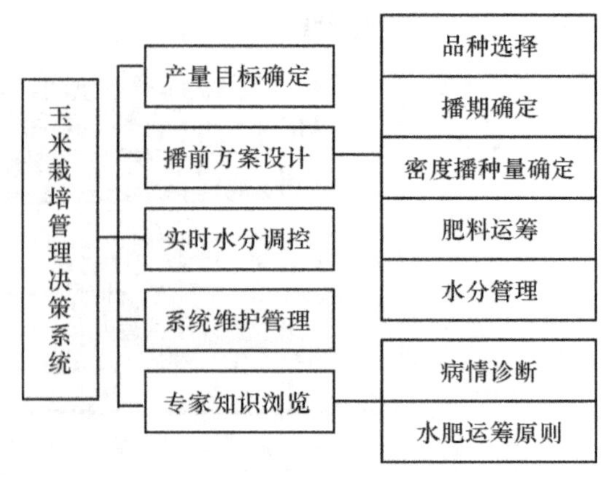

图 4-11 玉米栽培管理决策系统功能简图

2)栽培方案设计

根据决策地点的常年生态条件、用户的产量目标制定一套合理的栽培方案。在产量目标驱动下,根据产生的气象资料和当地常年土壤情况，匹配专家知识和模型预测产生一套播种前的栽培方案，内容包括品种、播期、密度和播种量、肥料运筹和水分管理方案等。

(1)品种选择　品种选择分为 3 个水平。第一个水平为只考虑品种的产量潜力和品种熟性是否达到用户的期望，第二个水平为只考虑品种的产量潜力和品种抗逆性和抗倒性的要求是否达到用户的期望，第三个水平为在第一个水平基础上考虑对品种抗逆性和抗倒性的要求。用户根据自身需求选择这 3 个水平，系统作出决策，为用户选择或推荐适宜的品种，并给出所推荐品种的品种特征。

(2)适宜播期确定　适宜的播期应保证玉米生长发育进程与最佳季节同步，确保植株在主要生育期达到相应的生育指标。根据决策点气候条件与玉米的两个主要生育阶段最适温光条件相匹配，确定最佳播种期和适宜播种范围。

(3)肥料运筹　肥料运筹综合考虑了氮、磷、钾肥施用的合理比例，有机氮和无机氮的配合施用，基肥与追肥的比例和追肥时间。系统根据养分平衡法，计算玉米全生育期所需的氮、磷、钾施用量；根据产量和品质目标等计算有机氮与无机氮的比例以及基肥与追肥的比例和适宜的施肥时间。

(4)水分管理　水分管理包括灌溉时间和灌溉量。该模块依据历史气象资料，通过引入土壤水分平衡模型、作物发育期模型、根系生长模型、作物水分生产函数和灌溉决策模型等组建，对玉米进行播前水分管理。

(5)密度播量的确定　合适的种植密度是玉米高产的保证。高产田按照“以光定穗，以穗定穴”，中低产田按照“以产定穗，以穗定株”的原则来确定种植密度。在此基础上结合决策点的土壤基本状况、水分、整地播种质量以及种子饱满度等确定种子田间出苗率，进一步确定合适的播种量。

3)实时水分灌溉管理

该部分主要由作物生长期间土壤水分平衡模型、作物发育期模型和灌溉决策模型等组成，根据中长期天气预报资料，通过对根层土壤水分亏缺量的预测来估计各种灌溉制度下的作物逐日灌溉需水量，从而实现作物实时灌溉决策。该部分还提供了一个根据作物水分生产函数预估各种灌溉制度下对玉米产量影响的子模型。

系统提供了多种灌溉制度，如图 4-12，有系统推荐的充分灌溉、节水灌溉和考虑灌溉次数的经验灌溉，还有面向科研试验人员和推广人员的高级灌溉制度。用户可以制定适于自身需要的灌溉制度，比如定期定量灌溉、定期不定量灌溉等。它能在不同的供水、土壤及作物栽培条件下提供可行的建议，对科学试验研究具有一定的辅助作用。

4)专家知识浏览

知识库实现了专家知识咨询的功能。系统将各生育时期的田间管理措施和病虫草害防治措施等以文字、图形的形式，直观展示给用户，用户可以根据玉米不同生育期参考知识库进行田间技术科学管理。

5)系统维护管理

系统对于不同级别的用户授予不同的权限，用户可以在自己的权限范围内对数据库中的数据和知识库中的知识进行浏览、查询、修改、增加和删除。

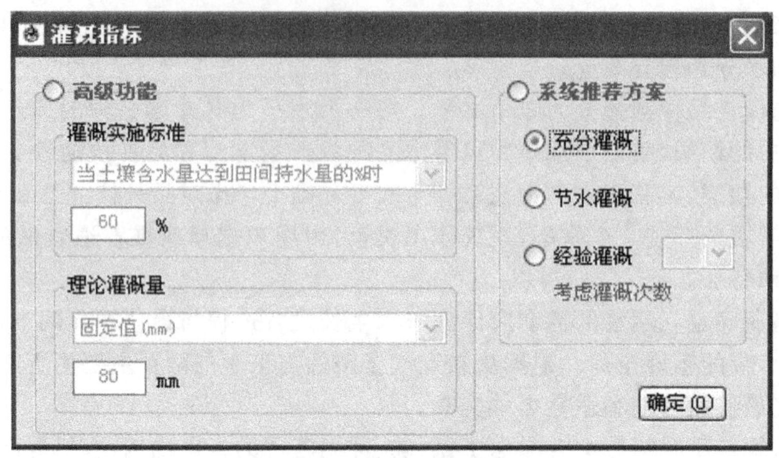

图 4-12 系统实时灌溉指标

2. 系统

系统主要包括数据库、知识模型库、专家知识库等。

1)数据库

由气象数据库、土壤数据库、品种资料数据库和常规作物栽培管理措施数据库组成。

气象数据库包括决策点的日最高气温(℃)、日最低气温(℃)、日照时数(h)或日辐射量(MJ/m^2)、日降水量(mm)、风速(m/s)等。

反映土壤剖面性质的土壤数据库包括耕层凋萎系数(%)、田间持水量(%),以及玉米生长季开始时的土壤水分和养分状况等。

品种资料数据库主要是品种遗传参数。

2)专家知识库

主要存放播前种子处理、肥料的施用方法、播种技术、田间管理、玉米需水肥特性及实施技术、玉米品质特性及栽培技术、病虫草害的防治等。

3)模型库

包括玉米发育期模型,水分生产函数模型,土壤水分平衡模型,目标产量确定、播前技术方案设计、实时管理调控等知识管理模型,以及专家系统规则。

3. 研究特色

本研究运用系统分析和数学建模方法对玉米栽培学中的知识体系加以量化表达和模拟预测,使得用户决策更为准确、科学、定量和规范,同时克服了传统专家系统中知识库庞大的问题,使得决策更为迅速和简化,而且栽培管理方案的设计是以专家知识和经验为基础,并结合了最新研究成果,具有较强的可靠性和实用性。

“玉米栽培管理决策系统”已在曲周进行了培训和生产应用,取得了良好的经济效益和社会效益。

4.5 主要作物生产模型——棉花栽培管理决策系统

“棉花栽培管理决策系统”是由中国农业大学研发的用于棉花生产管理的辅助决策支持系统。系统主要实现产量及品质目标的确定、栽培方案设计、模拟预测棉花生长发育和产量形成、经济效益分析、数据库管理和系统维护等功能。系统由初始条件和栽培优化决策两大核心模块构成。其中初始条件包括土壤肥力条件、水分灌溉条件、种植制度和栽培方式。栽培优化决策又是系统的核心，直接面向用户用于制定生产决策，应用于生产管理，主要由棉区生产决策、栽培动态决策与苗情预测、生长模拟生产潜力分析 3 部分组成。

1. 棉区生产决策

播前管理决策是实现高产优质的关键，由系统根据决策点的常年气候、土壤等生态条件，以产量与品质目标为模型的驱动因子，制定一套合理的播前栽培方案。方案包括常年关键栽培措施决策、栽培模式图制作、栽培规程等。该决策主要根据栽培区不同条件对栽培方式、种植制度、肥力条件、品种进行选择，然后确定适宜播期、施肥管理及其他管理决策。

1)品种选择

适宜品种的选择是播前方案设计中首要考虑的问题。系统首先根据决策点常年气候条件来确定当地能否种植棉花。接着，根据用户对品种特性的要求(包括产量、品质、抗病虫害的要求)，为用户推荐适宜的品种。用户可以在窗体中选择符合要求的品种特征，再进行优先级选择(图 4-13)，而后系统显示符合条件的棉花品种，同时可以查询该品种的特征信息。

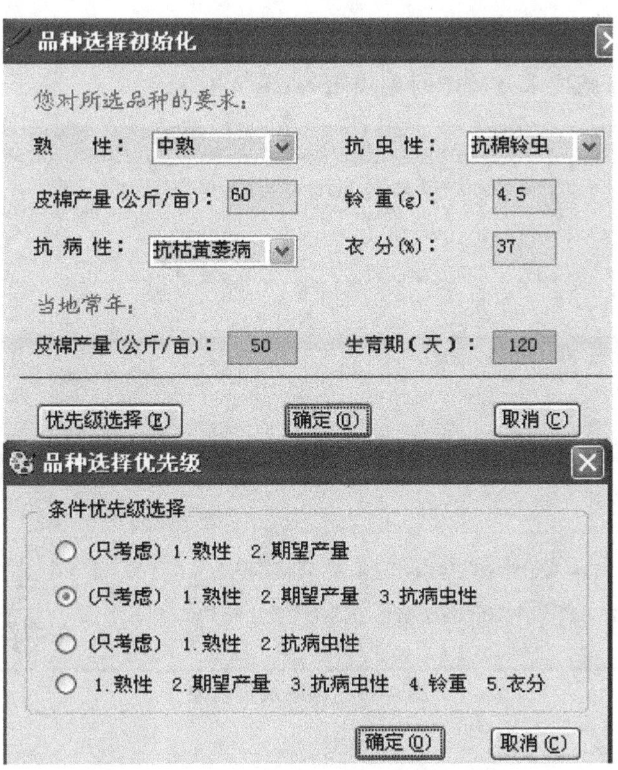

图 4-13 品种选择初始化及优先级选择

2)适宜播期确定

确定棉花播种的适当日期及预期产量。综合考虑天气、土壤、耕作制度、技术水平及品种特性,以能充分利用棉区热量资源,又不致遭受晚霜冻害为原则来确定适宜播期。播期确定中用户输入当地的播种日期后决策得到给定条件下的最适播期和适宜播期范围(图 4-14),而后可进行产量模拟,得出适宜播种期的预期皮棉产量。

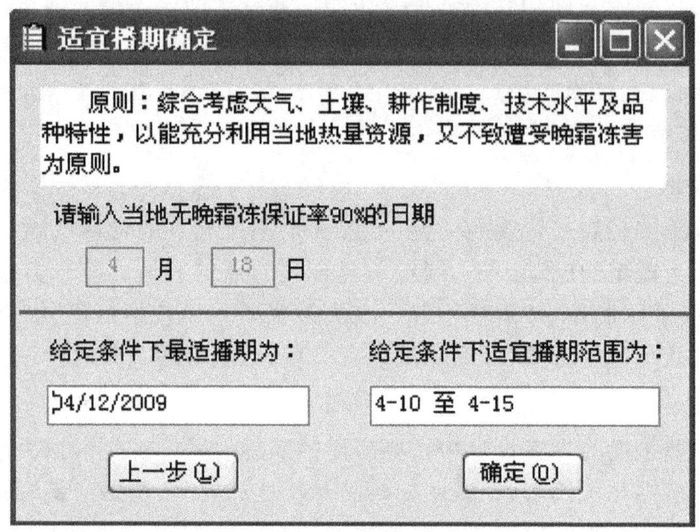

图 4-14 适宜播期确定

3)最佳施肥决策

根据土壤类型、土壤肥力状况及肥料利用率确定给定产量目标下的总施肥量;最佳氮、磷、钾及有机肥施肥量;施肥技术及施肥时期决策等(图 4-15)。

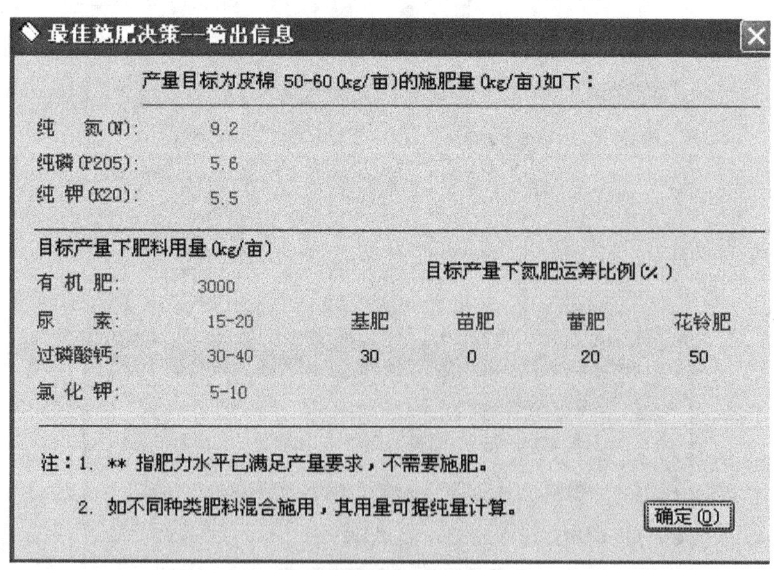

图 4-15 施肥决策信息

4)病虫害防治决策

进行棉花病虫害识别、为害诊断;根据天气(温度、降水)、前代虫害的发生期与发生量,建立棉花虫害发生预测模型,预测主要虫害的发生期与发生程度,根据预测结果,提供防治适期与综合防治措施等决策信息。

5)其他管理决策

包括种植密度、水分管理、化学控制及整枝信息(图 4-16)。合适的基本苗是获得适宜群体起点的保证。利用“以产定铃,以铃定节,以节定枝,以枝定苗”的基本原理确定合适的种植密度。在此基础上结合播种时的土壤基本状况、肥水管理水平、整地质量、播种方式、播种质量以及种子的纯净度等确定种子田间出苗率,从而进一步确定合适的播种量。

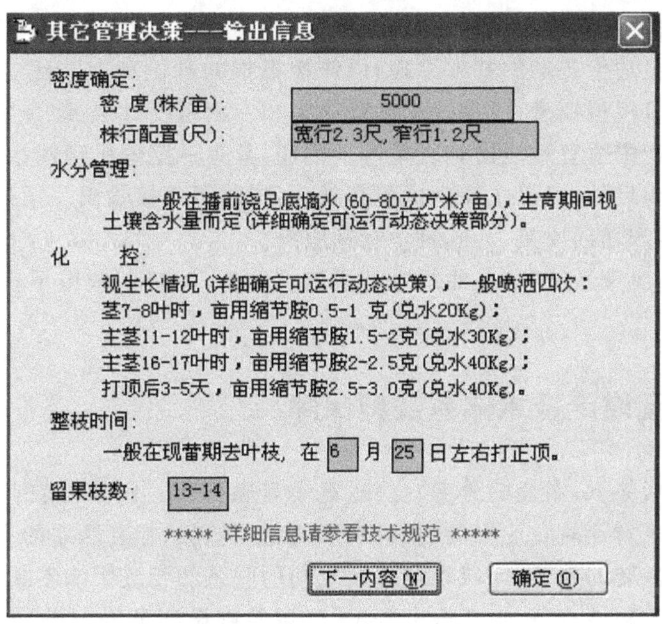

图 4-16 其他管理决策信息

6)经济效益分析

进行棉花生产的经济效益分析,包括成本构成分析、各种措施的投入产出分析及损益均衡分析等。

2. 栽培动态决策与苗情预测

根据播种至出苗、出苗至现蕾、现蕾至开花、开花至吐絮、吐絮至收摘 5 个生育阶段,输入信息如生育期、株高日增长量、该阶段土壤含水量等,或者根据当年天气条件、土壤条件及苗情实况,进行棉花群体发展动态的模拟预测,并通过与常年最佳群体指标进行比较,对各阶段的苗情进行辅助诊断,提出各阶段的主攻目标与最优调控措施。

3. 棉花生长模拟和生长潜力分析

进行不同生态棉区生产潜力分析;驱动棉花生长发育模拟模型,模拟棉花的生长发育及产量形成动态,进行棉花产量的预测。模拟运行结果,可供决策过程使用,还可为研究和管理人员提供必要的棉花生育动态数据。棉花生长模拟模型是应用对棉花生理生态的模拟而建立的机理性模型来模拟棉花的发育进程,用户需设置“土壤参数”“作物品种参数”和“模拟水平”,模拟结果可以用表格显示、图形显示和 GIS 显示。显示内容包括总生物量、根部重、茎重、叶片重、铃重和叶面积系数。

4. 专家知识浏览

系统将各个生育时期的田间管理措施及病虫害防治措施等以文字、图形的形式，直观地展示给用户，辅助用户进行决策。

5. 数据库管理

数据库管理包括天气资料数据库、品种性状数据库、模型参数数据库、土壤性状数据库及历年产量数据库等。通过数据管理模块，可选择调用上述不同的数据库文件或建立新的数据库，并实现对数据库的基本操作，如数据的查询、增删、修改、显示和打印等功能。

系统根据作物生理生态学的基本原理，以作物模拟的理论和方法建立棉花生长发育及产量形成过程的计算机模拟模型，应用栽培优化决策和专家系统方法，综合丰富的植棉经验和专家知识实现棉花生产中适宜栽培措施决策等。因而，具有一定的机理性、综合性与应用性。系统设计以生产应用为目的，以棉花高产优质高效为目标，可直接输出一系列适宜指标与栽培管理措施，用于棉花生产辅助决策，为其科学管理服务。

“棉花栽培管理决策系统”已在曲周进行了培训和生产应用，取得了良好的经济效益和社会效果。

4.6　大面积均衡增产技术体系实施保障

在经济全球化形势下，农业的分工、合作、竞争日益强化。区域内农业的发展要求打破原有的行政界限和地区封锁对农业发展的禁锢，形成相互依赖、相互联系的有机整体。区域协作已经成为一股不可逆转的趋势，区域农业部门之间的联系和相互影响不断加强，同时也出现了诸如区域之间产业的恶性竞争、缺乏合理分工、区域基础设施重复建设、区域性水资源保护等一系列关系到区域整体利益的区域性问题。这些区域性问题不可能单靠一个区域来解决，必须通过积极推动区域之间的协作来解决。但是，区域农业发展规划的实施往往由于实施主体缺位、行政界限的禁锢和地方化思想导致的恶性竞争等致使农业发展规划实施效果不理想甚至出现无法实施的情况，使区域农业发展规划对区域职能部门之间的协调作用降低，因此有必要建立合理的实施保障体系以保证区域农业发展规划的有效实施，对区域农业发展起到应有的作用。

黄淮海平原包括 5 省 2 市，耕地面积 0.22 亿 hm^2（居各农区之首），属于大陆性季风气候区，降雨适中、土地平整、土壤肥沃，水利条件相对较好，对实现区域大面积均衡增产意义重大。然而，该区涉及 7 个省级行政单位，在农业规划上需要有一个国家级的协调部门全权处理有关事项。这个协调部门要求由中央有关部门和地方有关省市人员构成，要分工明确、责权关系明晰，更主要的是有与实施有关的技术体系。

4.6.1　大面积均衡增产的技术集成体系

针对以小麦、玉米两熟 1200 kg 为目标，将已经取得的高产、优质、节水等技术成果进行优化和系统集成，形成冬小麦—夏玉米两熟高产高效大面积均衡增产一体化技术模式，并在河北省平原区进行示范推广。

1. 节水抗旱小麦品种与高产玉米品种的优化组合

小麦选用‘石家庄 8 号’‘邯 4589’‘冀 5625’‘衡 7228’‘科农 199’‘良星 99’等多穗型高产、稳产、节水新品种。玉米选用抗旱、抗逆性强的‘浚单 20’‘郑单 958’‘农大 108’‘先玉 335’等中早熟或中熟、稍晚熟品种。通过小麦“适期晚播”和其他配套技术，延长夏玉米后期生育时间，推迟玉米收获期，保证其充分成熟，提高夏玉米粒重和产量。

2. 与秸秆还田与节水灌溉措施相配合的精细整地技术、播种技术

小麦、玉米收获后，将秸秆还田再翻耕、旋耕并精细整地、播种，保证播种质量；小麦收获后夏玉米铁茬免耕播种、秸秆覆盖，劳力较充足的地区可实行套播。

3. 以节水丰产为目的的两季作物肥水综合运筹技术

小麦生产上采用缩距增行种植技术，把原来的平均行距 20 cm 或 20 cm 以上的非等行距种植改为行距 10～15 cm 等行距种植，减少土壤水分无效蒸发。生育期采用节水灌溉技术保证关键生育时期水分需求。在小麦适当晚播、玉米完熟收获及秸秆还田条件下，根据小麦冬前和冬季生长及降水情况优化水分管理，播前充分造墒的农户可不灌越冬水，春季在小麦需水关键期灌拔节水和抽穗扬花水；播种后浇蒙头水的农户应灌越冬水，春季后推迟灌第一水，灌拔节水和抽穗扬花水。另外，轮灌周期较长的地方可在玉米灌浆后期进行灌溉，避免因灌水较晚影响小麦播种，还可增加玉米产量和有利于小麦苗期生长。小麦重施底肥（全部磷肥、钾肥、微肥及 50％的氮肥），其余氮肥在春季首次灌水时追施。玉米全生育期 20 kg 纯氮/亩，分底肥（种肥）（30％）和追肥（70％大喇叭口期）两次施用，磷肥（5 kg P_2O_5/亩）、钾肥（7.5 kg K_2O/亩）全部作为底肥施用。

4. 秸秆还田条件下的病、虫、草害综合防治技术

针对小麦、玉米秸秆还田条件下病虫草害发生的新特点，重点监测干旱条件下易发生的红蜘蛛、蚜虫、黏虫、玉米螟等虫害发生动态，应用综合防治。主要技术措施有：小麦、玉米采用含杀虫剂、杀菌剂和生长调节剂的包衣剂进行种子包衣或药剂拌种，控制苗期病虫害。对麦田病虫害进行实时监测，根据发生情况重点防治常发和新发病虫害，突出搞好小麦抽穗期前后以防蚜虫、吸浆虫、棉铃虫等虫害，防白粉病、赤霉病等病害，防干热风为目的的“一喷综防”。玉米重点防治斑病、青枯病、锈病、玉米螟和棉铃虫等常发病虫害。针对秸秆还田后杂草种群变化特点，采用新型高效、安全、低残留的除草剂进行杂草除治。

4.6.2 成果应用的直接和间接经济效益

经过多年的实施，课题组在集成技术体系的同时，2008—2009 年河北省曲周县进行了示范。示范中突出了小麦、玉米品种组合，提高光热资源利用效率，重视小麦底墒水，提高水分利用效率。通过提高整地播种质量保证小麦苗全苗壮，玉米在保证密度的基础上适时晚收，以提高产量。

2008—2009 年曲周县小麦播种面积为 39.12 万亩。课题组选取了 5 个乡镇设置了 5 个示范区，分别是四町乡 1 万亩、曲周镇 3 万亩，白寨乡 2 万亩，里岳乡 1 万亩，安寨镇 2 万亩。示范区主要选用‘邯 6172’‘良星 99’‘金麦一号’‘邯麦 9 号’‘冀 5265’等多穗、高产、稳产、节水的小麦品种。2009 年夏玉米播种面积 37.1 万亩，示范区 4 万亩。除此之外，集成的技术体系辐射到全县范围。

2009年示范区、辐射区小麦、玉米共选取15个点，代表面积5000亩进行了测产，结果如下：

示范区面积9万亩，小麦平均亩产432.6 kg，比前三年平均亩产351.7 kg亩增产80.9 kg，总增产量728.1万kg。

辐射区面积30.1万亩，小麦平均亩产386 kg，比前三年平均亩产338.5 kg亩增产47.5 kg，总增产1430.7万kg。

夏玉米示范区4万亩，玉米平均亩产532 kg，比前三年平均亩产433.1 kg亩增产98.9 kg，总增产395.6万kg。

辐射区面积33.1万亩，玉米平均亩产458.6 kg，比前三年平均亩产373.2 kg亩增产85.4 kg，总增产2830.3万kg。

高产典型为白寨乡南油村高产田50亩小麦'冀5265'，亩产达到600.6 kg。

该技术集成体系的应用，使示范区的灌溉用水量平均每亩减少20 m^3，水分生产率提高15%以上，肥料养分利用率提高10%以上。曲周县全年总增产小麦2156.1万kg，小麦按每千克1.9元计算总增效益4096万元；总增产玉米3253.9万kg，玉米按每千克1.7元计算总增效益5531万元，累计增收9627万元，平均亩增收246.1元，全县农业人口39.7万，人均增收242.5元。

第5章

双增双降棉麦一体化生产

5.1 问题的提出

棉花是关系到国计民生的重要农产品，其生产与经营状况直接影响中国棉区经济的发展和棉花生产者的收入，也直接影响中国棉纺工业发展及其在国际贸易中的利益。中国已有两千多年的种植棉花的历史，是世界上棉花生产、消费和贸易大国。新中国成立以后，党和政府十分重视棉花生产，采取了一系列促进棉花生产发展的政策措施，并多次调整了棉花生产和购销政策。通过对棉花生产区域分布的调整、棉花流通体制的改革和植棉技术的进步，中国棉花生产取得了较大的发展，平均每公顷棉花产量由 1949 年的 165 kg 提高到 2002 年的 1177 kg，总产量连续上台阶，并于 2004 年创造了总产 632 万 t 的历史记录，成为世界第一产棉大国。

黄淮海平原是我国最大的平原，土地面积约占全国平原面积的 30%，耕地占全国的 1/6。这里属于暖温带半湿润、湿润季风气候区，全年太阳辐射总量为 $4.9\times10^9 \sim 5.9\times10^9$ J/m^2，光热资源充沛，全年积温 4000～4800 ℃，无霜期 180～230 d，年平均降雨量为 500～800 mm，季节间和年际间变化剧烈，全年降雨量的 60%～80%集中在 6—9 月。冬季最冷月平均气温在 −8 ℃以上，冬小麦可以安全越冬；春季升温快，冬小麦返青早；多数地区气温在 4 月上旬稳定通过 10 ℃，利于棉花等春播作物及早播种，从而延长作物有效生长期，使光热条件得到充分利用。大部分地区可以一年两熟。

黄淮海平原是我国最大的农业主产区，也是我国棉花生产的重要基地。2005 年黄淮海平原棉花总产量达到 182.08 万 t，占全国总产量的 31.86%。黄淮海平原同时也是我国经济与社会高速增长的地区，环渤海经济圈的启动进一步加快了本区域的城市化和工业化的进程，建设用地不断扩张，仅 2002 年至 2005 年各类建设用地就增加了 26.6 万 hm^2，农业发展的空间被不断挤压。黄淮海平原也是我国缺水最严重的地区，人均水资源占有量 501m^3，仅为全国平均水平的 1/5，该区域以仅占全国 7.7%的水资源总量，支撑着占全国 39.4%的耕地面积。由于比较效益驱动，农业内部结构调整中，粮食播种面积逐年下降，从 1999 年的 2347.1 万 hm^2，下降到 2004 年的 1987.4 万 hm^2；占总播种面积的比例也从 74.2%降低到了 64%，稳定粮食生产的难度很大，对保证国家的粮食安全造成了很大的压力。黄淮海平原区域农业土地资源的开发程度已很高，宜农土地资源利用率达 90.6%，土地垦殖系数高达 56.6%，分别比全国平均值高 1.9%和 43.1%，依靠外延扩展稳定粮食生产空间很小，必须走出一条内涵挖潜的模式。然而，该地区棉花播种面积较大且多为春播棉，其生育期多在 4 月至 10 月，造成土地资源近半年闲置，加上该地区冬春季节干旱少雨、多风沙天气的情况，以农田生态系统理论、农业资源高效利用思想以及环境保护学理念为指导，选用生育期短的冬小麦品种并适时晚播；选用生育期短的棉花品种并实施工厂化育苗，确保苗齐苗壮；选用适宜的移栽机械、麦收后机械化移栽，以做到抢时间及时移栽；适时灌溉以确保苗活并缩短缓苗期；采用化控等配套技术集成是提高土地利用效率、减少沙尘天气、杜绝地膜污染的主要途径。在此基础上，通过资源—物质—技术的优化组合，进一步挖掘土地增产潜力，形成黄淮海平原大面积高产、高效、低耗能、低成本的粮棉生产技术体系（简称双增双降技术），大面积增加粮食产量，为国家粮食安全提供技术支撑和示范。本研究基于提高土地利用率和光热资源利用率，不用农膜、少用农药，在不减少棉花产量的前提下，增加一季小麦产量，为清洁化生产、资源高效利用和国家粮棉安全提供依据和模式。本课题重点研究棉花工厂化育苗、机械化移栽技术以及棉麦两熟种植技术，以达到充分利用冬闲田，减少棉田“白色污染”，提高农田利用效益，缓解粮棉争地矛盾，实现粮棉均衡增产的目的。

5.2 棉花移栽技术体系形成与农艺管理设计

5.2.1 春播棉生产现状及存在的问题

在黄淮海平原，棉花栽培主要是春播棉种植模式。该模式多是在 4 月中下旬耕地、覆膜、播种，10 月底完成采收，多选用中晚熟棉花品种。这种种植模式产量高、品质好，但是也存在许多问题，主要表现在：

(1)每年 5～6 个月的冬闲期，造成土地资源和光热资源利用率低。

(2)农膜污染严重。据调查，河北省曲周县四疃乡的主要农作物为春棉花、冬小麦、夏玉米，其中棉花种植面积占 83.0%。春棉花覆膜栽培为当地的主要栽培方式，以机械覆膜为主，农膜平均用量在 25.05 kg/hm^2，所用农膜的厚度一般在 0.006 mm 以下，低于国家最低标准的0.008 mm(GB 4455—1994)，农膜常年积累在棉田中，不易回收，造成了“白色污染”(图 5-1)。

我们在河北省曲周县对农膜污染进行了调查：

残留农膜样品采集：选择连续覆膜 2 a、4 a、6 a 棉田作为残膜采集点，每个种植年限棉田选取 3 个地块，每个地块选取 3 个样方。采用人工方法收集残膜，采样点是面积为 50 cm×50 cm 的正方形，深度为 25 cm。

样品处理：将采集到的残膜带回实验室，除掉附着在残膜上的泥土，展开卷曲的残膜，用清水洗涤，洗净后用滤纸吸干残膜上的水分，在干燥阴凉处自然晾干，称量至恒重。

图 5-1　白色污染

调查区域棉田土壤中农膜残留量较大，且受覆膜年限影响较大。农膜平均残留量在29.0～83.5 kg/hm^2，且覆膜时间越长，残膜量越多。覆膜 2 a、4 a 和 6 a 的棉田土壤中平均残膜量分别为 29.0、59.8 和 83.5 kg/hm^2。

残膜数量（片数）与时间也有相关性。覆膜年限越长，残膜片数越多。

土壤中中块膜（4～25 cm^2）比例最大，大块膜（＞25 cm^2）次之，小块膜（＜4 cm^2）最少。随着覆膜年限的增加，不同大小的残膜均呈现出明显的增加趋势。3 种覆膜年限的棉田中，覆膜 6 a 的残膜破碎度最小，4 a 次之，2 a 最大。这表明覆膜年限越长，残膜的破碎程度也就越重。

（3）易发生沙尘天气。黄淮海平原每年从 11 月至次年 5 月是大风频繁发生的季节。以鲁西北地区为例，禹城市大于 7 级以上的大风日多年平均为 20 d，聊城为 27.3 d，德州为 13.8 d；若以大于 4.0 m/s 起沙风速统计，德州全年风沙日为 161 d、聊城为 141 d、菏泽为 71 d；每年风季多集中出现在 3—5 月，在此期间德州风沙日占全年总风沙日的 70%，聊城占 46%，菏泽占 47%。可见，黄淮海平原由于冬、春季节降水稀少，气候干旱，大风频繁，而且正值植被枯萎之际，使得沙丘、沙地和沙质农田均处于大风袭击之下，为土壤风蚀和土地沙化的发生发展创造了条件（图 5-2）。

图 5-2　无沙尘天气（左图）和沙尘天气（右图）

由表 5-1 可知，种植小麦的农田输沙量明显低于休闲地，相差达 3.92 倍，说明地表裸露明显增加沙尘天气的发生概率，因此充分利用冬闲田种植小麦等耐寒作物很有必要。

表 5-1　禹城沙河地区沙地风蚀输沙量

测定风速	测定高度/cm	输沙量/(g/cm²·min)		占总沙量/%	
		休闲地	冬小麦	休闲地	冬小麦
6.8	2	13.8	2.4	23.46	16.00
	4	11.4	1.2	19.38	8.00
	6	7.2	1.2	12.24	8.00
	8	6.6	1.2	11.22	8.00
	10	4.2	1.8	7.14	12.00
	12	4.2	1.8	7.14	12.00
	14	3.6	1.2	6.12	8.00
	16	2.4	1.2	4.08	8.00
	18	1.8	1.2	3.06	8.00
	20	3.6	1.8	6.12	12.00
	合计	58.8	15.0	100	100

5.2.2　麦棉连作两熟技术体系的设计

本着提高土地利用率、光热资源利用率，不用农膜、少用农药，在不减少棉花产量的前提下，增加一季小麦产量，为清洁化生产、资源高效利用和国家粮棉安全提供依据和模式的目的，设计了冬小麦—移栽棉花一年二熟种植模式，其技术关键包括以下几点。

1)选用生育期较短的品种

麦棉两熟轮作要求全年≥0 ℃积温在 5300 ℃以上，而邯郸市全年≥0 ℃积温为 4880～5000 ℃，所以麦棉轮作热量略显不足，棉花后期易受低温危害，产量和品质降低。对麦棉品种配套要求冬小麦以晚播早熟品种为宜。'邯 6172'小麦品种是河北省邯郸市农科院培育的品种并通过了全国品种审定(国审麦 2003036)，适宜在黄淮冬麦区北片的河北省中南部、山西省中南部和山东省中上等肥水地种植。

据试验和气候分析，棉花开花后 50 d 内日照时数达 300～400 h 棉花高产优质；若遇 10 d 以上的阴雨天气，则对产量和品质有明显影响。在邯郸，棉花安全生长期(≥15 ℃)日照时数为 1200～1300 h，每日平均日照时数为 7～9 h，适合棉花短日照生育特性。本研究证实从 4 月下旬开始在温室育苗，到 6 月初移栽棉苗，其间可以补充光照达 322～414 h，解决了棉花生育期内光照不足的问题。

棉花全生育期需要日平均气温≥10 ℃ 活动积温：早熟品种为 3000～3300 ℃。邯郸市直播棉花播种一般在 4 月中下旬，9 月上旬裂铃吐絮，全生育期 140d 左右。日平均气温≥10 ℃的活动积温多年平均为 3470 ℃，其保证率在 80%的活动积温为 3409 ℃。对早熟品种来说，全生育期≥10 ℃的活动积温余 70～370 ℃，所以邯郸地区以种植早、中熟品种最为适宜。≥15 ℃ 是棉纤维发育要求的下限温度，邯郸市≥15 ℃ 终日是 10 月 10 日，而从 5 月 21 日至 10 月 10 日期间≥10 ℃、90%保证率的积温为 3380 ℃。所以，移栽棉花选用≥10 ℃积温在 3400 ℃ 以下的早熟品种为宜(表 5-2)。2009 年以来，课题组选择了'邯 429''邯 306''中 202'

等品种进行试验，取得了一批理想的数据(表 5-2)。

表 5-2 气候因子与棉花产量和品质的关系

生育期	时段	气象因子	与棉花产量和品质的关系
全生育期	5 月 21 日—10 月 10 日	≥10 ℃积温	>3400 ℃可高产、优质
		降水量	>500 mm 产量和品质下降
		干燥度	与产量成正比
结铃期	8 月 1 日—9 月 20 日	日照时数	与纤维成熟系数、拉力成正相关
		≥20 ℃积温	与纤维成熟系数成正相关
		干燥度	偏低影响纤维品质
吐絮期	9 月 21 日—10 月 10 日	日照时数	偏少影响棉絮外观和内在质量
		≥15 ℃积温	15 ℃为纤维成熟适温下限
		日期	日期早影响产量和吐絮率

2)工厂化育苗

棉花工厂化育苗由于技术的可控性和规模性，既可实现棉花的规模化和区域化种植，极大地提高皮棉的均一性和一致性，又可解决棉花的一播全苗等技术难题，极大地减轻棉花生产中繁重的体力劳动强度，从而使棉花生产的现代化程度得到大大的提升。

营养钵育苗移栽技术是目前我国主产棉区主要的栽培方式，该技术是经过半个多世纪不断改进与完善发展形成的符合中国国情的一项高产技术，它是用堆肥、厩肥、化肥和表土充分混合，利用不同的制钵器做成不同规格的营养钵，由于制成的钵营养丰富，所以能够培育出健壮的幼苗。该技术将育苗与大田栽培管理分离，实行集中育苗、集中培管，通过分类移栽解决了棉花大田缺苗断垄和群体分布不匀的问题。

育苗移栽，是解决积温不足的途径之一，目的是提供适合于大面积机械化移栽的、健壮的棉花苗。经过筛选，选用草炭＋蛭石＋营养液(有机质不低于 30%，氮磷钾总量不低于 4%)作为育苗的基质；育苗时间掌握在 4 月下旬至 5 月上旬，出苗后人工脱壳、倒苗 2 次，以利于出苗整齐；同时使用矮丰王、爱多收等生长调节剂，将温室内棉苗的高度控制在 30 cm 范围内；使用枯黄利康控制病虫害的发生。2009 年以来，课题组探索出了工厂化育苗的技术体系和操作规程。

3)机械化移栽

国外 20 世纪 30 年代就出现了手工喂苗的移栽机具，70 年代末，B. K. Huang 等发明了适合自动移栽的空气整根育苗技术，并以此为基础提出了钵苗移栽的系统方案，并设计了精密苗盘播种机和自动移栽机。国外研制生产的移栽机通过农业生产的实际应用，已明显地表现出了移栽机械的优越性。它不仅能保证移栽秧苗的株行距和移栽深度均匀一致，而且能按技术要求在一定范围内调整。更重要的是基本上消除了移栽过程中的伤苗问题，且秧苗移栽后的直立度、覆土压密程度等都可以得到良好地控制。国外移栽机械已十分成熟，有多品种多系列，性能稳定，可靠性高，通用性好。

近年来，育苗技术的发展以及劳动力成本的上升，推动了我国移栽机械的研制开发工作，其中导苗管式移栽机在我国应用较为普遍。该机型的特点是：秧苗在导苗管式移栽机内的运动是自由的，不是强制性的，因此不易伤苗；喂入器由多个转动的喂入筒构成，人工喂入时，其喂入速度可以提高，作业速度能达到 60～70 株/min。但是，这种移栽机的结构比较复杂，设备成本较高，推广有一定难度。

实现工厂化育苗对于钵苗、钵体形状和尺寸的设计，尤其与移栽机械相结合的育苗移栽机械化是一个系统工程，应加强从育苗到移栽整个系统的研究，进一步完善与移栽配套的育苗设施及相应的配套技术，使育苗过程实现机械化、工厂化和设施化。

6 月上旬正是黄淮海平原雨热同步、光照条件最好的时期，也是棉花生长发育的最适时期，及时移栽为棉花的生长、发育以及产量的形成争取了时间。机械化是大面积推广棉花育苗移栽的必要条件。

在考察黄淮海平原主要移栽机械的基础上，改进并研制了新的移栽机器，并申报了专利。

4)及时灌溉

水分是影响棉花生长发育和产量形成的重要因素。棉花为较耐旱作物，全生育期总耗水量为 557～587 mm，邯郸同期降水量平均为 501.6 mm(但年内降水分布不均，年际变化大)，差 60～70 mm。在黄淮海平原，6 月上旬的平均气温大多在 25 ℃以上，土面蒸发强烈，尤其是白天的蒸发量更大，棉苗移栽后必须立即灌溉，确保全苗是育苗移栽技术成功的保证。在棉花移栽之前，要检修机井、电力设施等，保证随移栽，随灌溉，这样棉苗成活率可以达到 95%以上。

5)田间配套管理

田间管理是棉花高产的关键环节。棉苗从温室的环境移栽到大田有个缓苗的过程。在这个过程中，及时采取田间管理措施有利于缩短其缓苗期，促进棉苗快速生长，因此施足底肥，早施追肥，重施花铃肥，增施磷钾肥是移栽棉花营养的主要措施；前中期适时化控，后期减少缩节胺用量是调控棉花生长的关键措施；适当减少农药用量(二代棉铃虫一般不用防治)是移栽棉的优势所在。

5.3 关键技术

在上述设计思想的指导下，课题组经过 3 年的努力，分步开展了以下几个方面的研究与探索。

1. 基质配比

基质采用山东寿光生产的基质为主体，按照百分比加入 20%干牛粪，20%沙子，下种前一天基质消毒：25 L/袋用多菌灵 7～8 g，装盘，多菌灵喷翻均匀，闷 24 h。

苗盘规格：50 孔，孔径 6 cm×6 cm，育苗盘用高锰酸钾消毒，50 g/15 kg 水。

种子处理：选用中早熟品种，用爱多收浸种 6 h，3 g/5 kg 水。

防除病害：早间苗，子叶展开时喷施防枯立康，每穴留一棵苗。

营养调控：为了培育出适合机械移栽的棉花苗(苗高 30 cm)，使棉苗茎秆变粗，叶片变深绿，防止腿脚过高，要进行化学调控。要掌握前重后轻，控促结合的原则，具体方法是：在子叶展开时，喷施矮丰王 25 g/15 kg 水，爱多收 6 g/15 kg 水，第一片真叶后用矮丰王，10 g/15 kg 水。3 片真叶时，用爱多收一次，1 袋爱多收配 15 kg 水喷雾。芸薹素 15 g/10 kg 水喷雾。4 片真叶时用矮丰王，5 g/15 kg 水。防止旺长，移栽时棉苗高度控制在 25～30 cm。红茎占六成，棉苗健壮，根须发达，缓苗快。

湿度调控，保持水分，拔出棉苗根发白发黄，表明水分调控适中；移栽时白根较多，容易成活；钵内白根多，栽后缓苗快。

温度调控，齐苗后（出苗 70%以上）及时通风，通风口要由小到大，时间由少到多。通风1～2 d 即可揭膜晒床炼苗。4 月底到 5 月中旬，气温变幅大，要覆膜保温，只在中午揭膜通风，到 5 月中旬后，揭开大棚塑料膜炼苗，使棚内气温与大田一致。苗要炼到红绿茎各半。遇旱及时喷水，保持苗床湿润。要控制棉花苗在温室内旺长，同时要求棉花苗茎秆健壮，棉苗在 6～7 片真叶时（现蕾前）是最佳移栽时期。

移栽前喷水，栽后用赤霉素、芸薹素调控，可提高成活率。

2. 工厂化育苗

育苗时间的确定：本研究进行了 3 年（2009—2011 年），每年分别于 4 月 25 日和 5 月 1 日分两次育苗，2010 年主要采用‘中农 202’‘邯 429’‘中 41’3 个品种。由于 2010 年特殊的气候条件，直到 6 月 19 日才开始移栽，所以棉苗在大棚中的时间长达 56 d，株高普遍超过了 25 cm，但是品种之间差异不显著。不同品种的叶片数表现出如下趋势，即‘中 202’品种普遍早发，从 5 月 16 日第一次调查开始就表现出叶片数明显高于‘中 41’和‘邯 429’两个品种；到 6 月 15 日也表现出高于其他处理的现象。但总体来看，3 个品种差异不显著（图 5-3）。

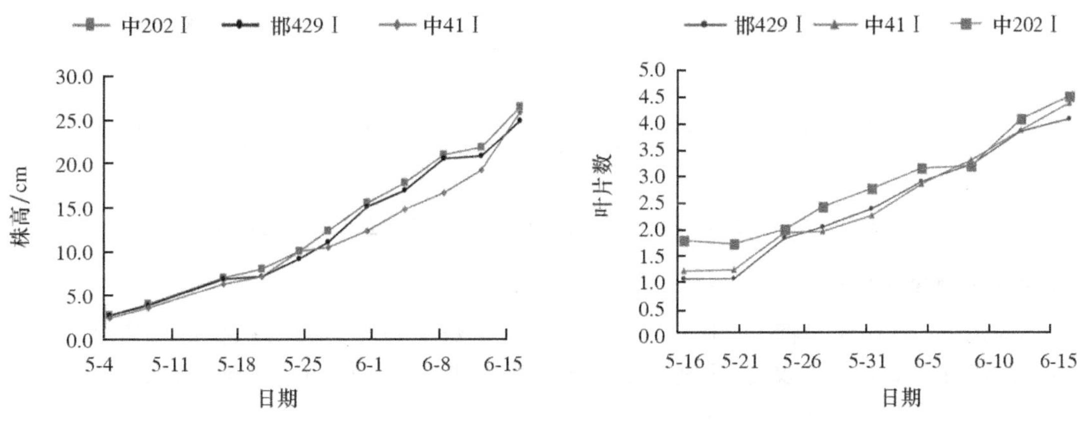

图 5-3 2010 年不同品种棉花大棚育苗株高和叶片数的调查结果

2011 年，分别采用‘邯 306’‘中 202’‘邯 429’3 个品种，以罗马字Ⅰ和Ⅱ表示育苗时期。由图 5-5 可知：第一期（4 月 25 日）育苗的品种株高普遍高于第二期（5 月 1 日）育苗的品种，比如‘邯 429’品种，在 5 月 14 日的调查中Ⅰ期的株高为 7.30 cm，而Ⅱ期的株高只有 3.33 cm，相差 54.4%；6 月 7 日的调查显示，两期育苗的株高分别为 11.34 cm 和 9.17 cm，相差 19.1%。5 月 14 日和 6 月 7 日调查‘邯 306’品种的株高分别相差 65.5%和 24.7%；‘中 202’的株高相差 4.4%和 27.3%，说明育苗期适当早一些有利于棉苗的发育（图 5-4）。

由图 5-5 可知：6 月 7 日的调查结果显示，第一期育苗的茎粗（2.86～3.06 mm）普遍高于第二期育苗的茎粗（2.20～2.48 mm），相差 15.1%～23.1%，可见育苗越早，越有利于棉苗的生长和发育。

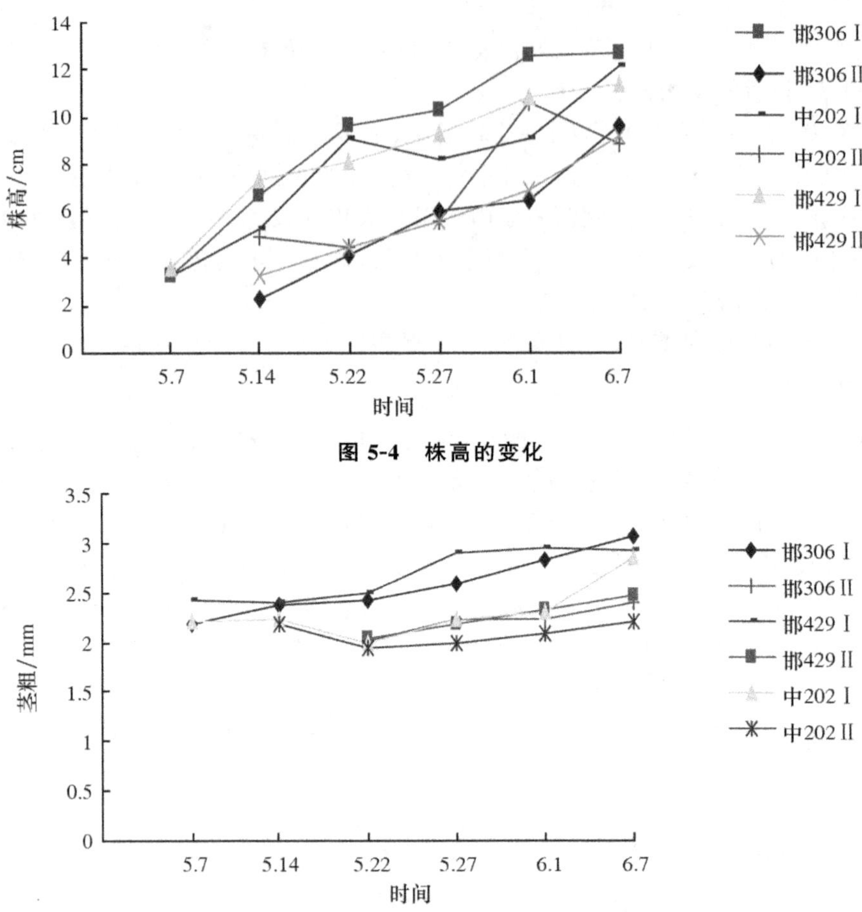

图 5-4 株高的变化

图 5-5 2011 年大棚育苗期不同品种棉苗的株高和茎粗的调查结果

3. 移栽机械的改进

本课题组于 2009 年对河北、山东及河南市场上的移栽机械进行了全面的考察和对比研究，对已有移栽机械进行了改进，研制了新的导苗管式移栽机(图 5-6)，并申报了专利。

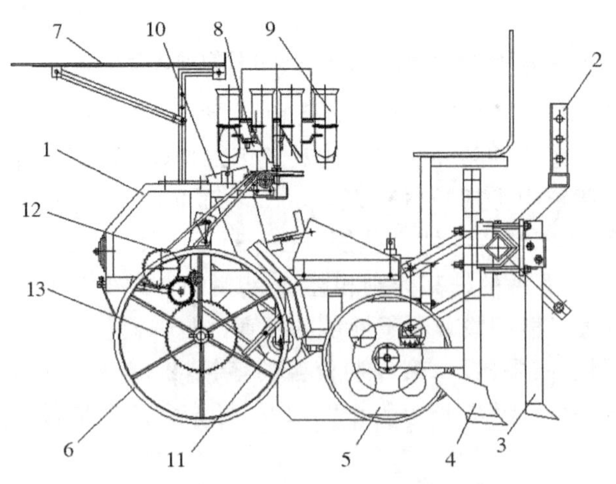

注：1. 机架；2. 牵引装置；3. 开沟铲；4. 起垄装置；5. 边轮装配；6. 镇压轮装配；7. 储苗筒；8. 喂苗器转盘；9. 喂苗器；10. 下苗筒；11. 扶苗装置；12. 齿轮传动；13. 主动轮。

图 5-6 导苗管式移栽机

该型号的移栽机械自重约 300 kg(成本价大约为 9000 元),需要 114 kW 以上的拖拉机牵引,可以在田间行动自如。每台机械大约需要 5 个人,其中一名驾驶员、两名喂苗员、一名运苗员和一名扶苗员,一台机械一天可以移栽 20 亩地左右。从 2009 年开始,本课题组连续 3 年组织了 4 次大型的移栽现场会和观摩会,邀请了中国农科院棉花所、中国农业大学、邯郸市农科院的有关专家现场观摩和指导,中央电视台 7 频道的《科技苑》栏目先后两次为课题组作了节目,收到了良好的效果,先后在邯郸市和邢台市的平原县推广达 20 多万亩。河北省农业厅农机局领导也到现场观摩了该设备,并表示争取纳入河北省农机补贴目录。图 5-7 为喂苗器结构图,图 5-8 为棉花移栽现场。

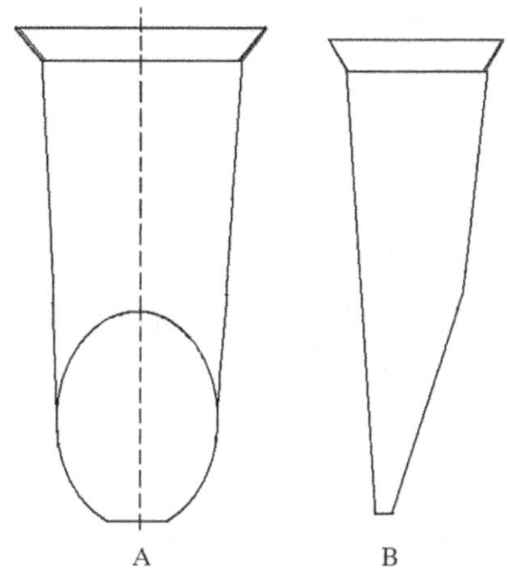

图 5-7　喂苗器—正视图(A)和侧视图(B)

图 5-8　棉花移栽现场

4. 移栽棉的生长特性比较研究

在华北平原,小麦的成熟期大约在 6 月 5 日,因此,麦收后的棉花移栽时间基本上在 6 月 9—10 日。2010 年由于特殊的气候变化,棉花移栽时间推迟到了 6 月 19 日开始。由图 5-9 可知:移栽棉生长速度快,40 d 后与直播棉基本持平。2009 年 6 月 22 日开始调查,直播棉的株高为 36.1 cm,移栽棉的株高为 25.4 cm,相差 10.7 cm;到 7 月 1 日,其株高分别为 41.4 cm 和 28.1 cm,各自的生长速度为 0.59、0.3 cm/d;7 月 9 日的生长速度同为 0.58 cm/d;7 月 16 日,移栽棉度过了缓苗期,生长速度达到了 1.89 cm/d,超过了直播棉的生长速度(0.43 cm/d);7 月 28 日以后,两者的生长速度基本持平(2.14 cm/d 和 2.13 cm/d),说明移栽棉在移栽后 40 d 左右达到了旺盛生长时期,与直播棉具有相同的生长速度。

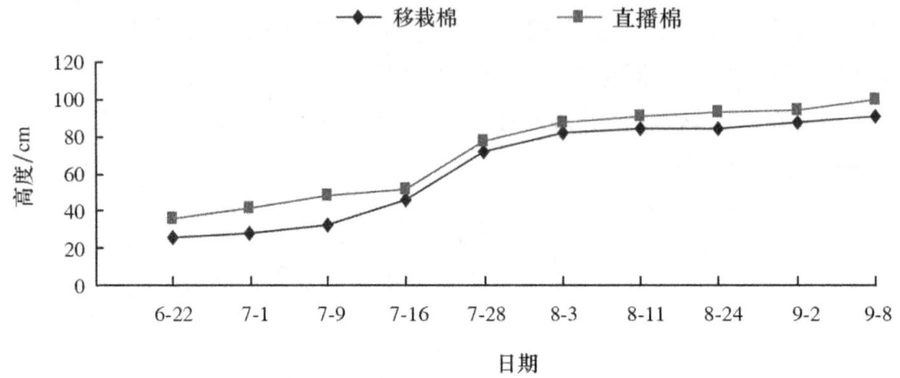

图 5-9 2009 年移栽棉与直播棉生长速度的比较

2011 年,对'邯 306'和'邯 429'两个品种的株高进行了跟踪调查。由图 5-10 可知,春播棉('邯 306')的株高从 6 月 15 日的 32.3 cm 开始基本上是直线上升,到 7 月 15 日达到最高峰,即 87.6 cm,之后基本上不再长高,到 7 月 30 日维持在 88.8 cm;而移栽棉在前期基本上处于缓苗阶段,6 月 10 日移栽棉花(其株高分别为 12.73 cm 和 9.58 cm),移栽深度为根部以上 4 cm 左右,即 10 cm 左右;到 6 月 25 日第一次调查,其高度只有 12.6 cm 和 12.3 cm;到 7 月 5 日,移栽棉的株高生长加快;到 7 月 20 日,Ⅱ期苗生长速度超过了Ⅰ期苗;7 月 30 日,Ⅱ期苗株高达到了 73.8 cm,Ⅰ期苗株高也达到了 59.0 cm。

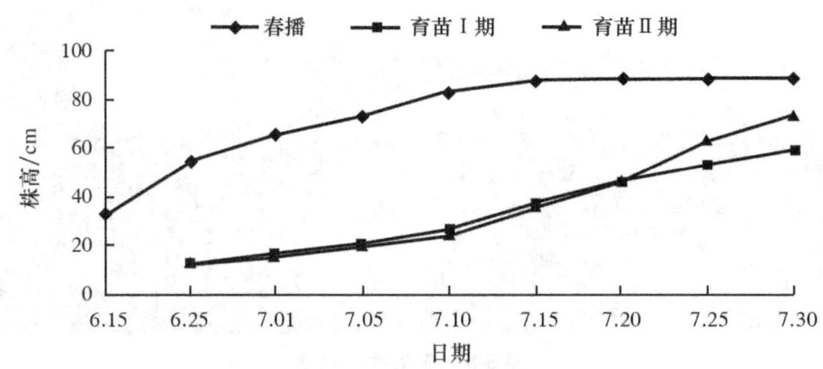

图 5-10 2011 年棉花'邯 306'品种株高调查结果

从图 5-11 也可以看出:移栽棉'邯 429'品种的生长速度也表现出了同'邯 306'相同的趋势,到 7 月 30 日Ⅱ期苗株高达到了 82.8 cm,甚至超过了春播'邯 429'的高度(82.1 cm)。

由此可见,只要后期管理能够满足移栽棉的需要,其生长速度是可以达到春播棉的生长量的,同时移栽棉的育苗时间并非越早越好。

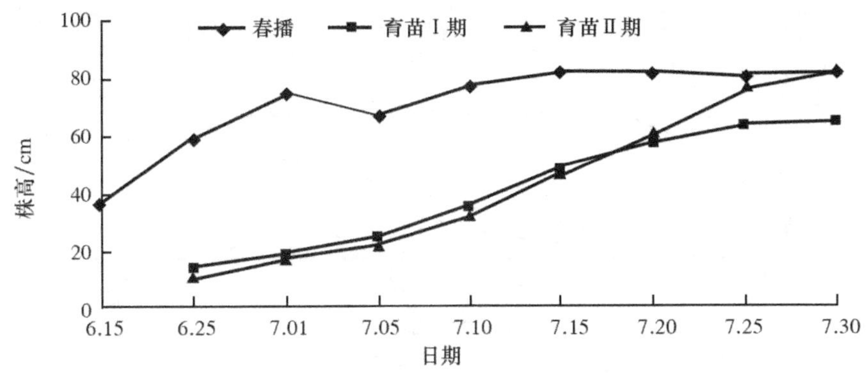

图 5-11　2011 年棉花‘邯 429’品种株高的调查结果

5. 蕾数的调查结果

2011 年，对 3 个品种（‘邯 306’‘邯 429’‘中 202’）不同播期的现蕾数进行了调查和分析。由图 5-12 可知：6 月 15 日开始调查现蕾数，直播棉的现蕾数为 3.8 个，而移栽棉没有现蕾；6 月 25 日直播棉的现蕾数为 14.2 个，移栽棉的现蕾数分别为 0.45 个和 0 个；此后现蕾数相继增加，到 7 月 15 日直播棉的现蕾数达到最多，为 21.1 个，此后开始减少，而移栽棉的现蕾数继续增加；到 7 月 23 日左右移栽棉Ⅱ期的现蕾数与直播棉持平，7 月 25 日左右移栽棉Ⅰ期与直播棉持平，此后继续增加；7 月 30 日移栽棉Ⅱ期的现蕾数达到了 24.55 个，移栽棉Ⅰ期的现蕾数为 19.3 个，而直播棉的现蕾数只有 7.3 个。

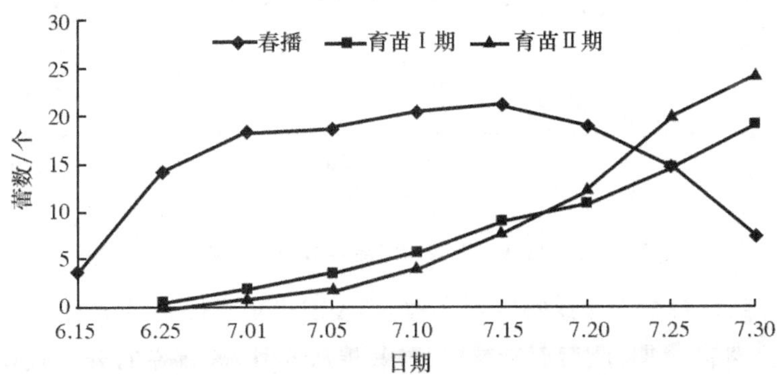

图 5-12　2011 年‘邯 306’品种蕾数的调查结果

由图 5-13 可知，6 月 15 日调查‘邯 429’，直播棉的现蕾数为 5 个，6 月 25 日直播棉的现蕾数为 14.3 个，移栽棉的现蕾数分别为 1.45、0.05 个；此后相继增加，到 7 月 1 日左右增加到 19.4 个，此后开始减少，而移栽棉则逐步增加，7 月 21 日左右移栽棉Ⅱ期同直播棉的现蕾数相同，7 月 24 日左右移栽棉Ⅰ期同直播棉的现蕾数持平；7 月 30 日，移栽棉Ⅱ期的现蕾数达到了 24.55 个，移栽棉Ⅰ期的现蕾数为 15.35，直播棉的现蕾数只有 8.4 个。

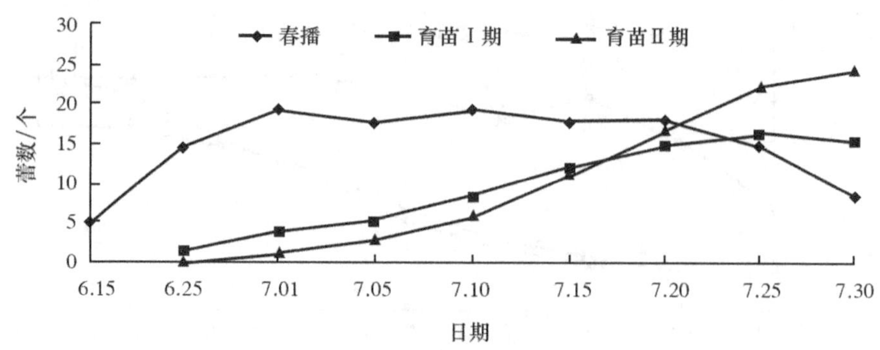

图 5-13　2011 年‘邯 429’品种蕾数的调查结果

由图 5-14 可知，6 月 25 日直播棉‘中 202’的现蕾数为 9 个，移栽棉的现蕾数分别为 0.3 和 0.15 个；此后相继增加，到 7 月 1 日左右直播棉的现蕾数增加到 13.1 个，此后缓慢增加，而移栽棉的现蕾数增加速度较快，7 月 10 日左右直播棉的现蕾数达到最大，即 15.3 个；7 月 17 日移栽棉Ⅱ期的现蕾数与直播棉的持平，7 月 20 日左右移栽棉；7 月 30 日，移栽棉Ⅱ期的现蕾数达到了 25.35 个，移栽棉Ⅰ期的现蕾数为 22.65 个，直播棉的现蕾数只有 4.5 个。

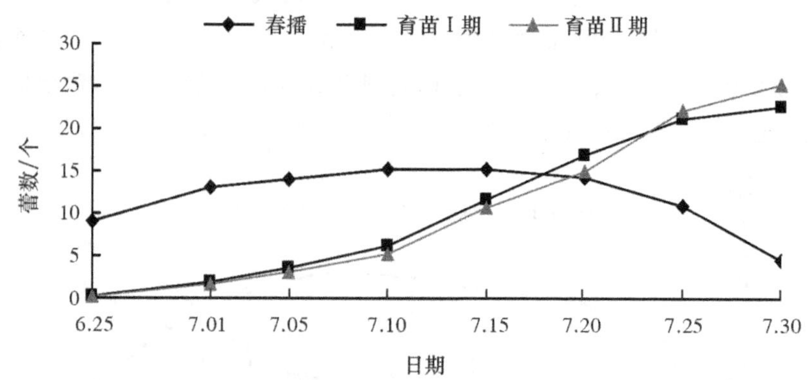

图 5-14　2011 年‘中 202’品种蕾数的调查结果

上述 3 个品种的现蕾数变化趋势基本一致，都表现出了直播棉从 6 月中旬开始现蕾，7 月 20 日左右现蕾数达到高峰期，此后逐渐减少；移栽棉从 6 月 25 日左右开始现蕾，到 7 月 30 日还在现蕾，并且移栽棉Ⅱ期的现蕾数明显高于移栽棉Ⅰ期和直播棉。

6. 铃数调查

2011 年，小麦收获的时间是 6 月 5 日，移栽棉的移栽时间为 6 月 10 日。由图 5-15 可知，‘邯 306’品种直播棉 7 月 1 日调查没有铃，7 月 5 日出现的铃数为 0.2 个；7 月 10 日，直播棉的铃数为 2.0 个；7 月 15 日，移栽棉的铃数分别为 0.3、0 个；8 月 5 日，直播棉的铃数达到最高，为 19.5 个，移栽棉的铃数分别为 6.8、4.2 个；8 月 10 日调查的结果是：直播棉的铃数为 18.40 个；移栽棉的铃数分别是 10.62、7.38 个。

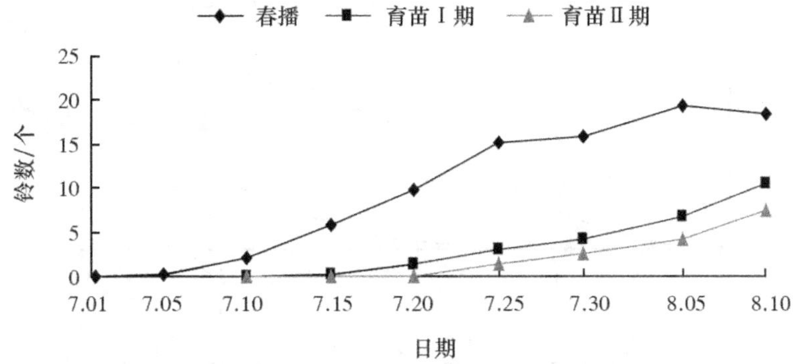

图 5-15　2011 年'邯 306'品种铃数调查

由图 5-16 可知,'邯 429'品种直播棉 7 月 1 日调查的铃数和 7 月 5 日出现的铃数均为 0.2 个;7 月 10 日,直播棉的铃数为 2.4 个,移栽棉的铃数分别为 0.15、0 个;7 月 15 日,移栽棉的铃数分别为 0.95、0 个;8 月 5 日,直播棉的铃数达到最高,为 18.2 个,移栽棉的铃数分别为 9.7、7.2 个;8 月 10 日调查的结果,铃数分别为 16.50、11.48、8.62 个。

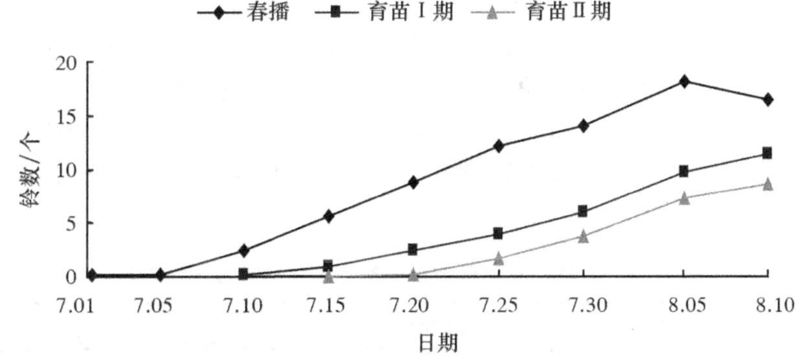

图 5-16　2011 年'邯 429'品种铃数调查

由图 5-17 可知,'中 202'品种直播棉 7 月 1 日调查的铃数为 0;7 月 5 日出现的铃数为 0.4 个;7 月 10 日,直播棉的铃数为 2.3 个;7 月 15 日,移栽棉的铃数分别为 0.2、0 个;7 月 30 日,直播棉的铃数达到最高,为 13 个,移栽棉的铃数分别为 5.05、4 个;8 月 10 日调查的结果,铃数分别为 12.80、9.81、9.71 个。

综合图 5-15、图 5-16 和图 5-17,可以看出,直播棉的花铃期大多在 7 月 5 日左右,移栽棉Ⅰ期的花铃期表现为'邯 306'和'中 202'出现在 7 月 15 日左右,而'邯 429'的花铃期要早一些,出现在 7 月 10 日左右,也就是说移栽棉的花铃期比直播棉晚 5～10 d;移栽棉Ⅱ期的花铃期均出现在 7 月 20 日左右,比直播棉晚半个月左右。到 8 月 10 日,各品种移栽棉的铃数分别占直播棉的 57.7%和 40.1%;69.6%和 52.2%、76.6%和 75.9%,也就是说'邯 306'品种不太适合做移栽棉使用;'邯 429'在 4 月 25 日育苗正常移栽的话可以作为移栽棉的品种考虑;'中 202'品种比较适合作移栽棉品种。但是这有待今后进一步试验证实和研究。

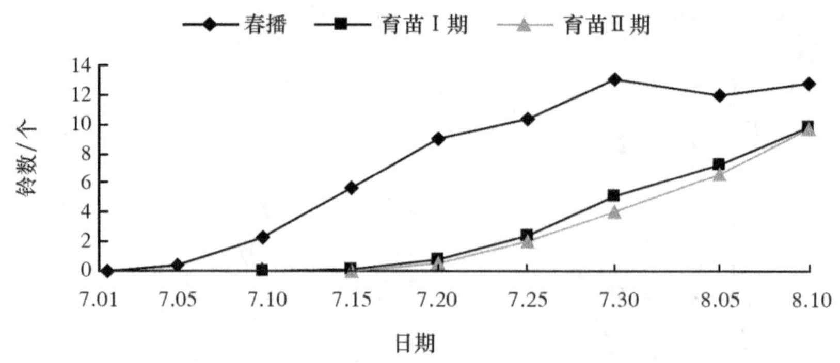

图 5-17 2011 年'中 202'品种铃数调查

7. 产量分析

由表 5-3 可知,2010 年由于特殊的天气变化,致使棉花苗在温室内的高度达到了 24.8～32.5 cm,6 月 19 日才开始移栽,比正常移栽时间晚了 10 d 左右。单铃重差异不大,变化在 5.76～5.94 g。进一步分析可知,4 月 25 日育苗的移栽棉单铃重变化在 5.76～5.84 g,而 5 月 5 日育苗移栽棉单铃重为 5.92～5.94 g,说明育苗时间过长可能使棉苗根细纤维化,不利于后期从土壤中吸收养分,进而导致单铃重降低。

铃数较少,只有 5.80～7.27 个,致使亩产量明显减少,4 月 25 日育苗的亩产量只有 55.93～76.27 kg,5 月 5 日育苗的稍微高一些,但亩产量也只有 83.90～91.47 kg。

从衣分来看,也表现出了 4 月 25 日育苗(36.40%～36.93%)的低于 5 月 5 日育苗(37.07%～37.40%)的处理,说明育苗时间长的容易导致棉苗根系纤维化,影响其在大田中的功能发挥。

表 5-3 '邯 429'品种移栽棉的产量构成因素分析(2010)

项目	单铃重/g	折合亩产/kg	衣分/%	铃数/个
'邯 429'(25,4000)	5.76	76.27	36.93	5.80
'邯 429'(25,5000)	5.84	55.93	36.40	7.27
'邯 429'(05,4000)	5.92	91.47	37.40	6.60
'邯 429'(05,5000)	5.94	83.90	37.07	6.23

注:25,指 4 月 25 日育苗;05,指 5 月 5 日育苗;4000,指密度为 4000 株/亩;5000,指密度为 5000 株/亩

5.4 棉麦一体化技术整合

农业是一个多层次多单元的序列化大系统,耕作制度在其中起着承上启下、统筹兼顾的枢纽作用。耕作制度是以生态系统学说和农业系统科学为理论基础,广泛吸收农业科技领域中的积极成果,综合考虑种植业生产的各项影响因素及复杂关系,充分合理地利用自然资源和社会经济资源,统筹运用各项农业技术措施,调控农田生态系统的结构与功能,为种植业生产提供总体策略和综合技术体系,以实现经济效益、社会效益和生态效益三者统一和相对最优的目标。

建立合理的耕作制度不仅能使种植业高产稳产，还可以促进农、林、牧的全面发展，有利于建立协调发展的农村经济体系和良性循环的农业生态环境。因此，耕作制度的研究和应用成功与否，对于种植业以及整个农业生产的影响是全局性的长远和重大的。按农业系统观而论，耕作制度研究在整个农业科研体系中居于更高一级层次，占有不可取代的重要地位。

课题组经过多年的研究，形成了棉麦一体化技术体系。

1. 选用生育期较短的品种

'邯 6172'小麦品种是河北省邯郸市农科院培育的品种并通过了全国品种审定(国审麦 2003036)，适宜在黄淮冬麦区北片的河北省中南部、山西省中南部和山东省中上等肥水地种植。'邯 429''邯 306''中 202'等棉花品种的生育期多在 100 d 左右，适于棉麦连作制度。

2. 基质配方技术

多年研究表明，基质采用山东寿光出售的基质为主体，按照百分比加入 20%干牛粪，20%沙子，下种前一天基质消毒(25 L/袋用多菌灵 7～8 g)，装盘，多菌灵喷翻均匀，闷 24 h。

3. 工厂化育苗技术

育苗时间确定在 4 月 25 日至 5 月 1 日。采用 50 孔苗盘，用高锰酸钾消毒，并用爱多收浸种 6 h。在苗期使用矮丰王 3 次，将棉苗高度控制在 25～30 cm，红茎占六成。

4. 机械化移栽机改进技术

对已有移栽机械进行了改进，研制了新的导苗管式移栽机。

5. 及时移栽和灌溉技术

小麦要在 6 月 5 日左右收割。棉花要在 6 月 10 日前适时移栽。在棉花移栽之前，保证随移栽，随灌溉，这样棉苗可以达到 95%以上的成活率。

6. 田间配套管理技术

施足底肥，早施追肥，重施花铃肥，增施磷钾肥是移栽棉花营养的主要措施；前中期适时化控，后期减少缩节胺用量是调控棉花生长的关键措施；适当减少农药用量是移栽棉的优势所在。

5.5　技术效益评价分析

5.5.1　移栽棉效益比较

1. 小麦的效益分析

在黄淮海平原区，小麦地的机耕、耙、镇压、播种等合计 80 元；小麦一生灌溉 3 次，包括水电费和人工费，合计 105 元；底肥、追肥、农药费用 205 元；种子费用 80 元；收割费用 65 元；共计 535 元/亩。小麦的收益：14 亩地实际产量 425 kg/亩，小麦收购价格 2.04 元/kg，折合 867 元/亩，减去生产成本，每亩地的利润为 332 元。

2. 棉花的效益分析

(1)直播棉的效益分析　棉花地的机耕、耙、播种等合计 55 元；棉花播种费用 25 元；棉花灌溉 1 次，包括水电费和人工费，合计 50 元；肥料费用 155 元；种子费用 45 元；农膜 20 元；农药、除草剂等费用 87 元；整枝打杈、抠苗合计 40 元；摘棉花 200 元（按 250 kg/亩收获，0.8 元/kg 人工费）；田间除草 30 元，共计 707 元/亩。棉花的收益：棉花收购保护价格 7.6 元/kg，棉花的产量 250 kg/亩，合计 1900 元/亩，减去生产成本，每亩地的利润为 1193 元。

（2）移栽棉的效益分析　棉花地的机耕、耙、播种等合计 55 元；棉花灌溉 1 次，包括水电费和人工费，合计 50 元；肥料费用 155 元；整枝打杈合计 20 元；摘棉花 160 元（200 kg/亩收获，0.8 元/kg 人工费）；棉花种子、育苗费用 418 元；农药、除草剂等费用 48 元；田间除草 30 元，共计 936 元/亩。棉花的收益：棉花收购保护价格 7.6 元/kg，棉花的产量达至 200 kg/亩，合计 1520 元/亩，减去生产成本，每亩地的利润为 584 元。

综上所述，棉麦连作的效益为 916 元/亩，而直播棉的效益为 1193 元/亩，两者相差 277 元，从经济上说棉麦连作不如直播棉。然而，棉麦连作可以多收入一季小麦，提高了土地利用效率、保障了国家粮食安全；减少了农膜的使用、消除了农膜污染；提高了冬季地表覆盖，减少了水分蒸发，提高了土壤水分的利用效率；减少了农药的使用量，减少了农药对环境的污染；等等。总之，系统研究和推广棉麦连作技术利在当代、功在千秋。该项技术也得到邯郸市农业系统认可，并在不断推广，2009 年以来，当地农业部门一直在配合我们推广该项技术，中央电视台 7 频道的《科技苑》栏目也为我们作了专题报道。

5.5.2　需要进一步研究的问题

棉苗工厂化育苗、机械化移栽，棉麦连作技术体系是一种新型的系统高产栽培技术体系。尽管理论上可行，黄淮海平原的气候条件基本上可以满足生产，某些单项技术也比较成熟，但是这些技术集成过程中还存在着许多技术难点需要突破，比如，温室育苗过程中棉苗生长速度的调控、温湿度的掌握和营养液的配比等，移栽大田中缓苗期的缩短技术等，如何减少霜后花的数量等，都需要进一步试验研究。

第6章

环境友好型增产增收有机生产

6.1 问题的提出

6.1.1 环境友好型农业

1. 环境友好型农业的概念

所谓环境友好，就是各种活动要以环境承载力为基础，以遵循自然规律为准则，以绿色科技为动力，倡导环境文化和生态文明，采取各种措施保护或者维护生态环境。因此，环境友好型农业是在整个农业生产中，从投入要素、生产方式、产品形成和价值实现整个过程中都力求实现环境、生态和经济相和谐的可持续农业生产模式，是对传统农业以资源耗竭、环境污染和生态破坏为代价，单纯追求农业高产出、高效率的粗放且不可持续的农业生产模式的变革。为了解决农业环境问题，我国从发达国家引入了“生态农业”“有机农业”“精准农业”“循环农业”等环境友好型的农业生产模式，但都由于在技术上难以实现简易化、低成本、适应性，并且只能实现部分生态价值和经济价值等原因而无法大规模推广。科学技术是第一生产力。加速农业生产模式向环境友好农业方向转化迫切需要正确认识当前我国环境友好型农业技术发展所存在的具体难点问题，以便有针对性地提出政策建议和解决措施。构建环境友好型社会就是要实现人与自然的和谐统一，揭示人与自然的关系对于建设环境友好型社会具有重要的现实意义。

2. 发展环境友好型农业是我国农业可持续发展的必然选择

一方面，环境友好型农业模式注重环境保护和农业污染防治，主张建立作物、土壤微生物、家畜和人的和谐系统，按照生态环境和资源的特点，发展多种经营、多种农产品互补，轮作等生产手段，实现资源优化配置，人为地构建一定的生态链，实现深加工和资源循环再生；另一方面，环境友好型农业模式将生态环境保护与农业发展有机结合起来，注重二者相互促进，共同发展，获得生产发展、生态环境保护、能源的再生利用、经济效益四者统一的综合性效果，能在长期不对环境造成明显改变的条件下产生较大的生产力。

3. 环境友好型农业模式的特点

环境友好型农业模式的特点是以环境友好为基本前提，改变某些违背自然规律、破坏生态环境的发展方式，依靠科技创新，通过科学规划、组织管理，实现农业资源的多级分层、优化利用，形成循环共生和废物再生利用的生态循环产业链，提高资源利用率，从根本上减少环境污染、生态破坏和资源耗竭的压力，通过不同的实践方式提高农业可持续发展的能力。

4. 环境友好型农业的生态功能

从生态角度来看，农业环境直接影响着国家整个生态环境的安全。目前，我国整体上已经进入以环境优化、生态协调的经济增长为主的新阶段，促进现代农业的发展必须优先考虑环境问题。持续发展环境友好型农业新模式，农业系统作为人工的生态系统不可避免地受到城市和工业化发展的影响，加上较长时间以来传统经济观念对农业掠夺性的经营，我国农业生产环境面临的问题十分严峻。构建生态文明、发展循环经济、促进农业生产与环境建设协调发展已成为农业生产的当务之急和最终出路。

6.1.2 有机农业

1. 有机农业产生的背景

第二次世界大战以后到 20 世纪 70 年代，发达国家兴起了以机械化、化学化为主的能源集约型常规农业革命，随后又以绿色革命的形式传播到了亚非拉等发展中国家。常规农业以高投入换高产出，在解决了饥饿问题的同时，也导致并加剧了全球性自然资源耗竭、生态环境恶化等一系列危机，面临着不可持续的困境。

首先，过量施用化肥农药将导致土壤退化和环境污染。常规农业最发达的美国 2002 年其农业部一项研究指出，各州和地方虽已花费了 50 年的时间来控制土壤退化，但它依然是美国农业面临的首要威胁，其重要原因是追求高产导致的耕作单一化，以及靠大量化肥保持高产致使的土质下降。其次，常规农业体系均以严重消耗能源为前提。刘志扬在《美国农业新经济》一书中指出："当人们把包含在农用燃料和化肥中的能，以及制造农用机械时耗用的能变为食品时，投入这样的能至少要比生产出来的食品的能多出 5 倍。"（刘志扬，2003）

近 50 年来人口迅速增长，对农产品的需求不断增加，但解决这一问题的主要途径是扩大耕地面积和提高单位面积农产品的产量，这也正是现代农业的一个优点，但这种过分依赖化肥和农药的现代农业造成了严重的环境污染，已成为全人类关注的焦点。尤其是那些高毒高残留农药的施用，使粮食、蔬菜、水果和其他农副产品中有毒成分增多，影响食品安全，并危害着人体健康。加上农业生产中大量施用化肥，引起湖泊水库的富营养化和地下水的污染，使生态环境受到严重破坏。

20 世纪 30—70 年代，全球出现了有广泛影响的"八大公害"。印度博帕尔毒气泄漏事件及苏联的切尔诺贝利核事故，震撼了人类，人们开始认识到应善待自然环境。到了 20 世纪 80 年代，人类又面临臭氧层破坏、温室效应、酸雨、海洋污染、有害废物越境转移、物种减少等全球环境问题的挑战，尤其是在欧洲，近年来的疯牛病、二噁英、口蹄疫三大事件促使人们转变食物生产观念，食品业由从产品的盈利转变到消费者安全，且认识正逐渐提高和深入。寻求经济发展与环境和自然资源相协调的浪潮也在全世界迅速掀起。

2. 有机农业的含义

我国有机产品国家标准中对有机农业的定义是遵照一定的有机农业生产标准，在生产中不采用基因工程获得生物及其产物，不使用化学合成的农药、化肥、生长调节剂、饲料添加剂等物质，遵循自然规律和生态学原理，协调种植业和养殖业的平衡，采用一系列可持续发展的农业技术以维持持续稳定的农业生产体系的一种农业生产方式，而有机蔬菜是指来自有机生产体系，根据有机农业生产要求和相应标准生产加工的，且获得了独立的有机蔬菜认证机构认证的农副产品，包括粮食、蔬菜、水果、奶制品、畜禽产品、蜂蜜、水产品和调料等。因此，有机农业符合环境友好型农业的标准。

3. 有机农业的特征

以自然资源特别是可再生资源为基础，有效利用太阳能和生物系统的生产潜力，维持土壤肥力，最大限度实现植物养分和有机物质的循环，不使用自然资源以外的物质，维持生态系统和农业景观的基因多样性，向畜禽提供适应其行为本性的生活条件等是有机农业的特征。有机农业的生产以生物学、生态学为理论指导，以实现生态环境、经济社会的功能完美结合及可持续发展为目标。其基本内容可概括为相对封闭的生物营养循环体系原理、土壤是一种活的生命系统原理、应用生态学防治作物病虫害原理，以及保持养殖业的适载量及遵循动物自然习性饲养管理原理 4 个方面。

4. 有机农业的基本原则

依靠传统农业技术（时空多样性和连续性，空间和资源的最佳利用，养分循环系统自我调控和作物保护）和现代农业技术，实现耕作与自然的结合，培育健康的土壤，保护不可再生性自然资源，充分利用农业生态系统内的自然调节机制，生产高品质的食品。

5. 有机农业的理念

有机农业的生产观、价值观、消费观、环保观是把生产视为人类为了提高物质生活和精神生活水平，在保护生态环境和自然环境的前提下，保持人类社会健康发展，通过合理改造自然、利用自然创造物质财富的过程。有机农业生产注重在生态良性循环的前提下，给农民带来经济效益。有机农业生产不仅规定了生产的实质内容，而且强调污染人类生产环境和破坏资源的活动不是有机农业。

有机农业的优势充分表现在无污染，保持及促进土壤肥力，营养全面健康，遵循可持续发展原则，能促进生态环境的平衡，丰富生物的多样性。通过多样性种植，降低作物营养水平，机械除草及有目的地建立天敌栖息地和群落环境等充分发挥农业生态系统的内在自然调节机制，建立稳定的农业生态系统，保持系统内物种的多样性是有机农业保护生态，维持环境与经济持续发展的途径，是产业结构调整的需要，也是实现环境友好型农业的必由之路。有机农业向社会提供无污染、美味、营养丰富的安全食品，以满足人们的生活需要和社会需求，对减轻环境污染，提高产品的市场竞争力，提高农业生产可持续发展具有重要的现实意义。因此，坚持大力发展环境友好型有机农业，我国的农业水平必将有一个更高层次的提升。

6. 有机农业发展概况

有机农业起源于 20 世纪 20 年代的德国和瑞士，当时是对刚刚起步的石油农业的担忧而产生的一种生态和环境保护理念，而不是一种实际的行动。到了 20 世纪四五十年代，发达国家石油农业高速发展，由此带来的环境污染和对人体健康的影响也日趋严重，因此就有一部分先驱者开始了有机农业的实践。世界上最早的有机农场是由美国的罗代尔（RODALE）先生于20世纪40年代建立的“罗代尔农场”(马世铭,2004)。随着现代石油农业对环境、生态和人类健康影响的日益加剧,发达国家纷纷于20世纪六七十年代自发建立有机农场,有机蔬菜市场也初步形成。1972年,全球性非政府组织——国际有机农业运动联合会(IFOAM)就是在这样的形势下在欧洲成立的。它的成立是有机农业运动发展的里程碑。现在,IFOAM已经成为全世界有机农业和有机蔬菜界公认的联络与协调中心,拥有分布在全世界100个国家的730个会员机构。

统计资料显示(图6-1),截至2007年,全世界大约有63.39万个农场,31×10^6 hm^2 的土地是有机种植模式。其中大洋洲占38%,其次为欧洲,占22%,拉丁美洲居第三位,占19%。拥有有机土地面积最多的国家是澳大利亚(11.8×10^6 hm^2),然后依次为阿根廷(3.1×10^6 hm^2),中国(2.3×10^6 hm^2)和美国(1.6×10^6 hm^2)。但有机土地面积与常规种植模式相比所占比例最高的是欧洲。

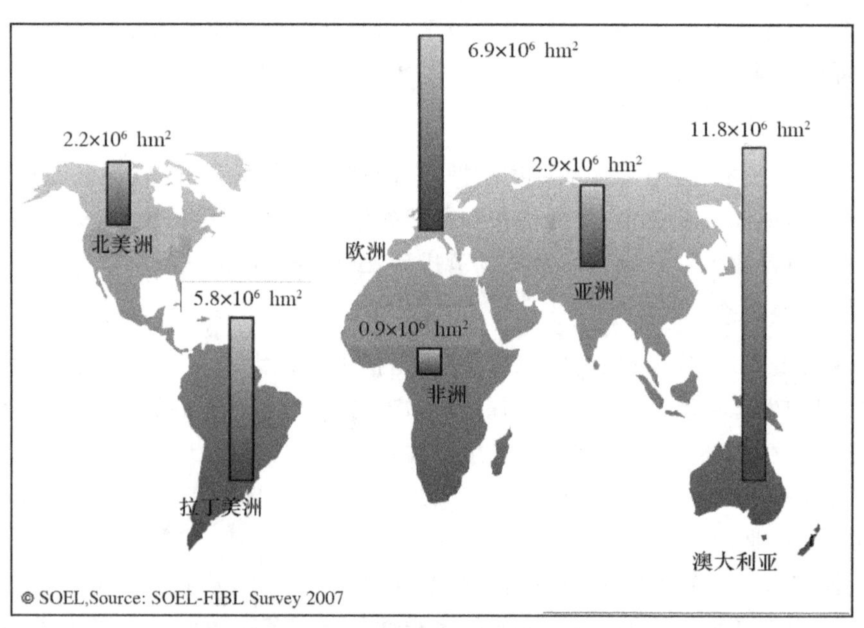

图6-1 世界有机种植面积分布

目前,我国经过有机认证的有茶叶、蜂蜜、奶粉、大豆、芝麻、荞麦、核桃、松子、向日葵籽、南瓜籽、八角、中药材等上百个品种。至2006年底,经农业部中绿华夏有机食品认证中心(COFCC)认证的有机蔬菜标志使用企业有601(含转换期)家,产品总数为2647个(农业部新闻办公室,2007)。部分地方已形成有机蔬菜相对集中的产区,以中绿华夏有机食品认证中心认证企业数计(产品数计),江西省占22%(产品数占14%)、江苏省占17%(产品数占12%)、内蒙古自治区占11%(产品数占17%)、吉林省占10%(产品数占13%)、黑龙江省占8%(产品数占5%);从产品结构上看,种植业及其加工产品占68%,畜类产品占7%,水产类产品占8%,饮料类产品占8%,其他产品占9%(李显军,2007)。

发展有机农产品已成为我国食品安全计划的重要措施,也是我国农产品在加入世界贸易组织(WTO)后突破国外“技术壁垒”,促进农产品出口的重要手段。中共中央、国务院2007年一号文件《关于积极发展现代农业扎实推进社会主义新农村建设的若干意见》指出:转变养殖观念，调整养殖模式，积极推行健康养殖方式，从源头上把好养殖产品质量安全关；鼓励发展循环农业、生态农业，有条件的地方可加快发展有机农业。

6.2 保护地有机蔬菜试验设计及结果分析

保护地蔬菜栽培是采用人工措施改变局部生态环境，以充分利用光能和热能，延长作物生长时间，甚至实现作物周年生产并提高蔬菜产量的一类生产方式。保护地生产不仅丰富了城乡居民的菜篮子，也极大地提高了农民的收入，它已成为我国农业生产的重要组成部分，在许多地区甚至成为当地的支柱产业。

6.2.1 保护地蔬菜生产试验设计

以保护地有机、无公害与常规蔬菜长期定位试验为平台，研究长期不同生产模式下土壤养分与作物产量性状；土壤硝态氮含量及累积量的动态监测及不同生长模式病虫害发生情况及防治效果的研究。

1)试验设计及作物茬口安排

试验设 3 个不同生产模式，分别是：

(1)有机生产模式　只施用有机肥(堆肥和鸡粪)。

(2)无公害生产模式　施用有机肥(堆肥和鸡粪)为主，少量施用化肥。

(3)常规生产模式　施用化肥为主、少量施用有机肥。

温室种植作物品种及茬口安排如表 6-1 所示。

表 6-1　温室种植作物茬口安排

作物编号	作物	生长周期	作物编号	作物	生长周期
第 1 茬	黄瓜	2002 年 9 月 1 日至 2002 年 12 月 9 日	第 8 茬	番茄	2006 年 3 月 2 日至 2006 年 6 月 20 日
第 2 茬	番茄	2003 年 3 月 8 日至 2003 年 7 月 8 日	第 9 茬	芹菜	2006 年 11 月 23 日至 2007 年 2 月 12 日
第 3 茬	芹菜	2003 年 10 月 15 日至 2004 年 1 月 18 日	第 10 茬	番茄	2007 年 3 月 21 日至 2007 年 6 月 30 日
第 4 茬	番茄	2004 年 2 月 5 日至 2004 年 6 月 23 日	第 11 茬	黄瓜	2007 年 9 月 21 日至 2008 年 1 月 22 日
第 5 茬	黄瓜	2004 年 8 月 25 日至 2004 年 12 月 5 日	第 12 茬	番茄	2008 年 3 月 14 日至 2008 年 6 月 25 日
第 6 茬	番茄	2005 年 3 月 1 日至 2005 年 6 月 20 日	第 13 茬	茴香	2008 年 10 月 21 日至 2009 年 1 月 7 日
第 7 茬	黄瓜	2005 年 9 月 5 日至 2005 年 12 月 26 日	第 14 茬	番茄	2009 年 3 月 5 日至 2009 年 6 月 27 日

注：番茄、黄瓜的生长周期为定植到拉秧时间；芹菜为定植到收获时间；茴香为播种到收获时间

2)供试肥料及施肥安排

试验用化肥：尿素(N 46%)、普通过磷酸钙(P_2O_5 12%)、硫酸钾(K_2O 50%)、磷酸二铵(N18%、P_2O_5 46%)、有机肥(N 1.21%、P_2O_5 0.60%、K_2O 1.58%)，有机肥为自制，其主要原料为牛粪、鸡粪、作物秸秆等农业废弃物，经微生物发酵、充分腐熟处理，加工而成。温室各茬作物不同生产模式投入养分量如表 6-2 所示。

表 6-2 保护地不同生产模式投入养分量 kg/hm²

茬口安排	模式	施肥总量			有机肥			化肥		
		N	P_2O_5	K_2O	N	P_2O_5	K_2O	N	P_2O_5	K_2O
第 1、3、5 茬	常规	754.1	262.2	571.5	—	—	—	754.1	262.2	571.5
	无公害	788.9	358.3	884.3	457.2	227.2	598.6	331.7	131.1	285.7
	有机	914.3	454.3	1197.2	914.3	454.3	1197.2	—	—	—
第 2、4 茬	常规	788.6	171.4	571.5	—	—	—	788.6	171.4	571.5
	无公害	785.7	312.9	884.4	457.2	227.2	598.6	328.5	85.7	285.8
	有机	914.3	454.3	1197.2	914.3	454.3	1197.2	—	—	—
第 6、7、8、9、10、11、12、14 茬	常规	823.5	267	993.2	236.0	117.0	423.2	587.5	150.0	570.0
	无公害	809.9	320.4	1083.4	516.1	245.4	798.4	293.8	75.0	285.0
	有机	1032.2	490.8	1596.7	1032.2	490.8	1596.7	—	—	—
第 13 茬	常规	293.8	75.0	285.0	—	—	—	293.8	75.0	285.0
	无公害	382.8	154.5	565.7	236.0	117.0	423.2	146.9	37.5	142.5
	有机	471.9	234.0	846.3	471.9	234.0	846.3	—	—	—

注:常规模式的施肥是 2002 年调查当地 100 户菜农施肥结构和施肥量的统计值

3)田间管理及取样分析方法

3 种生产模式除施肥种类、数量、病虫害防治方法不同外,其他管理措施均保持一致。土样的采集分别在试验前、每季番茄收获后及 2009 年番茄生长期间,按 S 形随机选取 9 个点进行土钻取样。取样深度为 0～200 cm,每 20 cm 为一层,每个样取 3 个点混合,进行测定。

NO_3^--N 的分析方法:称取 20 g 左右鲜土于铝盒中,在 105 ℃下烘干 24 h,测定土壤含水量;新鲜土样取回将样品充分混匀过 2 mm 筛,称取 12 g 土壤样品,加入 0.1 mol/L $CaCl_2$ 100 mL,振荡 30 min 后过滤,浸提液立刻冰冻保存(或测定)。测定前将浸提液解冻,利用流动分析仪,测定土壤 NO_3^--N 含量。土壤容重测定采用环刀法。

土壤剖面 NO_3^--N 残留量的计算:

$$R_i = C \times (D \times H \times A) \times 10^{-6}$$

式中:R_i为每一土层的 NO_3^--N 累积量(kg/hm²);C 为该土层的 NO_3^--N 含量(mg/kg);D 为土层土壤容重(kg/m³);H 为土层厚度(0.2 m);A 为土地的面积(hm²)。根据所测定的各土层 NO_3^--N 和土壤容重计算每一土层 NO_3^--N 残留量,土壤剖面各个土层的 NO_3^--N 残留量相加即为一定深度土壤剖面 NO_3^--N 残留总量。

有机生产模式在作物全生育期不使用任何人工合成的杀虫杀菌药剂,病虫害防治以农业措施为主,并综合利用生物和物理措施建立一个健康的菜田生态环境,创造有利于蔬菜生长发育而不利于病虫害发生的生态体系。具体措施有:铺设防虫网、色板诱杀、人工捉虫、硫黄熏蒸灭菌、高温闷棚,起高垄及铺设地膜全程铺盖,膜下暗灌、摘除残留花瓣、柱头及病叶,采用光、温、湿、气调节等措施,在灰霉病、晚疫病发病初期,喷施 500 倍的碳酸氢钠水溶液,每 3 d 使用 1 次,连续 5～6 次。

无公害生产模式按当地农民传统方法进行栽培，病虫害防治首先以农业措施为主，并综合利用生物和物理措施。番茄定植后每 7 d 使用 1 次 1∶1∶300 倍波尔多液进行喷雾，连续 5～6 次预防真菌病害的发生，番茄生长中后期摘除病叶，当病害发生严重时针对不同病害使用一些杀菌剂进行防治。具体施药品种同常规生产模式。

常规生产模式按当地农民传统方法进行栽培，病虫害防治以化学防治为主。发病前每 7～10 d喷药 1 次多菌灵进行预防，发病后每 5～7 d 针对各种病害施用不同农药进行防治。具体用药品种为：灰霉病用多菌灵、腐霉利、乙霉威；晚疫病用甲霜灵、代森锰锌、霜霉威；叶霉病用代森锰锌、武夷菌素；早疫病使用代森锰锌、甲霜灵等药剂。

各年度番茄定植时间分别为 2003 年 3 月 13 日、2004 年 2 月 27 日、2005 年 3 月 1 日，病害调查自定植两周后开始，每棚 5 点取样，每样点 20 株，3～4 d 调查 1 次，记载病害发生种类、病株数、病叶数、病果数，计算发病株率和病情指数，分析病害发生动态及危害程度。

调查记载方法：叶部病害按病斑面积占叶片总面积进行分级记载。记载标准：0 级，无病；1 级，病斑占叶片总面积的 1/5 以下；2 级，病斑面积占叶片面积 1/5～1/2；3 级，病斑面积占叶片面积的 1/2～3/4；4 级，病斑面积占叶片面积的 3/4 以上。

$$\text{发病率}=\frac{\text{病株(叶、果)数}}{\text{调查总株(叶、果)数}}\times 100\%$$

$$\text{病情指数}=\frac{\sum(\text{各级病叶数}\times\text{代表级值})}{\text{调查总叶片数}\times\text{发病最重级的代表级值}}\times 100\%$$

$$\text{防治效果}=\frac{[\text{常规(无公害)生产模式病情指数}-\text{有机生产模式病情指数}]}{\text{常规(无公害)生产模式病情指数}}\times 100\%$$

6.2.2 不同生产模式对蔬菜产量的影响

2003—2008 年春茬番茄的产量(表 6-3)中，2005 年有机模式显著高于常规模式，常规模式显著高于无公害模式，2006 年有机处理和常规处理显著高于无公害处理，其余年度 3 个生产模式间没有显著差异。有机、常规和无公害模式 2003—2008 年平均产量依次为 78567.5 kg/hm^2、74733.5 kg/hm^2 和 71871.5 kg/hm^2，2003—2008 年间标准差依次为 14585.2 kg/hm^2、14710.0 kg/hm^2 和 15931.9 kg/hm^2。可见有机模式下番茄的年平均产量和产量的稳定性是最好的，其次是常规模式，最后是无公害模式。

由表 6-3 看出，2002 年和 2004 年秋茬作物的产量，有机模式的最低，常规模式的居中，无公害模式的最高。这原因可能是遭受低温和连阴天，导致黄瓜遭受冻害和病虫害严重，从而影响了产量，有机模式受到的影响最为严重，其产量最低。

由表 6-3 还可看出，除 2002 年外，2003—2008 年总产量均是有机生产模式的最高，无公害模式次之，常规生产模式的最低，依次为 113966.1 kg/hm^2、107731.9 kg/hm^2 和 107039.9 kg/hm^2。试验初期，有机和无公害生产模式的蔬菜产量并不稳定，但随着试验的进行，有机和无公害生产模式的产量要高于常规模式这一趋势逐渐稳定。

表 6-3　有机、无公害和常规生产模式下历年产量汇总　kg/hm²

作物	常规模式	无公害模式	有机模式
2002 年秋黄瓜	7812.0b	9100.0a	3584.0c
总计	7812	9100	3584
2003 年春番茄	81361.7a	78672.8a	88479.8a
2003 年秋芹菜	—	—	—
总计	81361.7	78672.8	88479.8
2004 年春番茄	83020.8a	80124.7a	88881.3a
2004 年秋黄瓜	17258.9a	18431.2a	16547.0a
总计	100279.7	98555.9	105428.3
2005 年春番茄	60273.4b	58315.3b	68506.9a
2005 年秋黄瓜	25134.3b	28384.6a	27862.2a
总计	85407.7	86699.9	96369.1
2006 年春番茄	45985.6b	52070.0a	53203.7a
2006 年秋黄瓜	83983.2b	85508.0b	89620.6a
总计	129968.8	137578	142824.3
2007 年春番茄	86325.9a	82697.6a	86161.1a
2007 年秋黄瓜	29631.6b	32608.6a	31533.8ab
总计	115957.5	115306.2	117694.9
2008 年春番茄	85728.7a	85576.1a	86398.0a
2008 年秋茴香	43535.5a	44002.2a	46602.3a
总计	129264.2	129578.3	133000.3
2003—2008 番茄年平均产量	73782.7	72909.4	78605.1
2003—2008 年平均总产量	107039.9	107731.9	113966.1

注：a、b、c 表示差异性

6.2.3　保护地蔬菜主要病害的防治

1. 保护地番茄主要病害的防治

1)保护地番茄主要病害种类及发生、流行特点

通过对保护地栽培的番茄病害调查发现：番茄病害主要以灰霉病、叶霉病、早疫病、晚疫病为主，危害最重；而病毒病、斑枯病、青枯病个别年份也有发生；不同年份往往因栽培时间、天气条件及管理措施的差异各病害发生轻重有所不同。

本试验栽培的番茄一般在 2—3 月定植，在番茄生长前期，由于棚室内湿度大、温度较低，生长后期植株枝叶茂密通风较差，致使在番茄全生育期内灰霉病、晚疫病均发生较重危害。番茄结果期一般在 4 月下旬至 5 月上中旬，棚室内湿度大、温度高、通风不畅，在番茄生长中后期早疫病与叶霉病也有发生。

保护地蔬菜由于特殊的田间小气候和独特的栽培方式，决定了病虫害可周年发生。通过多年调查发现，保护地番茄病害呈现以下特点：一是病害发生种类多，多种病害侵染同一株作物。如在调查中发现，番茄叶霉病、灰霉病、晚疫病可同时在一株植物上发生。二是低温高湿病害发生重。凡2—3月份多雾或遭遇连阴天，棚室低温、弱光、放风量少，则灰霉病、晚疫病等发生猖獗。三是流行速度快，时间长。由于保护地内相对湿度始终保持在较高水平，温室内昼夜温差较大，植株表面易于结露而形成植株表面自由水，又由于棚室内光照弱，通风不良，这给病菌孢子的萌发、侵染、扩展提供了较为优越的自然环境条件，使一些病害易于发生且发生发展较快，流行时间长，危害重。四是棚内复种指数较高，连作重茬多使枯萎病、青枯病、线虫病、菌核病等土传病害时有发生。五是各种生理病害如缺素症、番茄畸形果经常发生。这与张春奇、张淑莲、徐景红等人的研究结果一致。

2)保护地不同生产模式对番茄主要病害的防治效果

表6-4至表6-6为保护地不同生产模式对番茄早疫病、晚疫病及灰霉病的防治效果，结果表明：有机生产模式可减轻番茄主要病害的发病程度，番茄早疫病有机生产模式较无公害模式防效提高22.2%～57.1%，较常规模式提高36.4%～66.7%；番茄晚疫病有机生产模式较无公害模式防效提高26.3%～44.3%，较常规提高47.5%～55.4%；番茄灰霉病的病果率常规生产模式在16.7%～31.5%，无公害模式为13.7%～19.9%，而有机模式仅为10.4%～14.5%，有机生产模式比无公害模式对灰霉病病果的防效提高16.4%～54.9%，比常规模式提高37.7%～73.9%。有机生产模式可达到有效控制保护地主要病害的目的。

表6-4　不同生产模式对番茄早疫病防治效果

年份	病情指数/%			防治效果(病情指数降低率/%)	
	常规模式	无公害模式	有机模式	有机较无公害	有机较常规
2003	1.1	0.9	0.7	22.2	36.4
2004	0.9	0.7	0.3	57.1	66.7
2005	1.6	1.1	0.6	45.5	62.5
2006	1.5	1.2	0.9	25.0	40.0
2007	2.4	1.9	1.3	31.6	45.8

表6-5　不同生产模式对番茄晚疫病防治效果

年份	病情指数/%			防治效果(病情指数降低率/%)	
	常规模式	无公害模式	有机模式	有机较无公害	有机较常规
2003	8.0	5.7	4.2	26.3	47.5
2004	9.2	6.6	4.1	37.9	55.4
2005	9.9	7.9	4.5	43.0	54.5
2006	10.3	8.8	6.4	27.3	37.9
2007	9.7	7.9	4.4	44.3	54.6

表 6-6　不同生产模式对番茄灰霉病防治效果

年份	病情指数/%			防治效果(病情指数降低率/%)	
	常规模式	无公害模式	有机模式	有机较无公害	有机较常规
2003	16.7	13.7	10.4	24.1	37.7
2004	31.5	19.9	14.5	27.1	54.0
2005	20.1	14.4	11.1	22.9	44.8
2006	9.8	6.7	5.6	16.4	42.9
2007	8.8	5.1	2.3	54.9	73.9

2. 保护地黄瓜主要病害的防治

1)保护地黄瓜主要病害种类及发生、流行特点

对冀南地区保护地秋冬茬黄瓜病害调查发现:黄瓜侵染性病害主要以霜霉病、细菌性角斑病、灰霉病、白粉病为主,危害最重;病毒病、蔓枯病、菌核病、黑星病、枯萎病、黄瓜疫病等病害个别年份也有发生,不同年份往往因栽培时间、天气条件及管理措施的差异,病害发生种类及发病程度有所不同。

保护地特殊的田间小气候和独特的栽培方式,为病虫害的孳生繁衍提供了有利条件。通过多年调查发现,保护地黄瓜病害呈现以下特点:一是病害发生种类多,多种病害侵染同一株作物。如调查中发现,黄瓜病害有 20 多种,黄瓜霜霉病、灰霉病、细菌性角斑等病害,可侵染同一株植物。二是低温高湿病害发生重。几年的研究发现,凡是 11—12 月份多雾或遭遇连阴天,棚室低温、弱光、放风量少,则霜霉病、灰霉病、角斑病、蔓枯病等发生猖獗。三是病害流行速度快,时间长。由于保护地内相对湿度始终保持在较高水平,温室内昼夜温差较大,植株表面易于结露而形成植株表面自由水,又由于棚室内光照弱,通风不良,这给病菌孢子的萌发、侵染、扩展提供了较为优越的自然环境条件,使一些病害易于发生、发展较快、流行时间长、危害重。如黄瓜霜霉病在条件适宜时从发现中心病株到整株叶片枯死也就两周时间。四是棚内复种指数较高,连作重茬多使枯萎病、蔓枯病、根结线虫病等土传病害时有发生。五是各种生理病害如黄瓜化瓜、缺素症、生长点消失症、泡泡病等经常发生。如生长点消失症,一般在秋冬季种植的黄瓜大棚中普遍发生,发生株率为 10%~50%,近几年已成为危害较大的一种生理性病害。

2)保护地不同生产模式对黄瓜主要病害的防治效果

保护地不同生产模式对黄瓜霜霉病、角斑病、白粉病及灰霉病的防治效果如表 6-7 至表 6-10 所示。从这几个表可以看出:黄瓜霜霉病有机生产模式较无公害模式防效提高 21.4%~26.1%,较常规模式提高 44.0%~56.0%;黄瓜角斑病有机生产模式较无公害模式防效提高 22.8%~41.0%,较常规模式提高 38.0%~52.1%;黄瓜白粉病有机生产模式较无公害模式防效提高 9.6%~29.9%,较常规模式提高 10.7%~48.2%;黄瓜灰霉病的病果率常规生产模式在 12.3%~19.9%,无公害模式为 10.4%~16.3%,而有机模式仅为 8.1%~13.0%,有机生产模式较无公害模式防效提高 20.2%~23.9%,比常规模式提高 32.5%~34.7%。分析其原因,有机生产模式采用了起高垄及铺设地膜全程覆盖,膜下暗灌等措施,降低了温室内的湿

度，同时控温调湿技术不利于霜霉病的发生。此外，高温闷棚可钙化霜霉病病斑，喷施碳酸氢钠水溶液也对霜霉病、角斑病、白粉病起到预防及控制作用。在有机模式中摘除幼瓜顶部的残留花瓣、病花、病瓜及病、老叶，一定程度上减少了病原菌的数量和侵染源。采用这些综合防控措施的有机生产模式，可减轻黄瓜主要病害的发病程度，达到有效控制保护地秋冬茬黄瓜主要病害的效果。

表 6-7　不同生产模式对黄瓜霜霉病防治效果

年份	黄瓜霜霉病病情指数/%			防治效果/(病情指数降低率/%)	
	常规模式	无公害模式	有机模式	有机较无公害	有机较常规
2002	12.5	8.4	6.6	21.4	47.2
2004	14.1	10.2	7.9	22.5	44.0
2005	14.6	10.7	8.1	24.3	44.5
2007	11.6	6.9	5.1	26.1	56.0

表 6-8　不同生产模式对黄瓜角斑病防治效果

年份	黄瓜细菌性角斑病病情指数/%			防治效果/(病情指数降低率/%)	
	常规模式	无公害模式	有机模式	有机较无公害	有机较常规
2002	4.8	3.9	2.3	41.0	52.1
2004	4.9	3.5	2.7	22.9	44.9
2005	7.1	5.7	4.4	22.8	38.0
2007	6.4	4.9	3.1	36.7	51.6

表 6-9　不同生产模式对黄瓜白粉病防治效果

年份	黄瓜白粉病病情指数/%			防治效果/(病情指数降低率/%)	
	常规模式	无公害模式	有机模式	有机较无公害	有机较常规
2002	6.3	4.1	3.5	14.6	44.4
2004	7.5	6.7	4.7	29.9	10.7
2005	7.7	5.2	4.7	9.6	39.0
2007	5.6	3.9	2.9	25.6	48.2

表 6-10　不同生产模式对黄瓜灰霉病防治效果

年份	灰霉病果实发病率/%			防治效果/(病情指数降低率/%)	
	常规模式	无公害模式	有机模式	有机较无公害	有机较常规
2002	12.6	11.1	8.5	23.4	32.5
2004	12.8	11.3	8.6	23.9	33.3
2005	19.9	16.3	13.0	20.2	34.7
2007	12.3	10.4	8.1	22.1	34.1

6.3 保护地有机蔬菜的生产技术

要生产出符合有机标准的有机农产品，有机产品生产基地本身内部环境条件及外部周边环境的选择是最主要的关键因素。基地内部环境条件包括：土壤条件(土壤未受重金属及杀生剂的污染)、水质条件(农田灌溉水)、空气条件。土壤条件应符合《土壤环境质量标准》(GB 15618—1995)中的二级标准，空气质量达到《环境空气质量标准》(GB 3095—1996)二级标准和《保护农作物的大气污染物最高允许浓度》(GB 9137—1988)的相关标准；生产蔬菜的灌溉水要满足《农田灌溉水质标准》(GB 5084—2005) 相关要求。外部环境指有机生产基地周边的区域要有与生产基地一体化的生态调控系统，即使不同也要有一定的隔离措施且隔离距离不少于 10 m。

有机蔬菜栽培应选择有机种子或种苗，严禁使用转基因方法取得的种子及种苗。种子质量应符合《瓜菜作物种子　瓜类》(GB 16715.1—1996)的相关要求。种苗应选用有机方式育苗，育苗基质应符合土壤培肥的肥料要求，应选用无病虫源的田土、用 VT 菌腐熟的农家肥、草炭、砻糠灰等，按一定比例配制而成。要求基质孔隙度约 60%，pH 6～7.7，速效磷 100 mg/kg 以上，速效钾 100 mg/kg 以上，速效氮不低于 150 mg/kg，疏松、保肥、保水、营养全面。培育的苗应健壮、无病虫害。

有机农业生产需要大量的有机肥料，以逐渐培养土壤优良的物理、化学性状及生物性状，从而有利于蔬菜根系的生长以及微生物的繁殖。在有机农业生产中免耕和少耕、秸秆还田、种植绿肥等措施是几种重要的培肥方式，可减少有机肥料的用量和降低有机生产成本。有机肥料按使用方式可分为追肥和基肥两种。基肥一般采用碳含量较高的材料(作物秸秆、枯枝落叶、菌渣及木材加工下脚料等)混合一定量的禽畜粪便(饲料中原则上不含有添加剂)加入一定量的 VT 菌完全腐熟制成。追肥一般采用完全腐熟的禽畜粪便(饲料中原则上不含有添加剂)作追肥。

有机蔬菜生产应以作物为中心，进行健体栽培，提高蔬菜自身抗性，以农业措施为基础，通过土壤改良、茬口安排、品种搭配以及设施栽培技术，调控菜田小环境，切断病虫害的传播途径，恶化其生存空间，并综合利用生物、物理措施，必要时辅以药剂防治，最终建立一个健康的菜田生态系统，以达到经济合理、生态持续、社会和谐的效果。生产中严禁使用人工合成的化学物质及转基因方法取得的微生物源制剂。

6.3.1 保护地番茄有机栽培技术

1. 育苗技术

1)茬口安排及品种选择

华北地区保护地番茄栽培中的茬口一般安排在秋延后、越冬茬和早春茬。秋延后一般安排在 7 月上下旬播种育苗，品种宜用‘毛粉 802’‘中农 9 号’‘毛粉 32’；早春茬在 11 月中下旬育苗，品种选用‘金鹏’或‘卡依罗’‘佳粉 15’；越冬茬 10 下旬播种育苗，品种选用‘宝冠’或‘川乌雪红’等。

2)营养土配制技术

一般每 667m^{2}需育苗床面积 25～30 m^2。营养基质要求孔隙度约 60%，pH 6～7，速效磷

100 mg/kg 以上，速效钾 100 mg/kg 以上，速效氮不低于 150 mg/kg，疏松、保肥、保水、营养全面。配制方法：40%以鸡粪为主要原料的腐熟堆肥、40%不施用化肥和农药的林间土、20%腐熟牛粪，另加 800 g VT 菌剂，拌匀整平铺于苗床，或装入营养钵内。

3）播种及苗期管理技术

夏秋茬种子用高锰酸钾 1000 倍液消毒，越冬茬和早春茬用硫酸铜 300 倍液杀菌。苗床播前浇足水，积水处撒土将畦赶平，等水渗入土中后撒种，或在钵中撒种覆土 0.5 cm 厚，覆膜保温，苗床白天温度控制在 25～30 ℃，夜晚 10～13 ℃。幼苗出土后逐渐放风炼苗，苗出齐前不要浇水。出苗 60%揭膜放湿，床苗内子叶展开按 2～3 cm 距离见方进行疏苗，3 片真叶时按 8～10 cm 距离见方进行分苗。钵内育苗免此操作，只留无病、无虫害的单株。苗床管理：高温干旱天气遮阳，连阴天揭开草苫见光炼苗。对于苗床下种后 10 d 要切方，定植前 10 d 移位囤苗，不要再浇水。

4）定植前准备

移栽前 10 d 用 VT 菌剂 100～150 g 兑水 15 kg 喷于幼苗，前 7～10 d 全天揭膜炼苗，炼苗期间不要浇水。

5）施肥

按一茬 667 m^2 产果 6000～8000 kg 设计施肥，需纯氮 35～40 kg，土壤中维持 17～20 kg，共需纯氮 52～60 kg，P_2O_5 12 kg 左右，K_2O 42 kg 左右，有机肥 1000 kg 左右。

6）整地起垄

将欲定植的土壤进行深耕，耕深一般为 30 cm 左右，耙平，并按垄宽 70 cm、高 10 cm 进行起垄，以防植株沤根，并提高土壤受光面积，便于土壤提温。

7）保护地或拱棚覆膜

大棚膜选用无滴膜，尽可能不用聚乙烯膜，如确实买不到无滴膜可用聚乙烯膜代替，但需适当处理（首先在早上把膜铺开到一块空地上，在膜上用喷雾器喷水雾，然后把滑石粉洒入膜上，再用扫帚在膜上扫均匀，使滑石粉均匀、少量地粘在聚乙烯膜上），然后覆膜。

8）保护地闷棚

对于病害严重的棚室，可于栽培前按每 100 m^2 用硫黄粉 250 g 加 500 g 锯末，拌匀分放多处，点燃熏闷 24 h，放风晾棚 2 d。

2. 田间管理技术

1）定植技术

选无病虫害的健壮、均匀的苗进行定植。定植株距 40 cm，大行距 60 cm，小行距 40～45 cm，种植密度按每 667 m^2 3100 株左右。定植后及时铺设地膜，以提高地温和防止水分的散失，降低棚内湿度。

2）水分管理技术

对定植后的小苗，定植时要浇透水，之后到初果期不要浇水，只进行中耕，中耕分浅、深、浅 3 种方式，以便促根深扎，秧苗生长期不浇，等果实如大拇指大小时再结合追肥进行浇水。浇水尽可能采用滴灌或膜下暗灌技术。但要注意阴雨天及发病后大棚控制浇水。番茄整个生育期一般浇 6 次左右。

3)温度及光照控制技术

白天温度控制在22～32 ℃,夜晚在13～18 ℃,最高温度不要高于35 ℃,最低温度不低于8 ℃。苗期光照2万～3万 lx,结果期5万～7万 lx。

4)授粉技术

番茄授粉采用熊蜂,番茄在初花期放置一定量的熊蜂,帮助其授粉。一般在清晨放蜂,傍晚等熊蜂进入蜂箱后关好蜂箱门。放蜂量根据花量的多少适当调整。

5)植株管理技术

温室番茄一般保留4～6穗果,每穗保留2～4个果,分次打顶,使植株高低一致,去芽不过寸,花后一周彻底摘除幼果上的花瓣、柱头,及时摘除下部老病叶和病果,将摘除的东西装入塑料袋带出棚外深埋或烧毁,此措施可防治多种病害的发生,最主要的是可防治灰霉病的发生。

6)高温闷棚技术

高温闷棚可防治番茄叶霉病。闷棚前注意浇水,使棚内达到一定湿度,防治番茄萎蔫。具体方法是:选择晴天中午,拉下棚膜,保持棚内温度在30～36 ℃在2 h左右,然后放风降温。但要注意控制闷棚次数,降低因闷棚对作物的损害。

7)病害防治技术

番茄的病害主要有:叶霉病、灰霉病、早疫病、晚疫病和病毒病。

对于番茄的栽培管理,控湿调温不仅对番茄的生长发育起到一定的作用,还可对病虫的发生、发展起到一定的作用,因此控温调湿措施在番茄栽培中是不可忽视的。

番茄叶霉病可采用高温闷棚的方法进行防治,如环境条件不适合闷棚也可采用药剂防治的方法。药剂防治可采用1∶1∶250倍的波尔多液或50%的硫黄悬浮剂800倍液,5～7 d喷施一次,连喷3次。

早疫病、灰霉病、晚疫病的防治:除及时摘除幼果上的花瓣、柱头、下部老病叶和病果,控湿调温、种子消毒等物理措施外,在病害发病初期,也可喷施500倍的碳酸氢钠水溶液(配制要用清水,不能使用热水;要用清洁水,防止碳酸氢钠分解而失去杀菌效果;要随配随用,不要与其他杀菌剂混用),每3 d使用一次,连续使用5～6次,此方法对叶霉病也有一定的防治效果。

病毒病的防治:发病初期用800倍的高锰酸钾水溶液喷雾,每5 d使用1次,连续2～3次可有效防治病毒病的发生。

8)虫害防治技术

(1)害虫的物理防治技术　番茄的害虫主要有地下害虫和四小害虫(蚜虫、白粉虱、斑潜蝇、蓟马)。物理的方法常用的是耕翻土地,破坏害虫栖息环境,同时机械损伤部分害虫。另外,利用防虫网阻隔害虫,一般要求在棚室的放风口设置40目以上的防虫网,对防治白粉虱、蚜虫等小害虫有效。在棚内,根据害虫的趋光性张挂黄扳、蓝扳。黄扳对白粉虱、蚜虫防治效果较好,蓝扳对蓟马的防治效果较佳。每667 m^2挂40张黄扳,可杀死一定量的害虫,蓝扳的悬挂量一般每667 $m^2$15张左右为宜。张挂黄扳、蓝扳后在白天的中午轻轻摇动植株,或在农事操作时对植株产生振动,防治效果更佳。

高压汞灯:200 W或400 W高压汞灯,波长为320～580 nm,置于开阔地,对斜纹夜蛾、金龟子、蝼蛄、小地老虎等害虫有强烈的诱集作用。

银色塑料薄膜作为地膜覆盖,对有翅蚜虫、潜叶蝇、黄条跳甲类等均有很好的驱避效果。

(2)害虫的治疗技术　有机番茄的病虫害防治是以生物防治为核心,农业防治为基础,药剂防治为应急手段的病虫害综合治理体系,在物理防治方法效果不佳时可采用生物方法和药剂方法。

对于地下害虫可采用每 667m² 用麦麸 2.5 kg,炒香拌糖、醋、敌百虫各 0.5 kg,由报纸垫底,傍晚分放在 10 多处诱杀地下害虫,早上及时捡虫并消灭,最后把报纸及杀虫剂收出棚外。

利用害虫天敌:利用赤眼蜂、瓢虫、草蛉和丽蚜小蜂等进行害虫的防治。

植物源农药:植物源农药不是人工合成的单一化学物质,而是多元的天然物质,具有分解迅速、环境友好、不易产生抗性等特点。用 0.36%苦参碱水剂防治红蜘蛛、叶螨、蚜虫、菜青虫、小菜蛾、夜蛾及粉虱等有良好的防治效果。5%除虫菊素乳油对害虫有较强的触杀、胃毒作用,可防治蚜虫、螟虫等。

6.3.2　保护地黄瓜有机栽培技术

1.育苗技术

1)茬口安排及品种选择

品种选择原则:越冬茬选用抗寒性状较好,而且容易稼接、耐低温弱光、产量较高的品种,如'516 黄瓜''506 黄瓜''津优 31 号''裕优 3 号''绿冠''津春 3 号''津研 2 号''津研 4 号'等品种;早春茬和秋延后栽培的品种选用耐高温、品质较好的品种,如'津优 1 号''津优 2 号''津优 3 号'等品种。'津优 2 号''津优 3 号''津优 5 号''津优 21 号'可抗霜霉病、白粉病、枯萎病三大病害;'早青 2 号''中农 2 号''津杂 1 号''津杂 3 号','津研 7 号'等品种比较抗疫病;而'中农 13 号'较抗黄瓜细菌性角斑病。

越冬茬 8 月底 9 月初下种育苗,早春茬在 12 月下旬到 1 月上旬下种育苗,秋延后一般在 7 月中下旬下种育苗。

2)营养土配制技术

一般采用营养钵育苗。营养基质要求营养合理、透气性好、土团坚实度适中的基质。多年试验表明,60%蛭石+35%用 VT 菌为腐熟剂的腐熟鸡粪+5%炉渣灰的营养基质,黄瓜苗长势良好,抗病性较强。

3)种子处理及催芽技术

黄瓜侵染性病害,30%以上是由种子带菌而传病的,如炭疽病、黑星病、黑斑病、细菌性角斑病等,因此播种前对种子消毒是至关重要的。对种子消毒方法较多,其中热力杀菌方法较为常用,具有易操作、杀菌谱广等优点。

热力杀菌具体做法:先将黄瓜种子浸入室温水中预浸 4 h,捞出后浸入 55 ℃热水中,利用热力杀菌消毒 15 min,然后捞出投入凉水中冷却降温,再转入催芽或播种。

催芽方法:浸种后的种子用干净的湿纱布包好,外面包上拧干的湿毛巾,置于 25～30 ℃地方催芽。每天用温水淘洗 1～2 次,淘洗后继续催芽,在 25～30 ℃下 16～20 h 即可发芽,可分批拣出已经发芽的种子播种或放置在 5～8 ℃的条件下,等全部出齐后一起播种。

2.田间管理技术

1)砧木及播种时期选择

嫁接是取植物的一部分枝或芽,接到另一植物体上,培育成为 1 株新植株的育苗方法。嫁接苗具有良好的适应性与抗逆性，尤其是对土传病害有高抗性或免疫力，而且产量高，品质优，商品性好。剪取的枝或芽称为接穗，被接的植物称为砧木，嫁接后利用砧木较为发达的根系可以有效克服黄瓜连作障碍。

目前黄瓜嫁接栽培中可以较好利用的砧木有‘黑籽南瓜’‘南砧1号’等，而应用最多的是‘黑籽南瓜’。‘黑籽南瓜’具有耐短日照，可抗低温的习性，在越冬茬和早春茬黄瓜生产中有较多的应用。

目前应用的嫁接方法主要为靠接、顶部插接、去根嫁接扦插、水平扦插。嫁接方法不同，砧木和接穗的播种期也不一样。靠接时，接穗宜大，黄瓜可比黑籽南瓜早播4～6 h;顶部插接时，接穗宜小，黄瓜可比黑籽南瓜晚播3～5 d。

2)嫁接后的嫁接苗管理

嫁接后应迅速栽植，栽植后1次浇足稳苗水，然后进行覆土，覆土厚度为1 cm左右。嫁接后温度控制在23～28 ℃，嫁接后的前10 d相对湿度保持在90%左右，10 d后相对湿度保持在70%左右。嫁接前5 d，在阳光较强时进行遮阳，随时间的延长加强通风炼苗，并注意摘除砧木侧芽。

3)土壤消毒

对于多年种植蔬菜的棚室，可在夏季用生石灰和铡碎的麦秸或稻草进行淹水消毒。具体方法：每666.7 m^2施生石灰100 kg，深翻土壤达40 cm左右，混合均匀后进行灌水，覆盖地膜，密闭棚室15 d，但要保持水层在10 cm左右。此方法可防止黄瓜枯萎病等土传病害。对黄瓜疫病、细菌性角斑病、根结线虫病等病害也有一定的防治作用。

对于病害严重的棚室，可在定植前密闭大棚后，按每100 m^2用硫黄粉250 g加500 g锯末，拌匀分放多处，点燃熏闷24 h，放风晾棚1～2 d。

4)棚膜选择及管理

对于秋延后或冬春茬栽培的黄瓜，棚室膜的选择宜用聚乙烯紫光无滴膜，该种棚膜可提高棚室温度，而且具有较高的透光率。另外，在栽培过程中棚膜上要注意清除尘土，以提高透光率进而提高棚室内温度。

5)施肥

每生产1000 kg商品瓜约需N 3 kg、P_2O_5 0.7 kg、K_2O 3.5 kg左右。在有机栽培中，由于不施用化肥，因此肥料以有机肥为主。施肥可分为基肥和追肥。基肥由牛粪、鸡粪和农作物秸秆按一定的比例混合，将C/N调至30左右、水分在55%左右，添加一定量的VT菌剂充分混合发酵腐熟20天，当C/N降至20左右时视为完全腐熟，可以施用。一般基肥用量为每667 m^2 用量6.8 m^3。追肥使用VT菌剂完全腐熟的鸡粪，追肥量可多次少量，结合浇水进行，追肥总量为每667 m^2施500 kg腐熟鸡粪。

6)定植

定植期要求白天气温在25～28 ℃，白天地温在20～25 ℃，夜间地温在12 ℃以上，实行宽窄行方式栽植，宽行一般70～80 cm，窄行40～50 cm，株距25 cm。高畦覆膜栽培，定植后覆膜，实行膜下暗灌。定植后在黄瓜生长过程中，使用200倍的竹醋液灌根，灌根后可促进黄瓜的叶片、茎粗和株高的生长，提高黄瓜产量和品质。

7)定植后的温湿度及光照控制

实行温度控制可使黄瓜地上与地下、营养生长与生殖生长达到平衡。因此,对棚室进行温度控制对黄瓜生长作用巨大,一定的温度也可对某些病虫害起到促进或抑制作用。在黄瓜栽培中温度控制为:白天室温在 25～32 ℃,前半夜 16～18 ℃,后半夜为 10～12 ℃;也可根据黄瓜生长控制温度,定植初期,可适当提高棚室气温,一般未结瓜时或开始结瓜时可适当降低温度,当结瓜较多时可适当提高温度。

定植初期大棚湿度可稍高,可控制相对湿度在 90%左右,随着黄瓜的生长,可逐渐降低湿度,在黄瓜结瓜期可保持相对湿度在 85%左右,中午及时排风降湿。阴雨天不浇水,选用晴天上午,当棚室温度达 20 ℃左右时开始浇水。生长中后期保持小水勤浇,浇水时实行膜下暗灌。浇水后及时放风除湿。

光照下限为 1 万 lx,上限为 5.5 lx。棚中瓜少要创造低温、弱光、短日照环境诱生幼苗,当植株瓜多时要创造高温、强光、长日照环境以增加产量。光照强可进行遮光处理,光线弱可增加照明灯,挂反光幕(膜),增加光照。

8)定植后的肥水管理

黄瓜属于营养器官与产品器官同步生长发育型蔬菜,灌水与施肥要结合起来。黄瓜生长快、结果早、结果多、产量高,需肥量较大,但黄瓜的根系分布浅,吸肥力弱,又不能忍耐高浓度的土壤溶液,否则容易“烧苗”。因此,在黄瓜生育过程中要多次施肥,每次施肥量要小。在施足基肥的情况下,第一次追肥在缓苗后进行,结合浇水每 667 m^2施 100 kg 腐熟鸡粪,然后浇水。第二次追肥在根瓜膨大期,每 667 m^2施 150 kg 腐熟鸡粪,然后浇水。在根瓜摘除后第三次施肥,每 667 m^2施 150 kg 腐熟鸡粪,然后浇水。以后追肥的量要少,大约为每次 50 kg 腐熟鸡粪,以减少果实中硝酸盐含量,进而提高果实品质。

9)授粉

黄瓜为雌雄同株虫媒异花授粉作物,不经授粉、受精同样可以结实,但其结果能力远不及充分授粉受精者,因此人工授粉可以提高产量。人工授粉的具体方法为:在每天上午 9～10 时,取当日开的雄花除去花瓣,对准当日开的雌花柱头轻轻涂抹,每朵雄花可授 2～3 朵雌花。

10)植株管理

吊蔓:当黄瓜定植后大约 15 d 左右,开始吊蔓。

用黑籽南瓜嫁接的黄瓜,瓜秧枝叶繁茂,极易长出侧枝,对侧枝的去除与否及去除多少,留多少可视栽培密度及长势而定,若长势弱密度低,可多留,反之,少留或不留。最好将植株基部 5 节以内的侧枝除去,5 节后的侧枝结一条瓜,瓜后留 2 叶摘心。这样处理可提高产量,对主茎的生长也无大的影响。

及时摘除老、病叶,雄花、卷须,并将化瓜、病瓜,弯瓜、畸形瓜摘除,以减少植株养分消耗。

11)高温闷棚

高温闷棚可防治黄瓜霜霉病。闷棚前一天要浇水,选择晴天中午闭棚升温,使黄瓜生长点部位温度迅速升到 42～45 ℃,保持 2 h,以钙化病斑,然后从棚的上部开始缓慢放风,慢慢降低棚内温度,当降至 25 ℃时再闭棚,10 d 左右可再处理一次。但要注意闷棚前温度计要校正准确,并且把温度计水银区挂在与黄瓜主茎生长点相平行的位置。

12)棚室增温技术

冬季大棚温度较低,为使作物正常生长可人工增加保温措施,如在冬季使用草苫保温,但要注意在冬季由于光照时间短、温度低,可适当早盖早揭草苫,在结瓜前期可适当晚揭草苫,创造短日照环境,促生雌瓜分化;在寒冷季节在草苫外再铺盖一层膜保温,如有必要可在棚室内再架一层保温膜,提高棚室温度,傍晚以盖后 1 h 棚室温度在 18 ℃左右,后半夜温度不高于 13 ℃ 为宜。连阴天也要揭苫见明,晴天勿大通风,以免闪秧。连阴天弱光可叶面喷施 VT 菌 1000 倍水溶液,放晴天后逐渐通风。

13)病害防治技术

有机蔬菜栽培病害防治技术可分为预防技术和治疗技术。

(1)预防技术　有机蔬菜生产不仅需要拥有一个良好的外部环境,更要培育健康的蔬菜,以增强其抗病性,这是防病的关键。可从品种选择、土壤消毒、种子处理、培育壮苗、轮作间作及营养平衡等措施入手,调节蔬菜的健康。从品种上尽可能使用本地品种,根据当地气候环境的特点及病害发生的种类有选择性地选择抗病品种,禁止使用转基因种子及包衣种子。土壤消毒可在夏季高温时节,在浇水后的棚室内铺设地膜,利用日光加热土壤,可以控制土传病害的发生。石灰处理可每 667 m^2 使用石灰 50～100 kg 深翻土壤中,可以防治黄瓜疫病、细菌性角斑、根结线虫病等。种子处理可杀灭种子表面携带的病原菌及虫卵,另外间作、轮作也是预防和控制病虫害的有效方法之一。

(2)治疗技术　黄瓜的病害主要有霜霉病、灰霉病、炭疽病、白粉病、疫病和细菌性角斑病等。

①黄瓜霜霉病的综合防治。首先用高锰酸钾浸种消毒,可使病原微生物失活,有效防治霜霉病。霜霉病流行往往需要一定的温度或湿度,可通过调节温湿度等手段,控制小环境,抑制霜霉病的发生。在栽培管理过程中可用硫黄熏蒸高温闷棚的方法进行防治,如环境条件不适合闷棚也可采用药剂防治的方法。在黄瓜霜霉病发病前或发病初期可用 1∶1∶250 倍波尔多液药剂预防,注意要每 6～7 d 喷施一次,连续 3 次,可预防治疗霜霉病的发生;也可采用 50～100 倍液的竹醋液抑制黄瓜霜霉病孢子的萌发,防治田间黄瓜霜霉病。碳酸氢钠 500 倍水溶液在霜霉病发病初期每 3 d 喷施一次,连喷 5～6 次也可收到不错的效果。叶面喷施 500～1000 倍液的高锰酸钾,可以防治黄瓜霜霉病的发生,在苗期使用 800～1000 倍液,在生长后期使用 500～800 倍液,每 5 d 使用一次,连用 3～4 次。使用高锰酸钾水溶液喷雾防病时,要注意土壤是使用地膜覆盖的,否则会对土壤微生物区系造成影响。

②黄瓜灰霉病的综合防治。灰霉病是黄瓜的主要病害,危害蔬菜的茎、叶、花、果,造成烂苗、烂花、烂果,潮湿时病部产生灰白色或灰褐色霉层。病菌多从开败的雌花侵入,致花瓣腐烂,并长出淡灰褐色的霉层,进而向幼瓜扩展,到脐部成水渍状,花和幼苗褪色、变软、腐烂,表面密生灰褐色霉状物。烂花、烂瓜及病卷须落在茎叶上引起茎叶发病。高湿(相对湿度 94%以上),较低温度(18～23 ℃),光照不足,植株长势弱时容易发病;气温超 30 ℃或低于 4 ℃相对湿度不足 90%时,停止蔓延;棚内湿度大,结露,吐水时间长,放风不及时,发病重。

③黄瓜灰霉病的防治方法。首先要在黄瓜生长期及时摘除病花、病果、病叶,带出棚室外,并进行深埋或集中沤制,此方法可减少灰霉病的侵染源和大量的病残体,对灰霉病的防治效果明显;收获后应彻底清除病残组织,对保护地进行深翻,将病残体埋入土壤下层,减少越冬病

源。然后加强管理，清除棚面尘土，增强光照，加强通风，降低棚室湿度，减少结露和吐水，注意保温，上午适当晚放风，使棚室温度达 33 ℃，下午放风，增强抗病力，抑制病菌的生长。在病害发病初期，也可喷施 500 倍的碳酸氢钠水溶液(配制要用清水，不能使用热水；要用清洁水，防止碳酸氢钠分解而失去杀菌效果；要随配随用，不要与其他杀菌剂混用)，每 3 d 使用一次，连续使用 5～6 次。

④黄瓜炭疽病的综合防治。高温高湿易发病，相对湿度达 90%潜育期仅为 3 d 左右，湿度低于 54%时不发病。温度 22～24 ℃发病最重，30 ℃以上或 8 ℃以下停止发病。通风不良，氮肥偏多，灌水过量，重茬，发病较重。

防治方法：选用无病株，无病果留种。种子用 55 ℃温水浸泡 15～20 min。加强通风，降低湿度，使棚室湿度保持在 70%以下，减少叶面结露和叶缘吐水。实行 3 年以上轮作，清除病残组织，全生育期地膜覆盖。用 0.2%小碳酸氢钠水溶液喷雾，5～6 d 喷一次，连喷 4 次，也可在黄瓜炭疽病发病前或发病初期，使用波尔多液喷雾，每 7 d 喷一次，连续 3 次，均可对黄瓜炭疽病的发生和控制起到良好的效果。

⑤黄瓜白粉病的综合防治。黄瓜植株任何部分都可发生，其中以叶片为最多，一般不危害果实。发病初期，叶片正面或背面产生白色近圆形的小粉斑，渐渐扩大成边缘不明显的大片白粉区。白粉病在植株生长中、后期容易发生，发病早，危害重，损失大。

防治方法：首先实行轮作，加强管理，清除病残组织，选用抗病品种。棚室种植前，用硫黄粉和锯末点燃熏蒸闷棚，可杀死棚室内残留的病原菌；在黄瓜生长的中后期，在大棚内挂硫黄熏蒸罐熏蒸，每亩挂 8～10 个，进行加热让硫黄由固体变为气体挥发，进行杀毒，可抑制黄瓜白粉病的发生。0.2%碳酸氢钠(小苏打)溶液喷雾防效良好，每 3 d 喷施一次，连喷 4 次，可有效防治白粉病的发生。

⑥黄瓜疫病的综合防治。黄瓜疫病又称疫霉病，农民叫死秧，全国各地均有发生，常引起大片死秧。幼苗染病多始于嫩尖，初呈暗绿色水渍状萎蔫，而逐渐干枯呈秃尖状。成株发病，主要在茎基部或嫩茎节部，出现暗绿色水渍状斑，后变软缢缩，病部以上叶片萎蔫或全部枯死。土传，以菌丝体、卵孢子及厚垣孢子随病残体在土壤或粪肥中越冬，成为第二年的初侵染源，条件适宜时产生孢子囊，借风、雨、灌溉水传播。

防治方法：选用抗病品种，并用南瓜作砧木进行嫁接换根，在防止疫病发生的情况下，也可防止黄瓜枯萎病的发生。对种子进行温汤浸种，具体方法为：将黄瓜种子在室温下浸泡 3～5 h，然后加入种子体积 3～5 倍的热水，保持水温 50～55 ℃约 20 min，取出涝出催芽播种；高畦地膜覆盖栽培，苗期控制灌水，结果期见干见湿，不要大水漫灌，及时清除病残组织，加强通风，降低湿度。在黄瓜疫病发病前或发病初期可用 1∶1∶250 倍波尔多液药剂预防，注意要每 6～7 d 喷施一次，连续 3 次，可预防治疗黄瓜疫病的发生。

⑦黄瓜细菌性角斑病的综合防治。黄瓜细菌性角斑病存在于种子内外，随病残体在土壤中越冬，存活期 1～2 年，可通过雨水、昆虫和农事操作等途径，从气孔、水孔、伤口处侵入。发病适温 24～28 ℃，发病相对湿度为 70%，低温、高湿易发病，昼夜温差大，结露重，时间长，发病较重。

防治方法：对种子进行温汤浸种。具体方法为：将黄瓜种子在室温下浸泡 3～5 h，然后加入种子体积 3～5 倍的热水，保持水温 50～55 ℃约 20 min，取出涝出催芽播种；用无病土育苗，与非瓜类作物实行 2 年以上轮作；加强田间管理，生长期收获后清除病残组织。在黄瓜角斑病发病前或发病初期可用1:1:250倍波尔多液药剂预防，注意要每6～7d喷施一次，连续3次，可预防治疗黄瓜疫病。叶面喷施500～1000倍液的高锰酸钾，可以防治黄瓜角斑病，每5 d使用一次，连用3～4次。

14)棚室害虫防治技术

(1)害虫的物理防治技术　黄瓜生产中常见的害虫主要有地下害虫和四小害虫(蚜虫、白粉虱、斑潜蝇、蓟马)。物理方法常用的是耕翻土地，破坏害虫栖息环境，同时机械损伤部分害虫。另外，利用防虫网阻隔害虫，一般要求在棚室的放风口设置40目以上的防虫网，对防治白粉虱、蚜虫等小害虫有效。在棚内，根据害虫的趋光性张挂黄扳、蓝扳。黄扳对白粉虱、蚜虫防治效果较好；蓝扳对蓟马的防治效果较佳。每亩挂40张黄扳，可杀死一定量的害虫，蓝扳的悬挂量一般每亩15张左右为宜，张挂黄扳、蓝扳后在白天的中午轻轻摇动植株，或在农事操作时对植株产生振动，防治效果更佳。

高压汞灯：200 W或400 W高压汞灯，波长为320～580 nm，置于开阔地，对斜纹夜蛾、金龟子、蝼蛄、小地老虎等害虫有强烈的诱集作用。

银色塑料薄膜作为地膜覆盖，对有翅蚜虫、潜叶蝇、黄条跳甲类等均有很好的驱避效果。

(2)害虫的治疗技术　有机黄瓜栽培的病虫害防治是以生物防治为核心，农业防治为基础，药剂防治为应急手段的病虫害综合治理体系，在物理防治方法效果不佳时可采用生物方法和药剂防治方法。

对于地下害虫可采用每亩用麦麸2.5 kg，炒香拌糖、醋、敌百虫各0.5 kg，由报纸垫底，傍晚分放在10多处诱杀地下害虫，早上及时捡虫并消灭，最后把报纸及杀虫剂收出棚外。

利用害虫天敌：利用赤眼蜂、瓢虫、草蛉和丽蚜小蜂等对害虫进行防治。

植物源农药：植物源农药不是人工合成的单一化学物质，而是多元的天然物质，其具有分解迅速、环境友好、不易产生抗性等特点。用0.36%苦参碱水剂防治红蜘蛛、叶螨、蚜虫、菜青虫、小菜蛾、夜蛾及粉虱等有良好的防治效果。5%除虫菊素乳油对害虫有较强的触杀、胃毒作用，可防治蚜虫、螟虫等。在天然除虫菊中添加200倍竹醋液，防治效果更加显著有效。

6.4　有机生产的经营组织

在生产过程中不使用化学合成的物质、基因工程生物及其产物，而是采用一系列可持续发展的农业技术，且经过有机认证机构鉴定认可，并颁发有机证书的生产过程为有机生产。

有机蔬菜生产经营组织涵盖了管理办法、执行标准、技术规程、认证程序、徽志管理等。管理办法是总纲，执行标准是尺度，操作规程是核心，认证程序是保证，徽志管理是手段，它们之间相互联系，缺一不可，构成一个统一的有序整体。

管理办法是有机蔬菜生产管理的纲领性文本，它对有机蔬菜定义、范围予以明确界定，对执行标准、技术规程作出科学规范，对认证程序，徽志管理进行了具体说明。同时，对有机蔬菜的管理机构、职责分工、有机蔬菜的市场定价、管理费用收支，以及生产与市场管理行为的奖惩也进行了规定和阐述。

6.4.1 有机生产经营组织的程序

1. 有机生产执行标准

有机生产执行标准是判断有机蔬菜的生产条件和质量是否合乎规范的唯一尺度，具有强制性。

有机蔬菜执行标准由产地环境质量标准和产品环境质量标准两部分构成。产地环境质量标准是选择有机蔬菜生产基地的尺度，是有机蔬菜生产的先决条件，只有符合有机蔬菜产地环境质量标准，才有有机蔬菜生产过程。

有机蔬菜的产地环境的基本要求：

(1)生产基地在最近3年内未使用过农药、化肥等违禁物质；

(2)种子或种苗来自自然界，未经基因工程技术改造过；

(3)生产基地应建立长期的土壤培肥、植物保护、作物轮作计划；

(4)作物在收获、清洁、干燥、储存和运输过程中应避免污染等。

产地环境要求：有机生产需要在适宜的环境条件下进行，有机生产基地应远离城区、工矿区、交通主干线、工业污染源、生活垃圾场等。

基地的环境质量应符合以下要求：

(1)土壤环境质量符合 GB 15618—1995 中的二级标准；

(2)农田灌溉水水质符合 GB 5084—2008 的规定；

(3)环境空气质量符合 GB 3095—2012 中的二级标准和 GB 9137—1988 的规定。

产品质量标准是检验有机蔬菜生产过程的尺度，是有机蔬菜的终结判断。如果产品不符合这一标准，就意味着有机蔬菜生产过程的失控，也不能成为有机蔬菜。

《有机产品认证管理办法》已经于2013年4月23日由国家质量监督检验检疫总局局务会议审议通过，自2014年4月1日起施行。

2. 有机生产的认证

有机生产操作规程是有机农业技术的核心。有机蔬菜生产管理涉及其生产及加工、销售全过程，在各个技术环节中，无论是直接或间接影响产品环境品质的都应纳入操作规程规范之内。以种植业生产的有机蔬菜为例，其操作规程主要涉及品种、栽培、植保、施肥、收获、贮藏、加工设备及用材等各个技术环节，都必须按有机农业要求作出量化的可操作规定。在实施中要针对不同的产品实行不同有机农业技术特点的操作规程，做到一种产品对应一种操作规程。

有机蔬菜认证程序是有机蔬菜有序进入市场的保证。有机蔬菜特定的技术含量，特定的商品属性，只有通过合法的认证程序，才有合法的身份进入市场，才能得到有效的市场保护。有机蔬菜认证程序是有效实施有机农业技术手段的保证，有机蔬菜基地的环境评价，有机蔬菜生产过程的控制，有机蔬菜的监测评价，均需在有机蔬菜认证机构统一组织管理下实施，并对其相应的企业、公司实行有效的监督，承担有机蔬菜的社会公正的职责，积极做到有利于有机蔬菜生产的统一规划与市场管理，保证有机蔬菜市场的健康成长。

有机蔬菜主要国内外颁证机构是：中国的 OFDC；美国的 OCIA（全称“国际有机作物改良协会”）；德国的 ECOCERT、BCS 和 GFRS；荷兰的 SKAL；瑞士的 IMO；日本的 JONA；法国的 IFOAM 等。按照国际惯例，有机蔬菜标志认证一次有效许可期限为一年。一年期满后可申请“保持认证”，通过检查、审核合格后方可继续使用有机蔬菜标志(图 6-2)。

有机蔬菜认证新标准十分严格。有机蔬菜的独立包装上除了需贴上有机认证标签、认证单位外还需要有 17 位数字构成的有机码，供消费者溯源辨真伪。同时，该标准还规定，申请有机认证的每种产品，每出产一次都要接受一次检测。另外，新规变动很大的一点就是“农残指标”“不得检出”，这一要求只能用“严苛”来形容，20 多个农残指标由“限制数量标准”变为“零残留”，均要求不得检出，这对一些基地和企业来说，要求“高得吓人”。

证书编号：F45OP1300124

有机转换认证证书

认证委托人(证书持有人)名称　曲周县阚润蔬菜专业合作社
地址　河北省邯郸市曲周县第四疃镇杏园村北
生产企业名称　曲周县阚润蔬菜专业合作社
地址　河北省邯郸市曲周县第四疃镇杏园村北
有机产品认证的类别：生产（植物生产）
认证依据　GB/T 19630.1 有机产品：生产
GB/T 19630.3 有机产品：标识与销售
GB/T 19630.4 有机产品：管理体系

认证的产品种类请见附件列表“附件 F45OP1300124”

附件中的产品及其生产过程符合有机产品认证实施规则的要求，特发此证。

初次发证日期：　2013 年 08 月 23 日
本次发证日期：　2014 年 08 月 20 日
证书有效期至：　2015 年 08 月 19 日

负责人签字：
认证机构名称：北京爱科赛尔认证中心有限公司
认证机构地址：北京市海淀区天秀路 10 号中国农业大学（西校区）国际创业园 4016 室，100091
联系电话：　010-62827070

有机产品认证
CNAS C134-O

注：依据《有机产品认证管理办法》规定，获得有机转换认证的产品不得使用中国有机产品认证标志及标注含有“有机”、“ORGANIC”等字样的文字表述和图案。

附件 F450P1300124　第 1/ 1 页

序号	基地名称	基地地址	基地面积（公顷）	产品名称	产品描述	生产规模（公顷）	产量（吨）
1	曲周县阚润蔬菜专业合作社	河北省邯郸市曲周县第四疃镇杏园村北	13.3	西红柿	番茄	0.4	5.5
2				茄子	茄子	0.57	7.5
3				辣椒	辣椒	0.1	2
4				黄瓜	黄瓜	0.267	4
5				长豇豆	豆角	0.13	1.25
6				甘蓝	甘蓝	0.7	10.7
7				甘蓝	[illegible]	0.0666	3
8				韭菜	韭菜	0.0666	5.94

图 6-2　有机转换认证证书

6.4.2　有机蔬菜市场管理的运行机制

1. 有机蔬菜的市场定位

有机蔬菜的国内外市场日益扩大，生产管理进程只有与消费市场的发展同步，才能健康有序地发展。有机蔬菜无疑要重视品质和加工这两个发展的方向。

有机蔬菜生产管理的另一个领域就是农业生产过程中农业化学物质的替代。有机农业生产重要的技术环节是防止化学物质带来的污染问题，全面推进农用化学物质的替代进程。从农药方面来讲，将要注意生产开发急需的生物源农药（包括微生物农药、植物农药等）以及利用天敌等生物措施；从肥料方面来讲，要注重生产开发符合有机农业要求的高效有机肥或生物肥料，加强土壤培肥力度和措施；从除草剂方面来讲，采取科学种植模式，如水、旱轮作措施等。

市场销售在适中价位上以质量树形象、以数量求效益，这一市场销售策略是基于生产与市场管理对象和消费层次而决定的。目前，中国正处在由温饱向小康跨越的阶段，整体消费能力并未达到一个很高的水平，消费承受能力仍然是消费选择的重要因素，高价位只意味着拒绝一个庞大的消费群体，因此，适中价位是非常重要的。与此同时，价廉物美是消费者能普遍接受的，有机蔬菜优势就在于其质量优势。质量是其生命线，品牌形象、产品信誉是有机蔬菜占领市场的关键，只有过硬的产品质量，才有品牌形象、产品信誉，有机蔬菜才能被更多的消费者接受。有机蔬菜的市场定位将随着消费市场而变，随着有机农业技术进步和产品范围扩大，不同的生产管理阶段有着不同的市场定位。

2. 有机蔬菜的市场营销及策略

消费者需求及利益是有机蔬菜生产与市场管理的出发点。从现实来讲，国内消费群体是现实的有机蔬菜消费市场所在。要使这种消费带动有机蔬菜市场的启动和扩大，只有很好地服务这种消费需求，保护消费者的利益，才是有机蔬菜市场开拓的健康之路，根本之策。

1)有机蔬菜质量要有保证

产品品质是有机蔬菜质量的核心，也是区别其他产品的根本标志。这一特定的质量标准要求以其特定的生产技术作保障，因此，有机农业生产技术是开拓有机蔬菜市场的关键。然而仅有技术还不够，还必须有有机蔬菜质量的市场形象，这就是有机产品的徽志设计与市场管理，也是对消费者的质量承诺。在市场经济中，市场管理尚在完善的今天，许多著名商品、产品都面临着假冒伪劣产品的冲击，有机蔬菜作为一种特殊类型的商品在步入市场中务须防止不正当行为的冲击，必须构建一套以质量控制为核心的市场营销机制。

经过多年的实践，有机蔬菜以质量控制为核心的市场营销机制主要包括管理人员和农民工的系统培训、制定严格的有机蔬菜生产和销售规程，使大家知道每一个操作步骤，什么东西可用，什么东西不可用，严格过程管理。

2)有机蔬菜价格要适当

适当的价位是有机蔬菜市场运作成败的关键。市场经济的核心是价格，价格机制真正的奇妙之处就在于它提供一种信息动力机制。人依信息而行动，同时伴随着资源信息的传递。有机蔬菜的价格应定在稍高于同类食品，而不能高价暴利。有机蔬菜的市场应重在规模效益和配套服务的转化效益。在生产中运用的包装、商标纳入质量控制体系，通过一定程序认证，指定生产企业，并将这些符合条件的产品统一纳入市场销售之中，从中得到技术服务补偿。在环境评价中，通过对产地、产品环境评价而收取合理的技术服务费。总之，有机蔬菜的经济效益应主要体现在配套服务上，在产品销售价格上的利益与分配应充分考虑生产者和市场分销商的利益，建立合理的利润分配方案。

虽然有机蔬菜发展前景广阔，也有潜在的消费市场，但从目前国内有机蔬菜生产销售来看，市场并不十分看好，除个别企业的产品在市场上有一定的影响力和竞争力外，绝大部分企业的产品在市场上并没有显示出自身的特点和竞争力，销售市场十分狭小。原因虽是多方面的，但主要还是由于大多数企业没有营销战略所致。正确的营销战略是产品走向市场的先决条件，制定正确的营销战略并予以实施，才能尽快促进有机蔬菜行业迅速发展。根据有机蔬菜行业发展状况及市场成熟度，各企业应采取市场开发战略或市场渗透战略。

(1)建立批发市场，提高规模效应　为充分发挥规模效应和整体效应，在经济发达地区，以有机蔬菜数量和种类相对集中的形式，建立集散地。同时，由于有机蔬菜本身数量和种类的不足，批发市场还可辅助经营其他绿色、无公害等食品，以促进企业提高经济效益。

(2)建立零售网络，规范销售渠道　建立统一规范的零售网络，不仅可以提高有机蔬菜的形象和知名度，而且可以有效防止和打击假冒产品。这种方式包括：统一设计，建立有机蔬菜连锁店；借助现有食品销售渠道，建立一批有机蔬菜专柜或专卖店；开展有机蔬菜配送业务。

(3)巩固辅助渠道,扩大产品种类和提高产品质量　有机蔬菜营销渠道不仅包括批发商、零售商和消费者,还包括生产者和供应者,它们可以称之为主流和支流。一是不断扩大生产基地,迅速在一些生态环境质量良好的地区建立一批有一定规模的生产基地;二是完善生产资料市场体系;三是积极利用优惠政策,各企业应充分利用政府在财政、税收、招商引资和生产资料研制供应等各方面给予的优惠政策,积极争取当地政府的支持和扶持,来加快企业的发展。

(4)有机蔬菜生产企业必须要加强物流建设,特别要加强贮存、运输和加工能力,避免二次污染,保持有机蔬菜特性。

第7章

农村环境整治与废弃物综合处理

7.1 问题的提出

农村环境是相对于城市环境而言的。狭义上，农村环境仅指农村居住环境，包括村镇卫生和乡村风貌；广义上，农村环境是指以农民居住地为中心的一定范围内的自然和社会条件的总和，它实质是村民与自然相互依赖的关系。农村环境问题指农村居民在从事农业、工业等生产过程中以及在日常生产中所造成的破坏农村生态环境或者污染农村环境的现象。农村环境破坏及污染不仅严重影响农村居民的生活和身体健康，而且直接制约农村工业生产发展的后劲。

7.1.1 环境污染的现状

1. 无节制的使用化肥对农业环境造成的污染

多年来，由于农业上化肥用量的不断增加，化肥已成为农村环境中一种主要污染物质。我国是农业大国，化肥施用量已达每年 1 亿 t，其中 50%～70%的化肥通过各种途径流失。2007 年，按平均计算.我国农村化肥施用量为 20815 kg/hm^2，超出世界平均水平 1 倍多。化肥的大量施用，造成水体富营养化，使农村饮用水源受到污染。由于农业上化肥用量的不断增加，化肥已成为农村环境中一种主要污染物质。施入土壤中的各种化肥，有的从土壤中流失，有的长期残留在土壤中，有的则在化学反应过程中挥发到大气中去了。对农作物不合理的大量施用化肥，不仅导致营养物质的损失，降低肥料中营养元素的利用率，而且还造成对农业环境的污染。

2. 农用塑料地膜残留对农村环境造成污染

1838 年法国人莱达诺发明聚氯乙烯，此后德国人又对聚氯乙烯进行了大量的研究。1928 年，美国开始进行聚氯乙烯的工业化生产。1951 年，日本开始试验用塑料薄膜代替油纸和玻璃，此后塑料薄膜在农业上的应用迅速发展起来。20 世纪 50 年代初期，美国在夏威夷将薄膜用于地面覆盖。1976 年，日本地面用塑料薄膜覆盖面积已达 20 万 hm^2 以上。也正是这一项新技术，在人类农业生产史上掀起了一场以大幅度增产为目的的“白色革命”。

我国在 20 世纪 60 年代开始进行塑料薄膜地面覆盖的试验研究。1980 年塑料薄膜地面覆盖栽培面积已达5万多亩，1981年推广面积已达22万亩。从北到南，包括30个省、市、自治区，供试作物由蔬菜发展到棉花、花生、水稻、甘蔗、烟草、西瓜、甜瓜、草莓、葡萄等粮食、瓜果和经济作物60余种。

覆盖地膜在农田上的作用主要有6点：①能够调节土壤温度，充分利用生长季节；②保持水土湿润，提高水分利用率，且在旱季能节水抗旱，在雨季能抗涝；③维持土壤疏松，减轻土壤盐渍化程度；④促进土壤养分分解转化，提高土壤肥力，从而提高产量；⑤防止和减轻病虫害，增强抗害能力；⑥使用地膜可抑制和减轻杂草的危害，显著增加收益。

薄膜地面覆盖具有上述各方面的优点，但地膜也存在着一个不可避免的问题——污染问题。随着种植面积的扩大和使用年限的增加，土壤中残存的塑料薄膜片越来越多，造成土壤板结，通透性差，地力下降，严重影响了作物的生长、发育和产量。调查数据表明，棉花地平均残留量为3.52 $kg/667\ m^2$，玉米地为3.06 $kg/667\ m^2$，甜菜地为0.89 $kg/667\ m^2$，瓜地为1.53 $kg/667\ m^2$，菜地为1.98 $kg/667\ m^2$。据新疆建设兵团环境部门测定，每667 m^2土壤含残膜达3.9 kg时，可使玉米减产11%～23%，小麦减产9%～16%，大豆减产5.5%～9%，蔬菜减产14.6%～19.2%。当然，造成这类污染的问题，还有乱弃塑料包装袋等原因。随着塑料袋进入千家万户，其带给城乡的环境污染越来越大，这就是被人们称为“白色污染”的问题。

建设农用塑料地膜强度低，易损、易破，在农田里使用非常不容易回收。同时，农用塑料地膜又是高分子的碳氢化合物，在自然条件下又非常难以降解。这必然给农田生态环境造成严重的污染。

3. 滥施农药对农村环境造成污染

根据我国《农药管理条例》的解释，“农药”是指用于预防、消灭或者控制危害农业、林业的病、虫、草和其他有害生物以及有目的地调节植物、昆虫生长的化学合成或者来源于生物、其他天然物质的一种物质或者几种物质的混合物及其制剂。随着粮食和农产品的需求日益增加，化学农药依然是保证粮棉作物增产、稳产的最为经济有效的手段。近年来，许多农民为了追求农作物的高产和防治病虫害，大量地施用化肥、滥用高毒性农药。

农药污染是指因生产、运输、销售和施用农药而污染环境，引起人体和动植物急性或慢性中毒，以及影响生态系统良性循环的现象。农药污染已上升为世界性的突出环境问题之一，尤其以发展中国家更为严重。随着农药的广泛使用，农药的环境污染问题日趋严重。据联合国环境规划署公布的资料，全球每年有100万人农药中毒，其中4万人受到急性危害，1万人死亡。近年来，我国农药品种虽然发生了较大变化，开发了不少新品种，但整体上还是以传统品种为主，杀虫剂占了化学农药的70%，而其中高毒害杀虫剂有机磷高达60%，存在着各类化学农药品种比例不合理的问题。我国施用农药耕地面积在$2.8\times10^8\ hm^2$以上，每年用量$(50\sim60)\times10^4$ t，全国平均用量为2.34 kg/hm^2。我国有87万～104万hm^2农田土壤受到农药污染，农药除30%左右被作物吸收外，大部分流失在土壤、水体、农产品和空气中，使耕地及农产品遭受了不同程度的污染。随着用药量和次数的增加，部分农药残留量也进一步提高。目前，我国主要农产品的农药残留量超标率高达16%～18%，特别是一些高产地区每年施农药都在10次以上，用量超过18 kg/hm^2，农药中毒事故和农药污染纠纷经常发生。

滥施农药造成许多污染。

(1)大气的污染　当地面或航空器械喷雾施药时，农药能直接进入大气。农药进入大气环境后，随着大气的运动而扩散，从而使污染的范围不断扩大。农药还能从土壤表面、植物表面及水面蒸发再进入大气。由于农药有效利用率较低，附着在作物上的粉尘不超过10%，液剂也不超过30%，约5%～30%的农药微粒和蒸汽被空气中的微小灰尘吸附而飘浮在空气中，造成了大气环境的严重污染。

(2)土壤污染 农药可通过多种途径对土壤造成污染。农药施用后，很大一部分都散落到土壤中并被土壤所吸附，残留于大气中的农药和附着在作物上的农药经雨水淋洗也有相当一部分落入土壤。有关研究表明，使用的农药中有80%～90%最终进入了土壤。进入土壤的农药被土壤胶粒及有机质吸附，这就降低了土壤中农药的生物学活性，降低了农药在土壤中的移动性和向大气的挥发性，从而增加农药在土壤中的残留。虽然农田土壤中残留的农药可通过降解、移动、挥发以及被作物吸收等多种途径逐渐从土壤中消失，但农药在年复一年地使用、降解、移动、挥发或被吸收，难以在根本上避免农药对土壤的污染和破坏，而被农作物吸收最终会危害人体健康。

(3)水体污染 从土壤表面的流失一般认为是农药进入水体的主要途径。农药加工厂的废水排放是农药进入水体的第二个显著来源。另外，农药可以随降雨从大气中进入水体，也会以液滴或固体颗粒的形式直接从大气沉降进入水体。当对植物进行航空喷粉或喷雾施药时，农药还能被风吹入水体或被直接喷入水体。据有关报道，农药利用率一般为10%，约90%的农药残留在环境中，大量未被利用的农药经过降雨、农田渗滤和水田灌溉等进入水体，对地下、地表水体造成污染，使水生态系统遭到破坏。在我国多数地区的湖泊、河流和地下水源中也普遍检测到了化学农药的存在。联合国教科文组织于1998年11月公布的资料表明，近20年来世界饮用水源减少50%，主要是指河流、湖泊和地下水质量遭到严重威胁，其中农药污染占了相当大的一部分。水体污染直接导致水质恶化，破坏人和动物的饮用水水源，进而威胁其健康和安全，严重者可能导致物种灭绝或者区域内的物种消失。

(4)生物污染 农药对生物的污染主要表现在危害人体或动物的生命健康，比较常见的途径是人或动物在食用了被农药污染的食品、水，也有可能是在施用农药过程中直接受到农药的污染，从而导致人体或动物的生命健康受到直接或间接的损害。近些年，因食物中农药残留引起的急性中毒事件屡有发生。如长期食入微量农药，虽不会造成急性中毒，但可能造成农药的体内积累，形成慢性中毒，导致对人体器官和功能的损害，或者诱发基因产生突变，导致癌变、畸形的产生。有研究表明，农药还会对人体内的酶和生殖系统，尤其是男性生殖系统造成严重的影响。据王毓秀等的研究，目前有70种可能干扰内分泌的化学物质，其中农药有40余种，它们主要导致人体的生殖机能下降和出现异常现象，降低人体的免疫能力并诱发肿瘤，损害神经系统等。人体内分泌系统产生的激素过少，会引起某些组织或器官功能失调，严重时可危及生命；激素过多，会过度作用而产生病态。

4. 农村废弃物的污染

近年来，农业有机肥的利用率不高，大量畜禽粪便未被利用，堆放在户外、路边或粪池内。粪尿产生的恶臭性气体，释放于空气中。粪尿中的部分水自然流到低凹处，形成臭水塘，或经雨水冲刷排入河流。污水中含大量腐败性有机物，在细菌作用下，大量消耗水中的氧，水体变成厌氧分解，使水体变黑变臭。自然堆放的畜禽粪便除使堆放场所空气恶臭以外，并招致蚊蝇的孳生。

5. 农村水环境问题恶化

农村水环境问题恶化的现象严重。造成农村水环境问题恶化的原因是多方面的：一是农村乡镇企业的污水污染。一些污染严重的小企业,在城里不准生产了,就转移到农村来。厂里排出的污水、废气,常把农民的鱼给毒死,把果树熏死,这是化肥、农药不合理使用所导致的水污染。二是化肥、农药的大量施用和不合理施用,使化肥和农药残留物被雨水淋溶后随径流进入水环境,而造成水体污染。三是污水灌溉造成的水环境污染。由于大量未经处理的污水直接用于农田灌溉,水质超标灌溉面积盲目发展,已经造成土壤、作物及地下水的严重污染,直接危害着污灌区的饮水及食物安全。四是集约化养殖场的污染。建设"菜篮子工程"以来,城乡畜牧业规模发展迅速,各地在城镇郊区附近建立了一大批养殖场,由原来农村的分散养殖变成了集中养殖,由此而带来了畜禽粪便废弃物的排放处理和污染问题。

基于上述环境问题,环境整治方面的研究工作应运而生。

7.1.2 环境管理和理论基础

环境管理的主要理论基础是福利经济学,其研究方法是实证经济学和规范经济学相结合的方法,即宏观方面侧重于规范经济学研究,而微观方面侧重于实证经济学研究。从西方环境经济学研究进程来看,早期研究侧重于理论,如外部性理论、公共物品经济学等,近期研究则转向环境经济分析技术以及环境管理经济手段的研究和政策建议,如在环境经济系统规划中引入投入产出法,把费用效益分析法应用于一般的环境决策问题,以及如何在现代环境管理中应用市场经济手段等。其中许多分析方法和研究成果已被政府环境立法或管制所采用。

外部性理论是环境管理的主要理论基础之一。所谓外部性,也称外在效应或溢出效应,是指一个人或一个企业的活动对其他人或其他企业的外部影响,这种影响并不是在有关各方以价格为基础的交换中发生的,因此其影响是外在的。传统经济学认为,产生污染的一个重要原因是外部性的存在。当外部性影响的方面相对较少并且产权很好界定时,经济效率也可以在没有政府干预的情况下实现。即在某些情况下,可以通过受影响的各方私下讨价还价,或者通过一个各方可以起诉以补偿他们损失的法律制度来消除无效率。这一方法基于科斯的产权理论。科斯的一个著名论点是,如果产权是明确界定的,而且谈判协商的成本为零,则无论初始由哪一方拥有产权,都可以通过市场自由交易达到资源的最佳配置。科斯研究的宗旨是阐述产权制度在消除外部性影响,使市场机制有效运作方面的作用。他的研究向我们明确提出了治理污染问题的一个新的经济学思考方法和出发点,即政府作用应该保持在很小的范围内,无须事必躬亲,应通过市场自然达到社会最优。

公共物品经济学是环境管理的另一理论基础。公共物品是一类特殊的商品,它们是正外部性的极端情况。一个人对一种公共物品的消费并不会减少其他人对这种物品的消费,因而其消费是非竞争性的。公共物品还有一个性质是非排他性,也就是说,要排除任何人享受一种公共物品的利益要花费非常大的成本。环境所提供的服务包含很多公共物品,例如清洁的空气、干净的水、环境的质量、物种多样性等。使外部效应内部化的服务也是公共物品,而环境污染则可以被看作坏的公共物品。环境保护是一种正外部性很强的公共产品,这种物品和劳务一旦被生产出来,没有任何地域或个人可以被排除在享受它带来的利益之外,因此,在进行环境保护时,某些企业可能会隐蔽信息,以此作为减少或不承担公共义务的理由,但政府由于技术条件等限制又不能对这些企业的具体信息进行时时有效地控制,二者博弈的结果是致污企业仍然可以从环境保护中得到好处,致使环境污染出现持续性。

我国的环境管理思想是在环境保护的理论研究和实践中不断发展起来的。从 1973 年第一次全国环境保护会议到1981年，我国环境管理主要是以组织治理污染为中心。20世纪80年代中期，我国环境管理研究开始以现代经济学为基础，建立理论框架。首先是微观经济学理论的全面介入，从理性化、最优化、均衡化等基本假定出发，构筑环境资源的供求曲线和均衡价格，在这方面，福利经济学、微观经济学融合在一起，为环境管理提供了理论基础。福利经济学最早提出的"外部性"概念成了环境管理中最典型和最常用的理论工具。其次是宏观经济理论进入环境分析领域，使环境经济学范围扩展到总量关系上，这方面内容包括经济增长的环境指标，宏观经济结构的环境影响分析等。环境管理中宏观经济分析的主要目标是把环境资本的消耗和增值定量地纳入国民收入均衡分析中，这方面的理论分析已取得了较为完善的成果。我国环境管理另一个重要的专题领域进展是制度经济学理论和方法的引入，以分析人与人之间的环境利害冲突和相互博弈过程。建立比较系统的制度经济分析框架将是今后一段时期内我国环境经济学理论发展的主攻方向之一。20世纪90年代后期，我国学者对环境管理中许多问题的研究逐步细致和具体。研究的重点主要是各种管理手段的分析与设计、总量控制的设计和实施、博弈论和决策分析等方法的应用、技术在环境管理中的应用等。

7.2　农业废弃物调查评价

7.2.1　曲周县农业废弃物调查

农业废弃物是指在整个农业生产过程中被丢弃的有机类物质，主要包括农林生产过程中产生的植物残余类废弃物、牧渔业生产过程中产生的动物类残余废弃物、农业加工过程中产生的加工类残余废弃物和农村生活垃圾等。我国作为一个农业大国，每年农业废弃物产生量巨大，而这些农业废弃物主要来自种植业和养殖业。由于农村地区经济条件和传统观念的限制，大量的农业废弃物未经处理直接排放，不仅造成了资源的浪费，而且给广大农村带来严重的环境污染。但是，这些废弃物又是生态系统中物质与能量的承载者，在经过处理后可以再次进入生态系统参与物质循环与能量的多级利用，可以转变为一项用之不竭的资源。近年来，随着农民生活水平的提高、农业生产的发展，曲周县农业废弃物产生量、组分，以及对环境的污染及其利用都在发生变化。

1. 农村生活垃圾现状调查

随着农村经济的快速发展以及农村居民生活水平的提高，农村生活垃圾的数量及构成产生了较大的变化。与城市环境相比，农村环境容量相对较大，因此，人们对农村环境问题一直重视不够。另外，由于农村缺乏有效的环境管理机制和资金问题，村镇卫生管理工作难以展开，缺乏一个系统完善的生活垃圾收集处理处置系统，导致村镇中大量生活垃圾堆积在路边、田头及倾入河道，造成农村环境面源污染。农村生活垃圾问题已成为新农村建设中不可忽视的一个重要问题。本研究以河北省曲周县为例，以曲周县典型乡镇为研究对象，选取有代表性的村，通过入户调查和取样分析，以掌握曲周县各乡镇生活垃圾产生量、组分物性以及处理现状。

曲周县共有10个乡镇，由于县城地区和其他各乡镇的情况差异较大，故对10个乡镇和县城地区分别进行调查。每个乡镇抽2个典型村，每村随机抽取10户，作为生活垃圾性状调查对象。采样量为每户在24 h内产生的全部生活垃圾量。采样频率每天1次，连续7天采样。采样方法：每天每户分给3个塑料袋，分别盛装可堆腐垃圾、灰渣、其他（塑料、塑胶、布片、金属、玻璃、木竹、危险废物等)，将 24 h 内产生的全部生活垃圾按上述类别装入袋内，由专人负责统一收集运送到指定地点，按不同类别分类称重。

1)农村生活垃圾产量

根据调查取样分析，结合曲周县统计年鉴，曲周县各乡镇垃圾产量见表 7-1。其中侯村镇生活垃圾年产生量最多，可达 1.44 万 t，其次是安寨镇和白寨乡，分别为 1.36 万 t 和 1.27 万 t。其余各乡的生活垃圾年产量均小于 1 万 t。其空间分布见图 7-1。

表 7-1　曲周县各乡镇生活垃圾产生情况

乡镇	总户数	总人口数	人均垃圾日产/kg	年垃圾总量/t
曲周镇	12397	45426	0.595	9873
槐桥乡	7150	29082	0.315	3341
白寨乡	12789	53465	0.653	12741
安寨镇	12657	55313	0.674	13613
大河道乡	6609	24206	0.373	3292
侯村镇	11029	56128	0.703	14404
依庄乡	6380	29456	0.360	3870
河南疃镇	8327	41811	0.550	8393
四疃乡	8659	38057	0.402	5584
南里岳乡	7871	33163	0.490	5934
合计	93868	406107	平均：0.512	81046

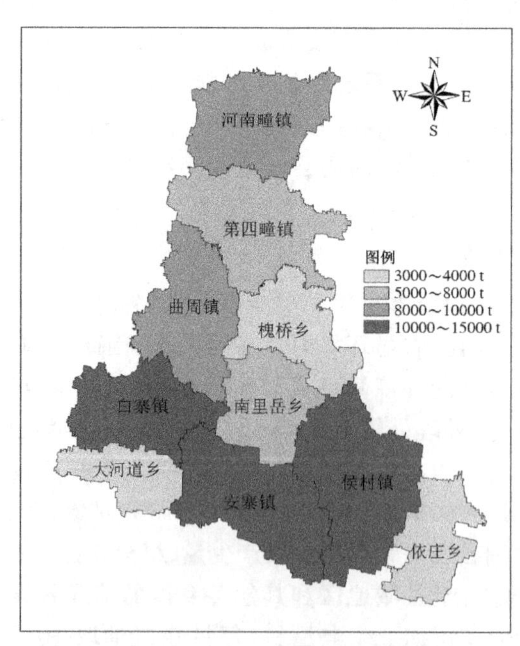

图 7-1　曲周县各乡镇生活垃圾年产生量空间分布图

2)农村生活垃圾特征

《城市居民生活垃圾成分调查统计规范》的地方标准规定,生活垃圾成分分类有9种:纸类、塑料、竹木、织物、厨余、果类、金属、玻璃、灰土。曲周县各乡镇生活垃圾组分特征见表7-2。

表7-2　曲周县各乡镇生活垃圾组分特征(湿基)　　%

乡镇	垃圾组分								
	塑料	纸类	灰土	竹木	厨余	织物	玻璃	金属	橡胶
曲周镇	3.10	1.09	28.50	0.72	62.50	3.06	0.30	0.33	0.40
槐桥乡	3.74	0.87	48.27	0.58	43.70	2.02	0.56	0.26	0
白寨乡	2.35	1.51	30.32	0.71	59.40	3.85	0.78	1.08	0
安寨镇	3.63	1.76	30.41	1.37	60.64	0.29	0.25	0.49	1.16
大河道乡	3.04	2.72	45.93	0.01	43.90	1.14	0.03	2.64	0.59
侯村镇	4.30	6.01	8.61	0.74	70.40	5.08	0.37	3.19	1.30
依庄乡	5.46	3.56	26.34	0.82	45.70	1.98	1.06	14.68	0.40
河南疃镇	3.05	2.07	32.03	0.07	56.90	3.02	0.20	0.60	2.06
四疃乡	2.23	0.81	32.23	1.06	58.80	2.48	1.33	1.06	0
南里岳乡	9.14	1.68	26.70	1.98	57.60	1.56	0.27	1.07	0
平均	4.00	2.21	30.93	0.81	55.95	2.45	0.51	2.54	0.59

由表7-2可以看出,曲周县各乡镇生活垃圾组分中均是以厨余垃圾和灰土为主,其中厨余垃圾占生活垃圾总量的40%～70%,灰土占生活垃圾总量的8%～50%。垃圾组分中厨余垃圾所占比例最高的是侯村镇,达70.4%,其次是曲周镇,所占比例为62.5%。槐桥乡、大河道乡和依庄乡厨余垃圾占生活垃圾总量的40%～45%,所占比例较小。其余4个乡镇厨余垃圾占生活垃圾总量的55%～60%。生活垃圾组分中灰土所占比例最高的是槐桥乡,达48.27%,其次是大河道乡,占生活垃圾总量的45.93%。四疃乡、河南疃镇、安寨镇和白寨乡灰土约占生活垃圾总量的30%左右,其余4个乡镇灰土占生活垃圾总量的8%～30%。可见曲周县各乡镇生活垃圾中厨余垃圾的产生量较多,其次是灰土,主要是因为当地大部分村庄农民依然使用燃煤作为主要能源途径,在冬天农村多烧煤取暖,曲周县年产灰渣量2.4万t。各个乡镇生活垃圾中塑料所占比例较少,约占2%～10%;因为有专人收购纸张,当地居民将平时废旧纸张都统一收集等待专人来收购,因此生活垃圾中纸张所占比例较少,约占0.8%～6%;金属同纸张一样,由专人进行收购,故金属在生活垃圾中所占比例也较小,除依庄乡外,仅占生活垃圾的0.2%～3%。各乡镇木竹、织物、橡胶在生活垃圾中所占比例均较小。

综合曲周县各乡镇农村生活垃圾的物理组成可以看出,厨余垃圾约占56%,灰土约占31%,其他类垃圾约占13%,湿重比约为厨余垃圾∶灰土∶其他类垃圾=4.3∶2.4∶1。所以对于农村生活垃圾大类粗分方法可采用按厨余垃圾、灰土、其他类垃圾3类收集:

A.厨余垃圾:主要是食物残渣、剩菜剩饭、菜叶果皮和草木树叶等庭院垃圾。

B.灰土:指灰土、砖瓦、石块等只能用于填埋的垃圾。

C.其他垃圾:指废旧报纸书刊以及零星包装纸张、烟盒、纸壳、碎玻璃、塑料袋、办公纸张、塑料、金属等可回收的垃圾和一部分不可回收垃圾,如受污染的废纸和纸巾、不能利用的织物、尿片和用过的个人卫生用品等。

电池、药品等有害垃圾由于产量很少，且未经处理不应进入垃圾收运系统，建议单独进行收集。

3）曲周县各乡镇生活垃圾中可堆腐（厨余垃圾）资源量分析

根据表 7-1 和表 7-2 可分析出曲周县各乡镇生活垃圾中的可堆腐资源量（厨余垃圾），见表 7-3。

表 7-3　2008 年曲周县各乡镇生活垃圾中的可堆腐资源量（厨余垃圾）

乡镇	生活垃圾年产生总量/t	可堆腐/%	可堆腐垃圾年产生总量/t	可堆腐部分所含养分/t		
				全 N	有效 P_2O_5	全 K_2O
曲周镇	9873	62.50	6170.52	172.77	21967.04	166.60
槐桥乡	3341	43.70	1459.83	40.88	5197.00	39.42
白寨乡	12741	59.40	7568.44	211.92	26943.64	204.35
安寨镇	13613	60.64	8254.79	231.13	29387.06	222.88
大河道乡	3292	43.90	1445.32	40.47	5145.34	39.02
侯村镇	14404	70.40	10140.42	283.93	36099.89	273.79
依庄乡	3870	45.70	1768.77	49.53	6296.84	47.76
河南疃镇	8393	56.90	4775.68	133.72	17001.40	128.94
四疃乡	5584	58.80	3283.23	91.93	11688.30	88.65
南里岳乡	5934	57.60	3418.24	95.71	12168.95	92.29
合计	81046	平均:55.95	48285.24	1351.99	171895.45	1303.70

由表 7-3 可知，2008 年曲周县生活垃圾中可堆腐垃圾资源量达 4.8 万 t，其中侯村镇可堆腐垃圾资源量最多，超过 1 万 t；其次是安寨镇、白寨乡和曲周镇，可堆腐垃圾量在 6000～8000 t，其余各乡镇可堆腐垃圾量在 1000～5000 t。各乡镇 2008 年可堆腐垃圾量空间分布见图 7-2。

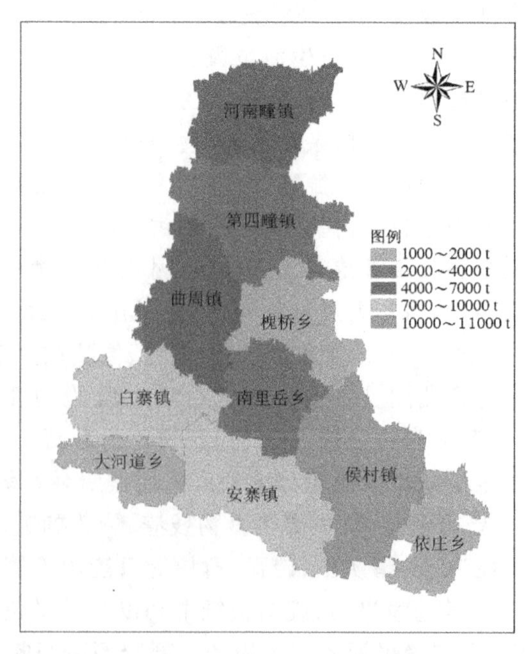

图 7-2　各乡镇可堆腐生活垃圾年产生量空间分布图

由此可见，各乡镇生活垃圾中可堆腐垃圾比例较高，若在源头分类收集，即通过人工分拣的方法，将可堆腐垃圾分拣出来，集中运至堆肥厂进行堆肥，作为堆肥原料加以资源化利用，不仅可解决生活垃圾对农村环境的污染问题，而且可为农业生产提供有机肥生产的原料，有着较好的经济效益和生态效益。

4）垃圾产量与收入的相关性分析

将选取的各典型村垃圾产生量与各村总收入进行相关性分析，如图 7-3，可得 $R=0.604>R_{0.001}=0.4433$，即线性回归达极显著水平，故村收入和村生活垃圾产生量成极显著相关。

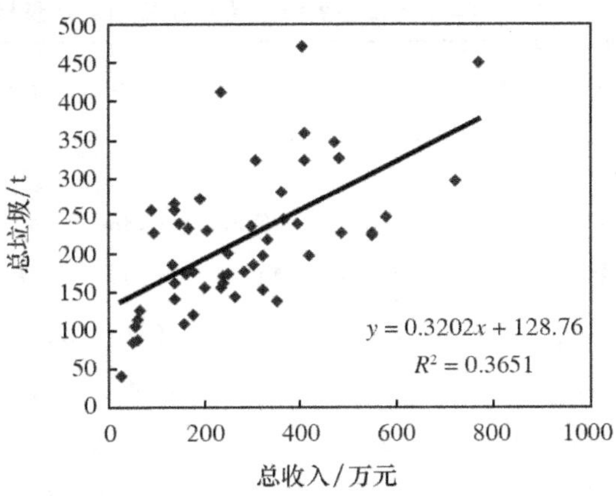

图 7-3 典型村总收入与垃圾产量

2. 曲周县作物秸秆资源现状及利用潜力分析

农作物秸秆资源概算

(1)农作物秸秆年产生量估算 农作物秸秆的产生量可根据农作物的产量与草谷比进行计算：

秸秆的资源量＝作物产量×草谷比

其中草谷比因农作物的种类不同而不同，如表 7-4 所示。本研究统计的农作物包括粮食作物中的稻谷、玉米、小麦、豆类、薯类等，以及在经济作物中的油料、棉花等(表 7-5，表 7-6)。

表 7-4 不同农作物草谷比

农作物	稻谷	小麦	玉米	薯类	大豆	其他粮食	棉花	油料
草谷比	1.0	1.0	2.0	1.0	1.5	1.0	3.0	2.0

表 7-5 2008 年曲周县各乡镇主要农作物产量 t

乡镇	主要农作物							
	小麦	玉米	谷子	薯类	大豆	棉花	油料	蔬菜
曲周镇	11773	13085	0	0	0	1161	0	141775
河南疃镇	16423	17675	170	100	45	2196	120	26057
侯村镇	24685	26191	212	275	139	2733	1118	31465
安寨镇	24491	25654	169	137	161	2070	271	30257
南里岳乡	14221	15238	127	102	26	1689	118	11774
槐桥乡	11402	11798	169	122	26	1817	177	15027
大河道乡	6772	7128	63	104	31	1264	120	24230
依庄乡	7157	7293	106	110	63	1541	1381	12956
白寨乡	17963	19091	204	171	24	1264	176	66310
四疃乡	14490	15327	106	144	169	2133	91	40215
合计	149377	159337	1326	1265	684	17838	3573	400066

表 7-6　2008 年曲周县各乡镇主要农作物秸秆产量概算　　t

乡镇	小麦	玉米	谷子	薯类	大豆	棉花	油料	蔬菜	秸秆量总计/万 t
曲周镇	11773	26170	0	0	0	3483	0	—	4.14
河南疃镇	16423	35350	170	100	67.5	6588	240	—	5.89
侯村镇	24685	52382	212	275	208.5	8199	2236	—	8.82
安寨镇	24491	51308	169	137	241.5	6210	542	—	8.31
南里岳乡	14221	30476	127	102	39	5067	236	—	5.03
槐桥乡	11402	23596	169	122	39	5451	354	—	4.11
大河道乡	6772	14256	63	104	46.5	3792	240	—	2.53
依庄乡	7157	14586	106	110	94.5	4623	2762	—	2.94
白寨乡	17963	38182	204	171	36	3792	352	—	6.07
四疃乡	14490	30654	106	144	253.5	6399	182	—	5.22
合计	149377	316960	1326	1265	1026	53604	7144	—	53.07

曲周县不仅是全国商品粮生产基地县，被列入全省优质专用小麦基地项目重点县，还是中原蔬菜生产大县，蔬菜种植面积达十几万亩。曲周县粮食作物主要以小麦、玉米、谷类等为主，经济作物以棉花、林果、蔬菜、油类等为主。产生的农作物秸秆不仅种类繁多而且数量巨大。2008 年，曲周县秸秆产量高达 53.07 万 t。其空间分布见图 7-4。

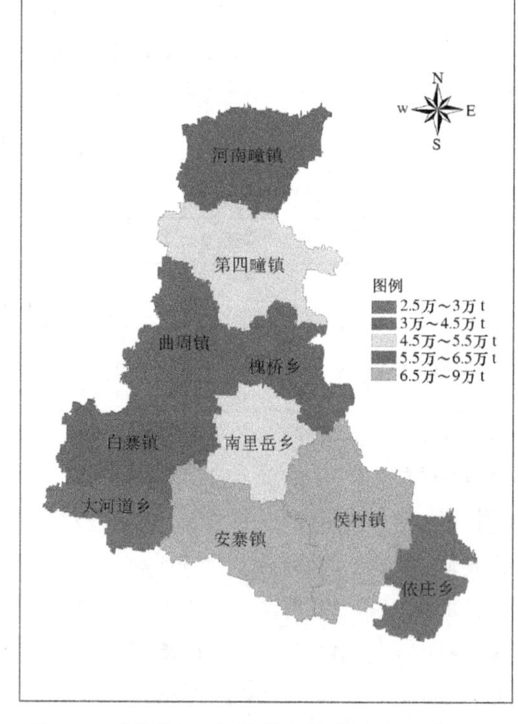

图 7-4　曲周县各乡镇秸秆产量空间分布图

(2)农作物秸秆中养分含量估算　秸秆中含有碳、氮、磷、钾、镁、硫等元素，这些元素是农作物生长必需的主要营养元素。因此秸秆也是丰富的肥料资源。秸秆一般含碳量为 44.2%，含氮量为 0.62%，含磷(P_2O_5)量为 0.25%，含钾(K_2O)量为 1.44%。

根据农作物秸秆产量，即可计算出曲周县各乡镇农作物秸秆中的氮磷钾养分贮量。根据表 7-6，各乡镇因农作物播种面积不同，农作物秸秆产量不同，养分总贮量也不同。2008 年曲周县各乡镇秸秆养分贮量见表 7-7。

表 7-7　2008 年曲周县各乡镇秸秆养分贮量　t

乡镇	N	P_2O_5	K_2O	N、P、K 养分总量
曲周镇	256.84	103.57	596.53	956.94
河南疃镇	365.42	147.35	848.71	1361.48
侯村镇	546.82	220.49	1270.04	2037.36
安寨镇	515.21	207.75	1196.62	1919.58
南里岳乡	311.66	125.67	723.86	1161.19
槐桥乡	255.02	102.83	592.32	950.17
大河道乡	156.70	63.18	363.94	583.82
依庄乡	182.52	73.60	423.91	680.03
白寨乡	376.34	151.75	874.08	1402.17
四疃乡	323.82	130.57	752.09	1206.48
合计	3290.35	1326.76	7642.11	12259.22

由表 7-7 可以看出，曲周县各乡镇秸秆中 N 贮量在 180～550 t，P 贮量在 60～250 t，K 贮量在 360～1300 t；以侯村镇最高，N、P、K 总养分含量达 2037.36 t，占曲周县秸秆总养分贮量的 16.6%；其次为安寨镇，N、P、K 总养分含量为 1919.58 t，占全市的比例为 15.7%。秸秆中养分贮量最低的是大河道乡，N、P、K 总养分含量仅为 583.82 t。其空间分布如图 7-5 所示。

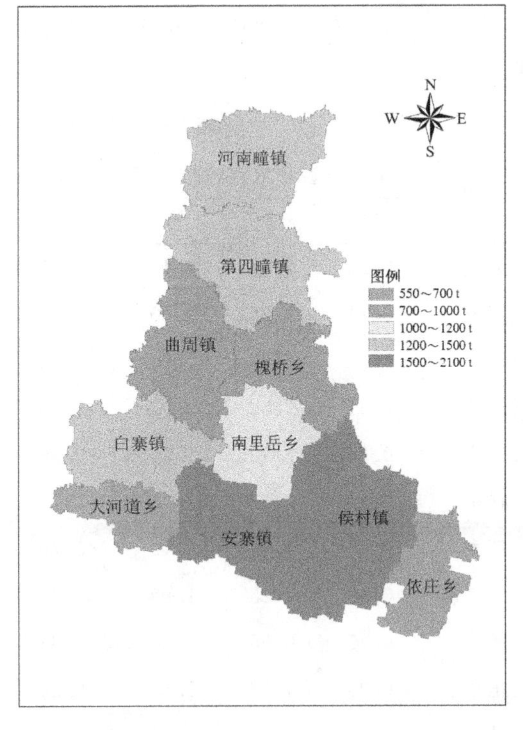

图 7-5　曲周县各乡镇秸秆 N、P、K 贮量空间分布图

综上，秸秆中贮存了大量的营养物质，可作为优质的有机肥源，实现秸秆的资源化利用。

3. 曲周县畜禽粪便资源量概算

随着曲周县农村经济和畜牧业的发展，畜禽养殖场规模化和数量越来越大，产生的粪便废弃物数量也越来越多，仅靠附近农民取用难以全部处置。畜禽粪便有机质丰富，含有较高的 N、P、K 及微量元素，是很好的制肥原料。

1）畜禽粪便年排放量估算

畜禽粪便的产生量可根据排泄系数计算得出。公式如下：

$$畜禽粪便产量=排泄系数\times 动物数量$$

国家环保局推荐畜禽粪尿系数如表 7-8 所示。

表 7-8　国家环保局推荐畜禽粪尿系数　　kg/(头·年)

项目	牛	猪	羊	家禽
粪	7300	398	950	26.3
尿	3650	656.7	—	—

畜禽粪便年产量与畜禽养殖量呈正相关。2008 年曲周县各乡镇养殖的大牲畜有牛、马、驴、骡,相较于牛的养殖量,马、驴、骡的养殖量较少,因此本研究未将其计算在内。虽然家禽粪便排泄系数较小,但由于家禽养殖数量较大,因此其粪便量在粪便总产量中所占比例最大。2008 年,曲周县家禽年末存栏总数达 864.57 多万只,粪便排放达 68.21 万 t,占全县畜禽粪便排泄量的 46%;饲养牛数量虽较少,仅有 2.97 万头,但其粪便排泄系数较大,粪便排放量达 21.68 万 t,居畜禽粪便产量第二位;羊年末存栏总数达 21.98 万只,粪便排放为 20.88 万 t。2008 年曲周县农村畜禽排泄物总量为 147.99 万 t,其中曲周镇和安寨镇年产畜禽粪便量较高,在 20 万 t 左右;大河道乡年产畜禽粪便量最少,仅 6 万 t(表 7-9)。其空间分布见图 7-6 和图 7-7。

表 7-9　2008 年曲周县各乡镇牲畜粪便量概算

乡镇	主要牲畜年末存栏数/(万头/只)				牲畜年产粪总量/万 t				粪总量/万 t	尿总量/万 t
	牛	猪	羊	禽	牛粪	猪粪	羊粪	禽粪		
曲周镇	0.26	2.57	3.48	154.63	1.90	2.05	3.31	12.20	19.45	4.32
槐桥乡	0.21	1.28	1.30	65.82	1.53	1.02	1.24	5.19	8.98	2.45
白寨乡	0.32	2.80	1.99	125.54	2.34	2.23	1.89	9.91	16.36	4.85
安寨镇	0.61	2.32	3.31	145.75	4.45	1.85	3.14	11.50	20.94	5.27
大河道乡	0.25	1.10	1.10	28.56	1.83	0.88	1.05	2.25	6.00	2.36
侯村镇	0.41	2.52	3.15	100.72	2.99	2.01	2.99	7.95	15.94	4.81
依庄乡	0.19	1.27	2.19	45.79	1.39	1.01	2.08	3.61	8.09	2.36
河南疃镇	0.18	1.25	1.89	67.68	1.31	1.00	1.80	5.34	9.44	2.30
四疃乡	0.25	0.95	1.67	37.83	1.83	0.76	1.59	2.98	7.15	2.16
南里岳乡	0.30	1.58	1.89	92.26	2.19	1.26	1.80	7.28	12.52	3.17
总计	2.97	17.64	21.98	864.57	21.68	14.04	20.88	68.21	147.99	34.01

2)畜禽粪便养分贮量

畜禽粪尿的养分含量根据畜禽种类的不同而各不相同,具体养分含量值见表 7-10。

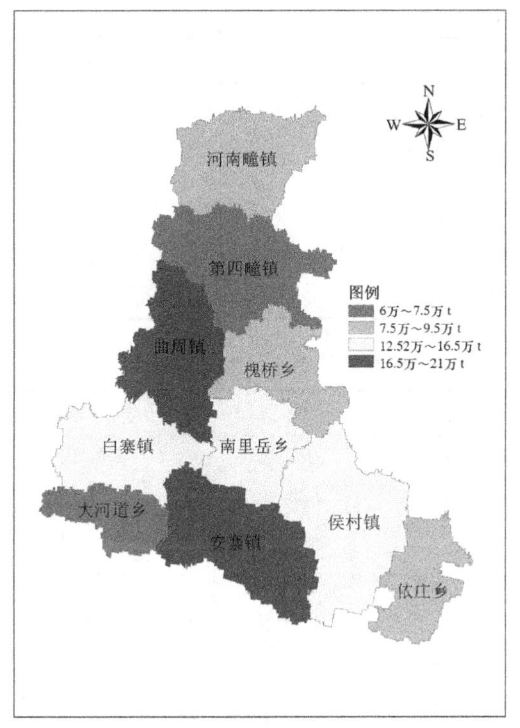

图 7-6 曲周县各乡镇畜禽粪排放量空间分布图

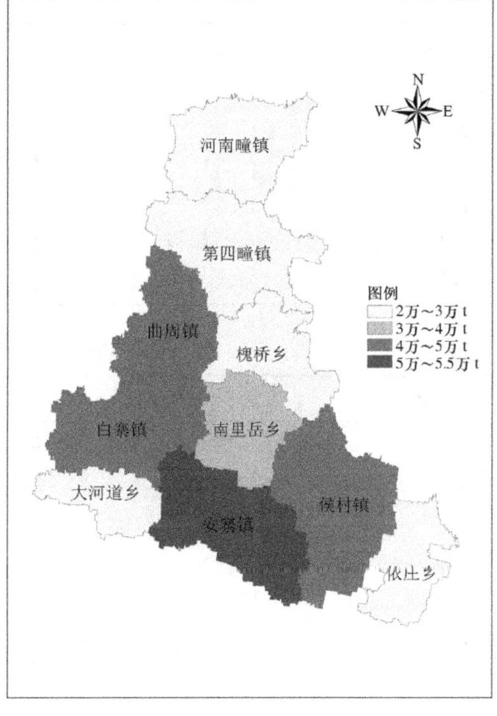

图 7-7 曲周县各乡镇畜禽尿排放量空间分布图

表 7-10 新鲜畜禽粪尿养分含量 %

种类	畜禽粪便				畜禽尿液				
	有机质	氮	磷(P_2O_5)	钾(K_2O)	水分	有机质	氮	磷(P_2O_5)	钾(K_2O)
牛	14.5	0.32	0.25	0.16	94.4	2.8	0.5	0.04	1.1
猪	15	0.6	0.4	0.44	97.5	0.8	0.17	0.05	0.19
羊	31.4	0.65	0.47	0.23	—	—	—	—	—
家禽	21	0.58	0.3	0.24	—	—	—	—	—

资料来源：中国有机肥料资源，全国农业技术推广服务中心，1999

根据各乡镇畜禽粪、尿产生量，可以计算各乡镇畜禽粪尿的养分贮量，如表 7-11 与表 7-12 所示，各乡镇中畜禽粪便、尿养分贮量以安寨镇最高，其中畜禽粪 N、P、K 养分总贮量为 2303.47 t，占全县畜禽粪 N、P、K 养分总贮量的 16%，畜禽尿 N、P、K 养分总贮量为 490.08 t，占全县畜禽尿 N、P、K 养分总贮量的 18%。其空间分布如图 7-8 所示。

表 7-11 2008 年曲周县各乡镇畜禽粪便养分贮量 t

乡镇	有机质	N	P_2O_5	K_2O	N、P、K 养分总量
曲周镇	41822.16	1105.99	650.67	489.23	2245.88
槐桥乡	18534.79	491.67	292.92	222.40	1006.99
白寨乡	33467.29	905.86	533.56	416.65	1856.06
安寨镇	43249.98	1124.67	677.98	500.82	2303.47
大河道乡	11973.06	309.56	197.37	145.84	652.77

续表 7-11

乡镇	有机质	N	P_2O_5	K_2O	N、P、K 养分总量
侯村镇	33433.48	871.56	534.11	395.70	1801.37
依庄乡	17647.25	449.82	281.28	201.23	932.33
河南疃镇	20249.57	528.17	317.24	234.26	1079.67
四疃乡	15030.21	380.01	239.98	170.60	790.59
南里岳乡	25986.45	684.45	407.83	306.38	1398.65
总计	261316.55	6849.99	4131.53	3082.13	14063.65

表 7-12　2008 年曲周县各乡镇畜禽尿液养分贮量 t

乡镇	有机质	N	P_2O_5	K_2O	养分总量
曲周镇	535.76	104.83	20.67	168.52	294.03
槐桥乡	349.11	66.90	11.47	116.26	194.63
白寨乡	621.24	120.92	23.06	198.35	342.33
安寨镇	867.19	163.13	24.14	302.81	490.08
大河道乡	371.08	70.19	10.87	127.83	208.88
侯村镇	683.80	131.09	22.53	227.50	381.13
依庄乡	327.62	63.03	11.11	107.98	182.12
河南疃镇	315.30	60.76	10.84	103.46	175.06
四疃乡	355.32	66.84	9.89	124.08	200.81
南里岳乡	472.61	90.03	14.76	159.88	264.66
总计	4888.81	935.89	159.20	1632.65	2727.75

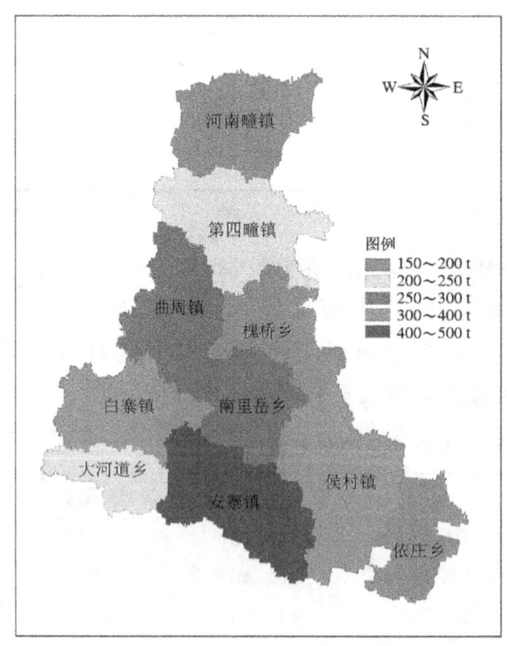

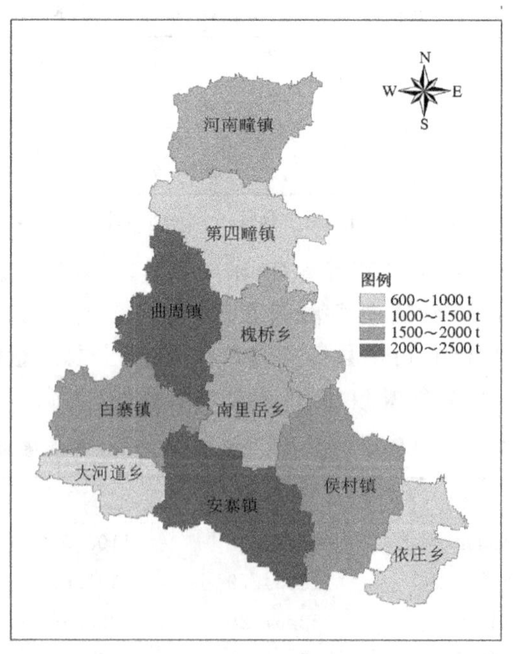

图 7-8　曲周县各乡镇畜禽粪尿养分贮量空间分布图（左图为粪便养分贮量，右图为尿液养分贮量）

7.2.2 曲周县各乡镇各类农业废弃物所含养分总量分析

综合曲周县各乡镇生活垃圾的产生量及其所含的养分量、曲周县各乡镇作物秸秆的产生量及其所含养分量、曲周县畜禽数量及其所产生的粪尿数量和所含养分量，得出表 7-13 曲周县各乡镇各类农业废弃物所含养分量。

总体上看，曲周县农业废弃物所携带的氮素略低于作物生长所需要的氮素，两者相差 18.57%；农业废弃物中所含的 P_2O_5 则远远超过了作物生长所需要的量，超过了 18.14 倍；而废弃物中所含的 K_2O 也完全可以满足作物生长的需要，两者相差 4.54 倍，也就是说，如果能充分利用好农业废弃物这一类资源，完全可以减少甚至不使用化学肥料，这将是一笔巨大的生物资源。

表 7-13 2008 年曲周县各乡镇各类废弃物所含的养分总量及作物需求量 t

乡镇	N		P_2O_5		K_2O		养分总量	
	废弃物所含量	作物需求量	废弃物所含量	作物需求量	废弃物所含量	作物需求量	废弃物所含量	作物需求量
曲周镇	1640.43	1518.24	22741.95	836.29	1420.88	787.68	25803.26	3142.21
槐桥乡	854.47	1160.43	5604.22	700.14	970.4	571.53	7429.09	2432.1
白寨乡	1615.04	1791.16	27652.01	1022.18	1693.43	810.10	30960.48	3623.44
安寨镇	2034.14	2200.12	30296.93	1248.65	2223.13	938.82	34554.2	4387.59
大河道乡	576.92	918.73	5416.76	545.15	676.63	454.98	6670.31	1918.86
侯村镇	1833.4	2362.87	36877.02	1385.05	2167.03	1041.57	40877.45	4789.49
依庄乡	744.9	895.60	6662.83	534.07	1627.01	489.32	9034.74	1918.99
河南疃镇	1088.07	1483.17	17476.83	859.59	1315.37	657.21	19880.27	2999.97
四疃乡	862.6	1535.00	12068.74	886.60	1135.42	725.00	14066.76	3146.6
南里岳乡	1181.85	1396.66	12717.21	794.68	1282.41	577.61	15181.47	2768.95
总计	12428.22	15261.97	177512.94	8812.40	13660.59	7053.81	203601.8	31128.18

7.3 有机废弃物资源化处理技术

7.3.1 农村厨余垃圾单独堆肥研究

厨余垃圾具有有机成分复杂、含水量大、含盐量高等特点，在堆肥化处理过程中也存在一些问题。本实验主要探讨厨余垃圾单独堆肥的可行性和在堆肥过程中可能存在的问题。

1. 好氧堆肥过程中堆体温度变化

由图 7-9 可以看出，厨余垃圾单独堆肥过程中温度上升速度较慢，在堆肥第 7 d 才上升到 54 ℃，升温速率为 0.174 ℃/h。主要原因是堆体含水率较高，阻碍了氧气的传输，影响了微生物活性，降低了好氧反应速率。但是高温期持续时间较长，保持在 55 ℃以上 10 d，有利于杀死物料中致病微生物及病原体，达到粪便无害化卫生标准 GB 7959—2012 中对无害化的温度要求，即进行高温堆肥时，应至少持续 5 d 保持高温 50～55 ℃及以上。

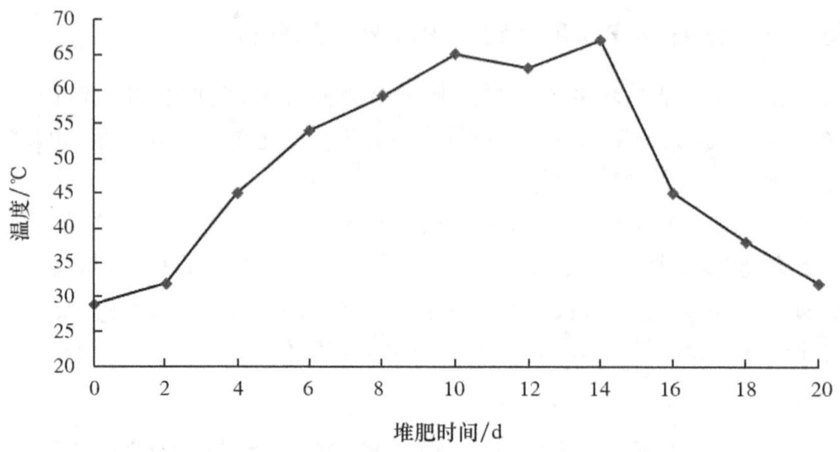

图 7-9 好氧堆肥过程中温度随时间的变化

2. 好氧堆肥过程中堆体含水率的变化

高温堆肥过程中含水率的变化见图 7-10，可以看出，随着堆肥的进行，堆体含水率总体呈下降趋势。在堆肥第二天到堆肥第 4 d，含水率从最高的 82.1%下降到 64.6%，这段时期含水率下降的最快；随着堆肥反应的进行，含水率下降速度逐渐变缓。

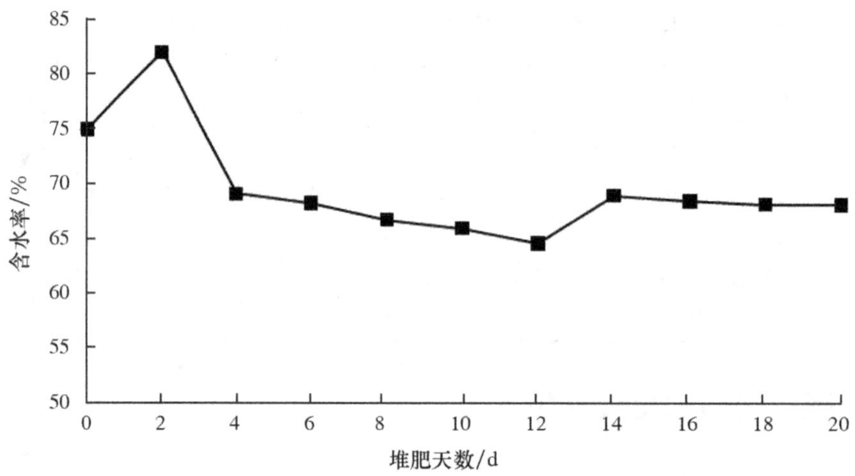

图 7-10 高温堆肥过程中含水率随时间的变化

3. 好氧堆肥过程中渗滤液产生量的变化

由图 7-11 可以看出，升温期，是渗滤液产生量最大的时期，共产生渗滤液 5.58 kg，占全部渗滤液产生量的 48.9%；而在高温期产生渗滤液 2.75 kg，全部渗滤液产生量的 24.1%。厨余垃圾单独堆肥的过程中，升温阶段是渗滤液产生最大的时候，渗滤液的主要成分是厨余垃圾所含有的物理水成分，而在发酵过程中有机物分解后产生的水分只占渗滤液产生量的 24.1%，所以在厨余垃圾单独收集后快速脱水，将会大大降低处理过程中渗滤液的产生量。

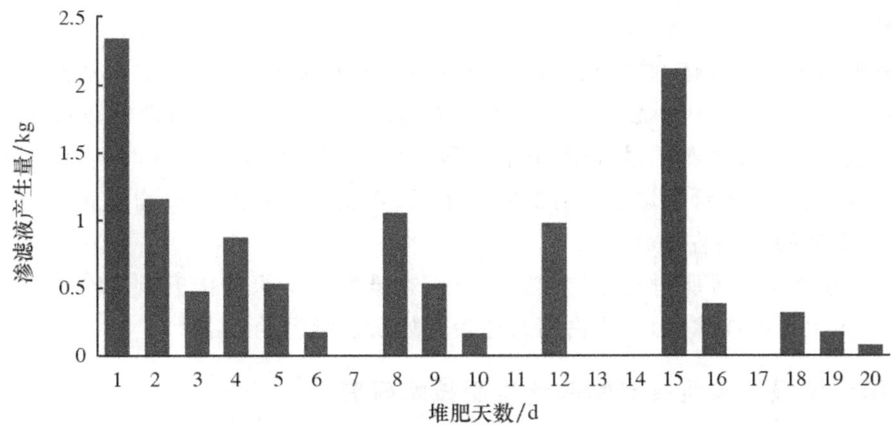

图 7-11　高温堆肥过程中渗滤液产生量随时间的变化

根据堆肥过程中渗滤液排放量随堆肥时间累积的特性，可用线性关系来表达厨余垃圾单独堆肥过程中渗滤液累积量与堆肥时间之间的关系，应用线性方程，计算堆肥腐熟过程中任一天的渗滤液累积量(图 7-12)。

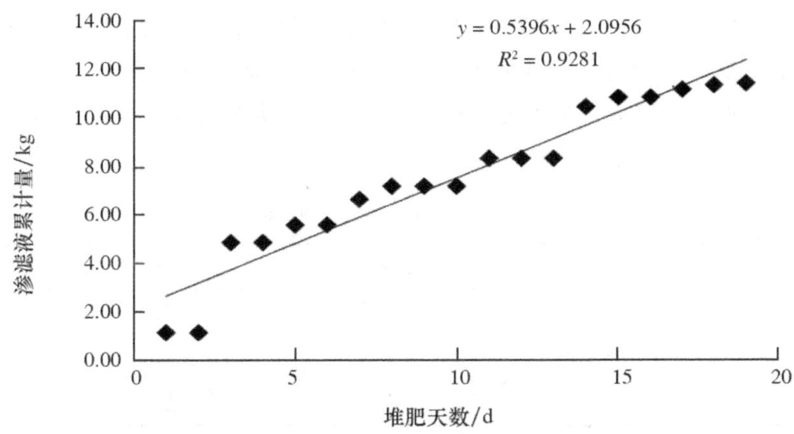

图 7-12　堆肥渗滤液累积量的变化

4. 好氧堆肥过程中水分损失途径

由表 7-14 可以看出，厨余垃圾单独堆肥过程中，水分损失途径主要是以渗滤液的形式，经过称重计算，在整个好氧发酵过程中渗滤液产生重量占厨余垃圾开始阶段湿重的 44.0%，以渗滤液形式损失的水分占总水分的 55.1%。厨余垃圾单独堆肥过程中存在着渗滤液产生量过大的问题。

表 7-14　好氧堆肥过程中厨余垃圾水分损失途径

堆肥时期	原料/kg			损失/kg		
	湿重	干物重	水分	干物质	蒸发水	渗滤液
开始	25.9	5.4	20.5	1.1	0.2	11.3
结束	13.2	4.3	9.0			
占湿重比例/%				4.3	0.6	44.0

5. 小结

(1)单独以厨余垃圾作为原料进行好氧堆肥在 55 ℃以上持续 10 d,可达到粪便无害化卫生标准 GB 7959—2012 中对无害化的温度要求,说明厨余垃圾具备堆肥的可行性。

(2)厨余垃圾单独堆肥的过程中,升温阶段是渗滤液产生量最大的时候,说明厨余垃圾堆肥过程中渗滤液主要是厨余垃圾自身的物理水,而在发酵过程中有机物分解后产生的水分只占渗滤液产生量的 30%左右。

(3)厨余垃圾单独堆肥过程中,升温速度慢,在堆肥第 7 天才上升到 54 ℃,并且在好氧堆肥过程中产生大量的渗滤液,总重占厨余垃圾开始阶段湿重的 44%。

7.3.2 厨余垃圾与农业废弃物联合堆肥技术研究

厨余垃圾单独堆肥过程中需要 7 d 才升温到 54 ℃,并且在堆肥过程中产生大量的渗滤液,总重占厨余垃圾开始阶段湿重的 44%。秸秆可有效地吸附水分,减少渗滤液的产生,而畜禽粪便由于所含有机质成分简单,更容易被微生物利用,有利于堆肥过程中温度的上升。本试验设计不同添加比例的厨余垃圾与秸秆、猪粪的处理,通过腐熟度分析,研究添加秸秆、猪粪后的堆肥效果,提出最佳物料配比(表 7-15)。

试验采用室内发酵罐进行,按照不同厨余添加比例设置 7 种处理,设计方案见表 7-16,各个处理含水率控制在 60%左右,C/N 为 25∶1 至 30∶1,通风量控制在 0.06 $m^3/(min\cdot m^3)$,各处理初始状态参数见表 7-17,通过腐熟度指标评价,研究厨余垃圾和农业废弃物的最佳和最大添加比例。

表 7-15 各物料指标

物料	含水率/%	TOC/%	TN/%	C/N
厨余	79.2	32.3	1.49	21.66
秸秆	8.30	52.0	0.87	59.70
猪粪	71.2	33.7	2.73	12.34

表 7-16 厨余垃圾和农业废弃物联合堆肥的添加比例(湿基) %

物料	处理 1	处理 2	处理 3	处理 4	处理 5	处理 6	处理 7
厨余	0	20	30	40	50	60	70
秸秆	23	18	16	14	11	9	7
猪粪	77	62	54	46	39	31	23

表 7-17 厨余垃圾和农业废弃物联合堆肥参数

参数	处理 1	处理 2	处理 3	处理 4	处理 5	处理 6	处理 7
C/N	30.56	28.54	27.85	27.11	26.44	25.58	25.12
含水率/%	60	59	59	60	61	62	63
通风量/[$m^3/(min\cdot m^3)$]	0.06	0.06	0.06	0.06	0.06	0.06	0.06

1. 堆肥物料的同源性分析

厨余垃圾主要是指人们餐余残留物和厨房抛弃的饭菜，成分复杂，具体包括油、水、菜叶、菜梗、果皮、果核、剩饭菜、米面、鱼刺、肉、骨以及废餐具、纸巾等大杂烩。从化学组成上，厨余垃圾含有较丰富的营养物质，主要有淀粉、纤维素、蛋白质、脂类、碳水化合物等有机物，其中粗蛋白、粗纤维和脂类等有机物的含量较高(梁政等，2004)。经有关单位分析测定，未变质的厨余垃圾的干燥物中含粗蛋白 16.73%、粗脂肪 28.82%、粗纤维 2.52%及其他矿物质，而有机质含量高达 45%左右；秸秆中氮、磷、钾、钙、镁、有机质等含量丰富，研究表明秸秆主要由木质素、纤维素和半纤维素、粗蛋白质等生物有机高分子组成(焦桂枝，2003)，有机质含量平均为 15%，平均含碳量为 44.22%、氮 0.62%、磷 0.25%，还含有钙、镁、硫及其他重要的微量元素(孙丁贺等，2007)；畜禽粪便含有较高的氮、磷、钾及微量元素，有机质含量丰富，约为 14%～30%，粪便中主要含有秸秆及稻草等以纤维素、木质素为主的不易生物降解物质(冯磊等，2008)。因此，农村厨余类垃圾与农村秸秆粪便在组分上具有同源性。

2. 不同厨余垃圾添加比例下物料物理学性质的变化

1)不同厨余垃圾添加比例下温度的变化

由图 7-13 可以看出，所有处理都是在第 2 d 就升温到 50 ℃以上，并且都在 50 ℃以上保持 5 d 以上，满足我国粪便无害化标准(GB 7959—2012)堆肥卫生学要求。除了处理 1，其他处理在 50 ℃保持 7 d 以上。通过 SPSS 分析，猪粪的添加量与升温速率呈极显著正相关($P=0.002$，$P<0.01$)，猪粪的添加可以加速厨余垃圾堆肥的升温速度。这是由于猪粪里面的有机物质组成简单，易于被微生物分解利用，可以迅速提高堆肥温度。各处理中处理 7 的温度上升最高，达到 70 ℃，并且高温期持续时间最长。

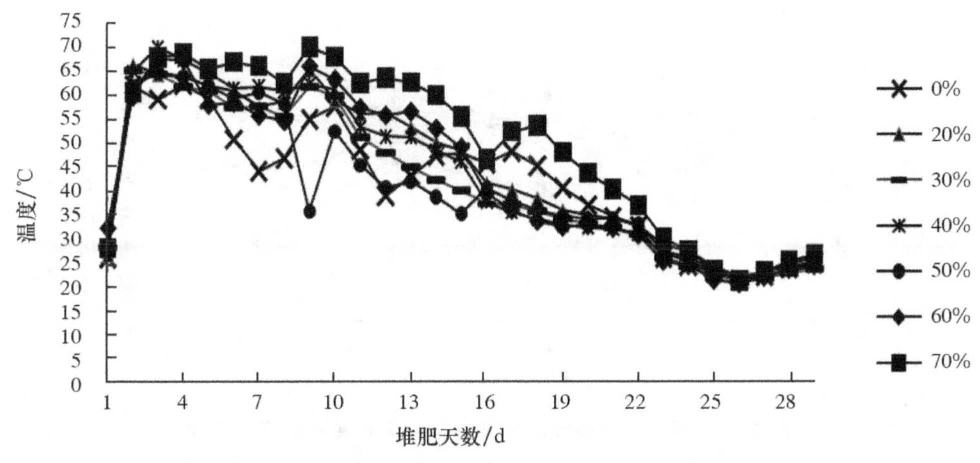

图 7-13　不同处理在好氧堆肥过程中温度随时间的变化

2)不同厨余垃圾添加比例对容重的影响

由图 7-14 可以看出，物料的容重随着堆肥的进行，呈现逐渐增加的趋势，其中 50%厨余垃圾添加比例的处理容重最大，结束时增加到 913.45 kg/m^3，而未添加厨余垃圾的容重最小，最终增加到 738.71 kg/m^3。

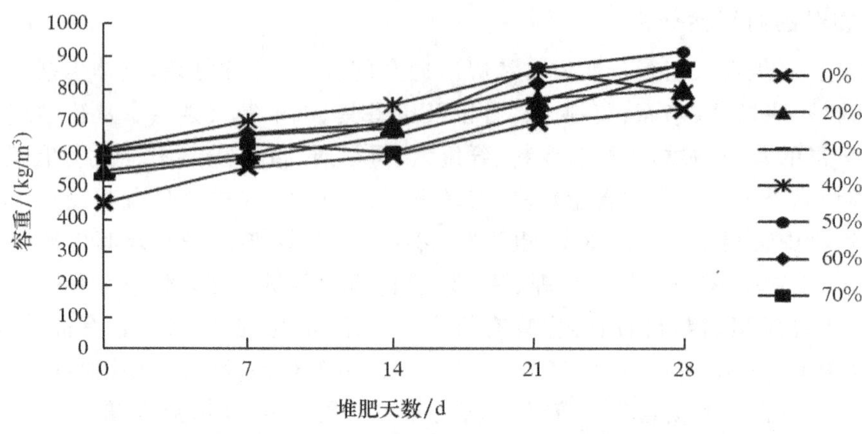

图 7-14　不同处理在好氧堆肥过程中容重随时间的变化

3）不同厨余垃圾添加比例下含水率的变化

水分是堆肥中微生物生长代谢所必需的，一般适宜的含水率为重量计的 40%～60%，若超过 70%，则明显降低分解速度，温度也会受其影响。由图 7-15 可以看出，70%添加比例的含水率最低，始终保持在 60%～65%，对应温度曲线，该处理也一直保持在较高温度。而无厨余垃圾添加、30%和 50%厨余添加比例的处理含水率一直保持在 65%以上，对应温度变化曲线，该 3 个处理温度也一直保持在较低水平。但是 7 个处理均未出现显著降低的情况，其中 20%、50%厨余垃圾添加比例的处理含水率还有一定程度的上升，主要原因是由于发酵罐只有顶端开放一个直径 1 cm 的出气口，虽然有一部分水分以蒸汽和渗滤液形式散失，但是在好氧发酵过程中产生的大部分水分在顶部冷凝会落在堆体上，使堆体含水率没有降低。

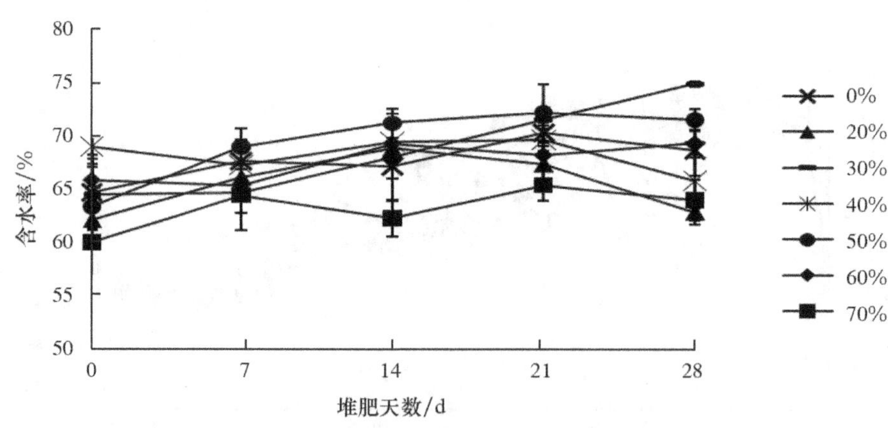

图 7-15　不同处理在好氧堆肥过程中含水率随时间的变化

4）不同厨余垃圾添加比例下渗滤液产生量的变化

不同厨余垃圾添加比例下渗滤液的产生量见图 7-16，可以看出，猪粪、秸秆与厨余垃圾联合堆肥后，可以大大减少渗滤液的产生量；厨余垃圾的添加又可以减少猪粪与秸秆堆肥过程中渗滤液的产生量。其中 20%和 70%厨余垃圾添加比例的处理均未产生渗滤液。

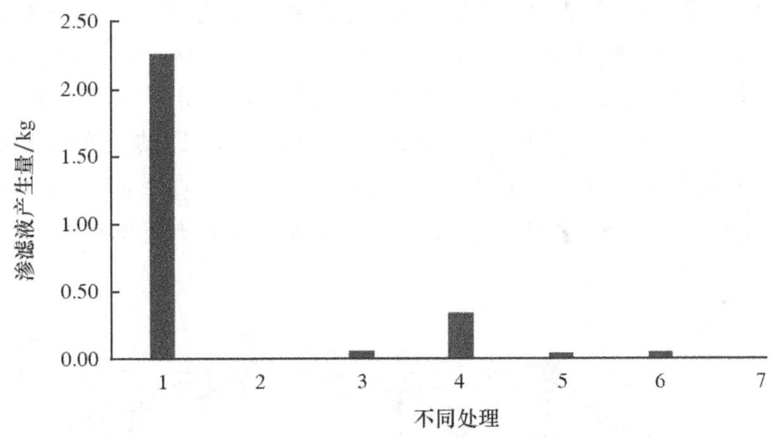

图 7-16 不同处理下渗滤液产生量

3. 不同厨余垃圾添加比例下物料化学性质的变化

1)不同厨余垃圾添加比例下 pH 的变化

堆肥物料的 pH 是影响微生物生长的重要因素之一，Jeris J. S. (1973)等发现微生物在高温阶段最大分解能力为 pH 7.5～8.5。Epstein E. 等(1977)发现高温阶段维持时间最长为 pH 6.5～9.6，<6.5 或>9.6 均未达到美国环保署规定的堆肥最高温度必须在 55 ℃保持 5 d 以上的要求。一般认为堆肥 pH 控制在 6.5～8.5 为佳，由图 7-17 可以看出，堆肥原样的 pH 普遍在 8 以上。堆肥开始阶段，堆体产生大量的有机酸，使堆体 pH 下降，随着高温期的到来，有机酸被大量嗜热菌分解，同时含氮有机物尤其是氨基酸分解产生氨导致堆体的 pH 逐渐升高，在堆肥后期，有机物质的降解基本结束，氨以气体的形式散发出去，pH 趋于稳定，呈现弱碱性，弱碱性 pH 有利于提高土壤中阳离子交换能力，腐熟堆肥为中性或弱碱性，pH 8～9 (Nakasaki K. et al.,1993)。

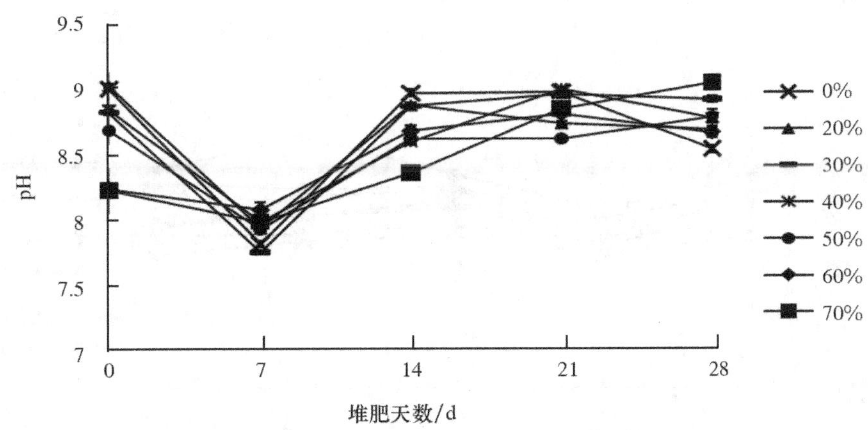

图 7-17 不同处理在好氧堆肥过程中 pH 随时间的变化

2)不同厨余垃圾添加比例下 E_4/E_6 的变化

在堆肥水浸提液中，E_4/E_6 通常随腐殖酸分子量的增加或缩合度的增大而增大，故 E_4/E_6 可作为堆肥腐殖化作用大小的重要指标(Stevenson F. J.,1994)。从图 7-18 可以看出，在堆肥过程中，E_4/E_6总体呈现上升趋势，堆肥成品E_4/E_6均高于原样，介于3.0～6.0。由于堆肥原料中有机质含量很高，在堆肥过程中，堆体的生物化学过程比较强烈，大量的小分子有机酸不断生成。而随着堆肥过程的进行，这种反应会越来越强烈，小分子有机酸的产生速率越来越快，因而E_4/E_6在21 d时有一个飞跃，普遍达到5.0。同时，E_4/E_6的升高也说明了堆肥过程在不断形成更大分子量的腐殖酸。按E_4/E_6的指标衡量，不同处理下的堆肥都基本腐熟。7个处理中，30%厨余添加比例的处理E_4/E_6最高，50%厨余添加比例的处理E_4/E_6最小。

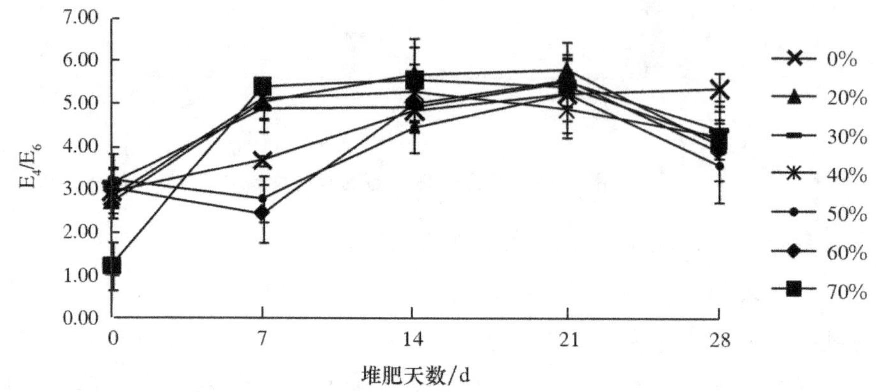

图7-18　不同处理在好氧堆肥过程中E_4/E_6随时间的变化

3）不同厨余垃圾添加比例下电导率（EC）的变化

从图7-19可以看出，在整个堆肥过程中，电导率总体上平稳。鲍士旦等根据土壤浸提液的EC与含盐量对作物生长的影响得出EC超过4.00 mS/cm就会抑制作物的生长的结论（鲍士旦，2000）。不同处理的堆肥的电导率在4.00 mS/cm以下，施用于土壤后，基本不会对作物的生长产生毒害，按电导率的指标衡量，不同处理下的堆肥均达到了基本腐熟。各个处理的EC随着厨余垃圾比例增加而逐渐增加。

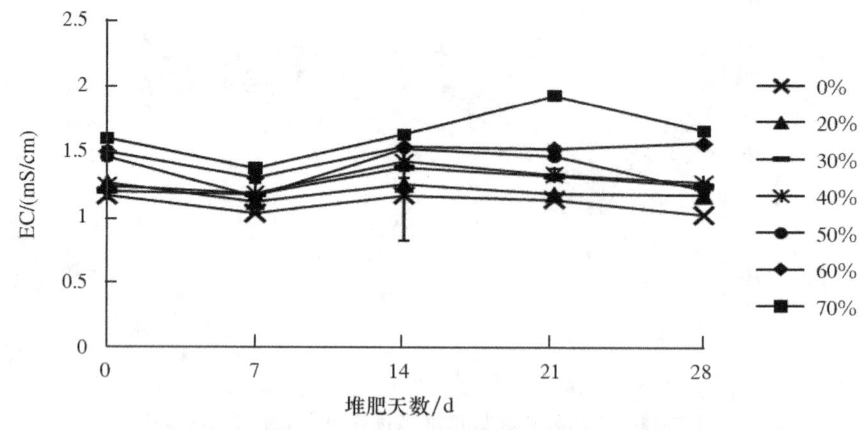

图7-19　不同处理在好氧堆肥过程中EC随时间的变化

4）不同厨余垃圾添加比例下总有机碳（TOC）的变化

从图7-20可知，在堆肥过程中，总有机碳（TOC）都是呈下降趋势。这是由于微生物不断分解垃圾中的小分子有机物。总有机碳的含量(TOC)逐渐降低，是因为随着堆肥时间的延长，堆体中的不稳定物质在微生物的作用下快速分解，转化为 CO_2、水和小分子物质，因此，总有机质的含量均明显下降。

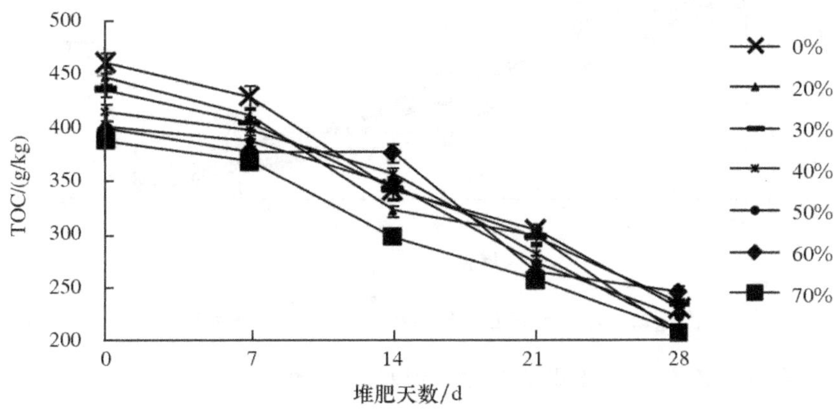

图 7-20　不同处理在好氧堆肥过程中 TOC 随时间的变化

5)不同厨余垃圾添加比例下总氮(TN)的变化

在堆肥过程中，由于氨气的挥发，氮素含量会降低。但在图 7-21 中可见，所有处理的 TN 含量均呈现升高趋势，这是由于一方面该试验是在密闭发酵罐中进行，氮素损失较少；另一方面，由于堆肥过程中垃圾的减量化作用较为明显，因此单位质量的堆肥中总氮含量略有升高。其中 50%厨余添加比例的处理最终堆肥产品总氮含量最高。

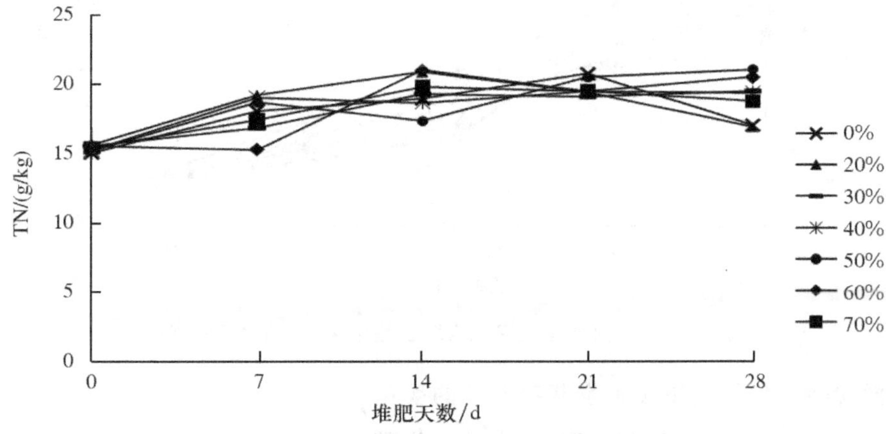

图 7-21　不同处理在好氧堆肥过程中 TN 随时间的变化

6)不同厨余垃圾添加比例下固相 C/N 的变化

从图 7-22 可以看出，在堆肥过程中，C/N 总体变化规律趋于线性下降，这是因为随着好氧堆肥的进行，碳和氮同时在减少，而碳的损失比氮要高，因此导致体系中 C/N 不断减少，直到微生物对有机垃圾的降解反应达到稳定为止。原垃圾的 C/N 为 25～30，这主要是由堆肥原料的性质决定的，农村生活垃圾的 C/N 就在 21 左右。堆肥周期结束时，不同处理的堆肥的固相 C/N 最终为 10.5～13.5，按照 C/N 指标衡量，堆肥已腐熟达到稳定状态。

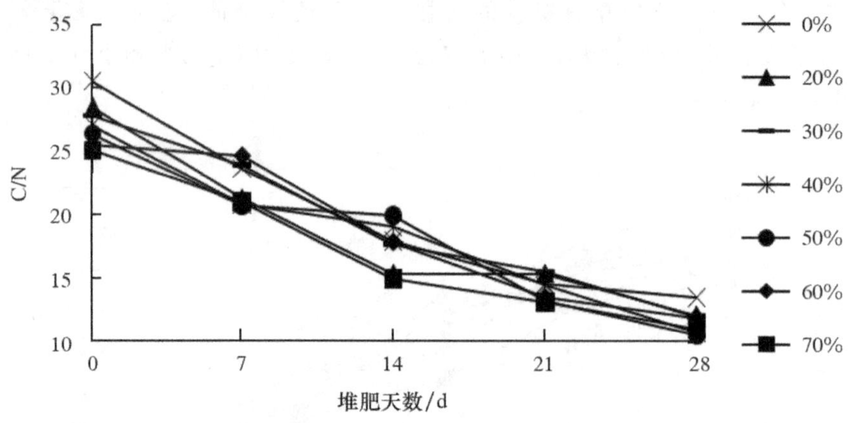

图 7-22　不同处理在好氧堆肥过程中 C/N 随时间的变化

7)不同厨余垃圾添加比例下水溶性碳(WSC)的变化

由图 7-23 可以看出,堆肥过程中,微生物将大分子有机物质分解转化为 CO_2、水和其他物质,因此堆肥的各个处理的 WSC 均随着堆肥时间逐渐降低。Sharon Z. 等认为当 WSC 值低于 4.00 g/kg 时垃圾基本腐熟(Sharon Z. et al.,2005)。最终各个处理的 WSC 都低于 4.00 g/kg 的临界值,表明堆肥已经基本腐熟,各处理之间无明显差异。

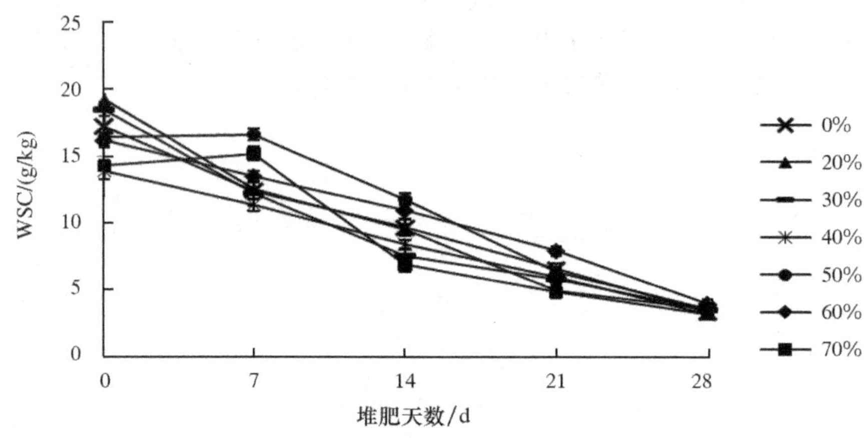

图 7-23　不同处理在好氧堆肥过程中 WSC 随时间的变化

4. 不同厨余添加比例下物料发芽率指数的变化

从图 7-24 可以看出,在堆肥过程中,发芽率指数 GI 呈上升趋势,这是因为随着堆肥的进行,抑制发芽的物质逐渐得到降解,并且物料中难以被种子利用的大分子有机质,在堆肥过程中逐渐被分解成小分子以及离子态物质,利于种子吸收生长。当 GI 大于 50%时可认为堆肥对植物基本没有毒害作用,当 GI 为 80%~85%时,即可认为该堆肥施入土壤对植物已完全没有毒性,堆肥已腐熟(P. wang et al.,2004)。不同处理的堆肥最终堆肥产品的 GI 值均大于 100%,该堆肥施入土壤对植物已完全没有毒性作用。

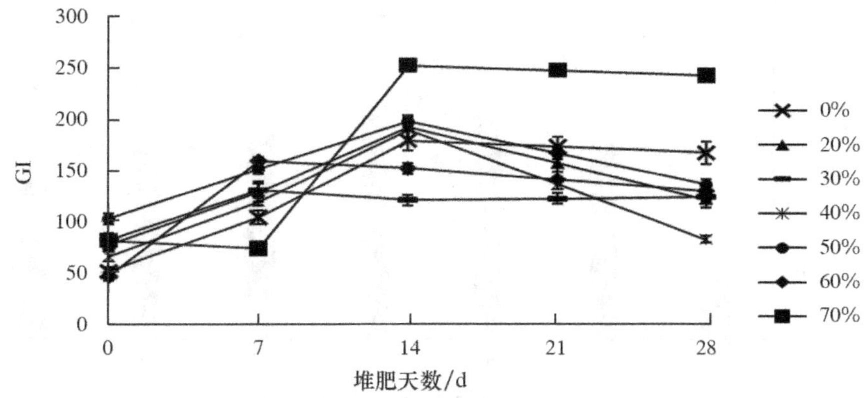

图 7-24 不同处理在好氧堆肥过程中 GI 随时间的变化

5. 不同厨余垃圾添加比例下物料 NH_3 的变化

不同处理 NH_3 变化见图 7-25，可以看出 NH_3 排放呈现先升高后降低的规律。随着好氧堆肥的进行，NH_3 的浓度逐渐降低。由图 7-26 可以看出，在升温期 NH_3 排放浓度逐渐增高，随着厨余垃圾添加比例的增加，单位重量物料的 NH_3 释放量呈逐渐上升趋势，经过 SPSS 分析，单位重量物料 NH_3 释放量与厨余垃圾添加比例，在 $P<0.01$ 下，呈极显著正相关($r=0.981$)，与猪粪的添加比例在 $P<0.01$ 下，呈极显著负相关($r=-0.978$)，与秸秆的添加比例在 $P<0.01$ 下，呈极显著负相关($r=-0.978$)。这说明，在联合堆肥过程中，增加农业废弃物的添加比例可以降低 NH_3 的排放。

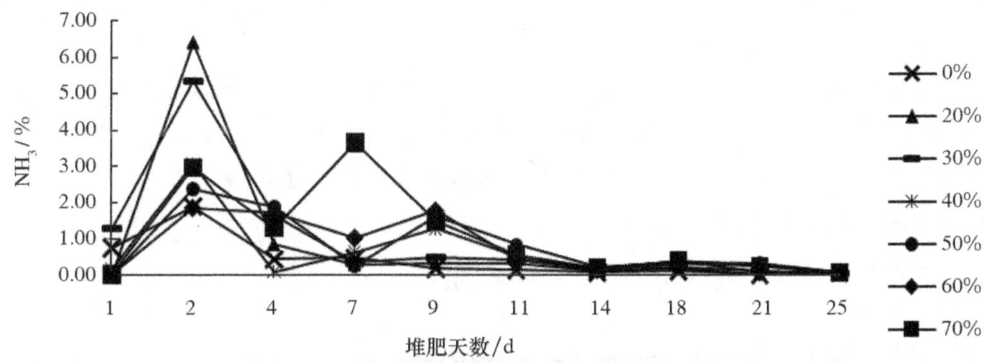

图 7-25 不同处理在好氧堆肥过程中 NH_3 随时间的变化

6. 小结

(1)猪粪的添加量与升温速率呈极显著正相关($P=0.002, P<0.01$)，猪粪的添加可以加速厨余垃圾堆肥的升温速度。

(2)畜禽粪便和秸秆的添加可以降低渗滤液的产生量。

(3)通过对各个处理物料熟度化学指标 pH、电导率(EC)、E_4/E_6、有机质(TOC)、总氮(TN)、固相 C/N 的分析，结果表明各处理堆肥产品均符合腐熟度标准。

(4)通过生物学指标发芽率指数(GI)的分析，各处理堆肥产品施入土壤几乎不对植物产生毒性，GI 值均大于 100%，且 70%厨余添加比例的处理的堆肥产品的发芽率指数高于其他处理的堆肥产品的发芽率指数。

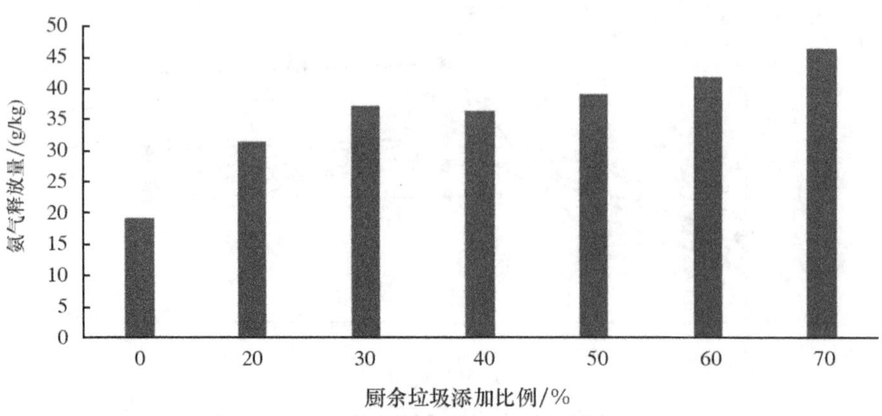

图 7-26　单位重量物料氨气释放量

7.3.3　农村生活垃圾与农业废弃物联合堆肥优化工艺分析

本研究利用多目标决策方法—层次分析法(AHP),对厨余垃圾与农业废弃物联合堆肥所设置的 7 个处理的技术方案进行了深入分析,以确定农村生活垃圾与农业废弃物联合堆肥最优工艺。

1. 层次分析法原理

层次分析法是 20 世纪 70 年代由美国运筹学家沙坦(T. L. Saaty)提出的,本身是一种有效的定量与定性相结合的多目标规划方法,也是一种优化技术,经过多年发展已成为一种较为成熟的方法,近年来在许多领域发展迅速。

层次分析法的基本原理是:将要评判系统的有关替代方案的各种要素按照上一层次为准则,对该层次元素进行逐次比较,依照规定的标度量化后写成矩阵形式,即构成判断矩阵。根据两两比较算出各因素的权重,根据综合权重按最大权重原则确定最优方案。

2. 各处理垃圾堆肥技术指标分析

厨余垃圾与农业废弃物联合堆肥 7 个处理。

1)评价因子

各个处理的含水率均未达到要求,TN 与 TOC 指标即反映为固相 C/N,所以不列入垃圾堆肥腐熟程度的评价因子之中,而选取固相 C/N 降解率、EC 变化率(%)、WSC 变化率(%)、E_4/E_6、GI(%)为评价因子。各评价因子值见表 7-18。

表 7-18　各评价的因子值　　%

评价因子	处理 1	处理 2	处理 3	处理 4	处理 5	处理 6	处理 7
EC 变化率	12.01	7.27	−3.41	−2.25	16.78	−4.46	−3.94
E_4/E_6	5.38	4.07	4.44	4.28	3.59	3.92	4.17
WSC 变化率	80.35	81.31	80.78	76.71	78.13	75.39	77.32
固相 C/N 降解率	55.67	57.33	56.65	60.17	60.04	53.14	55.91
GI	167.36	121.53	124.35	82.77	136.00	129.91	243.03

2)隶属度函数模型

统一套用的函数模型为：

$$r_1(c_i)=\begin{cases}1 & 0\leqslant c_i\leqslant S_1\\(S_2-c_i)/(S_2-S_1) & S_1<c_i<S_2\\0 & c_i\geqslant S_2\end{cases}$$

$$r_2(c_i)=\begin{cases}0 & c_i\leqslant S_1,c_i\geqslant S_3\\(c_i-S_1)/(S_2-S_1) & S_1<c_i\leqslant S_2\\(S_3-c_i)/(S_3-S_2) & S_2<c_i<S_3\end{cases}$$

$$r_3(c_i)=\begin{cases}0 & c_i\leqslant S_2,c_i\geqslant S_4\\(c_i-S_2)/(S_3-S_2) & S_2<c_i\leqslant S_3\\(S_4-c_i)/(S_4-S_3) & S_3<c_i<S_4\end{cases}$$

$$r_4(c_i)=\begin{cases}0 & c_i\leqslant S_3\\(c_i-S_3)/(S_4-S_3) & S_3<c_i\leqslant S_4\\1 & c_i>S_4\end{cases}$$

式中：r_i表示各评价因子不同等级隶属度值；c_i表示各评价因子实测值；S_i表示各评价因子不同等级分级指标值。

3)确定评价因子等级

依据堆肥腐熟度指标，将堆肥腐熟度划分为4个等级：1级(好)、2级(较好)、3级(中)、4级(较差)，各评价因子对应的分级指标如表7-19所示。

表7-19 各评价因子分级指标 %

评价标准	EC变化率	E_4/E_6	WSC变化率	固相C/N降解率	GI
1级	40.0	3.0	30.0	60.0	100.0
2级	50.0	5.0	40.0	30.0	80.0
3级	60.0	7.0	50.0	20.0	70.0
4级	70.0	9.0	60.0	12.0	50.0

4)评价因子权重

本文利用超标加权法计算各评价因子权重，其计算式为：

$$a_i=c_i/s_i$$

$$s_i=\frac{1}{n}\sum_{j=1}^{m}s_{ij}$$

式中：a_i为第i种评价因子的权重；c_i为第i种评价因子实测值；s_i为第i种评价因子多级标准值的平均值；s_{ij}为第i种评价因子第j级的标准值；n为分级数。

为了进行模糊复合运算，各单因子权重必须归一化，即

$$w_i = \left(\frac{c_i}{s_i}\right) / \sum_{i=1}^{m} \frac{c_i}{s_i}$$

式中：m 为评价因子个数，计算出各因子权重后，组成权重模糊矩阵 $A=\{w_1, w_2, \cdots, w_m\}$。

5)构建隶属度矩阵

m 个评价因子隶属于 n 个不同级别的隶属度组成隶属度矩阵 R(R 为 $m \times n$ 阶)。文中 $m=5, n=4$。

$$\boldsymbol{R}=\begin{bmatrix} r_{1,1} r_{1,2}, \cdots, r_{1,n} \\ r_{2,1} r_{2,2}, \cdots, r_{2,n} \\ \vdots \\ r_{m,1} r_{m,2}, \cdots, r_{m,n} \end{bmatrix}.$$

6)模糊评价结果

模糊综合评判结果是通过模糊数学矩阵的乘法求出运算结果 **A** · R，算法与普通矩阵类似，只将矩阵乘法运算中的加号“+”改为“ ∨ ”，将乘号改为“ ∧ ”，“ ∨ ”的意义取加数中最大者为“和”，“ ∧ ”的意义为取相乘两数中较小者为“积”。得到

$$\boldsymbol{B}=\boldsymbol{A} \cdot \boldsymbol{R}=\{w_1, w_2, \cdots, w_m\} \times \begin{bmatrix} r_{1,1} r_{1,2}, \cdots, r_{1,n} \\ r_{2,1} r_{2,2} \cdots r_{2,n} \\ \vdots \\ r_{m,1} r_{m,2}, \cdots, r_{m,n}. \end{bmatrix} = \{b_1, b_2, \cdots, b_n\}$$

此结果 $b_j(j=1,2,\cdots,n)$ 对应于各级质量的隶属度，评价结果一般采取隶属度最大的原则，即在评价结果向量中取最大值对应的级别为本次模糊综合评价的分级结论，当同时存在两个或两个以上最大值时，取次大值贴近的一个作为最后评价结果的级别。

厨余垃圾与农业废弃物联合堆肥 7 个处理的模糊数学评价结果见表 7-20。

表 7-20　模糊评价结果

处理	模糊评价矩阵	评价等级
处理 1	$W \cdot R=\{0.190, 0.230, 0.458, 0.458\}$	3
处理 2	$W \cdot R=\{0.480, 0.480, 0.089, 0.141\}$	1
处理 3	$W \cdot R=\{0.280, 0.497, 0.497, 0.149\}$	2
处理 4	$W \cdot R=\{0.000, 0.000, 0.188, 0.450\}$	4
处理 5	$W \cdot R=\{0.460, 0.460, 0.152, 0.153\}$	1
处理 6	$W \cdot R=\{0.170, 0.192, 0.493, 0.169\}$	3
处理 7	$W \cdot R=\{0.217, 0.538, 0.538, 0.000\}$	2

7 个处理的模糊数学评价结果是：处理 2 和处理 5 为 1 级，处理 3 和处理 7 为 2 级，处理 1 和处理 6 为 3 级，处理 4 为 4 级，即考虑腐熟度指标，各处理的优劣顺序为处理 2=处理 5>处理 3=处理 7>处理 1=处理 6>处理 4。

3. 综合分析

1)构建评价模型

利用多元变量构建回归模型，模型目标是评价结果 Y 达到最优，比较计算 7 个处理的 Y 值，确定评价结果最优时的处理工艺及其排序。

模型的自变量包括技术指标、生产指标和环境指标。技术指标为腐熟度模糊评价分级后指标，生产指标为农业废弃物添加比例，环境指标包括单位重量物料氨气释放量(g/kg)，整个堆肥周期渗滤液产生量(kg)和氮素损失率(%)。

2)总评价模型构建

构建总的评价模型为：

$$Y = f(X)$$

$$f(X) = \sum a_i X_i (i = 1,2,\cdots,5)$$

式中：Y 为模型目标，X 为评价指标，a 为该评价指标权重，i 为具体的不同评价指标；X_1 为腐熟度模糊评价分级后指标；X_2 为农业废弃物比例(%)；X_3 为单位重量物料氨气释放量(g/kg)；X_4 为渗滤液产生量(kg)；X_5 为氮素损失率 $\times 10^{-1}$(%)。

利用层次分析法，确定各影响因子的权重值。首先构建层次结构模型(图 7-27)，做专家打分表发给不同的专家进行评分，统计收上来的专家打分表，剔除相异数据后，根据统计数据构建两两比较矩阵(表 7-21)，对矩阵进行一致性检验，$CR < 0.1$ 则说明给矩阵获得的数据可用。

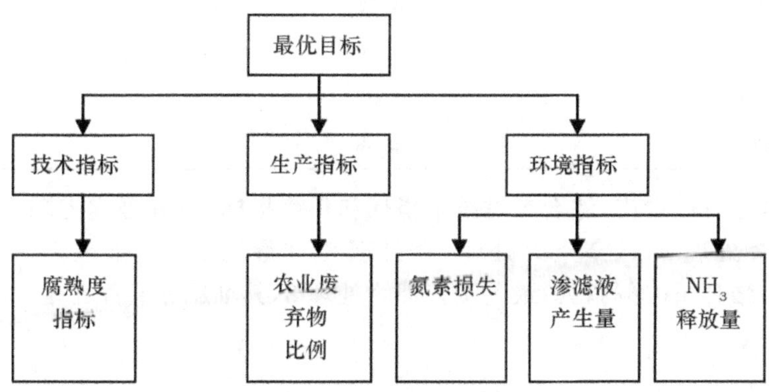

图 7-27 层次结构模型

表 7-21 各目标层矩阵及其权重值

	W_1		W_2	
决策目标	腐熟度	0.4		
	农业废弃物比例	0.4		
	环境指标	0.2	单位重量氨气释放量/(g/kg)	0.2712
			氮素损失/%	0.3644
			渗滤液/kg)	0.3644

由表 7-21 可以看出，对总评价目标的权重排列顺序由大到小为：腐熟度指标＝农业废弃物比例＞氮素损失率＝渗滤液产生量＞单位重量氨气释放量，也就是说腐熟度模糊评价分级后指标和农业废弃物比例对总目标的影响大于氮素损失率和渗滤液产生量对总目标的影响，单位重量氨气释放量对总目标的影响最小。

3）各处理评价结果

利用评价模型 $\min f(X) = \sum a_i X_i (i = 1, 2, \cdots, 7)$ 对各个处理进行评价，获得的最终评价数值如表 7-22 所示，该评价模型的最小即为最优，因此，根据从小到大的顺序获得其优劣排序。

表 7-22 综合评价结果表

处理	评价结果数值	排序
处理 1	3.91	4
处理 2	3.18	1
处理 3	4.73	7
处理 4	3.70	3
处理 5	3.60	2
处理 6	4.08	5
处理 7	4.68	6

根据最终排序可以看出，综合考虑技术指标和环境指标，各处理优劣顺序排序为处理 2＞处理 5＞处理 4＞处理 1＞处理 6＞处理 7＞处理 3，即最优处理为处理 2，其堆肥原料配比是 20%厨余＋18%秸秆＋62%猪粪；最差工艺即为处理 3，其堆肥原料配比是 30%厨余＋16%秸秆＋54%猪粪。

4. 小结

（1）模糊数学评价结果显示按照腐熟度指标为评价标准处理 2 和处理 5 最优，而处理 4 腐熟度指标最差。

（2）综合考虑技术指标和环境指标最优处理为处理 2，其堆肥原料配比是 20%厨余＋18%秸秆＋62%猪粪；最差工艺为处理 3，其堆肥原料配比是 30%厨余＋16%秸秆＋54%猪粪。

7.3.4 畜禽粪便及农作物秸秆物料生物预处理技术研究

由于纤维素具有水不溶性的高结晶结构，外围又被木质素层包围着，而木质素有完整坚硬的外壳，要把它水解为可利用的糖类或细胞蛋白相当困难，所以，深入研究并充分利用微生物对纤维素的降解作用，加速木质纤维素转化为腐殖质便成为堆肥充分腐熟的关键。而随着中国规模化畜禽养殖业的快速发展，源于饲料添加剂和兽药残留污染的畜禽粪大量产生，并在农田中推广施用，这将会造成生态环境风险和土壤质量退化，进而有可能导致农产品质量下降。因此减少兽药在环境中的残留不容忽视。因此，从自然界中筛选组合抗生素类兽药的高效降解菌，对环境保护工作具有重要意义。

本研究利用自然界中微生物之间的协同关系，驯化构建了能在高温和兼性厌氧条件下有效降解纤维素与金霉素和土霉素双重功能的复合微生物菌系，并用其对堆肥原料秸秆及畜禽粪便进行预处理，探讨畜禽粪便及秸秆无害化快速发酵工艺与技术。

1. 复合菌系的筛选与构建

1)复合菌系的驯化构建方法

从各地堆肥场采集不同原料的好氧堆肥高温期的样品，分别为：鸡粪＋酒糟，猪粪＋玉米秸秆，牛粪＋稻壳，人粪尿＋麦秸。

步骤一：分别从各堆肥样品中取 5 g 加于 100 mL PCS 液体培养基中，在 50 ℃条件下恒温静止富集培养，待浸在培养液中的滤纸进入旺盛崩解断裂阶段时，将发酵液按 5%(*V*/*V*)接种量加入同样的新鲜培养液中，观察培养液的气泡、滤纸的颜色及崩解情况、培养液混浊程度。在滤纸分解的旺盛时期，连续传代，并测定其 pH，边传代边筛选出滤纸分解速度快而且 pH 保持稳定的菌系，将其中 pH 反应偏酸的和偏碱的进行混合接种，传代直至稳定。然后，取 5% 已选出的几种纤维素分解复合系培养液分别接种于 PCS 培养基中，并分别加入浓度为 50 mg/L 的金霉素和土霉素，培养方法同上，然后逐渐提高金霉素和土霉素用量，至培养液中的金霉素和土霉素浓度分别达到 200 mg/L，选出在此金霉素和土霉素浓度下滤纸分解速度快、pH 稳定的复合菌系。

步骤二：在 100 mL 加有一定浓度金霉素和土霉素的培养基中分别加入 5 g 上述堆肥样品，培养基组成及培养条件均同上。待浸在培养基中的滤纸完全崩解断裂进行转接。连续传代并逐渐提高金霉素和土霉素用量，至培养液中的金霉素和土霉素浓度达到 200 mg/L，将 pH 反应偏酸的和偏碱的培养液混合接种，边传代边筛选出滤纸分解速度快的复合菌系。

以上两步同时进行，最后将经分别筛选出的菌系混合接种，连续传代，直至选出一组滤纸分解速度快、pH 稳定以及金霉素和土霉素降解率高的高效稳定复合菌系。

为了保证供试菌种的一致性，本试验中将最终筛选出的高效稳定降解纤维素和金霉素及土霉素的复合菌系进行连续继代培养，对第 30 代培养液加 20%(*V*/*V*)甘油，分装后在－20 ℃以下冰冻保存，每次试验前将其活化后作为供试菌种。

2)不同代复合菌系的降解特性和 pH 变化

在 4 种堆肥样品中，猪粪＋玉米秸秆(A_1)、人粪尿＋麦秸(B_1)两样品培养液中的滤纸分解速度较快，经 3 d 后相当于培养物 0.5% 的滤纸全部崩解掉，鸡粪＋酒糟(C_1)、牛粪＋稻壳(D_1)次之。随着传代，它们的滤纸分解速度下降，培养液的 pH 也发生了变化，A_1、B_1、C_1 培养液趋于微酸性，D_1 培养液趋于微碱性(表 7-23)。

表 7-23　4 种堆肥样品培养物的滤纸分解和 pH 随传代的变化

样品	第 1 代		第 5 代		第 10 代	
	崩解时间/h	3 d 后的 pH	崩解时间/h	3 d 后的 pH	崩解时间/h	3 d 后的 pH
猪粪＋玉米秸秆(A_1)	72	7.4	96	6.9	96	6.5
人粪尿＋麦秸(B_1)	72	6.3	132	8.0	144	6.8
鸡粪＋酒糟(C_1)	84	7.2	108	6.2	96	6.7
牛粪＋稻壳(D_1)	96	6.7	120	5.7	108	7.8

从图 7-28 可以看出，培养 5 d 后，金霉素和土霉素浓度在 100 mg/L 以下时，对纤维素降解复合菌系的功能没有明显影响。当金霉素和土霉素浓度增加到 150 mg/L 时，菌系对滤纸的分解率已有明显下降，这可能是由于金霉素和土霉素的杀菌作用使得复合菌系中部分菌株的生长受到抑制，但由于不是关键菌，所以此时 3 个菌系对滤纸的分解率仍均在 60％以上，其中分解能力最强的 A_1D_1 的滤纸分解率为 76.1％。到 200 mg/L 时滤纸分解率急剧下降，说明此浓度对纤维素降解菌系有明显抑制作用，3 个菌系对滤纸的分解率低于 50％。这说明，可能在此浓度下，复合菌系中有部分关键菌株的生长受到金霉素和土霉素的抑制。所以在以下过程中均以 150 mg/L 金霉素和土霉素浓度对菌系进行驯化。4 种堆肥样品在加有 50 mg/L 金霉素和土霉素的培养液中对滤纸都有一定程度的分解能力，其中人粪尿＋麦秸(B_2)的分解速度最快，其后依次为猪粪＋玉米秸秆(A_2)、鸡粪＋酒糟(C_2)、牛粪＋稻壳(D_2)。

将 A_1、B_1、C_1 分别与 D_1 混合接种，连续传接若干代后，各菌系的滤纸分解能力及 pH 都趋于稳定。然后，将 A_1D_1、B_1D_1、C_1D_1 混合菌体分别接种于含 50 mg/L 金霉素和土霉素的培养基中进行驯化培养，逐渐提高金霉素和土霉素用量，至培养液中的金霉素和土霉素浓度达到 200 mg/L。

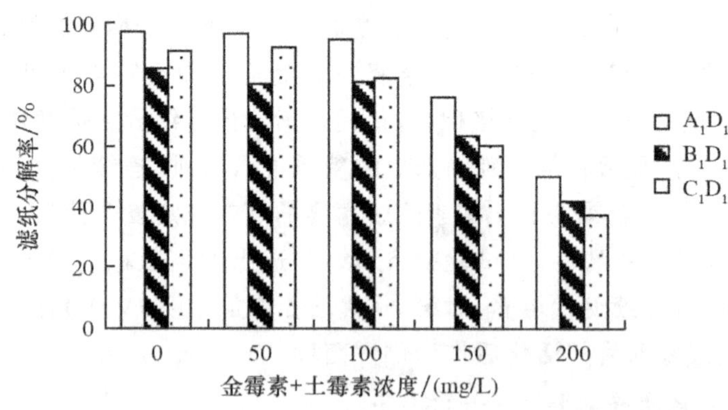

图 7-28　纤维素分解复合菌在不同浓度金霉素和土霉素的条件下对滤纸的分解情况

随着传代次数及金霉素和土霉素浓度的逐渐增加，它们对滤纸的分解能力下降，培养液的 pH 也发生了变化。表 7-24 是在 150 mg/L 金霉素和土霉素浓度的条件下，4 种堆肥样品培养物对滤纸的分解情况和 pH 的变化。从中可以看出，B_2、D_2 培养液趋于微碱性，A_2、C_2 趋于微酸性。将这 4 种样品的培养液互相混合接种，连续传接若干代，结果得到两组滤纸分解速度快

的复合菌系 A_2B_2、B_2C_2。

表 7-24 一定金霉素和土霉素浓度下 4 种堆肥样品培养物的滤纸分解和 pH 随传代的变化

测定项目	猪粪＋玉米秸秆(A_2)	人粪尿＋麦秸(B_2)	鸡粪＋酒糟(C_2)	牛粪＋稻壳(D_2)
崩解时间/h	144	120	168	240
3 d 后的 pH	6.5	7.5	6.3	8.1

最后将筛选出的菌系 A_1D_1、B_1D_1、C_1D_1 与 A_2B_2、B_2C_2 互相混合接种，在金霉素和土霉素浓度为 200 mg/L 的培养基中连续传接 30 代，得到一组滤纸崩解速度快，金霉素和土霉素降解率高的复合菌系。

3)复合菌系特性研究

(1)复合菌系在不同初始 pH 条件下的特性　从图 7-29 可以看出，不同初始 pH 的培养液接种后，它们的 pH 很快向中性方向变化，培养 1d 后，原 pH 为 4～9 的发酵液的 pH 都集中到 7.0 左右，此后 pH 6～9 的处理保持在 7.0 左右一直到第 3 天过后逐渐升高；而 pH 4、pH 5 处理的 pH 此后又持续下降到 5.5 左右，3 d 后开始升高；pH 10 处理的也从培养开始呈下降趋势，但下降较慢，在第 3 天降到最低值 7.3。发酵液的 pH 下降可能是由于复合菌系在分解纤维素的过程中产生大量的有机酸造成的，所以在 pH 降到最低值时是发酵液中滤纸分解的最旺盛时期，随着滤纸的减少及有机酸的进一步分解转化，pH 就逐步回升。

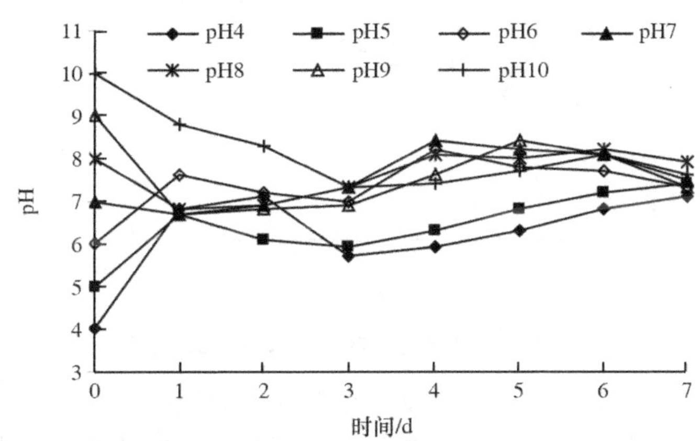

图 7-29 不同初始 pH 下接种后发酵液中 pH 的变化

(2)复合菌系在不同培养时间的生长曲线　用分光光度法测定该复合菌系在以滤纸为唯一碳源的培养基中的生长曲线，结果如图 7-30 所示。

在 0～3 d 内复合菌系的生长量处于对数生长期，$OD_{620\ nm}$ 急剧增加，此后生长缓慢，发酵液的 $OD_{620\ nm}$ 值缓慢下降，5 d 后基本保持稳定。从图中可以看出，菌体在发酵前期的生长量很大，在第 3 天发酵液的菌体浊度就达到 2.24，此后也一直维持在 1.8 左右。

4)复合菌系的稳定性研究

(1)不同代复合菌系发酵液的 pH 变化　对保存的第 20、25、30 代复合菌系发酵液 pH 进行测定，结果表明，在接种后的 24 h 内，发酵液的 pH 迅速由开始时的 8.5 下降到 7.0 以下，在 48 h 内，pH 稳定在 7.0 左右，此时也是滤纸分解最旺盛的时期(图 7-31)。pH 下降是由于纤

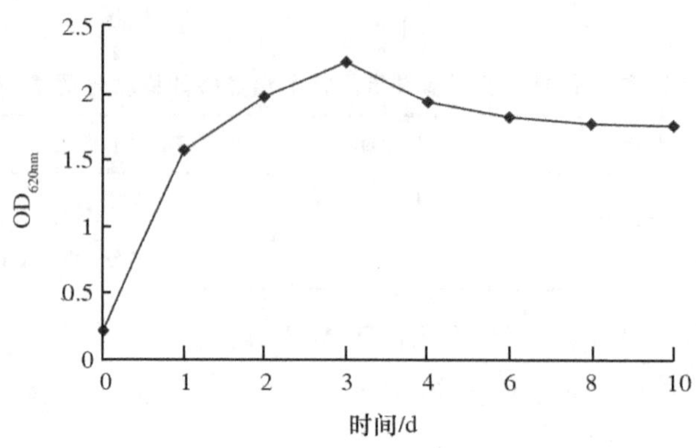

图 7-30　复合菌系的生长曲线

维素分解产生大量的有机酸。到接种后 72 h，滤纸基本降解完毕，此时恢复到 8.0 左右，由此可以看出，复合系 pH 的变化与纤维素分解之间有着紧密的相关性，在培养 120 h 后，pH 基本恢复到接种前的水平。从图中可以看出，在整个发酵过程中，3 代发酵液 pH 变化趋势几乎没有差异，这在一定程度上反映了该复合菌系的稳定性。

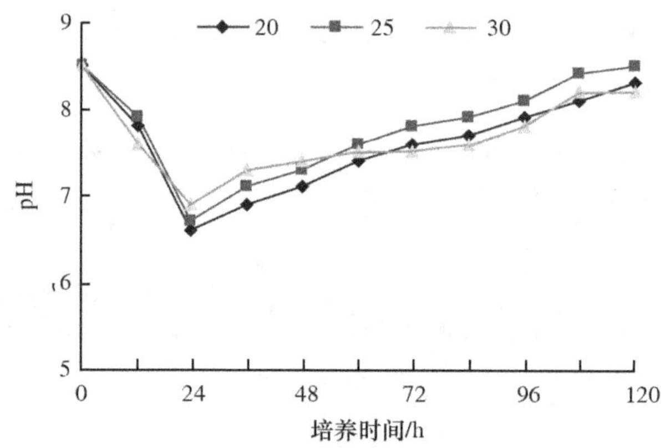

图 7-31　不同代复合菌系发酵液的 pH 变化

（2）不同代复合菌系对滤纸和金霉素及土霉素的降解特性　由表 7-25 可以看出，三代复合系在第 3 天的滤纸分解率均达到了 90%以上。从各代对金霉素和土霉素的降解效率来看，三代之间差异不大，在发酵一周结束时，金霉素和土霉素的降解率均达到 50%以上，说明复合系在分解纤维素和金霉素及土霉素方面的能力基本上趋于稳定。

表 7-25　复合系各代不同时期的滤纸和金霉素及土霉素分解率　%

传代次数	3 d 滤纸分解率	7 d 金霉素降解率	7 d 土霉素降解率
20 代	93.8	56.7	52.9
25 代	91.9	53.4	51.3
30 代	91.2	55.2	50.1

2. 复合菌系在畜禽粪便和秸秆高温堆肥过程中的生物预处理效果研究

野外堆肥试验在农业部环境保护科研监测所网室内自行设计的堆肥池中进行，将鸡粪和切碎为 3～5 cm 的玉米秸秆按 C/N 为 20 的比例混合均匀，调节混合物料水分含量在 60%左右，堆制成 3.0 m×2.5 m×1.5 m 大小的堆体。堆肥装置如图 7-32 所示。堆体采用强制通风供氧方式，每间隔 1 h 进行 2 h 的通气，在每次取样时则采用人工翻堆。试验设 3 个处理：一个处理为自然堆制(CK)；一个处理为不接种添加金霉素和土霉素(CK+兽药)50 mg/kg；一个处理为接种复合菌系[把微生物培养液按 0.5%(*V*/*W*)接种到堆体]对物料进行预处理，并添加金霉素和土霉素(CK+兽药+菌)50 mg/kg。各处理在尼龙网兜中进行，即将上述混合均匀的堆肥物料，取 5 kg 装入尼龙网兜，按处理方案处理后，置于堆体中部一起进行堆制。堆制时间为 45 d。堆制期间，每天早晚两次测定堆体上、中、下部的温度，计算其平均温度；同时测定堆肥现场的环境温度。分别在 0、5、10、15、20、27、34、45 d 时取样，重量在 100～300 g。样品分成两份，一份为鲜样存储 4 ℃冰箱中待用，另一份在 105 ℃下烘干测定水分，粉碎留做干样待用。待采集完全过程样品后，统一进行测定。

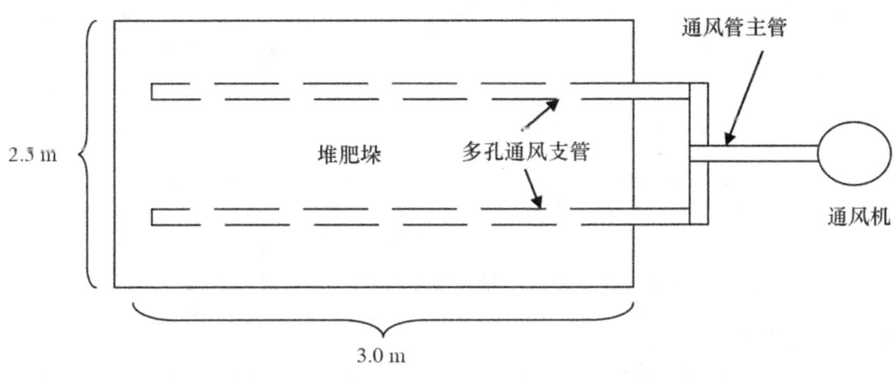

图 7-32　堆肥装置

1)堆肥发酵过程中温度的变化

堆体温度能在一定程度上反映堆肥系统中的微生物活性，同时也对其中微生物的活性产生影响，因此，它是堆肥过程控制的一个重要指标。野外堆肥过程中的温度变化趋势如图 7-33 所示，大致分为 4 个阶段，即升温阶段、高温阶段、降温阶段、腐熟阶段。温度持续在 50 ℃以上达 12 d，在堆肥化过程中温度有起伏的趋势。这是因为通风不充分，堆体内的氧气不充足，所以温度稍有降低，但通过翻堆，人为地补充水分和氧气后微生物活性增强，温度又会回升。

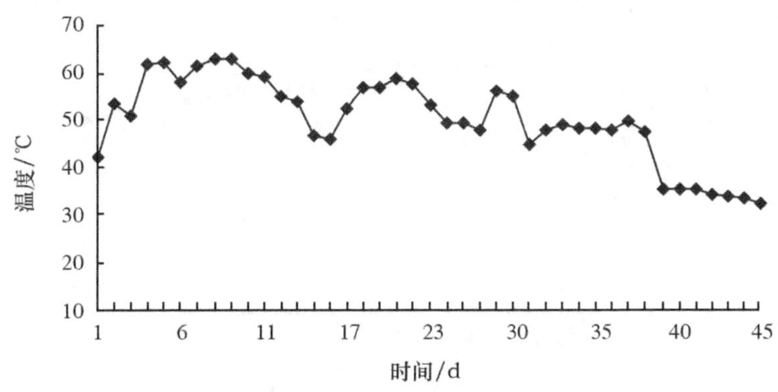

图 7-33　堆肥过程中温度变化

2)堆肥发酵过程中水分的变化

在堆肥过程中,水分是一个重要的物理因素。水分含量是指整个堆体的含水量。水分的主要作用在于:①溶解有机物,参与微生物的新陈代谢;②水分蒸发时带走热量,起调节堆肥温度的作用。水分的多少,直接影响好氧堆肥反应速度的快慢,影响堆肥的质量,甚至关系到好氧堆肥工艺的成败。因此,对水分的控制十分重要。从图 7-34 中可以看出,随着堆肥的进行,水分含量逐渐下降,由于高温时期持续时间长,水分蒸发量也大,因此本试验通过喷水不断补充水分。在本试验条件下,供试的外源复合微生物菌系对堆肥过程中的水分含量变化影响不大。

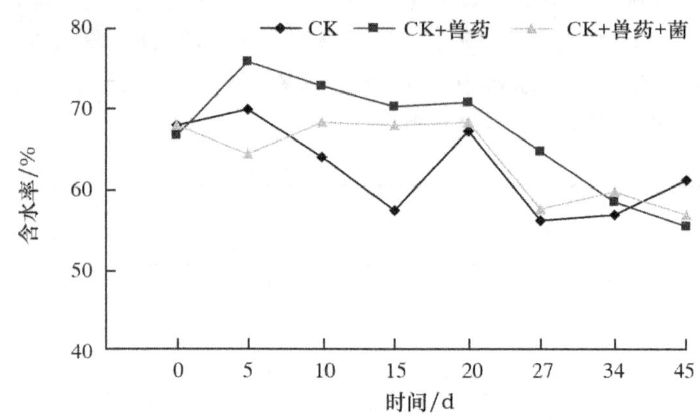

图 7-34 复合菌系的接种对堆肥中水分含量的影响

3)堆肥发酵过程中纤维素的变化

堆肥物料中存在的木质纤维素是影响好氧堆肥进程的一个重要制约因素。在堆肥中接种复合菌系的主要目的就是通过完全降解或部分降解纤维素、半纤维素和木质素分子,破坏其形成的复杂的网状大分子结构的屏蔽作用,从而加快好氧堆肥的进程。由图 7-35 可以看出,所有处理的纤维素含量都随着堆肥发酵的进行而降低,而且在发酵开始前 5 d 变化较小,纤维素的快速分解主要集中在 5~34 d进行,此时正是发酵的高温期。接菌处理堆体中的纤维素含量到发酵结束时从开始的 22.0%减少到 8.25%,减少了 62.5%,而 CK 和 CK+兽药分别减少了 54.28%和 53.78%。

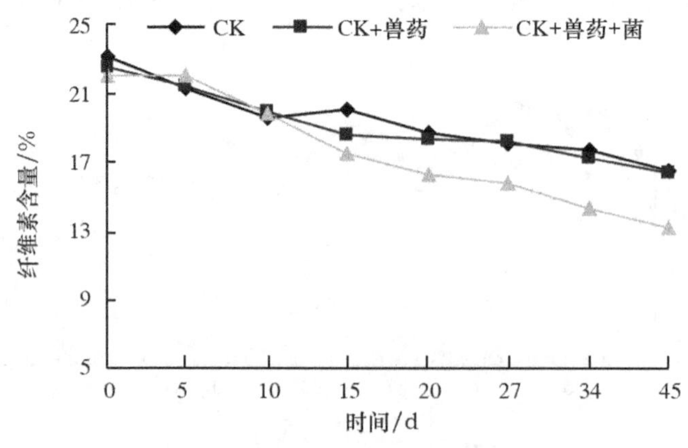

图 7-35 复合菌系的接种对堆肥中纤维素的影响

4)堆肥发酵过程中金霉素和土霉素的降解情况

将堆肥发酵的第0、10、20、45天的样品进行分析,结果见图7-36和图7-37。可以看出,接菌与未接菌处理堆体中的金霉素和土霉素含量都迅速减少,说明高温堆肥过程本身对污染物就具有降解作用。接种复合菌系处理对金霉素和土霉素的降解率分别达82.23%和80.16%,未接菌两个处理对金霉素和土霉素的降解效果差异不大,降解率在60%左右,说明复合系对金霉素和土霉素的降解有一定的促进作用。试验结果表明金霉素和土霉素在堆肥中的降解主要在高温期进行,证明菌系对金霉素和土霉素有较好的降解效果。这源于本复合微生物菌系是在50 ℃、有较高浓度金霉素和土霉素、好气和兼气条件下分离筛选出来的,因此它们可适应高温好氧的堆肥环境,可较快地繁殖,形成优势种群,有效提高降解效率。

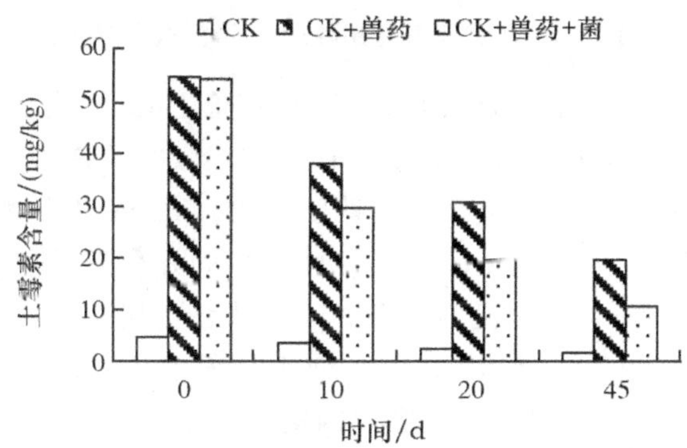

图7-36　复合菌系的接种对堆肥中土霉素的影响

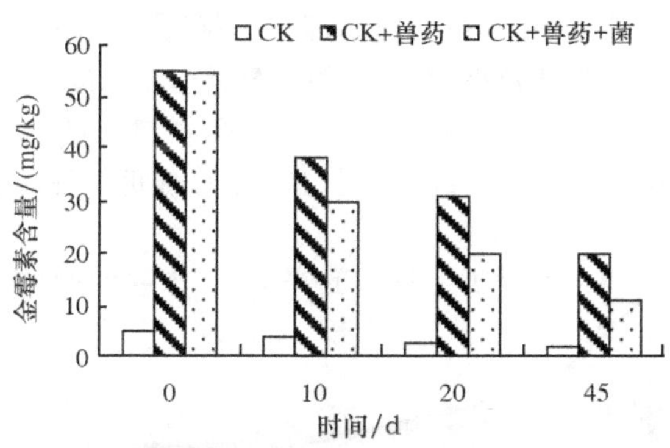

图7-37　复合菌系的接种对堆肥中金霉素的影响

5)堆肥发酵过程中腐熟度指标的评价

(1)电导率(EC)　电导率(EC)反映了堆肥浸提液中的离子总浓度,即可溶性盐的含量。在一定浓度范围内,溶液的含盐量与电导率(EC)呈正相关。堆肥中的可溶性盐是对作物产生毒害作用的重要因素之一,主要是由有机酸盐类和无机盐等组成。根据土壤浸出液的电导率与盐分含量和作物生长的关系,得出作物生长受抑制的限定EC值为0.4×10^4 μs/cm。图7-38是本试验3个处理的EC值变化。可以看出所有处理的EC值的变化趋势基本是一致的,随着堆肥的进行,所有处理的EC值呈下降趋势,到堆肥进行到30 d之后EC值基本稳定在3000 μs/cm左右,在作物生长安全范围之内,可以排除盐害的影响。

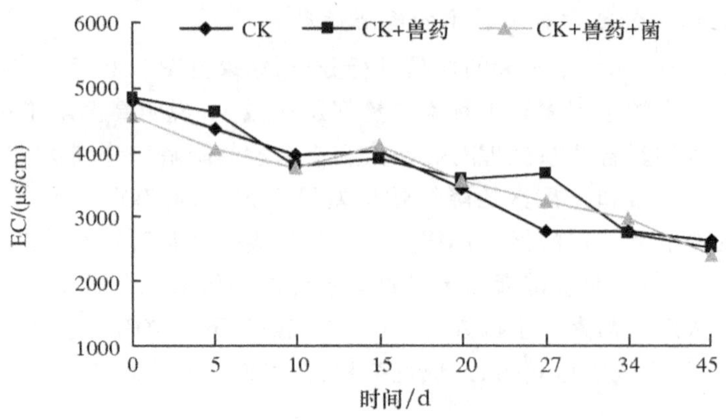

图 7-38 复合菌系的接种对堆肥中 EC 的影响

(2)C/N　C/N 是最常用于评价腐熟度的参数,理论上 C/N 值在腐熟的堆肥产品中像腐殖质一样的约为 10。Golueke 指出腐熟的堆肥 C/N 小于 20,但许多堆肥原料的 C/N 较低,如污泥、农用废弃物等,此时 C/N 就不适于作腐熟度参数。Morel 等认为 C/N 小于 20 只是堆肥腐熟的必要条件,建议采用 T=(终点 C/N)/(初始 C/N)评价腐熟度。他们收集并分析了许多数据,认为当 T 值小于 0.6 时堆肥达到腐熟。也有人认为腐熟的堆肥 T 值应在 0.53～0.72 或 0.49～0.59。从图 7-39 中可以看出,在整个堆肥过程中,C/N 变化并不十分明显,这主要是因为堆肥原料的 C/N 相对比较低,在堆肥化的初期,随着温度的升高,堆体内微生物大量繁殖,微生物活性较强,堆体有机质分解剧烈,相对于氮素损失,含碳量下降较快,所以堆肥的 C/N 呈下降趋势。随着堆肥的进行,堆肥温度不断上升,同时产生的氨气大量挥发,氮素损失严重,这期间虽然有机质继续分解,但损失速率远小于氮素损失,所以堆肥的 C/N 略有上升。到堆肥化的中后期,氮素损失逐渐减小,而有机物的分解速度也逐渐减缓,所以堆肥的 C/N 变化趋于稳定,最后稳定在 10 左右。从图 7-39 可以看出,在整个堆肥过程中,接种复合菌系的处理中 C/N 均低于 CK 和 CK+兽药,说明复合菌系明显促进了堆体中有机质的分解。

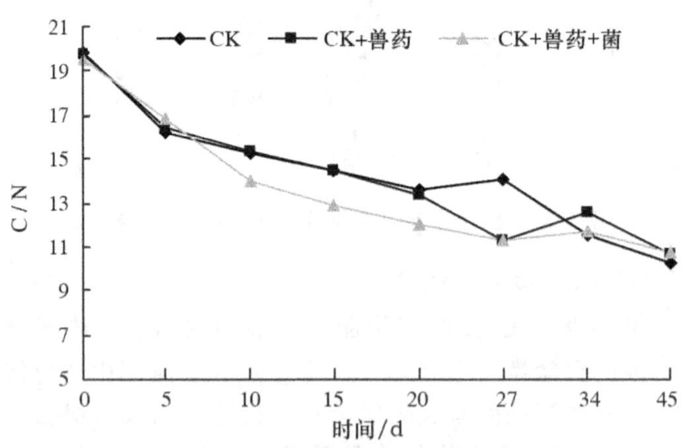

图 7-39 复合菌系的接种对堆肥中 C/N 的影响

(3)发芽指数(GI)　一般认为,堆肥的腐熟水平,应当意味着其使用时的正效应可由植物生长的生物量来表示。堆肥的种子发芽率,就反映了堆肥对作物的毒害作用,如果 GI>50%,

则可认为基本无毒性，当 GI 达到 80%～85%时，这种堆肥就可以认为是对植物没有毒性(Rittaldi 等，1988)。种子发芽率是通过测试堆肥浸提液的生物毒性来评价堆肥腐熟程度的。由于堆肥产品最终都要作为有机肥用于农业生产中，因而种子发芽率被认为是最敏感且最有效，最能反映堆肥产品植物毒性大小的腐熟度评价指标。意大利政府已将该指标应用于有机固体废弃物堆肥产品的腐熟标准。

在本试验中我们用小麦种子发芽指数作为评价堆肥腐熟度。从图 7-40 可以看出，堆肥对降低农业废弃物的毒害有明显作用，在堆肥开始的时候，3 个堆肥处理的发芽率都小于 30%，而当堆肥结束时，所有处理的发芽率都上升到 100%以上。3 个处理在堆制 20 d 高温期过后，发芽指数都已上升到了 80%以上，可以认为此时堆肥已不影响种子的发芽。就发芽指数来说，堆肥进行 30 d 后就可以认为达到了基本腐熟的程度，即产品可以安全使用了。在本试验中，3 个处理的 GI 变化趋势在整个堆肥过程中均呈上升趋势，接种复合菌系对 GI 影响不大。

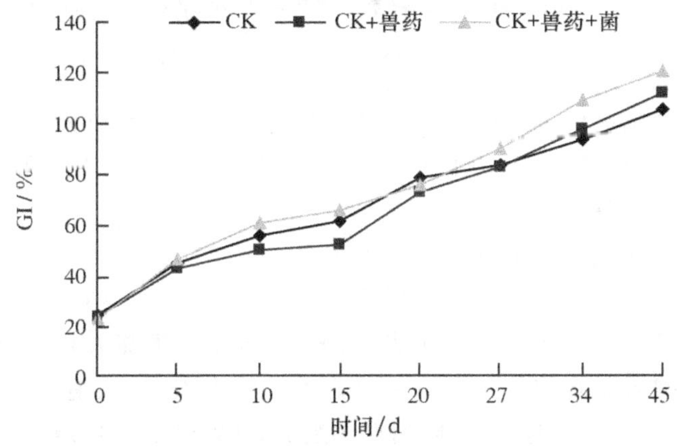

图 7-40 复合菌系的接种对 24 h 发芽指数的影响

(4)E_4/E_6的变化 堆肥腐殖酸在波长 465 nm 和 665 nm 处具有特异吸收峰值，465 nm 和 665 nm 的吸光度比值，称为 E_4/E_6 比。E_4/E_6 与腐殖酸分子数量无关，而与腐殖酸分子大小或分子的缩和度大小有直接关系，通常随腐殖酸分子量的增加或缩合度增大而减小，因此 E_4/E_6 比可用来作为堆肥腐殖化作用大小的重要指标。堆肥腐殖酸通常随着堆肥腐熟度的提高和堆肥时间的延长而发生变化，主要向着腐殖酸分子量越来越大或缩和度越来越高的方向转化，从堆肥腐殖化作用的本质来看，主要是小分子腐殖酸向着大分子腐殖酸转化，或者由小分子的富里酸向着大分子的胡敏酸甚至更大分子的胡敏素方向转化，如果从 E_4/E_6 比值上来看，表现在 E_4/E_6 比值从大到小的一个变化趋势。从图 7-41 可以看出，3 个堆肥处理都在一定程度上表现出先升高再减小的变化趋势。这表明堆肥样品水溶性有机物在堆肥初期可能含有一定的大分子物质，随着堆肥的进行，一些大分子物质逐渐降解，与此同时又形成新的结构更为复杂的物质，这正说明了随着堆肥进行，上述生物化学过程比较强烈，大量的小分子的有机酸不断生成，反过来更说明了堆肥过程在不断形成更大分子量的腐殖酸，从而堆肥得到腐熟。但相对而言，接菌处理的堆肥样品在堆肥中后期的 E_4/E_6 比值比前两个处理下降幅度都大，说明复合菌系对纤维素物质分解的促进作用确实有利于堆肥的腐熟化程度。

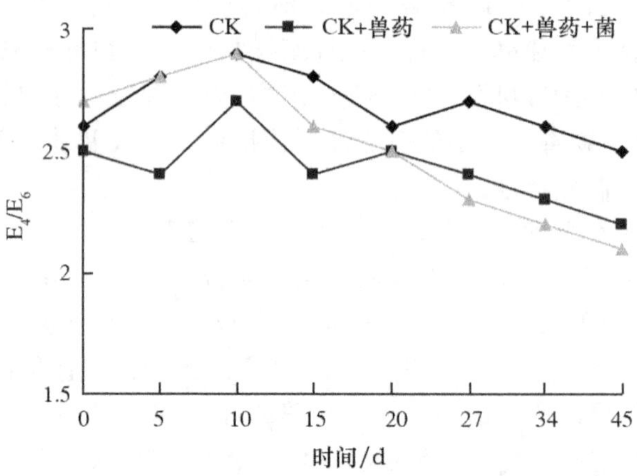

图 7-41　复合菌系的接种对 E_4/E_6 的影响

3. 小结

(1)从高温期堆肥样品中驯化构建出一组能有效降解纤维素和金霉素及土霉素的复合微生物菌系。该复合系能在较大 pH 范围内对纤维素和金霉素及土霉素保持较高分解活性,这有利于其在不同物料堆肥中的广泛应用。

(2)用分光光度法测定复合菌系的生长曲线,结果表明,在 0～3 d 内复合菌系的生长量处于对数生长期,此后生长缓慢,5 d 后基本保持稳定。

(3)通过对连续若干代复合菌系培养液的 pH、纤维素分解能力和金霉素及土霉素分解能力进行测定,来评价复合系在传代过程中的稳定性。结果表明,在整个发酵过程中,3 代发酵液的 pH 变化几乎没有差异,均呈现先降后升的趋势,此特性非常稳定;3 代复合系在第 3 d 的滤纸分解率均达到了 90%以上,而从金霉素和土霉素的降解率来看,3 代之间的差异极小,在发酵一周结束时,金霉素和土霉素降解率均达到 50%以上,说明复合系在分解纤维素和金霉素及土霉素方面的能力已趋稳定。

(4)复合菌系在堆肥高温期纤维素的生物降解中发挥了积极的作用。接菌处理使堆肥过程中的纤维素分解了 62.5%,显著高于对照处理。

(5)金霉素和土霉素在堆肥中的降解主要在高温期进行,复合菌系的接种使金霉素和土霉素的降解率提高了约 20%。

(6)所有处理的 EC 值的变化趋势基本是一致的。随着堆肥的进行,所有处理的 EC 值呈下降趋势,到堆肥进行到 30 d 之后 EC 值基本稳定在 3000 μs/cm 左右,在作物生长安全范围之内,可以排除盐害的影响。

(7)C/N 和发芽指数 GI 是最常用于评价腐熟度的参数。在本试验中,整个堆肥过程中接种处理中 C/N 均低于 CK 和 CK＋兽药,而接种复合菌系对 GI 变化的影响不大。

(8)对 E_4/E_6 的测定结果表明,接菌处理在堆肥中后期的 E_4/E_6 比值比前两个处理下降幅度都大,说明复合菌系对纤维素物质分解的促进作用有利于堆肥的腐熟化程度。

7.3.5　中低温厌氧沼气发酵研究

本部分采用模拟动态试验方法,经中温产沼反应启动和低温驯化两个阶段,研究了中低温

(10～25 ℃)条件下固定床厌氧生物反应器处理高浓度有机废水时产甲烷的过程和规律。

1. 反应器运行条件

反应器以广西明阳木薯酒精厂废水处理池池底污泥作接种污泥，反应器中接种 4 L 污泥，加入 COD 为 2000 mg/L 的自配污水使总体积达到反应器有效容积 20 L，启动温度为 35 ℃恒温。

启动过程的最初 5 d 采取间歇进料，进水 COD 为 5000 mg/L，每天进水 4～5 h，HRT 为 200 h 左右，有机容积负荷(OLR)为 0.56 kg COD/(m^3·d)，使接种污泥的微生物逐渐活化并适应新的环境。之后改为连续进水并逐步提高进水的速度，以逐步缩短水力停留时间(HRT)，增加反应器的进水 OLR。整个运行过程中对进水的 pH 不进行任何中和调节。启动运行历时 50 d，反应器的 HRT 由 213 h 缩短为 35 h；进水 OLR 最后达到 3.45 kg COD/(m^3·d)(图 7-42)。

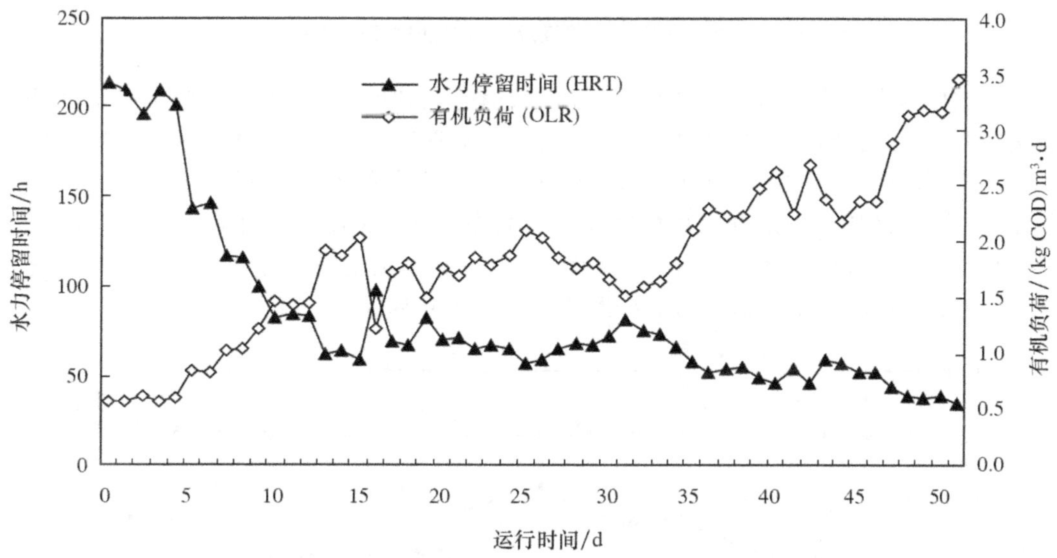

图 7-42　接种污泥驯化培养及反应器启动过程中 HRT 和 OLR 变化

2. pH 的变化

本试验在接种污泥培养过程中进水任其自然酸化 5 d，其 pH 通常在 4.2～5.2，在对进水不作任何中和处理直接进水的情况下，启动培养过程中出水 pH 是先逐步降低，然后又逐渐升高，培养 13 d 后出水 pH 降至最低点 5.4，在下降到最低点后，最后反应器的出水 pH 保持在 6.8～7.4 的正常范围内(图 7-43)。本试验在进水不经任何中和处理的情况下，接种污泥的适应性较强，取得了较好的启动效果。

3. COD 及 COD 去除率的变化

在接种启动培养过程中，进水 COD 保持在 5000 mg/L，并观察其出水 COD 及 COD 去除率。培养的第 7 天以前，厌氧反应器的出水 COD 由最初的 1700 mg/L 左右上升到 3200 mg/L 左右，7 d 之后呈逐步平缓下降的趋势。随着培养，出水 COD 显著降低，COD 去除率明显升高(图 7-44)。

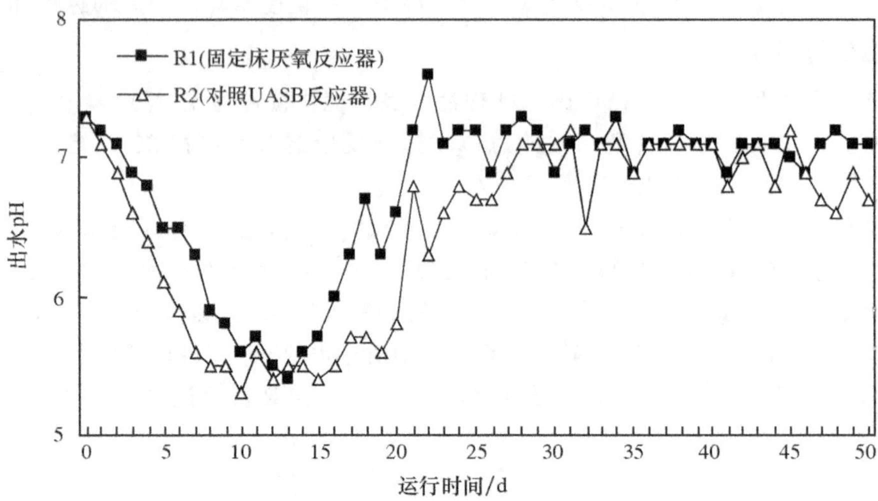

图 7-43 接种污泥驯化培养及反应器启动过程中出水 pH 变化

厌氧微生物在反应器内有一个环境适应的过程，最初的出水 COD 实际上是以底物培养基和接种污泥的混合物 COD 为主，此阶段 COD 降解甚微。随着进水量的增加，反应器内 COD 由于受高的进水 COD 的中和反而升高，故 COD 去除率呈下降的趋势。培养 10 d 后，随着载体上生物膜的逐渐形成和产甲烷微生物活性的增强，尽管进水的 HRT 逐渐缩短，OLR 逐渐升高，出水的 COD 仍然逐渐下降，从而 COD 去除率呈上升的趋势。至 50 d 时，进水的 HRT 为 35 h，OLR 为 3.45 kg COD/(m^3·d)；COD 去除率为 87.9%。

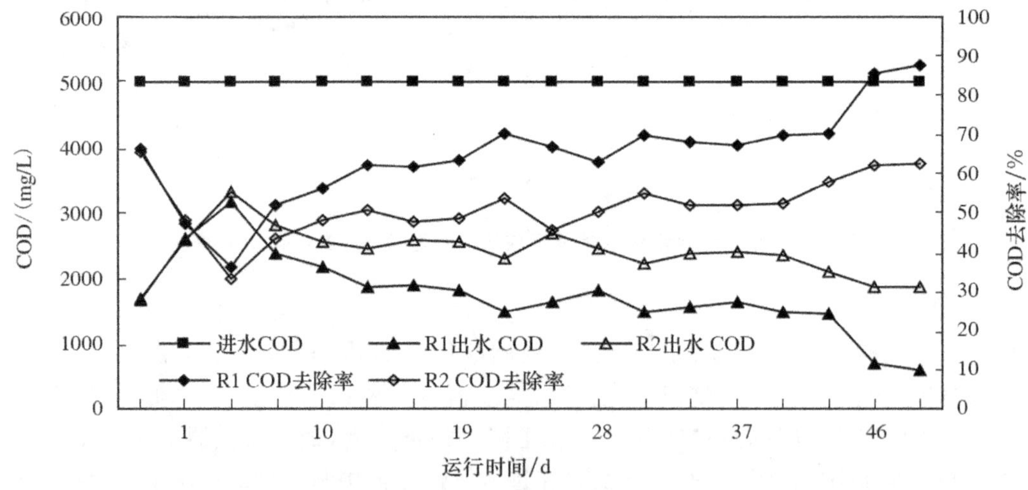

图 7-44 接种污泥启动过程中反应器进、出水 COD 及 COD 去除率变化

4. 产气量的变化

厌氧反应器启动过程中，随着反应器内载体上微生物膜的逐渐形成以及产甲烷微生物对环境的逐渐适应，日产气量逐渐增加。无论从容积产气率还是累积产气量均可明显增加，驯化培养至第 10 天后，固定床厌氧反应器 R1 的产气率明显高于对照 R2，而且越往后差异越大（图 7-45）。

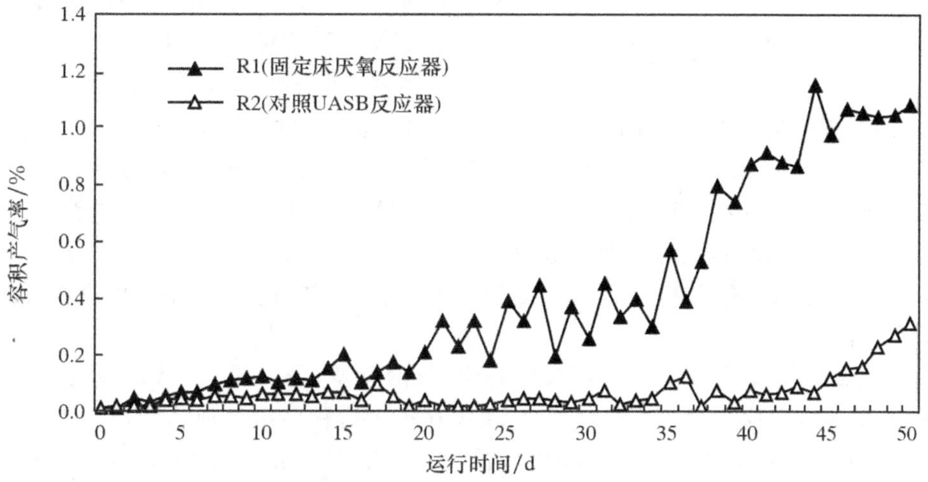

图 7-45　厌氧反应器启动过程中容积产气率变化

5. 小结

(1)启动培养过程中，至 50 d 时，进水的 HRT 为 35 h，OLR 为 3.45 kg COD/(m^3·d)；COD 去除率为 87.9%。

(2)本试验在进水不经任何中和处理的情况下，接种污泥的适应性较强，取得了较好的启动效果；随着反应器内载体上微生物膜的逐渐形成以及产甲烷微生物对环境的逐渐适应，日产气量逐渐增加。

7.4　农田污染物生物降解技术

7.4.1　农用化学品施用现状调查

20 世纪 50 年代以来，化肥、农药、农膜等农用化学品在农业生产中得到了广泛的应用，对提高农作物产量、促进农村经济的发展起到了巨大的推动作用。然而，农用化学品的大量施用，对农业生产群落的结构和生态环境产生的负面影响也在不断加剧。为了解农民在农业生产中农用化学品的实际施用状况，我们于 2007 年 7 月对曲周县四疃乡的农民进行了调查。

四疃乡位于曲周县北部，有 40 个行政村，人口 3.5 万，耕地 5142 hm^2，为传统农业乡。农民种植作物主要为春棉花、冬小麦、夏玉米，其中棉花种植面积占 83.0%。

1. 调查范围与方法

调查四疃乡的 40 个行政村，每个村随机选取 10 户进行问卷调查。调查内容为农作物农药、化肥、地膜使用的类别与用量。

2. 调查结果分析

1)农药使用状况

根据对四疃乡 40 个村 400 农户的调查问卷统计(表 7-26)，棉花在整个生育期都需要喷施农药，当地农民 5～7 d 喷施一次，施药量为 36.8 kg/hm^2。在调查中共出现了 214 个农药品种，农药品种涵盖杀虫剂、杀菌剂、植物生长调节剂、除草剂等。棉花在播种前均100%施用除草剂——氟乐灵，用量为2.8 kg/hm^2。在棉花采摘后期均施用催熟剂，用量为4.1 kg/hm^2。其次施用较多的农药依次为氯氰菊酯（出现概率60.4%）、阿维菌素（出现概率59.7%）、啶虫脒（出现概率47.0%）。国家明令禁止生产使用的农药在棉花种植中仍有使用，该类型农药有甲胺磷（出现概率16.8%）、1605（出现概率8.1%）、久效磷（出现概率2.0%）、对硫磷（出现概率2.0%）。

小麦喷施农药主要在抽穗期防治蚜虫，调查显示用药品种达27个，用药量为1.1 kg/hm^2。农民种植小麦施用较多的农药品种依次为：氯氰菊酯（出现概率28.0%）、吡虫啉（出现概率25.6%）、氧化乐果（出现概率24.4%）；使用国家禁用的农药有甲胺磷（出现概率11.0%）、1605（出现概率11.0%）。

玉米喷施农药主要在出苗前、苗期、拔节期，防治杂草、灰飞虱、玉米螟、蚜虫等，调查显示用药品种达27个，用药量为5.0 kg/hm^2。农民在玉米播种后出苗前均施用玉米专用除草剂。此外，农民种植玉米施用较多的农药品种依次为：氯氰菊酯（出现概率52.4%）、1605（出现概率18.3%）、甲胺磷（出现概率14.6%）。可见该地域玉米种植中使用国家禁用的农药1605、甲胺磷机会较多。

上述数据说明棉花与小麦、玉米相比，其用农药量较大，且在四疃乡由于棉花种植面积占耕地面积的83.0%，所以棉花喷施农药情况关系到当地生态环境受到农药污染的程度。统计说明当地农民施用农药品种较多，名称五花八门，且一药多名，农民在选用农药时缺乏指导，盲目性较大。调查中发现农民用药兑水倍数并未按照农药标签注明的比例，而是根据经验，往往超过规定的2～3倍。农民喷药时间的选择并未严格按照病虫害的发生规律，而是根据自己的喷药习惯，且不同农户的相邻田块未能做到同时喷药，这些都造成了农药喷施效果降低与农药浪费。农业部明令禁止施用的5种高毒有机磷农药中有4种在生产中仍有使用，说明需要对当地农药市场加大督查力度，严格禁止高毒农药进入市场，并把禁用公告通知到农民。

表 7-26 不同作物农药施用品种与概率

作物	农药品种数	农药名称（出现概率高的）	化学类型	功效	出现概率/%	用量/（kg/hm^2）
棉花	214	氟乐灵	二硝基苯胺类	除草剂	100	2.8
		乙烯利		催熟剂	100	4.1
		氯氰菊酯	菊酯类	高效、广谱性杀虫剂	60.4	7.4
		阿维菌素	抗生素	生物杀虫杀螨剂	59.7	5.5
		啶虫脒		高效内吸性杀虫剂	47.0	6.4
		吡虫啉		新一代氯代尼古丁杀虫剂	22.1	6.2
		甲胺磷	有机磷	高效、高毒杀虫杀螨剂	16.8	7.5
小麦	27	氯氰菊酯	菊酯类	高效、广谱性杀虫剂	28.0	0.7
		吡虫啉		新一代氯代尼古丁杀虫剂	25.6	0.5
		氧化乐果	有机磷	杀虫、杀螨剂	24.4	0.9
		啶虫脒		高效内吸性杀虫剂	23.2	0.8
玉米	27	玉无忧		除草剂	100	3.9
		氯氰菊酯	菊酯类	高效、广谱性杀虫剂	52.4	0.8
		1605	有机磷	广谱杀虫剂和杀螨剂	18.3	0.7
		甲胺磷	有机磷	高效、高毒杀虫杀螨剂	14.6	0.7

2)化肥施用状况

调查显示(表 7-27),棉花施肥量为 N 192.9 kg/hm^2、P_2O_5 123.1 kg/hm^2、K_2O 121.9 kg/hm^2。冬小麦施肥量为 N 308.6 kg/hm^2、P_2O_5 168.1 kg/hm^2、K_2O 44.6 kg/hm^2。夏玉米施肥量为 N 172.5 kg/hm^2、P_2O_5 32.0 kg/hm^2、K_2O 31.6 kg/hm^2。

由于在四疃乡小麦、玉米秸秆已做到直接还田,棉花秸秆却均未还田,农民所用肥料均为无机化肥,因而棉花田缺乏有机肥的施入。在四疃乡当地政府部门并没有将农作物配方施肥落到实处,农民施肥缺乏科学指导,特别在玉米施肥中存在偏施氮肥,忽视磷钾肥的现象。从棉花、小麦、玉米的实际施肥量看,农民并没有做到平衡施肥,且氮投入量过剩。

表 7-27 不同作物 N、P_2O_5、K_2O 投入量 kg/hm^2

作物	N		P_2O_5		K_2O	
	平均	变幅	平均	变幅	平均	变幅
棉花	192.9	90～402.9	123.1	60～189.0	121.9	0～189.0
小麦	308.6	228～460.5	168.1	45～240.0	44.6	0～168.8
玉米	172.5	45～373.5	32.0	0～168.0	31.6	0～168.0

3. 地膜施用状况

在四疃乡农民种植的农作物主要为棉花、小麦、玉米,土地利用类型比较单一。在农业生产中,只有春棉花种植用到地膜,调查中没有发现农民种植夏播棉的。调查发现,农民种植春棉花地膜施用量为每卷重为 5 kg 的地膜铺 3 亩地,即每公顷春棉花种植地膜用量为 25 kg。农民所用地膜均为不可降解地膜。在实际生产中,农民在连续种植棉花地块,播种前用耙来收集地面残存地膜,但仍有相当量地膜会残存于土壤,年复一年土壤耕层地膜残留较多。

4. 讨论与建议

从四疃乡农用化学品的施用状况看,农药、化肥的施用需要科学指导,春棉花种植急需价格低廉的可降解地膜。

施用农药会对大气、土壤、地下水、生物多样性及生态平衡造成负面影响。为避免农药滥施,当地的农药植保部门应加大对农民施用农药技术培训及病虫害预测预报,做到及时向广大农民提供病虫害发生情况及防治措施,控制农药的使用浓度、施用量,让农民做到适期、适量、对症下药,提高农药利用率,减少农药使用的剂量。在农药品种方面向农民推广施用低毒、生物类农药,严禁施用剧毒农药。

化肥的不合理施用会造成土壤理化性状恶化,土壤养分失去平衡,土壤生物活性降低。长期过量施用氮肥会导致地面水体富营养化,地下水硝酸盐污染和作物蓄积硝酸盐,被人饮用或食用会危害人体健康。而且,不合理施用氮肥还会导致农产品质量下降。根据以上统计,四疃乡农民施肥基本上依靠经验,在养分投入量与有机无机肥配施方面缺乏专业知识,存在养分投入不平衡,忽视有机肥的施用,氮肥投入过剩等问题。为避免化肥不合理施用造成的恶果出现,当地农业局土肥站应确实推广农作物配方施肥技术,减少化肥的过量施用,提高化肥的利用效率。

地膜材料的主要成分是高分子化合物，在自然条件下，这些高聚物难以分解，可长期存在。随着地膜使用年限的延长，残留地膜得不到及时回收，天长日久，地膜碎片不断积累于土壤，会影响土壤的透气性，阻碍土壤水肥的运转，影响农作物根系的生长发育，导致作物减产。四疃乡 83.0%的耕地种植春棉花，春棉花种植又离不开地膜的使用，所以采取措施解决地膜造成的污染迫在眉睫。在现阶段应主要采取以下几项措施：第一，结合生产实际，改进农艺技术，促进地膜回收；第二，加强地膜回收机的研究，提高残膜的回收和利用率；第三，开展地膜替代品和新农业技术研究，减少普通地膜的应用量。根据地膜增产原理，开发研究新型的覆盖保温保湿材料，如光降解地膜、生物降解地膜和光、生物降解地膜和液态地膜。目前，生物降解地膜的研究虽然有一定的进展，但由于受到材料、价格的影响，大面积应用还存在一定的难度。同时，还可以采用麦草、玉米秸秆等农作物进行覆盖等。

7.4.2 缓效肥料对土壤硝态氮淋洗的影响

氮肥用量与农作物产量在一定范围内多呈正相关关系。在大多数情况下，氮肥常常是限制作物产量提高的主要因子。2007 年我国单位面积化肥施用量达 410.7 kg/hm^2，高于一些发达国家规定的化肥施用量安全上限 225 kg/hm^2。特别是保护地蔬菜化肥使用量更高，如山东省寿光县 N、P_2O_5、K_2O 使用量分别高达 1331 kg/hm^2、1278 kg/hm^2 和 480 kg/hm^2。我国化肥利用率比较低，大量田间试验数据统计表明，氮肥利用率仅 30%～35%、磷肥为 10%～20%、钾肥为 35%～50%，低于世界发达国家的水平。由于氮肥自身固有的属性，过量施用可导致土壤 NO_3^--N 增加、大气与地下水污染及农产品品质下降。人们环境保护意识增强，越来越重视对氮肥施用造成的硝态氮在土壤中的淋溶及对环境造成的其他污染的相关研究。本试验采用田间试验的方法，研究了氮肥的不同施用量与控释化肥对土壤 NO_3^--N 淋溶的影响，旨在了解黄淮海平原粮食主产区潮土土壤 NO_3^--N 淋溶的规律。

1. 材料与方法

1）试验材料

试验在中国农业大学曲周实验站进行，土壤为盐化潮土。试验于 2007 年 6 月开始，2008 年 10 月结束。供试作物为夏玉米—冬小麦连作，品种为‘农大 108’‘金麦 1 号’。供试控释肥为包膜控释复混肥。玉米专用肥养分含量：N-P_2O_5-K_2O 为 26-5-9，小麦专用肥养分含量：N-P_2O_5-K_2O 为 24-18-6。供试普通化肥：氮肥为尿素、磷肥为过磷酸钙、钾肥为硫酸钾。

2）试验设计

试验设 7 个处理，3 次重复，小区面积为 4 m×10 m。处理 1、2、3 用控释肥，一次性底施。处理 4、5、6 用普通化肥，磷肥、钾肥全部底施，氮肥底施 60%，追施 40%。处理 7 为不施肥。

养分投入每茬以 N 计，分 3 个水平：180 kg/hm^2、375 kg/hm^2、600 kg/hm^2，各处理由 N 的投入量计算出控释复混肥量，由控释复混肥量算出 P_2O_5、K_2O 投入量。田间管理按当地习惯进行。

各处理养分投入量：

处理 1 夏玉米：180 kg/hm^2，P_2O_5 35 kg/hm^2，K_2O 62 kg/hm^2。

冬小麦：180 kg/hm^2，P_2O_5 135 kg/hm^2，K_2O 45 kg/hm^2。

处理 2 夏玉米：375 kg/hm^2，P_2O_5 72 kg/hm^2，K_2O 129 kg/hm^2。

冬小麦：375 kg/hm^2，P_2O_5 280.5 kg/hm^2，K_2O 94.5 kg/hm^2。

处理 3 夏玉米为 N 600 kg/hm^2，P_2O_5 115.5 kg/hm^2，K_2O 207 kg/hm^2。

冬小麦为 N 600 kg/hm^2，P_2O_5 450 kg/hm^2，K_2O 150 kg/hm^2。

处理 4 与处理 1 相等。

处理 5 与处理 2 相等。

处理 6 与处理 3 相等。

处理 7 不施肥。

3）测定项目与方法

试验期间定期取土样，每 20 cm 一层，取样深度 100 cm，新鲜土样用 0.01 mol/L $CaCl_2$ 溶液浸提，浸提液用流动分析仪测定 NO_3^--N 含量。

2. 结果与分析

1）不同处理对耕作层土壤 NO_3^--N 含量的影响

耕层土壤是农作物养分的主要来源，耕层土壤 NO_3^--N 含量的丰缺关系到作物的 N 素供应是否充足。

从表 7-28 可看出，在试验期内，施普通尿素 N 600 kg/hm^2 的处理耕层 NO_3^--N 含量平均值为 120.46 mg/kg，比施普通尿素 N 375 kg/hm^2 的处理平均值 42.60 mg/kg 高 182.8%，比施普通尿素 N 180 kg/hm^2 的处理平均值 28.77 mg/kg 高 318.7%，均差异极显著；施普通尿素 N 375 kg/hm^2 的处理耕层土壤 NO_3^--N 含量平均值比施普通尿素 N 180 kg/hm^2 高 48.1%，差异极显著。施控释化肥 N 600 kg/hm^2 的处理耕层 NO_3^--N 含量平均值为 124.29 mg/kg，比施控释化肥 N 375 kg/hm^2 的处理平均值 47.03 mg/kg 高 164.3%，比施控释化肥 N 180 kg/hm^2 的处理平均值 30.52 mg/kg 高 309.2%，均差异极显著；施控释化肥 N 375 kg/hm^2 的处理耕层土壤 NO_3^--N 含量平均值高于施控释化肥 N 180 kg/hm^2 的处理 55.6%，差异极显著。可见各处理耕作层土壤 NO_3^--N 含量在试验期内均随施氮量的增加而显著提高。

耕作层土壤 NO_3^--N 含量在试验期内变化幅度比较大，N 投入量为 600 kg/hm^2 的处理 6，耕层土壤 NO_3^--N 含量变化幅度在 471.29～6.67 mg/kg；N 投入量为 375 kg/hm^2 的处理 5，耕层土壤 NO_3^--N 含量变化幅度在 115.53～5.60 mg/kg；N 投入量为 180 kg/hm^2 的处理 4，耕层土壤 NO_3^--N 含量变化幅度在 85.01～5.39 mg/kg。可见变化幅度也随 N 的投入量的增加而增加，且处于动态变化之中。

在 N 投入量相同的条件下，控释化肥处理在试验期内耕层土壤 NO_3^--N 含量的平均值略高。在第一茬夏玉米收获后，由于降雨量大，施肥各处理耕层土壤 NO_3^--N 含量与不施肥处理区别不显著，原因为 NO_3^--N 极易随水淋溶；但在第二、三茬作物收获后，施肥各处理耕层土壤 NO_3^--N 含量均极显著高于不施肥处理。

2)不同处理对0～100 cm各土层NO_3^--N含量的影响

0～100 cm各土层NO_3^--N含量的多少指示着NO_3^--N淋溶的规律,各土层NO_3^--N的多少也说明了氮肥的用量是否超量。

由表7-28数据统计可知,在试验期内,取土层平均NO_3^--N含量呈现如下规律:施控释化肥N 600 kg/hm²的处理(100.61 mg/kg)>施普通尿素N 600 kg/hm²的处理(94.47 mg/kg)>施控释化肥N 375 kg/hm²的处理(61.59 mg/kg)>施普通尿素N 375 kg/hm²的处理(52.45 mg/kg)>施控释化肥N 180 kg/hm²的处理(32.70 mg/kg)>施普通尿素N 180 kg/hm²的处理(31.64 mg/kg)>不施肥处理(4.11 mg/kg)。施肥处理取土层平均NO_3^--N含量均高于不施肥处理(差异极显著),N 600 kg/hm²的处理取土层平均NO_3^--N含量均高于N 375 kg/hm²的处理(差异极显著),N 375 kg/hm²的处理取土层平均NO_3^--N含量均高于N 180 kg/hm²的处理(差异极显著)。可见各处理0～100 cm土层的NO_3^--N平均含量均随氮肥投入量的增加而增加。

统计试验期内每层土壤NO_3^--N含量数值后,可以发现表层土壤NO_3^--N含量并非一直处于最高,每层土壤NO_3^--N平均含量高低呈现如下规律:均以40～60 cm处土层NO_3^--N含量平均值最高,80～100 cm处土层NO_3^--N含量平均值最低。这与施肥时间长短及土壤剖面有关。

统计试验期内各处理80～100 cm土层NO_3^--N含量发现,施控释化肥N 600 kg/hm²的处理(46.85 mg/kg)>施普通尿素N 600 kg/hm²的处理(45.29 mg/kg)>施控释化肥N 375 kg/hm²的处理(31.98 mg/kg)>施普通尿素N 375 kg/hm²的处理(30.41 mg/kg)>施控释化肥N 180 kg/hm²的处理(19.74 mg/kg)>施普通尿素N 180 kg/hm²的处理(21.53 mg/kg)。不同N投入水平之间差异极显著,相同N投入水平下差异不显著。施肥处理80～100 cm土层NO_3^--N含量均高于不施肥处理(差异极显著)。

3.结论

增施氮肥处理的各土层土壤NO_3^--N含量均高于不施氮处理,且氮肥用量越大,各土层的土壤NO_3^--N含量越高。

土壤NO_3^--N含量平均值并非以耕层最高,而是40～60 cm土层最高。

在相同N素的投入水平下,将控释化肥一次性底施,并不能显著降低NO_3^--N的淋溶,这与其他人研究结果具有差异,需进一步实证。

土壤特高NO_3^--N含量(471.29 mg/kg、414.51 mg/kg)出现在超量施氮(600 kg/hm²)处理耕层,80～100 cm土层的最高NO_3^--N含量(97.88 mg/kg)也出现在超量施氮(600 kg/hm²)处理,在试验期内N水平为600 kg/hm²的两个处理80～100 cm土层的平均NO_3^--N含量是不施肥处理的22.5倍,而N水平为375 kg/hm²的两个处理80～100 cm土层的平均NO_3^--N含量是不施肥处理的13.47倍,而N水平为180 kg/hm²的两个处理80～100 cm土层的平均NO_3^--N含量只是不施肥处理的8.91倍,所以随着氮肥的增施,土体NO_3^--N的淋溶量加大,对地下水污染的可能性加大。

表 7-28　不同氮肥施用量与化肥品种对各土层不同时段土壤 NO_3^--N 含量的影响

mg/kg

处理	深度/cm	取土日期									
		2007-7-19	2007-9-2	2007-10-8	2008-1-8	2008-4-8	2008-5-13	2008-6-12	2008-7-22	2008-9-4	2008-10-8
1	0～20	24.07	27.52	5.07	67.01	106.14	8.15	13.19	10.61	19.24	24.19
	20～40	35.69	67.83	8.62	44.05	30.02	43.57	14.25	57.34	31.68	20.43
	40～60	30.12	56.29	50.74	63.59	48.79	54.13	22.59	83.16	40.5	39.8
	60～80	23.18	28.64	43.35	22.73	36.83	19.49	13.97	46.70	32.25	21.91
	80～100	20.36	25.21	8.11	18.18	33.09	7.92	13.77	22.79	23.73	24.27
2	0～20	30.66	32.49	5.48	89.62	173.21	9.91	16.93	13.81	32.91	65.27
	20～40	80.81	118.61	12.72	61.38	65.16	81.1	54.42	121.66	80.77	100.03
	40～60	47.14	101.97	96.04	73.05	78.73	82.74	65.58	113.63	82.54	126.6
	60～80	29.03	36.25	70.41	66.98	79.93	48.5	40.76	89.71	65.4	117.83
	80～100	30.66	32.49	5.48	89.62	173.21	9.91	16.93	13.81	32.91	65.27
3	0～20	126.08	143.56	6.1	174.78	414.51	16.02	25.09	14.77	129.11	192.83
	20～40	122.44	175.18	20.84	70.05	95.49	188.49	154.86	108.98	92.06	118.96
	40～60	109.89	181.58	161.91	102.82	129.73	158.55	93.49	126.59	109.67	141.51
	60～80	36.16	76.42	71.8	45.3	95.87	133.04	85.61	101.84	96.89	113.19
	80～100	14.89	35.05	16.57	27.52	48.13	33.46	52.58	74.3	81.74	84.24
4	0～20	28.26	35.91	5.39	49.13	85.01	9.22	10.10	8.05	26.63434	30.01
	20～40	32.35	65.83	32.44	43.95	41.84	43.31	16.55	29.61	37.23514	12.18
	40～60	30.63	39.18	36.51	31.05	36.28	63.22	21.83	57.34	53.84865	18.48
	60～80	25.39	27.95	31.9	21.26	66.14	35.76	26.28	29.88	47.9584	17.57
	80～100	10.64	21.30	20.27	20.94	33.08	25.62	19.95	13.61	35.3191	14.57
5	0～20	41.2	68.06	5.6	56.27	115.53	12.51	16.62	8.49	49.88	50.81
	20～40	60.34	106.15	40.36	51.18	65.39	98.51	30.76	78.7	59.63	52.05
	40～60	59.78	52.21	58.73	48.53	83.17	120.65	40.64	158.65	58.96	66.56
	60～80	37.84	23.75	46.76	40.93	80.8	64.21	28.44	62.08	51.31	66.13
	80～100	15.26	19.16	25.06	30.3	48.55	31.85	27.82	41.55	31.66	32.92
6	0～20	127.69	269.47	6.67	62.93	471.29	32.63	36.9	15.84	71.81	109.39
	20～40	96.18	94.3	46.92	48.42	96.11	219.87	137	96.09	132.56	84.7
	40～60	52.21	57.83	174.61	162.9	137.36	133.33	82.18	157.67	160	117.3
	60～80	26.13	20.49	81.38	50.67	122.71	43.37	49.77	144.55	143.97	94.68
	80～100	17.33	11.91	22.52	30.3	58.82	33.49	27.07	97.88	85.21	68.41
7	0～20	20.95	5.17	4.58	3.58	5.84	4.51	5.07	5.56	5.39	5.78
	20～40	10.69	7.08	8.46	1.18	2.37	2.95	3.43	1.95	1.52	2.36
	40～60	7.08	8.19	6.82	5.97	1.11	3.23	3.93	2.13	2.38	1.64
	60～80	5.61	8.14	2.61	2.9	2.89	2.67	1.66	1.56	2.88	1.01
	80～100	4.02	3.26	3.22	1.91	2.15	2.45	1.52	0.85	2.85	0.92

7.5 秸秆焚烧热能高效利用

7.5.1 秸秆资源及利用的背景与意义

农作物秸秆是一种重要的生物质资源，特别是在当今世界经济发展与能源危机和资源匮乏的矛盾日益突出的时候，秸秆资源越来越受到重视。我国 2008 年秸秆生产量为 7.4 亿 t(根据《中国统计年鉴 2008》和草谷比估算，开发利用这种可再生的生物质资源成为农业生产、经济发展和环境保护的重大需求。但是由于缺乏较好的技术支撑或者技术推广乏力，人们对秸秆资源的重视度不够，加之秸秆资源散落分布难收集或者收集劳动力成本高利润低等原因，秸秆资源一直不能得到利用或者高效的利用，2000 年我国秸秆焚烧和丢弃分别占 6.6% 和 6.1%。农作物秸秆资源零散分布，使其不同于煤炭石油资源可以集中开发，应遵循地方特点，结合地方生产和经济特点，从地方着手加以解决。所以了解地方秸秆资源及利用现状对于制定当地农业生产政策，发展当地经济和开展地方生态和环境保护具有重要意义。

7.5.2 秸秆资源利用现状——河北曲周县为例

1. 材料与方法

曲周县地处河北省南部，是太行山前平原典型的农业生产区，属于内陆冲积平原浅层咸水型盐渍化低产地区，温带半湿润季风气候区。光、热、水等气候资源比较丰富，多年平均降雨量 547 mm。种植制度为一年两熟制，主要种植冬小麦、夏玉米、棉花、谷子等，是河北省典型的农业生产县，是秸秆资源生产的重要区。弄清曲周县秸秆资源量、分布、构成及利用现状对资源优化配置，高效开发利用秸秆资源具有重要意义。由此，我们开展了曲周县秸秆资源利用调查的工作。

本研究采用问卷调查、文献查阅和曲周县统计资料相结合的方法。2010 年 3 月，在曲周县的 4 个乡镇 6 个村，入户问卷调查农户 164 户，调查面积 233.7 hm^2，共得到问卷 164 份。主要调查了小麦、玉米和棉花的秸秆利用方式及去向。

2. 结果与讨论

1)曲周县秸秆资源及其潜力

(1)秸秆资源量　根据曲周县历年统计资料和参照各种文献资料及谷草比计算，曲周县秸秆年生产量从 1949 年的 4.35 万 t 增加到 2007 年的 49.4 万 t(图 7-46)，2007 年产量是新中国成立初的 11 倍之多，表明随着农业生产技术的进步，秸秆产量呈不断增加的趋势。据统计资料，2006 年，曲周县面积占河北省面积的 0.4%，而秸秆生产量占全省的 1%，可见该县秸秆生产量很大。

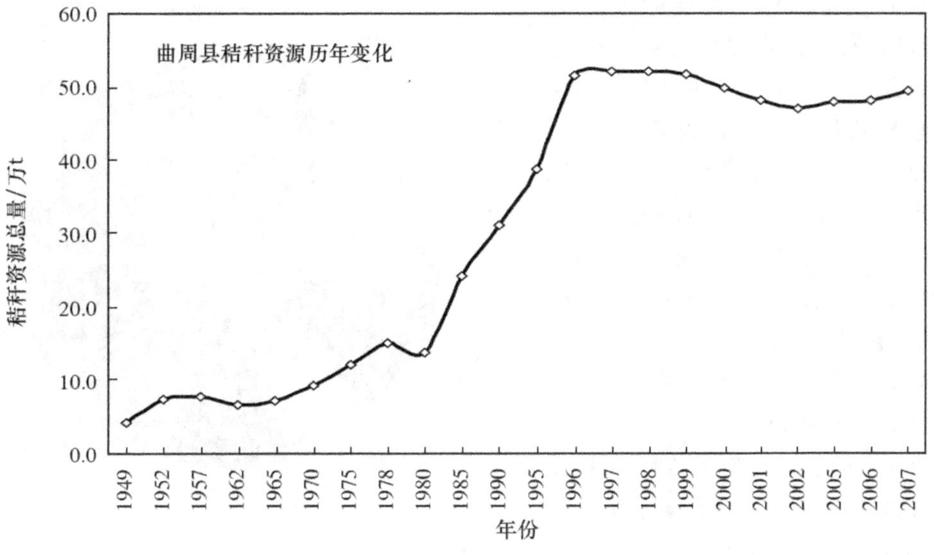

图 7-46 曲周县历年秸秆资源量的变化

这些秸秆主要是夏玉米、冬小麦和棉花的秸秆，分别占秸秆总量的 59.8%、27.4% 和 10.5%（图 7-47），3 者占秸秆总资源量的 97.7%，是曲周县最主要的秸秆资源，解决这 3 种秸秆资源利用的问题是该县秸秆利用的关键所在。

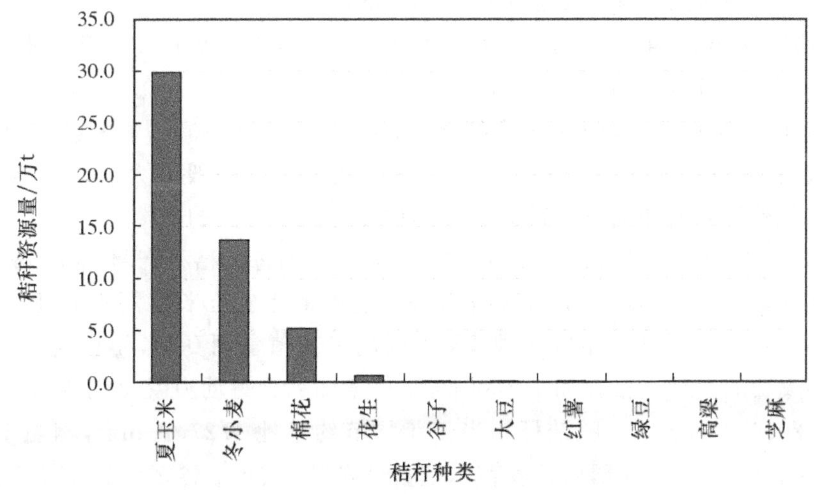

图 7-47 2007 年曲周县不同秸秆资源的组成

受不同乡镇自身耕地面积、种植结构、生产技术水平等因素的影响，秸秆在各乡镇的分布也不均匀，秸秆产量较大的乡镇是侯村镇，占全县秸秆总量的 16%，最小的乡镇是依庄乡，占全县秸秆总量的 5%，其余在 10%左右（图 7-48）。

（2）曲周县秸秆资源化利用的潜力 秸秆资源利用的主要方式是：①作为肥料，如秸秆还田；②作为饲料，如氨化、青贮；③作为能源，如直接作为柴薪、秸秆发电；④作为工业原料，如作板材纤维、造纸等。根据文献资料和前述资源量对曲周县秸秆资源利用的潜力作如下估算，以期引起对秸秆资源化利用的重视并加以开发和高效利用。

秸秆含有丰富的作物需要的各种化学元素，通过各种方式还田后能够提供植株大量的养分。据推算，该县仅2007年生产的玉米小麦秸秆就可折合尿素5924 t，折合含P_2O_5 12%过磷酸钙5580 t，折合K_2O为60%的氯化钾17224 t，分别相当于曲周县2007年尿素、过磷酸钙和2000年氯化钾（氯化钾消费量只有2000年的数据）消耗总量的5.4%，5.7%和488%。此外，提供给土壤丰富的有机质，有利于土壤肥力的维持和提高。

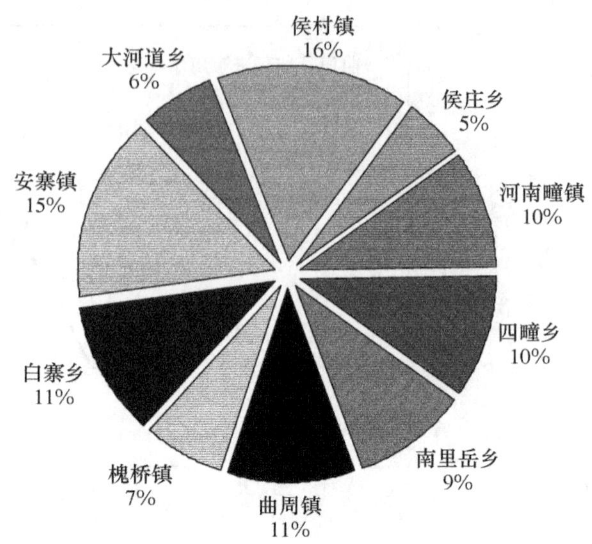

图 7-48　曲周县秸秆资源的空间分布

该县2007年生产的全部秸秆如果以锅炉燃烧方式进行能源化利用，利用率为100%时，可以折合标准煤5.86万t；利用率为54%时，可以折合标准煤3.21万t，分别是2007年曲周县工业消耗标准煤16.5万t（资料来源：2007《曲周县统计年鉴》）的36%和19.5%，可见提高秸秆利用率是秸秆能源化利用的重大课题；如果把秸秆压缩成型，以利用率54%估算，也可提供曲周县工业用煤的79%。秸秆作为能源利用后，减少了化石能源用量，可减少二氧化碳排放，降低工业生产对环境的压力。

经估算，曲周县2007年生产的秸秆可以生产人造板40.1万m^3，等于造林23.4万亩，当地农民仅此一项每年可增收2888.5万元。

农作物秸秆，以干物质计，中性洗涤纤维（NDF）占70%～80%，酸性洗涤纤维（ADF）占50%～60%，粗蛋白质含量为3%～6%。多数易燃用的秸秆一般不太适宜直接用作饲料，但是秸秆作为反刍动物的辅助饲料及胃部的填充物却是必不可少的。

曲周县2007年，小麦玉米秸秆44.5万t，相当于平均每天秸秆产量为1192.3t，按照每头成年肉牛每天食草量5.03 kg计算，该县平均每天生产的小麦玉米秸秆就可以饲养23.7万头成年肉牛，产生的牛粪既是优质的有机肥，又可以用来养殖食用真菌，而且这些都有非常成熟的技术和许多成功的实践。秸秆加工饲料业，也可增加社会劳动力就业机会，具有良好的社会效益。1990—2000年间全国饲喂秸秆相当于年均节约草地1.27亿hm^2，相当于中国草地可利用面积40%左右。目前，我国秸秆养畜示范县已发展到30个省区市的485个县，其中秸秆养牛示范县323个，秸秆养羊示范县162个。

3. 曲周县秸秆资源利用现状与分析

（1）曲周县秸秆利用现状　我国秸秆利用方式多数用作肥料，其次是饲料，再次是燃料和原料，但是丢弃和焚烧现象仍占有相当的比例，其中河北省丢弃和焚烧比例还要高于全国平均水平。

调查结果如表7-29所示，同全国主要的利用方式一致，曲周县主要作物的秸秆主要利用方式也是作为肥料（秸秆还田），其还田量占资源总量的96.47%以上，棉秆还田占资源总量的18.36%，都高于全国水平，说明当地秸秆还田技术推广较好或者对秸秆用作肥料的意识较高。

表 7-29　全国及曲周县小麦、玉米和棉花秸秆利用现状　%

地区	作物	总利用率(不含弃置、焚烧)	秸秆各种利用方式利用率/(利用量/总量)					
			肥料	燃料	饲料	原料	弃置	焚烧
全国	小麦	83.03	40.17	20.31	14.30	8.26	7.95	9.02
	玉米	85.75	32.21	24.68	27.08	1.78	8.86	5.39
	棉花	92.41	15.96	56.55	15.49	4.42	5.27	2.25
曲周县	小麦	96.47	96.47	0.00	0.00	0.00	3.53	0.00
	玉米	99.83	98.07	0.00	1.76	0.00	0.00	0.17
	棉花	60.96	18.36	32.88	0.00	9.72	39.04	0.00

注:表中秸秆利用的全国数据根据高祥照等整理

调查结果显示,该县小麦玉米秸秆极少用作燃料,而棉秆作为柴薪的量占其资源总量的32.88%,表明当地农家主要用棉秆作为燃料。

该县只有玉米秸秆用作饲料,占资源总量的1.76%,远远低于全国水平。

当地棉秆用作工业原料占资源总量的9.72%,高于全国水平,这与当地的赛博板业有限公司利用棉秆加工人造纤维板和邻县的一家秸秆发电厂有关,调查过程中发现棉秆主要送往该厂或者一些小型的秸秆加工企业。而玉米小麦秸秆用作工业原料很低,被调查的农户的小麦玉米秸秆没有用作工业原料的现象。

小麦玉米秸秆弃置现象都低于全国水平,而棉秆弃置率很高,占资源总量的39.04%,远高于全国水平。

调查结果显示,焚烧的玉米秸秆占资源总量的0.17%,其他秸秆没有焚烧的现象,焚烧低于全国水平。

小麦玉米秸秆弃置乱丢和焚烧都低于全国平均水平,可见当地对小麦玉米秸秆利用的重视程度或者技术水平较高,但是棉秆弃置率远高于全国的平均水平。

(2)问题与分析　本次调查结果表明,该县秸秆直接还田的比例很高。农户对秸秆还田的作用的认识较深,多数农户知道秸秆还田能提高土壤肥力水平,而且秸秆还田技术比较完善和成熟,实行秸秆还田的技术主要有:①小麦秸秆直接还田铁茬播种夏玉米;②玉米秸秆还田旋耕播种冬小麦;③玉米秸秆粉碎翻耕播种夏玉米;④玉米秸秆整株还田播种冬小麦;⑤中国农业大学曲周实验站正在当地开展玉米秸秆直立免耕播种冬小麦的技术研究等等,是当地秸秆直接还田比例较高的技术原因。另外,中国农业大学曲周实验站多年在当地开展的技术推广与示范,如中国农业大学与曲周县在该县白寨乡如火如荼开展的"高产、高效"双高示范活动等给当地秸秆还田技术提供了技术支撑和良好的示范作用。

当地小麦玉米秸秆饲料化利用很低。仅玉米秸秆用作饲料,远远低于全国水平,这与当地养殖业或者反刍动物养殖业不发达有关。小麦玉米秸秆是反刍动物的辅助饲料及胃部的填充物,是很好的饲料,但是没有得到更好地利用。所以当地可以利用丰富的秸秆资源发展畜牧养殖业,吸纳丰富的秸秆资源,实行秸秆过腹还田。本次调查中也发现当地利用秸秆产沼气的比例很低(本文没有给出数据),可能也是受养殖业不发达的影响。如果养殖业发达,部分难以利用的秸秆可以用来产生沼气。

前述结果表明棉秆最主要的去向,一是弃置乱丢,二是农家用作柴薪。调查问卷显示其主要原因是：秸秆分散难收集或者收集劳动力成本高，棉秆出售后利润不多，煤炭价格升高后棉秆成为一种较好的柴薪原料等，这是棉秆不能资源利用经济上的原因，另外棉秆还田技术示范推广不足，农户还没有像小麦玉米秸秆还田那样形成习惯。

4. 结论与建议

曲周县秸秆资源利用可以归纳如下：①曲周县秸秆资源丰富，潜力很大。目前年产量可达 49.4 万 t，主要秸秆资源是小麦、玉米和棉花秸秆，3 者占秸秆总资源量的 97.7%；②秸秆还田是该县秸秆利用的最主要方式，小麦玉米秸秆还田率为 96.47% 以上；③秸秆饲料化利用较低；④棉秆丢弃现象较为严重和较为低效的利用方式——作为农家燃料。

针对现状和问题，我们认为：①继续推行秸秆还田；②可以利用当地丰富的秸秆资源，发展畜牧养殖业，利用秸秆和一些牲畜粪便生产食用菌，畜禽粪便和难以利用的秸秆可以用来产生沼气，形成养殖—沼气—肥料—种植循环高效可持续农业发展模式，综合利用秸秆资源；③鼓励扶持以秸秆加工为主的饲料、燃料、纤维产业，吸纳秸秆资源；④开发快速便捷的秸秆收集器械，解决秸秆难收集、劳动力成本高的问题；⑤分类分区利用。考虑秸秆分散难集中的特点，发展秸秆产业时，如秸秆粉碎加工，要因地制宜，优化秸秆利用方式。根据乡镇自身的优势和特点，合理利用秸秆资源。如一些乡镇棉花种植面积占优势，可考虑在该乡加工棉秆，使农户能就近销售处理。

7.5.3 柴暖炉技术

柴暖炉是一种“低碳环保”的新型炉具，它以秸秆类柴火为燃料，利用生物质热解气化技术，将秸秆类柴火除氧、风压炈燃，强制使柴火变成烟体，经转化排出，结合燃烧剂进行燃烧，产生生活生产中所需的热能。

所谓的生物质气化技术在国外已有多年的研究，主要集中于循环流化床和有催化剂的高压反应器技术，针对大型装置的供气系统，使较高分子量的有机碳氢化合物链断裂变成低的异类，不适合小型炉。20 世纪 90 年代，我国也开始了对生物质气化技术的研究，小型气化炉开始上市，但由于它存在结构性的缺陷，一直没有推广开来。

1. 柴暖炉的技术理论及性能

柴暖炉的关键技术在于将秸秆类柴火变成烟，将烟点燃变成火。该柴暖炉在构造上主要有 6 个重点技术：①除氧送风，环绕形成风压，保证了填料量与着火时间相对应；②控制式炉箅，燃不尽，灰不落，热解率可达 90%；③遴水式炉套，采用老白草做遴水式炉套，低温时吸附焦油，高温时又把焦油挥发到烟体中增加热值，还保护了炉体表面不变色；④油封炉盖，用于点滴密封，防止生锈，方便耐用，杜绝隐患；⑤综合式开关，用于无论什么状况和气候确保烟体畅通；⑥专用配件，用于整套管道的往返连接，灶口、火盘、配风、锅架都有独特的设计，不用维修，管道采用塑料曲管，定位自如，寿命长。

其技术参数如下：

炉体	方体式
风机	25 W
炉膛容量	3 kg

烟化速度	3 min
燃烧耗料	1.2 kg/h
烟化效率	97%～100%
单位时间产烟量	2.7 m^3/h
单位物料产烟量	1.48～2.2 m^3/h
物料低位热值	18040 kJ/kg
烟化低位热值	7013.1 kJ/kg

经测算，该柴暖炉的气化效率很高，达到了80%～95%；初始产气时间为1～4 min；产烟速度达到了2.7 m^3/h；物料产烟量可达1.48～2.2 m^3/kg；按照柴暖炉的排量，1 kg柴火将转化可燃烟体2.5 m^3，可以燃烧65 min。

燃气的热值：我们实际使用的燃气中，是含有各种组分的混合气体，它的热值可以用热值仪（热量计）直接测出，也可以由各单一气体的热值按混合法则计算得出。所谓热值是指一标准立方米的燃气完全燃烧所放出的热量，称为该种燃气的热值，单位为：kJ/Nm^3或MJ/Nm^3。以甲烷完全燃烧为例说明如下：

$$CH_4 + 2O_2 = CO_2 + 2H_2O + Q$$

式中：Q值为1标准立方米CH_4完全燃烧所放出的热量；Q＝890943 kJ/kmol，其热值为890943/22.3621＝39842 kJ/Nm^3；22.3621为标准状态下CH_4的摩尔容积（Nm^3/kmol）。

燃气的热值又可以分为高位热值和低位热值。所谓高位热值是指一标准立方米CH_4完全燃烧后其烟气被冷却至原始温度，而其中的水蒸气以凝结水状态排出时所放出的热量Q_H＝890943 kJ/kmol，其热值为39842 kJ/Nm^3（Nm^3表示每标准立方米）。

所谓低位热值是指一标准立方米CH_4完全燃烧后其烟气被冷却至原始温度，但烟气中的水蒸气仍为蒸气状态时所放出的热量Q_L＝802932 kJ/kmol，其热值为35906 kJ/Nm^3。

燃气的高位热值在数值上大于其低位热值，差值为水蒸气的气化潜热。在工业与民用燃气应用设备中，燃气中的水蒸气通常是以气体状态排出，因此，实际应用工程中常用燃气低位热值进行计算。

2. 柴暖炉与其他生活燃料费用对比

通过生物质热解气化技术，柴暖炉可以提高秸秆类柴火的燃烧热值和利用效率。按照柴暖炉（B型）的排量，1 kg柴火转化可燃烟体2.5 m^3，可以燃烧65 min，仅耗电1分钱。结合当地居民具体情况，一个四口之家一顿饭只需0.8 kg柴火，就可以满足其做饭、炒菜、烧热水的需求，即一年仅耗柴864 kg，电费10元左右（表7-30）。

表7-30　对比其他生活燃料情况

类型	柴暖炉	传统柴灶	蜂窝煤	天然气	液化气	电磁炉
月用量	72 kg	500 kg	180块	30 m^3	1罐	180°
单价	不计费	不计费	0.5元/块	2.8元/m^3	87元/罐	0.53元/°
年消费	10元（电费）	不够时需配合其他燃料	1080元	1008元	1044元	1144元

总之,使用柴暖炉具有以下特点:

第一,成本低。以上数据显示,一个四口之家,使用蜂窝炉、天然气、电磁炉等,一年所需生活燃料成本不低于 1000 元,如果使用柴暖炉,则只需电费 10 元钱左右,而且不到 900 kg 柴火。

第二,节能。传统农村家庭使用土砖结构的灶台,体积庞大,不能充分利用秸秆燃烧产生的热能,热量损失高达 70%以上;使用蜂窝炉、液化炉及电磁炉等,都是直接或间接地消耗煤、天然气等不可再生能源。而柴暖炉提高秸秆类燃料利用效率的同时,还替代了有限的不可再生能源。

第三,环保。应用传统炉灶直接燃烧秸秆,会产生大量的烟雾、粉尘;而用煤、天然气作为生活燃料,会产生大量二氧化碳、二氧化硫。而柴暖炉改变传统直接燃烧秸秆的方式,正常燃烧时不排放烟体,无粉尘,是秸秆燃料能源的清洁利用方式。

3. 柴暖炉推广的经济效益分析

几年来的实践证明,柴暖炉是值得大力推广的,具有极强的可行性,比燃烧煤降低成本 70%,同时也彻底取代了煤炭。即生产一台柴暖炉,一年可减少使用约 1.08 t 标煤。按照邯郸市 125 万农户估算,每年耗煤量约 135 万 t。按照每燃烧一吨标准煤,排放 CO_2 2620 kg, SO_2 8.5 kg 计算,如果全部改用柴暖炉则可减少燃烧煤 135 万 t,降低成本近 13.5 亿元,同时可减少排放 CO_2 353.7 万 t, SO_2 11475 t。

4. 柴暖炉的环境效益

林格曼是反映锅炉烟尘黑度(浓度)的一项指标。林格曼烟尘浓度表的使用方法:观察者站立在与烟囱距离 40 m 左右的地方(观察者与烟囱间无障碍物),将林格曼图板竖立在距观察者一定距离上,这个距离的大小取决于观察者的视力,一般以 15 m 为好。放好之后,将烟色与图板的黑度进行对比,从而可以得知烟气的烟尘浓度。林格曼图是用来衡量烟气黑度级别的,共有 6 级,从 0 至 5 级。在白色的底上用黑色的小方格表示,白色面积为 100%时为 0 级,当黑色面积为 20%时为 1 级,黑色面积为 40%时为 2 级,依次类推,60%为 3 级,80%为 4 级,100%为 5 级。各地市对自己的烟囱排放都有一定的要求和相应的处罚措施。

经测算,本柴暖炉的林格曼浓度平均为 0.5 级,小于国家标准的 1 级,说明本柴暖炉符合国家对该类炉具的环保要求。

此外,其烟尘排放浓度和烟尘平均排放速度、SO_2 排放浓度和平均排放速度、氢氧化物排放浓度和平均排放速度等指标也都符合国颁标准,可以大批量推广应用。

环保参数如表 7-31。

表 7-31 柴暖炉环保参数

项目	检测值	国家标准值
烟尘排放浓度/(mg/m^3)	28～39	120
烟尘平均排放速度/(kg/s)	0.009	0.096
SO_2 排放浓度/(mg/m^3)	10～14	550
平均排放速度/(kg/s)	0.003	0.739

续表

项目	检测值	国家标准值
氢氧化物排放浓度/(mg/m^3)	30～39	240
平均排放速度/(kg/s)	0.008	0.219
林格曼浓度	0.5级	1级

5. 柴暖炉推广的社会背景

目前能源消费正以每年17%的速度增长，农民用能状况悄然发生了变化，秸秆已不再是农村主要燃料，使用蜂窝煤、液化气、电能替代柴火作为燃料越来越普遍。然而人类今天面临着全球性能源危机，煤炭开采过度，导致液化气、燃油、原煤供应紧张，价格一直上涨。能源危机和环境危机不断提醒人们，过度开采资源不仅仅是资源的减少，更是对人类生存环境的巨大破坏。

我国每年有7亿t秸秆和3亿t可燃杂物，目前主要用于做生活燃料、秸秆发电、造板、造煤、造油，剩下部分都被废弃、焚烧。这些能源的使用方式利用量极低，造成了能源的极大浪费。要想实现秸秆新能源的高效利用，就必须找到合理的利用方式，柴暖炉正是"应运而生"的产物。

柴暖炉可以实现低碳民生，缓解能源危机，用于包括工农业、家庭取暖、做饭等，能够满足中国广大农村用户生活、生产的需要，成本低、效率高，具有极强的生命力。同时国家提倡再生能源的利用，要求发展生态农业，鼓励控煤兴柴，柴暖炉必将在中国建设社会主义新农村的大潮中发挥积极的作用！

7.6　农村分散型废弃物管理与处理

课题目的：针对农村废弃物(作物秸秆、畜禽废弃物、生活垃圾等)种类多、规模大、分散化的特点，以河北省曲周县典型村为研究对象，调查农村不同级别(户、村)农村生活垃圾产生、组成和分布特点；确定农村生活垃圾的分类模式和分类方法，提出家庭分类投放容器和室外收集容器的配比等参数，以及适宜的垃圾收集点的选址，根据联合堆肥的需求，构建优化的农村废弃物收运系统。

7.6.1　农村(乡/镇)生活垃圾分类、收运及处理体系

面对日益增加的农村生活垃圾数量及农村环境污染的现状，采用什么方式来解决农村生活垃圾问题是值得研究的一个重要课题。农村生活垃圾问题已成为新农村建设中一个不可忽视的问题。

1. 曲周县生活垃圾收运、管理及处理现状

1）生活垃圾收运现状

(1)各村生活垃圾随处丢弃、堆放，尤其在河道沿岸漫滩和马路边上，这不仅影响了村容村貌，还加大了村镇水体污染。

(2)乡镇上垃圾贮存容器设计不科学。靠近滏阳河沿岸的垃圾收集箱为水泥敞口式的，由

于垃圾箱容积设计没有考虑服务人口的数量和规模，或者虽考虑了这一因素，但由于垃圾收集和运输不及时，造成垃圾箱不能存放太多垃圾而使周围堆置了大量垃圾。同时，垃圾也容易散落到中心河内对水环境造成污染。另外，其他地方的垃圾箱为铁制房式，箱门容易堵死，而且也容易锈蚀，不能发挥该垃圾箱的作用。

(3)垃圾堆放无序，清运不够及时，敞口式的中转站容易散发气味，垃圾容易散落各处。

2)当地居民对垃圾问题的态度和认知

针对农村居民自身特点、对垃圾的了解情况、处置方式和对生活环境的态度等展开的问卷调查发现，曲周县各乡镇农民对垃圾的态度和认知表现如下。

(1)各村居民文化水平大部分集中在初中、小学和高中层次，小学和中学占被调查对象的82.2%，大学文化只占17.8%，文化素质偏低。

(2)大部分农村居民的环保意识不强，约占被调查人数的50%以上。

(3)当地居民投放垃圾的容忍距离在100 m以内，超过这一距离，居民容易随意弃置垃圾。

3)垃圾收集制度上存在的问题

(1)村内的个别街道上存在零散垃圾多，建筑垃圾随意堆放，甚至无垃圾集放点的情况。

(2)村内的主要街道尤其是商业街上虽然布置了一定数量的垃圾集放点，但其布局及数量均未考虑当地垃圾产生量以及垃圾的空间分布，而且在最需要的农村村民居住的生活社区里却没有任何的垃圾收集装置。

(3)曲周县境内主要河流为滏阳河。目前此河流除汛期和农灌期之外基本上常年无水。且随着县域人口的迅速增长，滏阳河两岸设置的垃圾集放点数量及布局均无法满足目前居民的需要，导致居民将大量生活垃圾直接排入河中，导致滏阳河、支漳河水环境日益恶化，如今已成为城市纳污沟。因此，需要重新规划滏阳河两岸的垃圾集放点的数量及布局。

(4)各乡镇虽然安排了专门的环卫保洁人员，但是由于监督不善或者责任不到位，他们仅收集垃圾箱内的垃圾，对散落各点的塑料包装袋等垃圾熟视无睹。

2. 生活垃圾分类、收运及处理体系的构建

近些年来，随着新农村建设的进行，各地农村普遍采取了适合当地的垃圾处理模式，也取得了一定的效果，如北京平谷北部山区、陕西西部山区农村、太湖流域农村、海南农村等地农村。其垃圾处理模式见表7-30。

曲周县各乡镇农村为平原种植村落，以农业为主主要种植小麦、玉米和棉花，人均年纯收入3000元。通过对曲周县各乡镇生活垃圾组分特征分析可知，曲周县各乡镇生活垃圾组分以厨余垃圾和灰土为主，其中厨余垃圾占生活垃圾总量的40%～70%，灰土占生活垃圾总量的8%～50%。根据曲周县各乡镇所处的地理位置条件，以及农村社会经济发展水平、交通运输条件、综合财力、农村生活垃圾成分等综合因素，各村、镇可以结合实际采用以下一种或多种方式，对农村生活垃圾进行处理，严格末端控制，严禁垃圾进入河(库)等水体。

1)户保洁、村收集、镇转运、县处理模式

以县城垃圾处理场为中心，邻近县城的乡镇可选择采取“户保洁、村收集、镇转运”的方式，将生活垃圾集中运至县城垃圾处理场进行无害化处理。“户保洁”即由农户负责自家房前屋后的卫生保洁，并将垃圾收集到村垃圾收集点(如简易垃圾房)。“村收集”即各行政村应在公共

场所及主要道路上设置垃圾桶，并专设保洁员做到及时清运。对于厨余垃圾和灰土垃圾，每天定时、定点收集一次；而对于可再生垃圾、有害垃圾和可燃垃圾，一个月左右收集一次。“镇转运”即镇负责将区域内各村垃圾进行收集和打包，清运到垃圾中转站或垃圾填埋场。“县处理”即各乡镇的垃圾清运至县垃圾处理场作无害化集中处理。

表 7-30 不同农村地区垃圾特征及处置模式

地区	自然经济状况	垃圾产生特点	垃圾处理模式
北京平谷熊儿寨乡	北部山区，以第一产业为主以休闲观光旅游为辅，工业企业少且规模小，农民人均年纯收入 7293 元	分为八类：厨余垃圾、可再生垃圾、灰土垃圾、可燃垃圾、有害垃圾、厕卫垃圾、穿戴垃圾、建筑垃圾；灰土含量高，有机物含量低	居民源头分类、各村定时收集、全乡统一处理，堆肥、填埋及回收利用
陕西淳化	西部山区农业县，林草资源丰富，农业人口占多数，人均年纯收入 1810 元	分为有机易腐垃圾，可回收和不可回收垃圾，有机垃圾占总量的 70%	以户为单位分类收集处置，部分沼气池处理，部分变卖回收
太湖地区	南方平原水网地区，以农业和乡镇工业为主，近半数人口从事非农产业，人均年纯收入超过 5000 元	有机垃圾＞废品类＞无机类＞有害类，塑料及制成品比例较高。有机垃圾占垃圾总量的 67.7%	以村为单位，定点分类收集，高温堆肥、废品回收为主，兼以少量废物卫生填埋
海南琼海	海洋湿润气候，以种植经济作物和养殖为主，为国家级文明生态村，人均年纯收入为 4150 元	有机垃圾、灰渣为主，合计占组成 63% 以上，包装物的组分较多，织物等消费品类来源较少	以村为单位，定点混合收集，集中末端分拣，就地堆肥和回收为主，辅以外运焚烧

2) 乡镇处理模式

对于离县城较远的乡镇，由于运距较大，集中由县城处理运输成本过高，则选择由乡镇统一处理。原则上在各乡镇分别建设垃圾处理场，各行政村负责在辖区自然村设立垃圾收集点，采取户分类、村收集、乡镇转运的方式，集中运至乡镇垃圾处理场进行处理。

3) 村处理模式

对于离乡镇偏远的村庄以行政村或自然村为单位，因地制宜，对灰土可就地就近利用废坑（塘）等简易填埋，对厨余垃圾则可堆肥或沼气发酵，就近还田，各村内部解决产生的生活垃圾问题。

3. 对于上述模式的选择，除需因地制宜，还须做好以下工作

1) 重视村户源头分类

不管采用哪一种处理处置方式，垃圾分类收集均是其他处理方式的前提，也是实现垃圾处置减量化、资源化、无害化的重要措施。事实证明，对混合垃圾后期分选的末端分类技术成本高、难度大、作业环境差，经过混合的物质即使被成功分离，也常因被污水污物浸染而增加再利用的成本和技术难度，甚至丧失再利用价值。要真正实现生活垃圾处理的“三化”原则，垃圾分类必须从整个系统的源头进行。

根据对曲周县各乡镇农村的经济状况、自然条件、人口密度、垃圾构成以及当前或近期垃圾处置与利用方式，兼顾居民的旧习惯影响及对垃圾识别能力，建议将生活垃圾大类粗分为3类：

A. 厨余垃圾。主要是食物残渣、剩菜剩饭、菜叶果皮和草木树叶等庭院垃圾。

B. 灰土。指灰土、砖瓦、石块等只能用于填埋的垃圾。

C. 其他垃圾。指废旧报纸书刊以及零星包装纸张、烟盒、纸壳、碎玻璃、塑料袋、办公纸张、塑料、金属等的垃圾和一部分不可回收垃圾，如受污染的废纸和纸巾、不能利用的织物、尿片和用过的个人卫生用品等。

电池、药品等有害垃圾由于产量很少，且未经处理不应进入垃圾收运系统，建议单独进行收集。

对上述3类垃圾的分类，要求农户在家完成。

2)优化设置垃圾分类收集容器及点位

参照《城市生活垃圾分类及其评价标准》(CJJ/T 102—2004)中应配置容器数量的计算公式，建立起农村生活垃圾收集负荷的计算模型：

$$\omega=\rho\alpha A/D\beta\gamma \tag{1}$$

农村生活垃圾收集点布设密度的计算模型：

$$n=\omega/E \tag{2}$$

(1)式与(2)式中：ω 为垃圾收集负荷(m^3/km^2)；ρ 为收集范围内垃圾日产生密度[$t/(km^2 \cdot d)$]；α 为垃圾日产生密度变化系数，取1.1～1.5；A 为垃圾清除周期(d/次)，当每天清除1次时，$A=1$；每日清除2次时，$A=0.5$；当每2日清除1次时，$A=2$，以此类推；D 为垃圾平均容重(t/m^3)；β 为垃圾平均密度变动系数，β 取0.7～0.9；γ 为垃圾容器填充系数，取0.75～0.9；n 为农村生活垃圾收集点布设密度(个/km^2)；E 为单个垃圾箱的容积(m^3/个)。

根据公式(1)和公式(2)可确定各村及乡镇垃圾收集容器的设置数量以及垃圾收集点的布设密度。

需采取的保证措施：

(1)加大对村民的宣传和教育力度，增强农民环保意识、知识水平　农村生活垃圾管理涉及的面广量大，并且人人有份，时时刻刻发生，只有发动群众共同参与才是根本所在。各乡镇应定期向农民开展环境卫生知识讲座提高，农民环保意识和知识水平。如向农民推广垃圾分类处理法，能分解的蔬菜、果皮、牲畜粪便可直接发酵还田，纸张类、金属类收集好可以卖废品，塑料袋、电池等难分解的物质统一放在一处，由环卫部门处理。在全县各乡镇营造出一种人人宣传、个个参与，管理好农村垃圾，美化居住环境的良好氛围。

(2)实现垃圾的集中存放，避免乱堆乱放　以村为单位，根据地形、住户分布和服务半径情况，选择适当的位置为20～30户建一个垃圾池，实行垃圾集中存放，让村民方便倒垃圾，这样既可避免乱倒垃圾，使周围的居住环境干净，也有利于下一步对垃圾的统一清运。

(3)专人负责，集中清理　各村通过签订协议承包给个人和雇用清洁人员等方式对村民定点堆放的垃圾日产日清，并运往堆放场，定期进行覆盖。

(4)建立健全规章制度，职责明确　通过制定农村乡镇生活垃圾管理条例，从法律上明确农村居民和乡镇管理部门在垃圾清运、收集，贮存处理过程中的责任和分工。要强制性规定农村垃圾做统一处理，在充分了解农村垃圾的来源、数量、种类及性质的基础上，部分垃圾做回收处理。如农药瓶、化肥袋等由销售商或厂商统一回收再利用；对垃圾的摆放地点做限制性规定，有效保护耕地、林地等农业用地及农村集体或公共土地；在终端处理上，要明确责任，明确如何处理，由谁处理，特别是要明确政府的责任。

（5）设立专项资金，确保环卫工作顺利开展　不管是宣传、雇用保洁人员还是建造垃圾池，都需要资金的保障。每年年初各村都把本年度垃圾收集和运输所需费用纳入本村财务预算，做到专款专用。

第8章

农业产业化经营与社会化服务

农业产业化在西方国家被称为“农业一体化”,它最早出现于20世纪50年代的美国,之后很快传入西欧、北欧、日本等经济比较发达的国家,20世纪90年代初,在我国发展起来。它是一种新的农业经营形式,是一种以工业发展的思维发展农业的新理念。其实质内容是把农业生产的产、供、销三方面有机地结合起来。从经济学本质上看,农业产业化经营是农业市场多元主体以共同利益为基础的自由联合体,即自愿结成的利益共同体。它的含义可以这样表达,即农业产业化经营,是以市场为导向,以家庭承包经营为基础,依靠龙头企业及各种中介组织的带动,以经济效益为中心,以系列化服务为手段,通过实行产供销、种植、养殖和加工一体化经营,将农业再生产过程的产前、产中、产后诸环节联结为一个完整的产业系统,是引导分散的农户小生产转变为社会化大生产的组织形式,是多元参与主体自愿结成的经济利益共同体,是市场农业的基本经营方式。

8.1 问题的提出

8.1.1 农业产业化经营的背景

农业产业化经营的产生和发展不是偶然的,它是在市场经济条件引导下农业生产力高度发展的产物。农业产业化于20世纪50年代产生于美国,不久西欧、日本等发达国家也开始走农业产业化的道路,这些国家都在大致相同的时间开始,又在较短的时间内取得了显著成效。这主要是由当时所具备的社会、经济、技术条件所决定的。它们都是高度发达的市场经济体制,工业化已经完成,国家有足够的经济实力武装农业,客观上具备了反哺农业的条件。同时,由于当时这些国家的科学技术已很发达,科研成果多,技术人员素质高,用先进技术改造传统农业已成为可能。

我国农业产业化起源于20世纪90年代,是“农工商一体化、产供销一条龙”经营的简称。它与20世纪50年代发达国家的“农业一体化很相似,只是起源的背景条件、历史作用、具体条件等存在差别。我国的农业产业化是伴随着我国农村经济体制的变革而产生的,并经历了一个逐渐发展的过程。20世纪80年代初以家庭联产承包责任制为核心的农村经济改革和20世纪80年代中期至90年代的农副产品流通体制改革,以及社会主义市场经济体制的建立,农户成为经营主体，生产积极性空前高涨，农业得到迅速发展。但是随着市场化程度的加深，分散农户在市场化过程中面临许多困难，农业发展深层次的矛盾逐渐显现。主要表现在：①农户经营规模不经济。一家一户经营的最大弱点是土地分散、劳动生产率低，积累率低；②小生产与大市场之间的矛盾。农户分散，势单力薄，经济实力弱，缺乏信息，无法及时掌握市场需求状况，无力抵御市场竞争、农产品价格波动带来的市场风险；③农业经济效益低与社会效益高的矛盾。长期以来，我国农业的产前、产中、产后各环节被人为分割，农产品的加工、销售等与生产过程相分离，各自为政，各有各的地盘和界限。农户一般不能或很少直接和市场发生联系，农业发展带来的效益更多地被其他行业和部门分享。农民得不到相对较高的后续利益，更不能分享中间环节在流通与生产转化中所产生的平均利润，结果是农业经济效益低。近几年，农业经济效益低与社会效益高的矛盾日益突出。

要消除农业产业组织的种种不适应，根本途径是推进以农业商品化、市场化为起点，以农业生产社会化为基础的农业产业组织的创新。农业产业化经营是农业、农村经济由传统农业生产部门转变为现代农业产业、分散型经营转变为组织型经营、粗放型增长转变为集约型增长的必由之路，是引导农户经营进入市场经济，提高农业比较效益的现实选择。

中国农业大学于1973年开始在曲周县展开了盐碱地的治理并取得了明显的经济和社会效益，粮食产量达到了1000 kg，农村面貌发生了改观，完成了农业的综合治理阶段的治理任务。在农业综合发展阶段，将研究的重点放在了农林牧业综合发展，力争创造一个农林牧业均衡发展、生态环境友好的农业发展之路，为城乡一体化发展奠定基础。在这个阶段中，课题组储备了一批高新技术，如有机蔬菜生产技术体系；农产品生产、加工、销售技术体系；等等。为了促进农村的发展，提高农民的生活水平，课题组开始探索农产品的加工、销售途径，于是开展了农业合作社运行模式的探索以及与相应的载体相结合的管理模式的探索。课题组深入农业生产第一线，扶持建立了一批各具特色的乡村农业生产合作社、产业化龙头企业，重点研究了农业生产合作社经营模式、企业带动型经营模式以及市场带动型经营模式，在新农村建设中发挥了重要作用，取得了良好的效果，并在示范区所在地得到了推广。

8.1.2　农业产业化经营的必要性

(1)农业生产向广度、深度发展，必然要求优化农业资源配置，提高农业生产要素的利用率　优化资源配置，就是在工农业之间、地区之间、农业主体之间配置有限的资源。配置得好，农业生产效率就高，生产发展就快；反之，效率就低，发展就慢。农业产业化就是遵循市场经济规律，以国内外市场为导向，利用深层机制优化配置资源，最大限度地发挥农业资源的效力。

(2)扩大农户经营的外部规模效应必然要求走农业产业化道路　通过产业一体化组织和服务系统，引导和帮助农户的商品生产走上专业化、社会化、一体化、集约化经营之路，形成较大的区域规模和产业规模，产生聚合规模效应，依靠产业化经营利益共同体来发挥组织协同和产业协同效应，构造新的利益分配机制，共同防范自然风险和市场风险。在此基础上，提高龙头企业参与农户经营的积极性，扩大农业的自我积累，增强农业自立发展能力。

(3)促进农业结构调整与优化必然要发展产业化经营　农业产业化经营可以根据国内外市场变化对农业结构进行市场引导，还能够为结构调整提供一定的资金保障。除此之外，农业产业化经营对农业结构调整还具有提升优化作用。第一，农业产业化可以促进农业生产结构优化。龙头企业对农产品的需求是多种多样的，这种多样性带动了种植业、养殖业和特色产业的发展，形成了各具特色的农产品生产基地，优化了农业生产结构。第二，农业产业化促进农村产业结构的优化。一种类型的龙头企业带动农村一个产业。多种类型的龙头企业，可以带动农村加工业、运输业、营销业、服务业等产业的共同发展，改变农村产业单一的状况，使农村产业向多门类重组格局转变。第三，促进农业生产区域化、专业化。每个龙头企业往往只收购某一种特定的且符合质量标准的农产品，要求农产品生产基地为适应龙头企业的需要，必须实行单一品种规模化种养，从而促进了农业生产向区域化布局、专业化方向发展。

实践证明，农业产业化经营是农业、农村经济由传统的计划经济转变为社会主义市场经济、传统农业生产部门转变为现代农业产业、粗放型增长转变为集约型增长的必由之路，是引导农户经营进入市场经济，提高农业的比较效益，形成市场农业自我积累机制，实现其自立发展的必然的现实选择。

8.1.3　农业产业化经营的意义

(1)农业产业化经营是农业实现两个根本性转变的结合点和突破口　农业经营体制的转轨是一系列宏观和微观组织制度和运行机制的变革，农业实现集约型增长，既是一个技术经济问题，更依赖于制度创新和转换机制。农业产业化经营要求按照市场经济的要求，对现行农业生产经营方式进行新的组合，建立起适应社会主义市场经济体制、主要依靠市场机制运行的生产经营体系，所以，农业产业化经营本身就是农业经济体制转轨的具体体现。另外，农业产业化经营以强化科技支撑为手段，以提高经济效益为目标，其本身又是转变经济增长方式的过程。从这个意义上说，农业产业化经营同时体现农业的两个根本性转变，是农业体制转轨和转变农业经济增长的结合点和突破口。

(2)农业产业化经营是解决小生产与大市场的根本出路　分散的农户生产在变幻莫测而又很不完善的大市场面前，主体分散，势单力薄，物质技术基础脆弱，难以科学准确地掌握市场行情，难以预测行情变化情况，具有较大的生产盲目性，造成农产品交易成本高，收益大量流失。而农业产业化经营的发展，弥补了家庭承包责任制推行初期存在的一些缺陷，同时又肯定了家庭经营的积极性。发展农业产业化经营，可以通过中介组织、龙头企业、专业市场和生产基地，把小农户组织起来，与大市场联系起来，增强农户抵御市场风险与自然风险的能力和市场竞争力，方便地获得所需要的市场信息、资金支持、生产资料供应、产中作业服务与技术指导、产品储运加工销售服务，提高生产社会化水平，有效地克服小生产经营的种种弊端。

(3)农业产业化经营可以实现规模化生产和规模效益　农业产业化促进了农业适度规模经营，使农业的规模效益得到了提高。农业产业化通过引导农户参与各类产前、产中和产后的生产经营活动，发展行业之间的经济联合协作，使外部经营内部化，形成农业的适度规模经营，带来规模经济效益，同时产业化能够将单独农户的生产加以合理组织。通过分工协作，把生产、加工、销售、服务等环节实行专业化、企业化经营管理，对一家一户难以办到的事情进行统一办理，统一服务，并利用农业产业化组织的优势代替农民直接进入市场，这样大大提高了农业生产效率，节约了交易成本，带来农户内部经济效益的提高。通过生产基地的建立，利用产加销一体化的经营方式，完成了农业的产业链，增强农产品加工产品的比重，改变了农业仅提供原料和初级产品的状况，增强了农产品的加工产值和利润，提高了农业的经济效益，从而增强了农业的竞争实力和自我发展能力，带来了效益的提高。

(4)农业产业化经营可以提高农民的比较利益　农业产业化把分散的农户集中起来，将农户小规模的生产联结起来形成生产基地，作为农业产业化经营的第一车间，把加工、销售作为第二、第三车间，建立了生产、加工、销售的一体化经营方式，这样就延长了农业的产业链，增强了农产品加工成品的比重，改变了农业仅提供原料和初级产品的状况，增加了农产品加工产值和利润，提高了农业的比较收益。

(5)农业产业化经营可以为农业经营主体进入市场竞争创造条件　依托农业产业化经营，引导并带动农业经营主体进入市场，为农户提供稳定的销售渠道。龙头企业按合同收购农户农产品，再由龙头企业统一加工销售，既为农户提供销售市场，又降低农户的销售成本。通过“企业 ＋农户”“合作经济组织 ＋农户”“批发市场 ＋农户”等经营机制，把农户与市场有机联系起来，农户的生产不再只是自身的需要，而是按照市场需求进行的产业化经营的生产，增强了农户的市场观念。从这个角度看，农业产业化经营是联结农业经营主体与市场的桥梁和纽带，为农业经营主体进入市场创造了条件。

选择农业产业化经营模式实际上是选择适当的组织形式来联系农户与市场。各地在推进产业化经营时，应从当地农业生产的特点、农业生产力发展水平以及当地农村经济发育程度等因素出发，因地制宜、审慎地选择和确立联结农户与市场的组织形式，这种形式既要能体现农业产业化经营对生产、交换行为的要求，又要符合当地经济发展的实际情况，并最终达到参与者的利益目标。

8.1.4　农业产业化及其特征

农业产业化是指农业部门为适应社会化大生产的要求，根据市场要求和资源特点，通过种植业、养殖业、加工业及出口贸易的相互有机结合为社会提供商品的一种新型经营模式。其基本特征如下。

1. 以市场为导向，将利润最大化作为经营目标

农业产业化经营是以市场为导向，根据产品和要素市场的供求变化和价格涨落情况，制定生产计划、安排生产项目、调整生产结构，实现各种生产之间的有效组合和替代，生产经营目标是实现利润最大化，而不像传统农业生产，以自身消费为基础，生产经营目标追求产量最大化。

2. 依靠科技进步，生产具有相当程度的先进性和综合性

农业产业化经营广泛地采用科学技术，主要取决于两个方面的原因。一是科学技术本身的发展为农业产业化经营提供了可能；二是农业产业化经营发展到一定程度，为农村购买、使用科学技术成果提供了现实的经济基础。当今，科学技术的迅猛发展，科学技术成果大量产生，可以有力地促进农业产业化经营的发展；反过来，农业经济增长和科技成果市场化的完善，为实现科技成果有偿服务成为可能。农业产业化经营采用的科学技术主要可以归纳为3个方面：①机械技术。包括采用各种机械设备，使生产过程机械化、自动化。②生物化学技术。主要是指给动植物创造优良的生长环境、培养和改良品种、采用先进的农艺和农作、增施化肥、农药、使用生长激素和配合饲料等。③管理技术。采用先进的管理技术为生产决策、预测、要素组合、资源配置、效果评价等服务。

3. 以社会分工为基础，生产经营过程采用专业化方式进行

正如马克思所说：“一个民族的生产力发展，最明显地表现在该民族分工的发展程度上。”经济发展被看作是生产方式变革的结果，而分工和专业化的发展是这种变革的主要特征。在现代农村，产业化经营的整个过程包括了一系列相互衔接、紧密联系的单位（农户）和环节，每个单位和环节分别采用着不同的技术和加工工具，需要配备各种不同工作性质的劳动力（如农民、技术员和管理者）。整个经营活动是在细致分工的基础上进行，最终的商品凝聚着不同劳动者共同的成果。这种精细的分工，并不是取决于管理者的主观决断，而是取决于生产技术的客观需要。一般地，农业产业经营越发展，专业化程度越高，经营过程各单位、各环节之间的分工越细，产生的经济效益也就越好。

实行分工和专业化所产生的直接经济效果有以下几个方面：①能够较快地提高其生产的熟练程度，从而提高劳动生产率的提高；②可以节约生产时所使用的物质生产资料；③可以使劳动者节约或减少因经常变换工作或变换生产活动中的不同操作而损失的时间；④可以降低各单位（农户）管理工作的复杂程度，从而提高整体的管理效率。

4. 农业产业化经营，其自身形成了“开放式”的投入产出系统

农业产业化经营具有贸工农、产供销密切配合的特点，这就决定了它的经营系统是一个开放式的投入产出系统。其目的是以最小的物化劳动和活劳动消耗，生产出尽可能多、附加值高的、为社会所承认的商品。从价值形态看，则是增加产值、降低成本、实现利润最大化。因此，这个系统的投入、转换及产出，与市场有着密切联系，投入的生产资料基本由市场供给，生产过程对社会化服务体系依赖性较高，产出产品基本上通过市场出售。农业产业化经营必须由市场来导向，以销定产、定供，才能实现投入要素的价值增值，取得更多的利润。

5. 农业产业化经营将面临更大的市场风险

市场风险是指一个生产经营单位在实际运转过程中，由于外部社会经济环境变化或偶然性因素出现，使实际收益与预测收益发生背离的可能性及其程度。商品经济越发达，带来的社会分工越细密，产业链越长，交换关系就越复杂，市场风险也随之增大。市场风险是任何一个生产经营单位都存在的一种客观经济现象，然而农业产业化经营的市场风险都具有特殊性。一是农业生产具有明显的季节性和阶段性，受自然因素的限制和影响程度高；二是农业生产周期长短基本一致，这样上一期价格的升降引起各生产者下一期供给是同时同向的变化，遭受剧烈价格波动影响的可能性很大；三是农业产业化具有显著的地域性，生物生长与繁殖，对于气候条件的反应特别敏感，若遇到交通阻隔、流通不畅等问题就会遭受重大经济损失；四是农业生产周期长，对市场变化的应变能力低，更易遭受市场风险。

8.1.5 我国现有的农业产业化经营模式

产业化经营模式其核心就是通过兴办多种形式的合作经济组织，把千家万户农民组织起来，培育壮大新的有竞争力的市场主体。我国农业产业化经营的模式可归结为以下三种。

模式一：专业合作经济组织。这种模式是由农民自发地按合作制原则，通过生产（种植、养殖）、加工、销售等环节开展互助合作组织起来的，是以家庭经营为基础的，与商品化和专业化相联系的，以向其组织成员提供产前、产中、产后系列服务为宗旨的新型合作经济组织。这种模式使得风险共担、利益共享，农民不仅在生产环节获利，而且能在加工、流通等多个环节获利。但是由于在专业知识、管理能力、整体素质等方面的缺陷，发展受到一定的限制。例如，在加工环节产品加工粗糙、深加工不足、附加值低；在销售方面，销售渠道单一，范围狭小，且营销技巧缺乏等。

模式二:经纪人+农民户。这种模式中经纪人不从事加工,专门收购农户的产品搞销售。但由于缺少加工环节,严格地讲,这种模式没能形成完整的产业化经营体系。其缺点是经纪人往往获利丰厚且承担风险较小,产品销路好时会给农民比较优惠的价格,一旦滞销就会压价甚至拒收,这将会给农户带来难以想象的损失,经纪人与农户之间没有形成一荣俱荣、一损俱损的利益共同体。因此,如果想让这种经营模式发挥它的优势,必须加强对经纪人的管理,把分散的经纪人组成协会式的公司,制定行为规范,并与农户建立起经济合同关系,尽可能地使双方互惠互利,并创造条件,对初级产品进行加工,使农产品增值。

模式三:"公司+农户"。这种模式一般地由农户自主生产,公司以契约形式对其生产过程进行严格的管理、指导和监督,产品合格公司按合同收购,公司将收购产品直接进行销售或加工后再销售。这种模式的优势在于:掌握先进技术的龙头企业一方面可对农户进行技术服务,另一方面龙头企业经过产品深加工能使产品附加值大大提高,在销售环节上它还可以扩大产品的销售范围,甚至使产品打入国际市场。其缺点在于:利益不能全部归农户所有、风险大、公司与农户之间常常发生矛盾。

8.2 农业生产合作化模式——杏园模式

2005 年 10 月,中国共产党十六届五中全会上通过了《中共中央关于制定十一五规划的建议》,明确指出要加快建设社会主义新农村。而新时期农民合作经营组织研究的提出无疑是对在新农村建设背景下加快农村建设的措施补充。

20 世纪 90 年代以来,我国农业与农村经济格局发生了深刻的变化,进入了战略性结构调整和发展的新阶段。市场供求关系发生了重大变化,农产品竞争由国内市场转向日趋国际化的市场,农产品市场由卖方市场向买方市场转变。然而,在相当长的时期内,中国的农业发展面临着一个客观现实是:在家庭联产承包经营制度的基本前提下,小规模的农户经济与市场化、现代化的经济并存发展。面对千变万化、竞争激烈的市场,分散、独立、弱小的单个农户难以克服力量薄弱的弱点,农业生产的特点决定了农业必须面临自然和市场的双重风险,很明显这意味着农业和其他产业相比,处于天然的弱势地位。在中国"三农"问题突出的当前,如何让农民群体能够适应市场的需求,适应新农村建设的需要,将是一个亟待解决的问题,而解决这一问题的有效途径就是提高农民进入市场的组织化程度。

"九五"以来,我国农业开始进入新阶段,特别是我国加入 WTO 后,随着经济全球化进程的加快,农产品市场走向了国际化,呈现了需求多样化、品质优质化、消费无害化、选择品牌化、包装小型化、服务全面化的 6 大市场需求趋势。针对市场需求的巨大变化,主动调整农业结构成为实现农业经济跨越式发展的关键。为此,对中国新型农业合作经济组织的内涵和特征进行分析,在借鉴其他国家和地区经验的基础上,提出发展中国新型农业合作经济组织的可能发展模式和发展路径显得尤为重要。

受国外学者的影响,改革开放以来,随着我国农民合作经济组织的不断发展,农民合作经济组织的研究日益受到理论界、学术界的重视,越来越多的学者对中国的农民合作经济组织进行研究、探讨。目前,专业合作组织的现状和问题包括:①从农户分布看,区域跨度较小;②从产业分布看,以种养业居多;③从组织创建看,其他力量介入的较多,农民自己组建的较少;④从组织发展看,发展速度较快,但覆盖面较低;⑤从服务内容看,以低成本的技术、信息服务为主;⑥从资金来源看,主要以农民自筹和各种形式的混合出资为主。此外,各个农业专家分别通过对山东、江苏、浙江等范围的农民专业合作经济组织的发展现状进行了调查,分析了农民专业合作组织在现实中的类型、作用、运作机制、制度绩效、存在问题和发展趋势等。

8.2.1 研究内容、方法及技术路线

1.研究内容

本研究以河北省曲周县第四疃镇杏园村阁润有机蔬菜专业合作社为案例,分析农户参与专业合作经济组织的需求与意愿,在研究其成立背景的同时揭示影响农户参与合作经济组织行为的因素,从该合作社如何进行产业结构调整,发展有机蔬菜种植以及合作社的组织、内部结构、运行模式、技术支持和经营中出现的问题等方面进行深入研究,从而把握其发展的基本方向,探讨和发现吸引农户参与专业合作经济组织的政策依据,此研究对曲周县当地农村经济的发展、增加农民收入、探索农民组织形式具有重要的作用。本文主要的研究内容包括以下几点。

(1)探讨合作社的组织模式　根据《中华人民共和国农民专业合作社法》的规定,对合作社的发展、成立背景、对农户入会和退会机制进行研究,通过农户入会动机的调查,研究对周边农民的带动作用;

(2)探讨合作社的经营模式　对合作社内部如何进行提高自我服务能力、在建设中如何进行融资、日常管理及市场拓展进行研究;

(3)探讨合作社的支撑模式　重点对政府的政策支持和资金支持以及科研机构的技术支持进行研究;

(4)发现在运行中出现的问题　如市场拓展、技术成果的引进以及产前、产中、产后的服务机制,找出解决问题的方法;

(5)以河北省曲周县杏园村有机蔬菜种植和经营模式为例,对农民专业合作社经营模式进行验证,并总结河北省农业合作发展的有效途径,完善各个农业合作社的模式。

2. 研究方法

1)实证分析法

本研究深入实际进行调查研究,掌握大量第一手资料。在研究中,对曲周县杏园村的农户随机抽样,进行问卷调查。问卷内容包括蔬菜种植农户的家庭基本情况、入社动机、蔬菜生产、销售情况、蔬菜销售面临的风险、对目前销售方式的态度以及对有机蔬菜生产技术的认识和需求等部分,以求掌握农户参与有机蔬菜专业合作社决策行为的感性认识,从而对农户参与有机蔬菜专业合作社的行为有更直观的了解。

运用实证分析法,根据曲周县杏园村产业结构现状和有机蔬菜专业合作社发展现状,运用经济学手段对农户参与专业合作社行为进行深入的研究,并通过典型案例和入户问卷调查资料两种实证研究方法,了解农户参与合作社的需求与意愿,同时对影响农户参与合作社的因素进行具体分析,并提出建议。

2)案例分析法

在实证分析过程中,作为补充引入案例分析方法,旨在通过案例,揭示曲周县杏园村阁润有机蔬菜专业合作社的发展现状以及运行模式,找出其中影响和制约其发展的因素,从而为政府相关部门制定政策提供相关的依据。

8.2.2　杏园村阎润有机蔬菜合作社案例分析

1. 杏园村概况

杏园村位于河北省曲周县县城北 15 km 处，属于中国农业大学曲周实验站改土治碱二代试区，耕地细碎化(图 8-1)，主要种植小麦、玉米、棉花，有机蔬菜面积 6.67 hm^2，其中大棚蔬菜 2 hm^2。多年以来，全村人均收入徘徊不前，农民生活基本处于温饱阶段，属典型的靠土地刨食型农村，没有其他非农业收入来源。总体情况如表 8-1 所示。(数据来源：曲周县统计年鉴)

图 8-1　杏园村耕地细碎化现状图

表 8-1　2006—2010 年杏园村农业生产基本情况统计表

项目	2006 年	2007 年	2008 年	2009 年	2010 年
总户数/户	176	176	160	160	175
总人口/人	656	656	670	751	722
劳动力/人	273	356	463	426	368
耕地面积/hm^2	112	112	112	112	112
农民人均纯收入/元	3356	3682	4173	4968	5780

2. 阎润有机蔬菜合作社形成与运行

1)合作社的成立

为解决农民增收问题，在中国农业大学曲周实验站专家、教授的指导下，2009 年曲周县杏园村成立了阁润有机蔬菜专业合作社，开始按照有机蔬菜的标准进行规划、设计并生产。合作社成立以后，主要采用了土地置换和回租的方法，集中流转土地资源 6.67hm²，确定了土地的使用年限和方法，建设日光温室 31 座，保证了生产的规模及其稳定性。

2)合作社初步运行存在的问题

阁润有机蔬菜合作社属于典型的合作经济组带动型，合作社负责技术、市场等方面的指导，但是由于有机生产投入多，农户分户独自经营自己的大棚，没有统一的市场，还需一家一户进行销售，没有达到预期的经济效益，部分农民对有机农业失去信心，改做常规种植，致使合作社在运作过程中出现了波动。2010 年，跟北京天成海泰公司合作，由该公司出资以每个大棚 40000 元的价格收购了大棚，由合作社统一组织产前、产中、产后的全过程生产管理，北京天成海泰公司负责销售，合作社运行逐步走上正轨。合作社筹建了有机肥料厂，自己生产有机肥供基地使用，原料为畜禽粪便和农作物秸秆，在保证农资供应质量的同时解决了农村废弃物处理问题，有一定的生态效益。

为解决社员生产中的资金难题，阁润合作社联合农村信用社、曲周县农业银行对社员进行授信，并由合作社作担保，平均每位成员可贷款 2 万元，为资金困难的社员彻底解决了生产中的资金难题。合作社从农民手中租用土地，进行连片经营，土地使用费用由合作社从盈利中拿出，在生产中技术服务由合作社聘用中国农业大学专家、教授承担，合作社制定了统一的章程，专家制定了完善的有机生产操作规程，合作社负责对产品的统一检验、收购、销售。有机认证单位负责对生产过程的监督，合作社与社员利益共享，风险共担，目前合作社生产达 3 大类 17 种产品，产品已销往北京、天津等地，合作社不但有了一定的积累，还为当地农民增收创造了条件，得到邯郸市及曲周县各级部门的肯定。

为解决一家一户进行生产经营的现状，提高农民收入，要解决的首要问题是将农户的分散经营有机地组织起来。从表 8-1 中可以看出，2006 年至 2010 年间杏园村的劳动力在增加，农民纯收入也在逐年增长，尤其是 2009 年和 2010 年人均纯收入达到了 5000 元以上，其中有机蔬菜的收入占据了很大比重，调查显示种植小麦玉米的纯收入为 15000～15600 元/hm²，而种植有机蔬菜的收入可达 18 万～22.5 万元/hm²，甚至更多，这从另一个方面也体现了农业合作组织在增加农民收入方面起到了好的效果。

为了进一步了解农民对合作社的认识，我们对杏园村 37 户农民进行了入户调查，得到的结论就是农业合作社的基本理念还需要普及，规模还需要扩大，特别是应根据杏园村的地域和人力特点发展特色农业，扩大农民增收显得尤为重要。通过表 8-2，可以得到如下结论：

(1)农民对合作社的了解不多　调查显示有 6 个人比较了解(占 16.22%)、12 个人稍微了解(占 32.43%)、19 人不了解(占 51.35%)，也就是说有一半以上的农民不知道合作社是干什么？但是农民知道合作社是一个好的组织，应该成立起来，调查显示有 31 个人(占 83.78%)认为有必要成立合作社。

(2)农民对由政府和政府有关部门来办合作社比较认同　调查显示有 14 人(占 37.84%)认为应该由政府来办合作社，有 15 人(占 40.54%)认为应该由农技部门来办合作社比较放心，而对企业和种植大户还是不太信任。在对能帮助提高收入的组织是谁的调查中，发现有 22 人(占 59.46%)认为应该由上级政府办的合作组织，有 15 人(占 40.54%)认为应该由村民委员会的合作组织，对由农民自己成立的合作组织还是不太相信，只占 5.41%。

(3)对合作社的发展顾虑重重　调查显示：22 人认为合作社面临的困难是农民心不齐；

19 人认为发展合作社没有带头人；有 12 人认为可能政府不支持；有 10 人认为没有资金，无法成立合作社。

(4)农大师生与农民感情加深　中国农业大学的教师和学生们在曲周工作了近 40 年，与当地农民建立了水乳交融的感情，也在科学普及方面作了很多工作，使得当地农民对农大老师有了一种信任感，只要是农大老师提倡的事情，农民是会接受的。比如，虽然农民对有机农业了解不多(16 人基本了解、12 人不了解)，但是绝大多数人(88.89%)认为有机农业前景很好。也就是说只要农大老师们提倡的事情，农民是可以接受的，包括成立合作社。

表 8-2　问卷调查统计表

序号	问题	A	B	C	D	E	其他	弃权	备注
1	是否了解合作社	6	12	19					A. 比较了解，B. 稍微了解，C. 不了解
2	成立合作社是否必要	31	5				1		A. 有，B. 没有
3	合作社最好由谁来办	8	14	2	4	15	3		A. 村集体，B. 政府，C. 种植大户，D. 企业，E. 农技部门
4	认为能帮助提高收入的组织是	2	15	22					A. 农民自己成立的合作社，B. 村民委员会办的合作社，C. 上级政府办的合作社
5	合作社面临的困难	10	19	22	12		3		A. 没有资金，B. 没有带头人，C. 农民心不齐，D. 政府不支持
6	是否了解有机农业	7	16	12			1	1	A. 很了解，B. 基本了解，C. 不了解
7	认为有机农业是否有前景	32	4				1		A. 有，B. 没有

(5)合作社基本成熟　经过几年的运作和探索，杏园村阁润有机蔬菜合作社找到了适合自己的发展方向，通过同北京天成海泰公司合作，在资金上找到了强有力的依托，保证了合作社正常运行。在技术上注重与科研院校的合作，保证了合作社在生产过程中的技术依托。销售上采用会员制销售网络，主要针对高端市场进行销售，保证了产品的售价和销路。

3)经过几年的运作，我们认为农业合作社的发展要从以下几个方面着手，才能有更强的生命力

(1)规模化　为解决一家一户分散经营的现状，就必须将农民组织起来，成立机构完善的专业合作社，合作社主要采用了土地置换和回租的方法，使农民失地不失业、打工不出村，既解决了发展有机蔬菜所需要的土地，也解决了劳动力不足的问题，更实现了土地的规模效益。

(2)技术支撑　该村是典型的粮棉种植村，蔬菜尤其是有机蔬菜的种植技术一片空白，该村聘请中国农业大学的专家指导该村温室的建设和有机蔬菜的种植，定期对村民进行有机蔬菜生产技术的培训，定期到生产现场进行技术指导，对蔬菜的施肥、除虫及日常管理进行全程指导，从技术上保证了生产的顺利实施。

(3)管理规范　一个好的组织要有一个好的规章制度,制定合作社各种管理条例、章程、标准、办法、守则是成立合作社需要考虑的重要问题。而这些制度需要兼顾农户与合作社的利益关系,更要考虑农业生产条件、地域特点、气候因素等对农民利益和合作社利益的影响,也要考虑专家的积极性和市场的风险等。

总之,通过对杏园村的有机蔬菜专业合作社的研究,总结出了农业专业合作组织在进行产业结构调整,发展特色种植中的作用,同时对合作社的组织、内部结构、运行模式、技术支持和经营中出现的问题等也开展了一系列的理论和实践的探索,对曲周县当地农村经济的发展、增加农民收入起到了重要的作用。

3. 杏园村阁润有机蔬菜合作社的启示

通过以上对农业合作社的研究,并结合杏园村农业合作社的基本情况,课题组认为有以下途径值得借鉴。

(1)重视农民自身　一切从农民自身发端,并尊重农民自己的选择。国内外许多农业合作社的产生与推动,基本上都是以农民需求为前提,在适当社会条件、适度的外在力量的推动下产生的自然变迁过程。杏园村的农民可以在综合考虑自家的生产条件、收入情况、消费观念等综合因素后,自己选择是否加入农业合作社,所以在农业合作社的社员资格方面,应该尊重农民的选择,即加入自愿、退出自由。在符合农民的需求和尊重农民意愿的前提下,使农业合作社能够生生不息,充满活力。

(2)坚持合作社的基本理念　为解决杏园村一家一户进行生产经营的现状,要解决的首要问题是将农户的分散经营有机地组织起来,这就使得成立合作社成为一个必然。因为合作社的基本理念是为社员提供完善的多项服务,这是合作社生存和发展的基础。通过为成员的服务,解决了农民的一系列的生产、生活困难。

通过联合金融类合作社,农户可以得到低于普通银行利率的优惠贷款;生产资料准备前期,合作社为农民提供购销服务,包括集体采购农业生产资料、生活用品,收购、加工、储藏、销售农产品,还提供信用和保险以及技术教育培训和生产服务;收获季节,农民将农产品送到合作社,合作社对农产品分类包装后,由合作社按合同送到各大批发市场和超市。在蔬菜和水果产出旺季,有条件的合作社会将部分产品速冻储存或加工成罐头,在淡季出售;农闲季节,合作社人员跑市场,帮助农民制定第二年种植计划,避免盲目性。

2009年成立的阁润合作社主要采用了土地置换和回租的方法,集中流转优质土地资源6.67 hm^2,确定土地的使用年限和方法,建设日光温室31座,保证了生产资源的规模及其稳定性,并在经历小波折后,与2010年跟北京天成海泰公司合作,由公司出资以每个大棚40000元的价格收购了大棚,由合作社统一组织产前、产中、产后的全程生产管理,在整个过程中有效发挥农业合作社的作用。

(3)贯彻执行法律法规的精神,规范内部管理　要使阁润有机蔬菜合作社顺利运行,除了需要一定的法律法规支撑与扶持外,合作社内部需要形成管理制度和规范,建立健全科学的民主决策和管理机制。比如定期召开社员大会,产生理事会。当然理事会成员一般就是发起人和专业大户以及入股较多的成员,他们负责日常的经营管理,或者一旦社员较多形成规模较大的合作社时,可以下设总经理及若干部门,负责管理。还要形成特有的决策机制,给每个社员平等的权利,对公共事务进行民主投票,吸取采纳好的建议,规范合作社的发展。

(4)加大政府的扶持力度,引进优秀人才　政府对合作社的发展主要体现在扶持和帮助上。所以要积极引导杏园村阁润有机蔬菜专业合作社的发展需要靠河北省有关机构负责和协调合作社的事务，也要依靠国内的农业部门、劳动与社会事务等部门以及有关协会，积极为合作社的建立创造条件，提供方便，包括经济补贴、技术指导、人员培训等。同时，河北省政府需要配套一系列的扶持政策，包括财政贴息、税收优惠、农业投资、农业补贴、农民社会保障、农业保险等。

有了政府对农业合作社的基本支持，另外一个不可或缺的条件就是必须有优秀的人才，包括领办人和各种有能力的人。多年来，杏园村农民分散经营，大多缺乏组织起来的能力和经验，因此，从高等农业院校和研究所引入高素质人才必然会对合作社的发展起到如虎添翼的作用。一方面有了领头人，也就有了农民联合起来的桥梁和纽带，组织起来后的一系列后续工作才能协调有序地开展；另一方面他能从人才队伍建设、运营流程、技术创新等方面整体把握合作社的基本软硬件条件，并加以提升。正像吉林省梨树县夏家农民专业合作社的理事长张淑香女士在接受采访时所说，“作为一个理事长，作为一个监事长，他必须具有奉献精神，必须具有超识的胆量，必须具有超前的意识。”简单的几句话道出了农民专业合作经济组织领办人的重要性和标准。

通过对曲周县的农业合作社的考查，我们不难看出，凡是组建成功的农民专业合作经济组织中，都有一个或几个为了农民专业合作经济组织的事业而孜孜以求、不惧艰难、勇于开拓、舍得付出、头脑聪慧的领头人。这些合作经济组织领办人，虽然都出身于农民，但他们表现出来的超出常人的那种胆识和能力，正是农民专业合作经济组织成功举办的重要因素和先决条件。

(5)适应市场经济发展的需求，不断变革创新　要想农业合作社能够取得长远的发展和长期的效益，就要经得起市场的挑战和考验，要在成立运行的过程中不断调整，不断改革，不断创新。比如，可以学习日本的农协通过精简合作社的机构避免臃肿带来的各种经济、管理和风险负担，通过制定优惠政策吸纳会员，扩大消费群体和市场规模，通过合并等措施来增强实力，提高其市场竞争力，也可以通过引入企业经营机制来创新经营管理模式。

(6)以当地的农民为主体　农业合作社的成立应合乎农民的需求。是否有建立的必要以及如何建立农业合作社，建立什么样的农民合作社都应该由农民来做主。无视农民需求和不以生产力发展水平为基础的农业合作社的成立就是无米之炊，是不会长久的。

(7)紧密依靠国家和政府长期稳定的政策做后盾　国家政策的长期扶持是农业合作社稳定发展的前提和保障，因为政府在人才、资金、税收、体制等方面对农业合作社给予的支持，能加强农民的合作意识，让农民尽快了解农业合作社的背景、性质和功能特点，促进农业合作社的发展。

(8)给农民一定的自主权，减少行政干预　总的来说就是以国家相关的惠农政策，辅以农民大众的智慧，给农民创设宽松的发展空间，可以更有效地促进合作社的发展。

8.3 企业带动型生产模式——小型鸡模式

判断农业产业化经营的核心标准，是多元参与主体能否结成经济利益共同体。龙头企业与农户是农业产业化经营的行为主体，二者对利益最大化的追求是农业产业化发展的动力。因此，龙头企业与农户之间建立“风险共担、利益均沾、公平分配”的利益共同体，是农业产业化的核心。根据龙头企业与农户之间利益联系的紧密程度及联系方式(途径)的差异，把龙头企业带动型农业产业化经营模式又具体划分为“松散型”“半紧密型”和“紧密型”3 种具体的操作模式。

在“松散型”经营模式中，龙头企业与农户联系的主要纽带是市场，即龙头企业对农户生产的农产品一次性收购，双方不签订合同，自由买卖，价格随行就市。除此之外，农户与龙头企业之间没有任何经济联系和经济约束。企业与农户之间的产品交易完全是纯粹的市场行为，双方关系既不稳定，也不相互承担责任，这种买断型的利益关系，在一定程度上解决了农产品“卖难”问题，为农民出售农产品提供了便利，并降低了农产品的交易成本，对农业生产有一定的促进作用。此外，对处于发展初期，既无自己的生产基地，又缺乏足够的流动资金的企业而言，也不失为解决原材料来源的有效方式之一，因而对农业产业化发展也具有积极意义。

在“半紧密型”经营模式中，龙头企业与农户的主要联系纽带是契约。这种经营模式中，龙头企业希望自己有充足而稳定的原材料来源，农民也希望有比较稳定的销售渠道及市场，双方以契约形式建立起经济联系。龙头企业按合同规定的价格形式、价格水平、收购数量和收购方式向农民购买农产品，并给予农民适当的技术指导及农业生产的物质支撑。另外，龙头企业为稳定与农民的这种经济联系，同时也帮助农民摆脱原材料供给者的不利地位，一般还承诺将农产品加工和销售环节的利润部分返还给农民。由此可见，通过契约安排各类关联企业与农户的利益关系，主要有保护型合同、服务型合同和返利型合同等 3 种形式。

这种契约联结方式能够比较均衡地兼顾企业和农户的利益，交易关系比较稳定，交易成本比较低。农户能够解决农产品销路，获得生产技术指导和生产资金扶持，有利于农户进行专业化生产，并发挥区域专业化的规模优势；企业能够获得稳定、符合标准的生产原料。但实施保护价收购或包购包销，企业所承担的市场风险比农户要大得多，因而需要企业有较强的抗风险的能力。这种抗风险的能力一方面来自企业自身，即企业具有一定的规模优势；另一方面来自企业的外部环境，如享受政府的优惠政策（如贴息贷款、减免税收等）。因而这种联结方式需要在市场机制的基础上，运用一定的非市场手段。

在“紧密型”经营模式中，龙头企业与农户联系的主要纽带则是产权。具有一定经营规模的农户以资金、土地、设备、技术等要素入股，成为加工、流通企业的股东，形成了“资金共筹、利益共享、积累共有、风险共担”的利益共同体，参与企业的经营决策和利润分成；或是农业生产完全实行企业化经营，企业与农户的外部交易关系转化为企业内部的经营管理关系，生产原料的农户和进行加工的企业可获得整个产业链的平均利润。这类农户融入企业的一体化经营方式在西方经济发达国家较常见，但在国内尚未成为主流，或许是我国农户的经营规模过小，也或许是农业产业化尚处于发展的初级阶段。

龙头企业与农户利益联结方式的选择因不同的农业经营水平、不同的经营项目、不同的地域而异。但就保障农民收益而言，农民经济地位与分配关系沿“松散型”“半紧密型”“紧密型”的阶梯逐级提升和改善。

8.3.1 北京北农大动物科技有限公司（北农大公司）简介

北京北农大动物科技有限责任公司（北农大公司）创建于 1995 年 4 月 18 日，主要致力于高效畜禽动物饲料、北农大节粮蛋鸡的科研和推广。经过近 20 年的发展，北农大预混料年产销量位列全国预混料行业前五强，蛋鸡预混料全国销量第一。节粮蛋鸡业务已占据了全国 5%的市场份额。公司目前拥有 16 家子公司和 9 个生产基地，分别分布在北京、哈尔滨、武汉、郑州、昆明、金华、邯郸、姜堰等地，业务渠道覆盖全国。

公司自成立以来一直秉承“产品如人品”的生产理念。公司北京产业基地拥有两条预混料生产线和一条浓缩料生产线，年预混料生产能力 10 万 t，浓缩饲料(粉料)3 万 t。公司所有饲料产品均通过了 ISO 9001 质量管理体系认证和 ISO 22000 食品安全管理体系认证。配方均由北农大专家设计，确保技术领先；原料执行 100%检验，保证品质高效、稳定、安全；核心产品全部由北京产业基地供应。“优农”系列预混料产品是目前国内第一批通过绿色生产资料认证的饲料产品，是绿色畜禽生产的必选产品。

北农大节粮蛋鸡业务一直走在行业前列，‘农大三号’节粮小型蛋鸡，系中国农业大学动物科技学院吴常信院士及其领导的遗传育种专家组历经十年培养的优良品种，并于 2003 年通过国家品种审定。2009 年，北农大种禽公司被评为“中国蛋鸡行业二十强”。截至 2012 年底，北农大在北京延庆县投资 3300 万元建设一流祖代鸡场，在河北曲周县投资 1.8 亿元建立节粮型蛋鸡父母代鸡场，在江苏姜堰投资 7000 万建立节粮型蛋鸡父母代鸡场，在湖北、云南等地拟建大型父母代鸡场。北农大蛋鸡业务将向集品种、专用饲料、品牌鸡蛋、肉制品加工为一体的产业链条不断延伸，最终打造成产值 300 亿以上的中国第一蛋鸡产业集团。

8.3.2 曲周县北农大禽业有限公司简介

曲周县北农大禽业有限公司是中国农业大学校产龙头企业——北农大参股的禽业公司，公司总投资 1.89 亿元，占地面积 220 亩，建筑面积 4 万多 m^2。

目前，公司存栏 30 万套节粮型蛋鸡父母代鸡场、一流的大型现代化孵化厅 3 座，年可向社会提供雏鸡 2600 万羽，公司已成为全国最大的节粮型蛋鸡繁育基地，与年产 12 万 t 的饲料厂、蛋品加工基地及有机肥加工厂形成了配套完整的产业链条。

公司拥有一支在蛋鸡育种和生产方面有技术、有管理经验、年富力强的团队，全场职工近 300 人，其中畜牧兽医、动物营养、育种 3 个专业的研究生以上及高级职称人员 20 人、畜牧兽医相关专业本科生 15 人、大专生 33 人。

公司以畜牧富民为使命，坚持科技创新和传播，对推动农业发展、农村进步、农民增收作出了巨大的贡献。

8.3.3 公司的经营理念——五环养殖服务理念

北京北农大动物科技有限责任公司，荟萃中国农业大学百年人才、技术、经验之精华，创立了著名的“北农大五环养殖模式”，从品种、营养、保健、环境、管理五个关键环节，为客户提供全方位、高质量的专家服务。北农大五环服务包括：

品种：优良的品种是养殖经济效益的根本；

营养：优质的饲料是养殖经济效益的基础；

保健：健全的保健是养殖经济效益的保障；

环境：良好的环境是养殖经济效益的条件；

管理：完善的管理是养殖经济效益的关键。

8.3.4 节粮型小型鸡的市场优势

节粮蛋鸡(‘农大 3 号’‘农大 5 号’)是中国农业大学育种专家历经多年培育成功的、拥有我国自主知识产权的优秀蛋鸡品种，也是世界上第一个“矮小蛋鸡”的商品化品种。它具有明显的节粮优势，同样生产 1 kg 鸡蛋可比普通高产蛋鸡节约 0.4 kg 饲料。节粮蛋鸡有以下特点。

(1)体型小　成年鸡体重 1600 g 左右，身高比普通蛋鸡矮 10 cm 左右，可提高 33%的饲养密度；

(2)采食量少　产蛋鸡高峰期日采食量 80～90 g/只，比普通蛋鸡节粮 20%～25%左右(每只节粮蛋鸡每年可节约 10 kg 饲料)；

(3)饲料利用率高　可提高饲料利用率 25%；

(4)料蛋比低　‘农大 3 号’全程料蛋比 2.0∶1；

(5)抗病力强　适应性好，成活率高；

(6)性格温顺　不易腾飞、跳跃，适合林地、果园等散养或放养；

(7)生产性能好　‘农大 3 号’商品代产蛋率最高可达 98%，90%产蛋率可持续 4～6 个月，72 周可产蛋 306.5 枚左右，全期平均蛋重 56g；

(8)鸡蛋品质好　鸡蛋口感好、营养高、蛋黄大、胆固醇低，符合中高端消费群体需求，蛋形、蛋重和颜色独具特色，不易仿冒，适合品牌营销；

(9)肉质好风味佳　其肉质鲜美，与土鸡极为相似。

8.3.5　技术服务体系

(1)定期邀请客户到北京，与专家教授近距离接触。亲身体验北农大，深入了解节粮蛋鸡；

(2)完善的技术服务流程。

①售前技术指导，通过光盘及技术守则，让养殖户朋友掌握基本养殖技术；进雏前由技术老师电话指导客户细节方面处理；技术薄弱地方，可派技术老师进场检查进雏前鸡舍全面消毒、温度达标等准备情况。

②售中贴心服务，鸡雏送到的第 1、3、7 天，及以后的每周，北农大技术老师会对客户进行电话回访，发现问题及时解决，无法通过电话沟通解决的问题，技术老师会亲临指导。

③售后随时关注，当地销售人员配合技术老师，随时关注客户，按照北农大五环养殖模式，协助客户管理好节粮蛋鸡各个阶段养殖。在鸡蛋销售、淘汰鸡回收方面，为养殖户朋友做区域间的资源整合。

通过一县一站一队伍的方式建立，采用鸡苗代理，专用饲料、针对性兽药和疫苗的销售，蛋品、淘汰鸡的回收的运营方式，提供鸡雏推广、技术服务、饲料供给、畜禽产品购销、专用设备代购安装的全方位服务，预计到 2014 年，将成立 360 个北农大节粮蛋鸡科技服务站，成就 360 名千万富翁，使农民增收 20 亿元，家庭平均增收 10 万元，带动 2 万多名农民致富。

8.3.6　用户反馈意见

1、山东省　泰安市　颜庄村　‘农大 3 号’饲养实证

张鹏，山东省泰安市新泰市楼德镇颜庄村，存栏量 12000，日龄 265，产蛋率 91.6%，现用料为‘农大 3 号’专用料。具体情况说明：我从 2006 年开始养‘农大 3 号’，2009 年全部饲养这个品种。这批鸡 130 d 见蛋，165 d 产蛋率达到 90%，最高产蛋率 95%。现在 265 d 了产蛋率还在 91.6%，采食量 85 g，蛋重 50 g。这种鸡抗病力很强，很少生病；我的鸡蛋按个卖，7 毛钱

一枚，每天下的鸡蛋都不够卖的。自从养了'农大 3 号'以来，我的经济效益与日俱增。在我的影响下，我的亲戚朋友都开始养'农大 3 号'。感谢北农大给了我们发家致富的机会！

2. 山东省　临沂市　唐沙沟村　'农大 3 号'饲养实证

王清明，山东省临沂市罗庄区册山镇唐沙沟村，存栏量 6800，日龄 151 d，产蛋率 35%。具体情况说明：我是头一年养节粮蛋鸡，现在 151 d 了，产蛋率 35%，但是 35%产蛋率就能养活 6800 只节粮蛋鸡，产蛋率再上升就能赚钱了，鸡刚开产就碰到好价钱，开产蛋一箱 26 斤左右最高卖到了 190 元，原来养的'罗曼粉'要到 55%～60%的产蛋率才能养活自己，差距显著。由于第一次养节粮蛋鸡没有经验，没有按照节粮蛋鸡的标准饲料配方配料饲养，体重没有跟上来，对以后上高峰和高峰维持的时间上多少会有点影响，但是养这批鸡我积累了一些经验，下次一定能养好，对养节粮蛋鸡我充满了信心！

8.4　公司—基地—农户模式——面粉生产

8.4.1　"公司＋基地＋农户"模式探讨

1. "公司＋基地＋农户"模式的产生背景和运营方式

"公司＋基地＋农户"的组织模式较之"公司＋农户"更具优势，克服了单纯的"公司＋农户"模式的不足，同时延续了它的优点。在公司与农户签订的契约中改变了"公司＋农户"形式下规定协议价格的做法，一般只签订最低保护价格，即在规定的收购时限内，如市场整体价格低于保护价格，则按保护价格收购；如市场价格高于保护价格，则按市场整体价格进行收购，有力地保护了农民利益。这其中，基地可以是当地的农业局、农技站、农民合作组织、农场等。在"公司＋基地＋农户"模式中，农户生产农副产品，公司加工和销售农副产品，基地充当中介，为农户提供某些服务(技术服务、物资采购、产中的日常管理或标准化的生产规程)。在运作上，公司根据市场需要对价格进行预测，通过签订契约与基地约定本年度生产数量、品种及主要品质和技术指标。公司不仅与农户，也和基地签订协议。在生产过程中，有的基地还为农户提供购买生产资料的服务。而生产过程中所需的技术服务，一般是公司的技术人员在产前、产中、产后对农户进行技术培训。农副产品成熟后，由基地根据公司与农户签订的种植收购合同，进行检验、收购，最后由公司进行最终加工和销售。

2. "基地"的主要功能。

(1)组织功能　具体表现在四个方面：一是按照国家产业政策，组织成员进行生产与销售；二是根据国家产业规划及市场信息，组织和协调农户进行生产；三是根据市场需要和参与者意愿，把分散的农户组织起来，发挥各自的长处和特点，提高生产效率；四是在保证基地生产的基础上，直接组织剩余劳动力有序流动到第二、第三产业中去。

(2)中介功能　实施农业产业化的重要目的之一是要改变农工商相互分离、生产加工销售相互分割的状况，实现农工商一体化，产、加、销一条龙。公司、市场直接面对小规模、分散经营的众多农户，显得力不从心，分散的农户与企业打交道也常常处于不利地位。公司、市场、农户都希望有一个中介组织，将农与工、贸结合在一起，将产、供、销连成一线。基地正好充当了公司与农户间的桥梁，填充了农业产业化链条中的断层，减少了市场风险。

(3)载体功能　载体功能指基地从单纯的中介功能、组织功能中跳出来，逐步向产前和产后延伸，兴办各种经济实体，逐步将自身演变成社区性的产业一体化组织或专业性的一体化组织。演变过程中，基地组织对内能有效发展农业生产，保护农民利益；对外参与市场竞争，从而提高了农业效益，在一定区域内或一定层次上实现了贸、工、农一体化，产、加、销一条龙的产业化经营新格局。

(4)服务功能　基地向农户提供产前、产中、产后服务，这是实施农业化经营必不可少的手段。由于基地扎根于农村，因此它对农户的服务最直接、最具体，从而成为农业社会化服务体系中不可取代的部分，成为维系农业产业化链条各环节的生命线。

8.4.2　河北兴龙粮食生化有限公司简介

河北兴龙粮食生化有限公司始建于1993年，系民营企业，注册资金7888万元，是中央财政参股企业、国家粮食加工技术研发中心、河北省农业产业化重点龙头企业、河北省著名商标企业、银行系统AAA级信用企业。公司自成立以来，始终坚持以科技创新增活力，进行技术创新、改造扩建，成为一家拥有3家分公司、6条生产线，总资产达2亿元的农产品深加工省级龙头企业。公司现有职工360人，主营业务为粮食、油料、淀粉、食品加工等。拥有的河北宇龙粮油有限公司，占地80余亩，年加工大豆18万t，年加工棉籽12万t；河北华裕粮油有限公司，占地100余亩，年加工小麦21万t，年加工小麦胚芽油6400t；河北兴龙公司年产30万t玉米淀粉项目，占地300余亩，年加工玉米30万t。公司主要产品有大豆油、棉籽油、小麦胚芽油、系列面粉、天然麦麸粉、精致挂面、麦麸挂面、玉米淀粉、可降解塑料粒子等。公司目前已成为国内外首家实现小麦综合利用加工(面粉、胚芽油、麦麸精细粉)，并100%食用的示范企业。同时也成为冀南地区小麦、玉米、大豆、棉花加工为一体的巨型航母企业。对河北省数县的农业发展、农民增收起到龙头带动作用。

公司采用“公司＋基地＋农户”的经营模式开展了服务农业、服务农村、服务农民的有关活动，对促进当地农业生产的发展产生了积极的影响。兴龙公司以发展农产品加工业为主攻方向，以加快现代化农业发展、带动农民增收为己任，以校企合作、科技创新、新产品开发为支撑，以诚实守信抓经营、团结进取聚人心为生存之本，通过持续不断地上项目增实力、建基地带农民、搞研发占市场等一系列强有力的举措，一步一个脚印发展成为涵盖大豆、棉籽、小麦、玉米等主要农作物加工的综合型农产品加工航母。

近年来，公司利用当地的主要农产品，针对当地农业、农村的现实开发了如下产品。

(1)小麦胚芽油　小麦胚芽油是一种珍贵的高级营养保健品，主要有维生素E、二十八(烷)醇和亚油酸组成，具有显著降低胆固醇、防治心血脑疾病等的疗效，在发达国家已成为很多消费者必需的保健品；在国内也引起了人们的极大关注。我国高血脂、心脑血管疾病的发病率不断升高，对这类有特殊功效的植物油及保健食品的需求也将不断扩大。

(2)麦麸天然粉　麦麸天然粉由中国科学院遗传发育所农业资源中心研发，并获得国家发明专利，其产品麦麸面粉及系列挂面，已由河北华裕粮油工贸有限公司荣誉出品，现已隆重上市。该产品已通过ISO9001:2000国际质量管理体系认证。该产品目前在国内属于先进技术，通过高细胞离子对撞，把麸皮粉碎，而不破坏麦麸中的膳食纤维和多种维生素，然后与优质面粉合理搭配，特别适用于肥胖、糖尿病、高血压、高血脂人群食用。

(3)大豆油、色拉油和调和油 本公司精选优质的大豆原料，使用高科技的加工设备生产特色的大豆油、色拉油和调和油，品质卫生、营养丰富；不含黄曲霉素、不含胆固醇、不含化学添加剂；煎炒煮炸拌皆宜，是烹饪美味的健康选择。

河北兴龙粮食生化有限公司在产品开发、拓宽市场的同时，也不忘扶持当地农民，近年来共安排群众300多人就业，带动了周边村群众几十人搞运输。同时，公司还通过帮助谋划、资金支持等形式，支持本村及周边村农民群众办企业摊点30多家，使许多群众由此脱贫致富。2003年至今，企业从盈利中拿出百余万元举办农村公益事业，硬化村街道路面300 m，整改低压线路1000多m，打井2眼，铺设地下管道1400多m，解决了群众的行路难、用电难问题。

8.5 信息化服务

21世纪是信息技术的时代，信息作为一种新的生产要素正在发挥越来越重要的作用。我国是一个农业大国，农业信息化在国民经济现代化中占有十分重要的地位。要实现农业现代化，必须积极利用现代信息科技的发展成果，加快农业信息化进程，因此农业信息化成为实现农业现代化的重要影响因素之一。农业信息化对于我国农业的发展具有十分重要的意义。

农业具有的生产领域多、规模小、成本高、分散性和自主性强等特点，使农业信息化的整个环节存在诸多的问题，主要表现在：农村信息化基础设施薄弱、设备陈旧、应用软件缺乏等；农业信息人员整体素质不高，农技推广人员专业有限，知识更新慢，降低了对农户的服务能力；管理上存在盲目性，缺少培训和获取知识的工具及能力；农业信息发布渠道不畅，农业信息传播和发布方面缺乏必要的配合和沟通；村务管理仍是纸质办公，效率低，效果差；部分部门对农业信息化的认识不足，存在农业信息化无用论和过早论，尚未引起足够的重视。

针对以上存在的诸多不足，在“十一五”国家科技支撑计划“农作物生产信息化关键技术集成与应用”项目的支持下，研究集成了农业信息先进技术，以解决当前农作物全程生产和农村管理中迫切需要解决的一些关键问题。通过对示范县、示范乡镇和示范村的建设，探索和建立适合中部地区农作物生产和农村信息化发展的关键技术体系和模式。

信息系统研发与服务平台建设

利用计算机网络、3S等关键技术，围绕示范区农业资源管理、农业生产调查和农情变化等需求，建设农业地理信息系统与农情监测系统、农田作物苗情长势监测系统；围绕“协会＋农户”“ 企业＋农户”的农业生产服务方式，开发应用小麦、玉米、豆类等主要农作物生产全程管理决策系统。

1. 县域农业地理信息系统

县域农业地理信息系统的开发目的是将各类信息技术与地理学、农业、生态学、植物生理学、土壤学等基础学科紧密结合，将传统农业生产管理提高到以快速调查和监测、适时诊断和分析、高效决策和管理为标志的全新的与信息时代相适应的现代化农业的新阶段。农情监测系统则包括了基于遥感的农田旱情监测和作物长势监测、基于农田土壤采样的测土配方施肥系统，对作物长势、植被指数进行监测。

作物生长过程可能受到多种因素的影响，其生长状况可以用一些能够反映其生长过程并与该过程密切相关的因子进行表征。其中植被指数就是最为常用的指标。本研究利用NDVI获得植被指数进行区域作物的长势监测。

盲目施肥、过量施肥不仅造成农业生产成本增加，而且带来严重的环境污染，威胁农产品质量安全。本系统的应用，可以实现测土配方施肥的信息化批量处理，提高工作效率，满足实际工作需要。

1)技术路线

从本项目需求分析出发，结合示范区工作需求及未来发展需要，选用较为流行的 ArcGIS 软件作为 GIS 平台，采用 Microsoft Visual Basic 6.0 (SP6)，利用 ESRI ArcGIS Engine 9.2 (SP1)和 Microsoft Office Access 2003 相结合的开发方法，实现农业地理信息系统的功能设置。ArcGIS 具有较好的数据兼容性，能够兼容较多的数据类型，同时具有最为齐全的地理信息管理与分析功能，能够满足示范区目前和未来工作的需要。在本项目的开发中，项目组采用本地数据库的方式对相关数据进行组织与管理，便于用户的维护、管理、备份与共享，避免了由于采用网络数据库而给示范区带来的系统维护上的麻烦，通过技术培训，可以使用户尽快掌握。

测土配方施肥系统主要包括土壤肥力评级与施肥建议生成 2 个功能。系统的运行基础是农田土壤采样及各项肥力指标测定工作的完成，利用这些农田肥力监测结果，通过对各肥力指标的等级分类，采用加权算法，赋予不同肥力指标不同权重，计算获得各采样点的肥力综合评价指标。通过插值可获得整个示范区的肥力评价信息。

2)系统功能设计

县域农业地理信息系统主要系统功能包括打开工程、保存工程、添加数据、删除数据、图层管理、数据导出、数据查找、输出图像、打印图像等。

测土施肥模块利用土壤普查的点数据进行县域范围内的测土施肥决策，其功能包括：导入测土数据(将测土数据导入系统)，测土数据空间插值(将所测得的各项肥力数据进行空间插值，插值数据包括全氮、碱解氮、有效磷、速效钾、pH、铜、锌、铁、锰等)，土壤肥力评价(针对土壤普查的数据依据一定的评价规则对全县范围的土壤肥力进行打分评价)。

施肥决策(根据小麦、玉米与目标产量按一定的计算规则计算出各项肥料的推荐施用量)，施肥推荐信息打印(将所推荐的各项肥料信息按格式输出或打印)，土壤肥力变化监测(选择两个不同时期土壤肥力监测数据，进行相减运算，查看肥力变化)。

2.县域资源环境信息管理系统

在 NET 和 ArcGIS Engine 9.2 的基础上，完成了农业资源信息管理系统单机版的系统开发；在 ArcGIS server 和 C# 环境下，完成了 Web 版的开发。系统具有空间信息处理和分析功能，为曲周县农业资源的经营管理提供现代化的技术支持，实现对农业资源利用的科学化管理，为基本农田耕地保护、农业土地利用现状和土地利用规划等提供科学的决策依据，以实现农业土地信息监管，快捷方便的农业资源信息查询与检索，科学掌握农业土地的数量以及分布特征，最终达到农业资源的可持续利用。

1)曲周县农业资源环境信息管理系统(单机版)

研究并构建了多维采集模型、动态更新方法及解决了数据更新时精度匹配问题。土地利用信息系统方面，构建了土地利用现状分析、需求预测、结构优化等数学模型及支持模型生成、存储、查询、运行的模型库，以辅助决策分析。在土壤信息系统的数据编码方法、土壤属性数据方面，建立了应用于不同来源的数据变换数学模型。在气候信息系统构建上，开展了区域农业气候资源的综合量化分析与评价工作。

在 NET 和 ArcGIS Engine9.2 的基础上，完成部分自定义组件的开发，如制图打印、数据编辑、专题图等。该系统开发了 C/S 和 B/S 两个版本，其中网络版实现了通过 WebGIS 的方式综合查询人口、牲畜、粮食等社会经济状况以及土地利用状况，并可以叠加土壤等自然资源信息，并依据特定的属性进行专题制图。

采用 Com 技术组建完整的信息化应用管理平台，能够实现县级农业资源管理，其目的是提供有关农业的资源环境信息，建立适合于曲周县的农村信息管理服务平台，建立和完善信息农业技术应用和服务推广体系。

系统功能设计：系统分为 4 个子系统，分别为：土地资源管理子系统、土壤特征分析子系统、气象特征分析查询子系统和农田资源查询子系统，如图 8-2 所示。

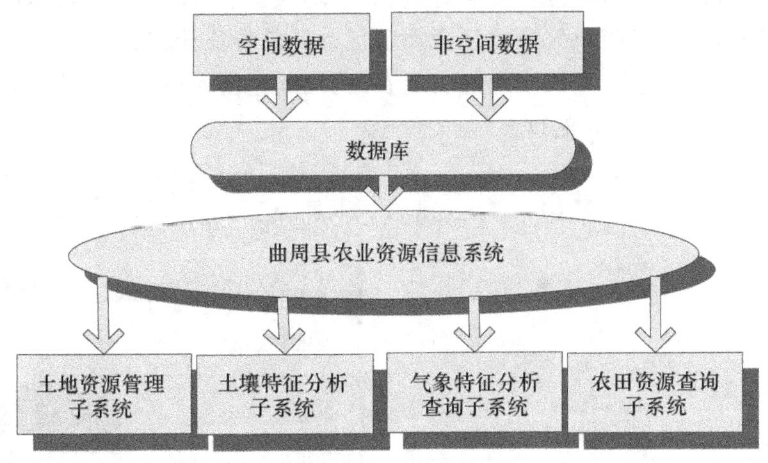

图 8-2　系统功能设计

其中，土地资源管理子系统根据《第二次全国土地调查数据库建设技术规范》设计，包括土地种类分布查询，土地利用报表统计，专题图制作等。

土壤特征分析子系统提供 5 个可选的差值函数对土壤特征数据进行插值。

气象特征分析查询子系统可对 53 年气象资源进行查询分析，包括日平均气温，日降水量等气象特征。

农田资源查询子系统实现农田资源的分类查询，包括：

(1)地图文档管理　该模块主要实现了对地图文档的打开，保存等基本操作。

(2)图层管理　系统实现图层的添加和删除以及图形数据分层显示，用户可以根据需要来选择所要显示的图层；图层的上移下移操作，图层的标注和渲染等。

(3)查询　该模块主要实现了属性与地图的双向查询。

(4)数据编辑　该模块可对已有属性数据类型进行编辑和更改，并保存到 shp 数据文件中。

(5)制图与打印设置等功能　实现地图文档的制图及打印功能，包括添加指北针、文本框、图例、比例尺以及打印页面的相关设置等。

2)土地资源管理子系统

(1)土地种类分布查询　该模块可供用户掌握各类土地的分布特征，包括：耕地分布查询、林地分布查询、建筑用地分布查询、其他种类土地分布查询。

(2)土地利用报表统计　该模块实现对土地利用数据的统计分析，包括面积统计、变更统计等，使用户能直观地掌握土地利用的情况，便于进行耕地监管等职能。

(3)专题图　该模块可制作不同类型的专题图。包括土地利用现状专题图、土地地类分布专题图、权属性质分布专题图等。

(4)土壤特征分析子系统　土壤特征分析子系统能对加载的“土壤养分图”点状数据进行分析处理，用统计学进行空间变异分析的核心就是通过对采样数据的分析、对采样区地理特征的认识选择合适的空间内插方法创建表面。

(5)气象特征分析查询子系统　该模块可实现气象特征查询分析，包括日平均温度、日降水量、日平均相对湿度、日平均气压、日照时数、日平均风速、日平均0厘米地温(地表温度)等气象指标的计算查询，包括简单气象特征计算和复杂气象特征计算。

(6)农田资源查询子系统　该模块可实现农田资源(包括人口基本情况、牲畜基本情况、粮食种植情况)的按乡级查询(图8-3)。

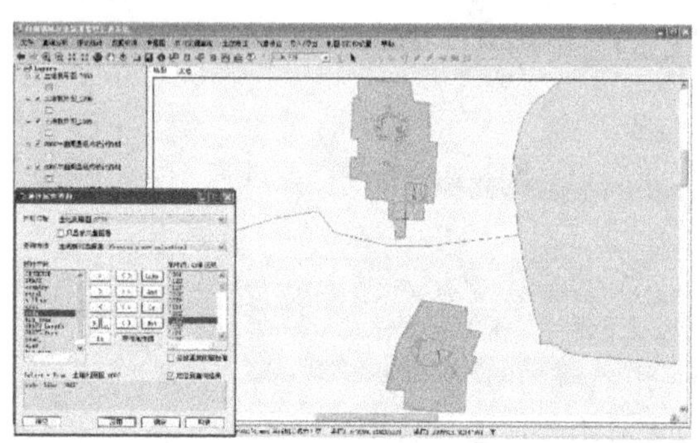
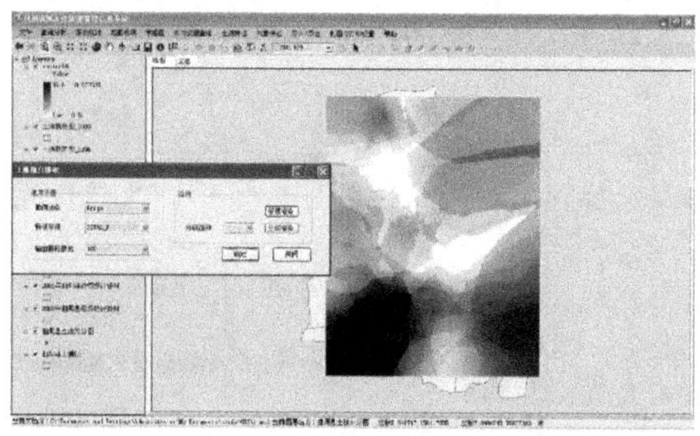
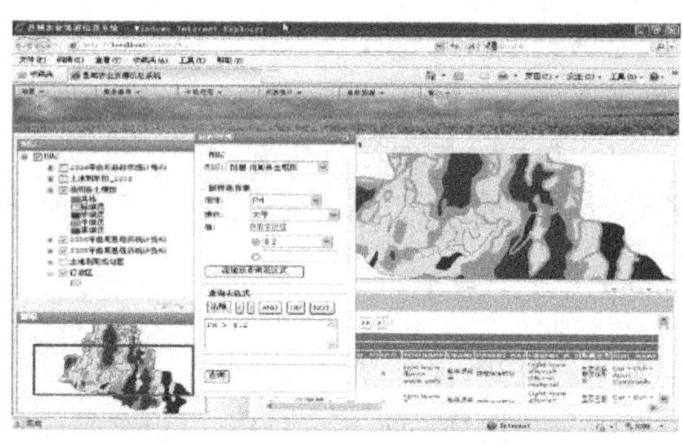
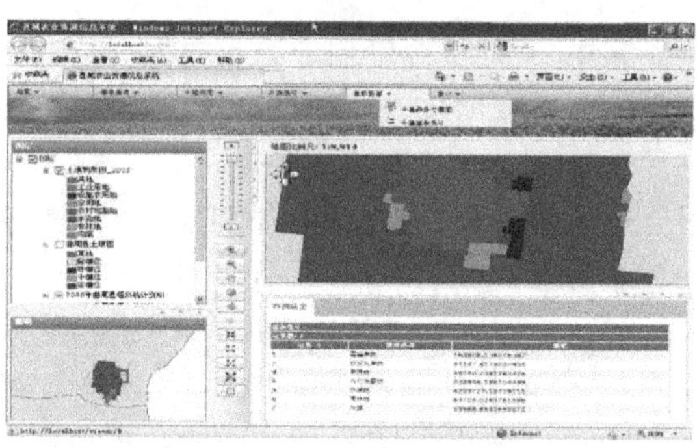

图 8-3　农田资源查询子系统

3. 曲周县农业资源环境信息管理系统(Web版)

县级农业资源环境信息管理系统(Web版)基于地形、土壤、土地利用、人口、粮食、牲畜等空间数据、专题数据和社会经济统计数据，采用B/S结构，为用户提供实时在线的县级农业资源环境信息查询和综合决策应用分析服务。

系统总体上遵循3层体系的结构设计，包括数据库层、服务器中间件和业务逻辑层、客户端3层。

(1)数据库层　系统主要涉及基础地理数据库、土地利用数据库、社会经济统计数据库、气象数据库、土壤数据库及其他相关专题数据库。此外，还包括元数据信息和系统管理所必需的数据信息。

(2)服务器中间件和业务逻辑层　由系统运行所需要的支撑中间件以及系统业务运行逻辑所构成，包括 Web 访问服务器、WebGIS 引擎、数据访问引擎、业务逻辑部件等。Web 访问服务器主要负责接收客户请求，根据请求情况进行请求的处理或者转发请求，并将结果返回客户端。数据访问引擎用于访问数据库层的持久数据，包括空间数据引擎和专题属性数据引擎。WebGIS 引擎用于为系统提供 WebGIS 所需要的基础支持，它调用空间数据引擎功能实现地图查询、显示、专题制图等服务。业务逻辑根据系统专题数据和功能提供业务分析运算模块。

(3)客户端　系统功能通过客户端界面展现出来，用户通过界面可以完成数据查询、统计、专题分析、打印输出等业务功能。其体系结构构如图 8-4 所示。

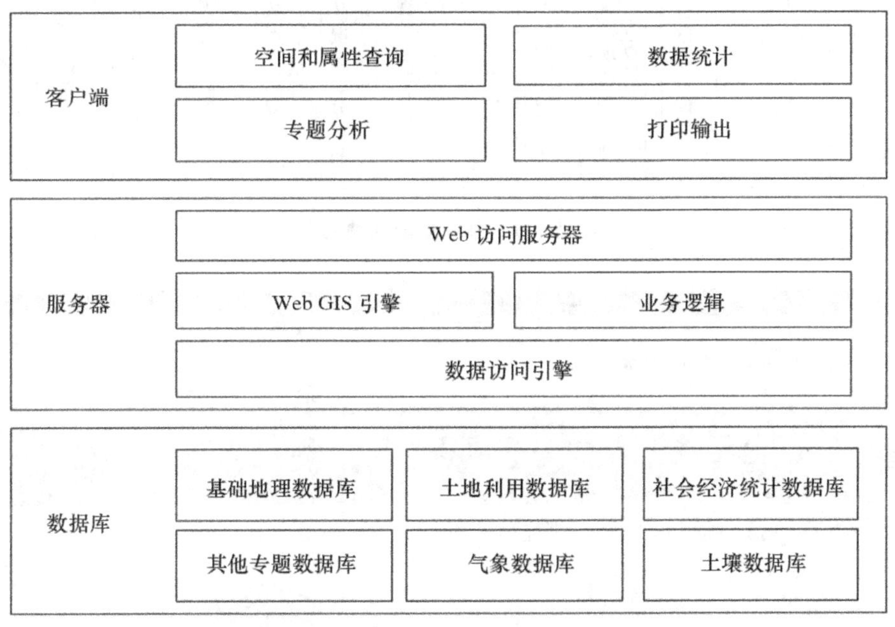

图 8-4　系统体系结构图

系统主要功能模块设计如图 8-5 所示。

(4)地图操作　包括图层管理、地图打印、地图放大、缩小、漫游等。

(5)信息查询　可按空间和属性进行查询，用户可定制查询条件。空间查询包括按点、线、面等空间对象进行查询，属性查询功能允许用户从土地利用、经济统计、自然资源等各图层的属性中选取任意字段和给定条件进行查询。

(6)土地利用　可对历年的土地利用现状图和土地利用规划图进行专题图制作，以不同颜色表达不同的地类信息，也可对地类进行面积统计，可以按年份进行地类的变化情况进行对比分析，并以专题图形式展示结果。

(7)经济统计　对人口、牲畜、粮食等历年统计数据进行统计分析并形成报表，也可以通过专题图方式反映统计结果(图 8-6)。

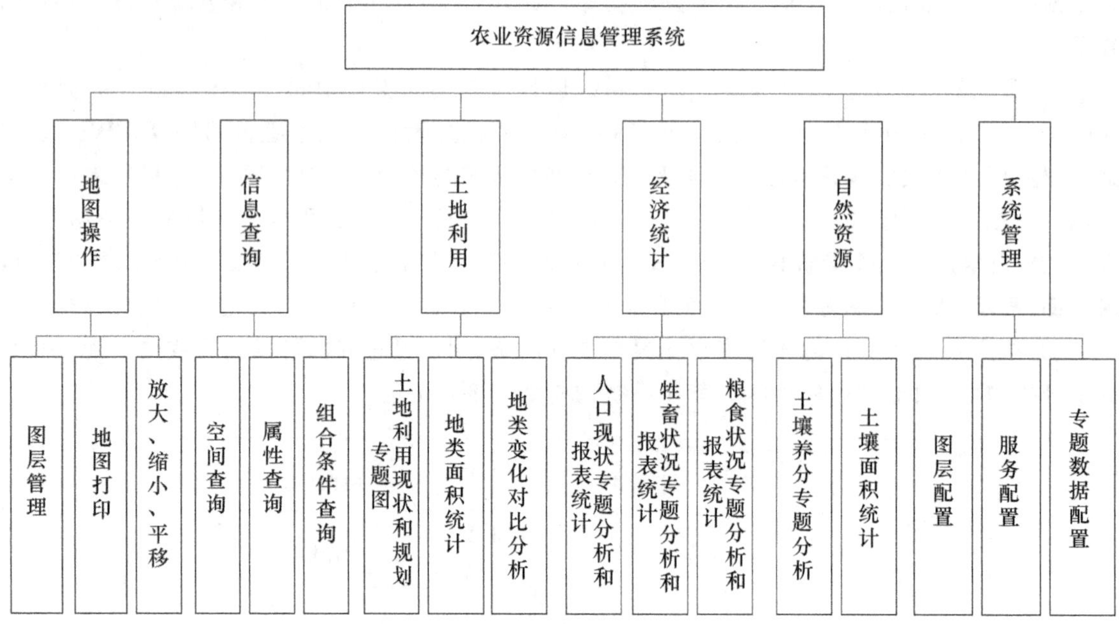

图 8-5　系统功能模块图

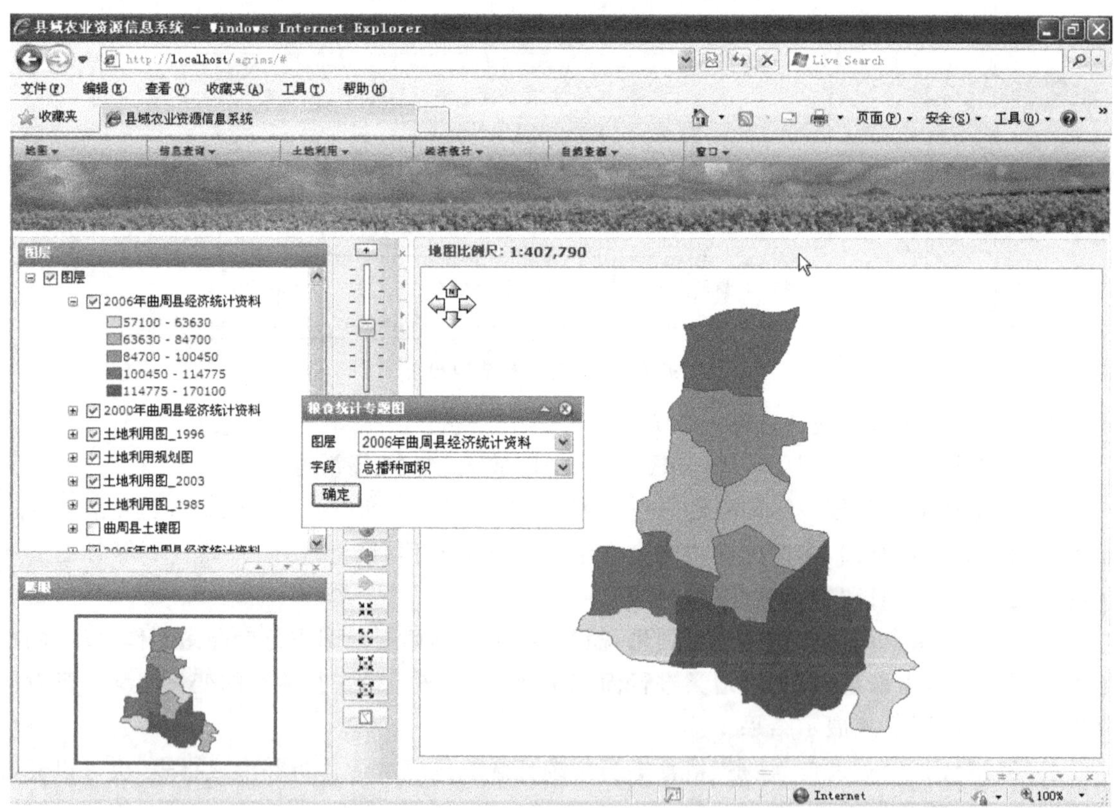

图 8-6　曲周粮食统计专题图

（8）自然资源　用于挂接土壤、地形、气象等自然资源专题分析功能。目前已经挂接土壤养分专题分析和土壤面积统计功能，其他专题功能可通过系统配置功能挂接到系统中（图 8-7）。

（9）系统管理　对系统服务、图层、专题数据进行配置，此功能必须由服务器管理员来完成。配置完成后，用户重新登录即可看到新配置所产生的结果。

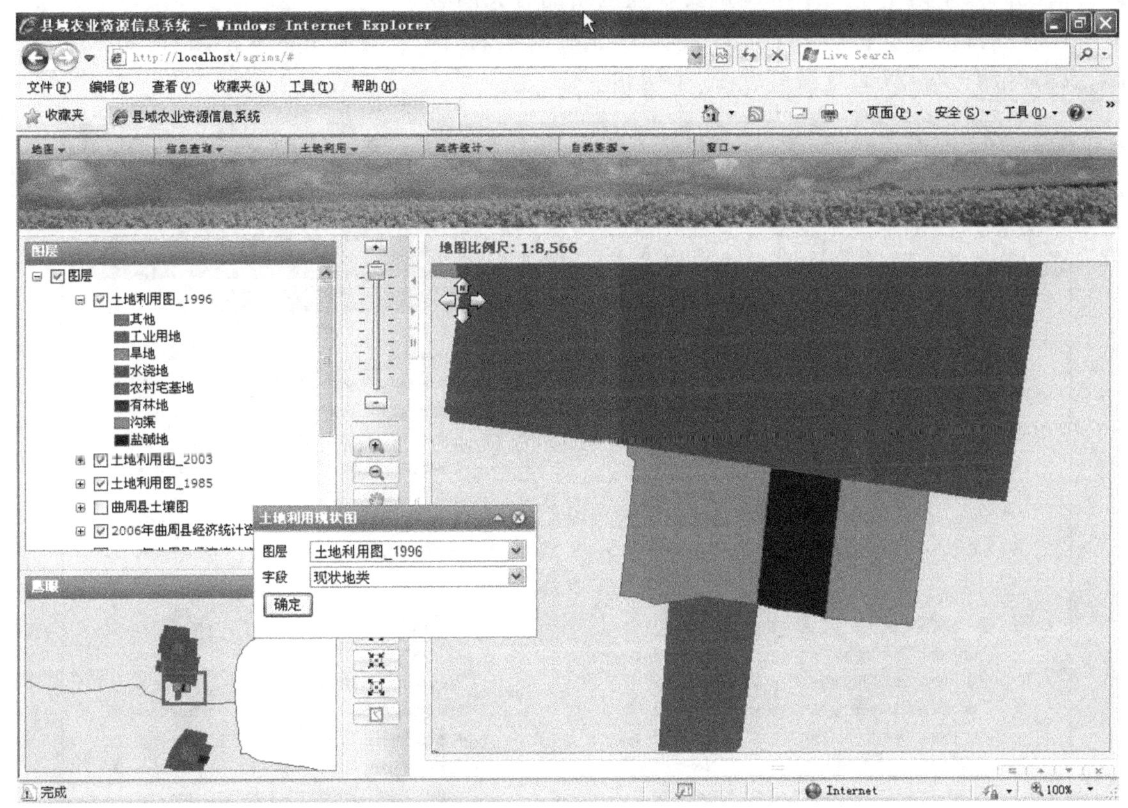

图 8-7　土地利用现状图

4. 面向农业网站的信息自动采集和发布系统

这套系统（图 8-8）主要用来搜集信息、维护网站资源、更新网站内容和及时全面的发布信息，并对信息进行智能管理，为农业决策者和生产者提供信息。

技术关键是：互联网信息实时采集技术、信息分类技术、基于 Java 的信息全文检索技术，基于 XML 的网页发布管理体系和系统接口 API 设计。其中互联网实时采集技术又包含以下技术要点。

（1）模拟人工浏览操作，主动式信息采集，无须目标网站做任何配合。

（2）针对网站内容“漂移”有很强的容错能力，目标网站的小规模改版不应影响到采集软件的采集效果。

（3）所采集信息的条目应具有最小的重复性，不应当出现同一信息被重复存储的现象。

（4）可以采集各种多媒体信息，包括表格，图片，MP3，ZIP，PDF 等各种文档。

（5）支持任何网页显示编程技术，包括 ASP，JSP，PHP，CGI，Javascript，Vbscript。无论是静态页面还是动态页面，信息采集软件都可以完整准确地将数据采集下来。

(6)支持用户名/密码页面认证及数据查询的FORM提交。

(7)支持被采集信息的在线过滤。

(8)信息采集软件应当支持多种语言编码,对国内外网站都可以进行采集。

(9)具有良好的负载均衡性能和多线程工作方式,可支持对超过100个网站的同时采集,但目前我们只采集了十几个国内重要农业网站的有关内容。

该系统目前可以自动采集上百条信息,主要采集国内一些重要的涉农网站,比如中国农业部、农博网、农业科教信息网等近10个网站。

图8-8 面向农业网站的信息自动采集和发布系统

5. 主要农作物生产全程管理决策系统

根据当前农业生产和用户(生产企业、协会等)需求,引进智能化农业信息处理系统平台,在曲周县研发本地化小麦、玉米、棉花等主要农作物的栽培管理决策系统,制定系统的产前、产中、产后技术标准和规范,实现农业标准化生产、规范化管理及农业生产的生产管理、产品加工和市场经营的一体化决策的全程管理,并在示范区内大力推广应用。

1)技术路线

收集、整理和分析当地历年的气象、土壤和品种等系统模型运行需要的信息;对系统模型所需要的品种进行参数修正,建立常用的品种参数数据库;将系统模型和决策知识结合示范区所在地情况,由计算机人员、农学人员、当地用户、当地推广机构人员等共同进行本地化改造,分别形成小麦、玉米等农作物决策系统并进行实际应用,在应用中设定相关的验证项目,通过观察记载,比较生育期、产量、品质、肥水需求和系统的模拟值之间的差异,反复修正,直至系统能较好地进行预测和决策,从而把系统在河北省及中部地区进行推广应用。技术路线如图8-9所示。系统功能见表8-3。

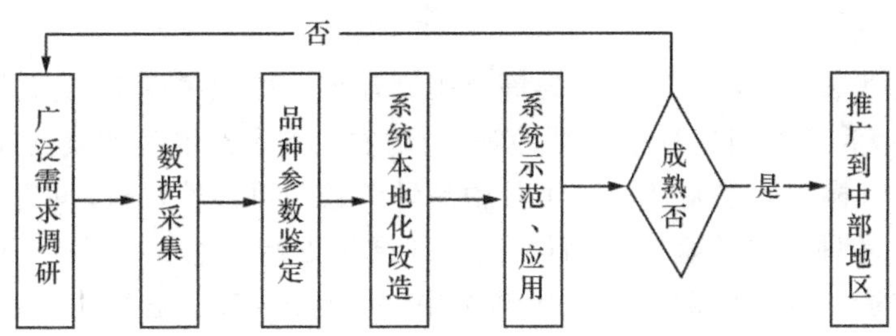

图 8-9　主要农作物生产全程管理信息化技术路线

表 8-3　主要农作物生产全程管理信息化系统功能

序号	系统名称	功能模块	系统截图	功能简介
1	小麦玉米知识浏览系统	小麦玉米知识浏览模块		对小麦管理知识、玉米管理知识以及示范地区的特用作物和农业技术进行了详细的介绍，并可以结合示范区本地的情况来进行作物生产管理。
2	小麦生产管理系统	小麦生产管理系统	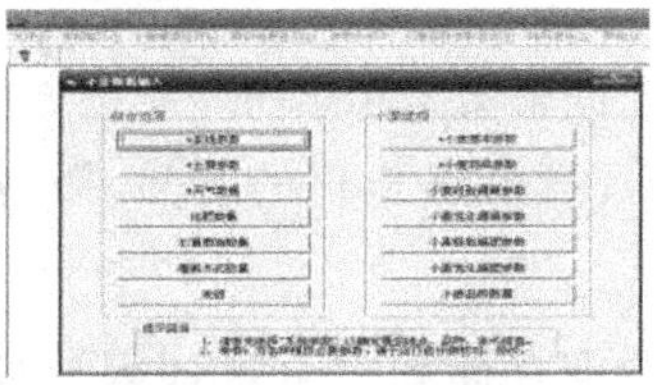	对小麦生产进行管理，通过系统的参数输入、土壤参数输入、天气数据输入、化肥数据输入等运行模型进行小麦生产的模拟，对模拟结果进行分析，实现小麦生产的数字化管理。
3	小麦生产管理系统	小麦生长三维可视化模块	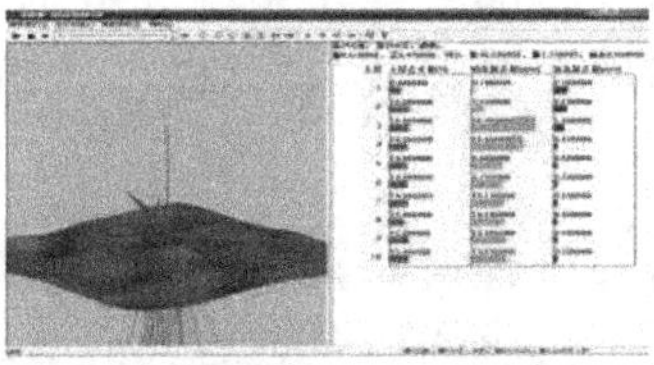	通过小麦生长三维可视化模块可以清楚直观地看到小麦生长的全过程，并且能显示出生长各时期中干物质含量、土层含水量、硝态氮含量以及铵态氮含量。
4	玉米生产管理系统	玉米生产管理系统	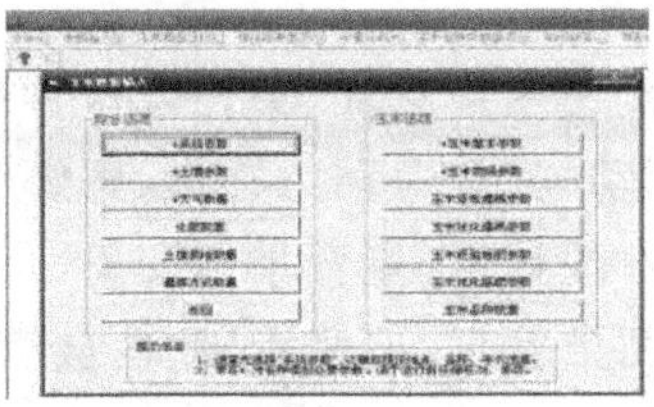	通过系统的参数输入、土壤参数输入、天气数据输入、化肥数据输入等运行模型进行玉米生产的模拟，对模拟结果进行分析，实现玉米生产的数字化管理。
5	玉米生产管理系统	玉米生长三维可视化模块	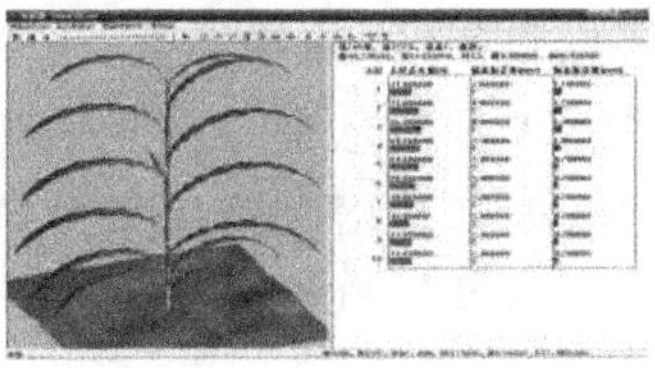	通过玉米生长三维可视化模块可以清楚直观地看到玉米生长的全过程，并且能显示出生长各时期中干物质含量、土层含水量、硝态氮含量以及铵态氮含量。

2)关键问题

(1) 数据采集　采集小麦、玉米、豆类等全程管理系统中相关模型所需数据。这些数据包括历年的气象、土壤和适合当地种植的品种等,走访农业专家获取生产实践经验。

(2) 参数修正　模型的准确性取决于其中品种参数的可靠性,通过反复调试,为示范区所在地进行所拟种植品种的参数鉴定,从而使模拟的结果更接近生产实际。

(3) 本地化改造　结合河北省示范区乃至中部地区的实际,进行小麦、玉米、豆类等全程管理系统的本地化改造,从而使其能在示范区进行应用,并取得较好的社会效益和经济效益。

6. 基层农村政务管理信息系统

利用信息技术构建农村基层政务管理信息系统,应用于示范区农村事务管理的各个领域,满足示范区对基层农村政府的业务指导以及基层政府对村(镇)级事务的管理。系统管理内容涉及农业生产、农业资源、人口资源管理、农村经营管理、公共事务管理和村(镇)务公开等方面,满足示范区村(镇)级政府的综合信息服务。所解决的关键问题具有以下几个特点。

1) 覆盖应用面广

系统在曲周镇、河南疃镇等 2 个乡镇,胡近口、东芦王庄等 15 个村中开展示范应用,是一个覆盖面广的新农村基层政务管理信息系统。

2) 并行程度高

系统与示范区内其他应用系统之间需要相互集成,系统之间紧密联系,只有科学地组织应用示范实施,才能节省系统工程安装配置和客户化的时间,提高实施效率。

3) 应用环境多

工程涉及系统工程、数据管理、数据存储和安全认证等计算机技术、网络技术等多个交叉学科技术应用。在整个应用示范中,分布部署操作系统和数据库、Internet 组件等系统运行的平台环境,涉及现有已运行的应用系统等各种软、硬件设备。系统的种类多,应用环境复杂。

4) 项目管理好

由于系统应用示范的覆盖面广,并行程度高,又有非常复杂的应用环境,保质保量完成系统的集成二次开发、部署实施、应用示范,必须要求具有驾驭复杂项目管理的能力。

系统整体设计,其体系结构见图 8-10。

(1)主要功能　人口管理:涵盖常住人口管理、暂住人口管理、人口变动管理、迁入登记、迁出登记、出生登记、死亡登记、特殊变动登记、劳动力管理、婚姻管理、统计报表等。

(2)计生管理　涵盖常住计生、暂住计生、生育指标安排、计生表格、指标分析等。

(3)党群管理　涵盖党员管理、团员管理、妇联管理、协会管理等。

(4)社保管理　涵盖合作医疗、低保管理、社会救助、社会福利、养老保险等。

将这些软件配备在不同级别的信息服务站,如将小麦、玉米生产管理系统、曲周农业农村信息综合服务网信息自动采集系统应用于县信息中心与乡信息服务站,可以帮助农业技术人员提高知识水平,解决生产难题。小麦、玉米栽培管理决策系统应用于村服务站,进而被农户直接查询。农户信息服务站模式实现了各类信息系统从上到下的服务,保障了对农户的指导和信息下传。

据调查,在示范区的小麦生产中,农户氮肥(尿素)的施肥量普遍为 40～45 kg/亩,折合纯

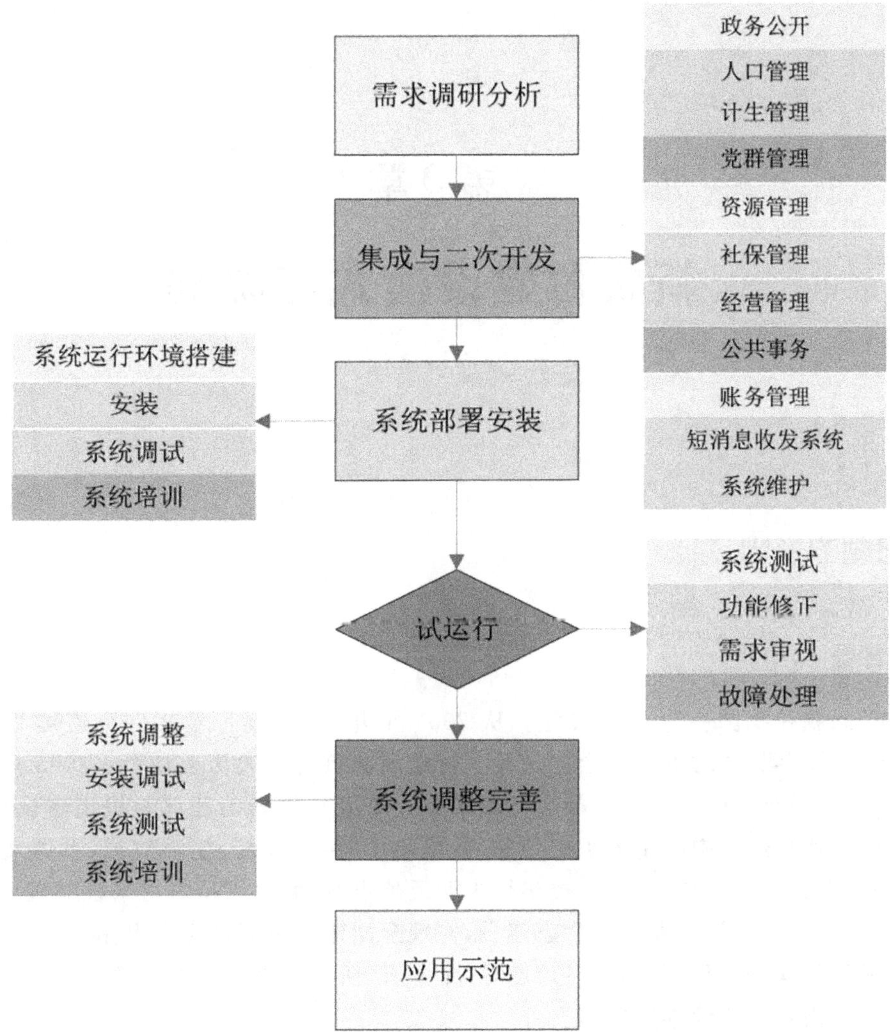

图 8-10 基层农村(社区)政务管理信息系统体系结构

氮为 18.4～20.7 kg/亩。按每亩平均施纯氮 19.5 kg 计算，采用测土施肥技术后，平均每亩少施纯氮约 4 kg。本课题示范区内小麦种植面积约为 10.5 万亩，按照尿素的目前市场价格 2300 元/t 计算，当年可节约农业化肥投资约 96.6 万元。同时，少施氮肥也能减少农业面源污染，具有一定的生态效益。

第9章

新农村建设模式与规划

9.1 问题的提出

9.1.1 背景

“三农”问题在我国一直备受关注。从2005年开始，中央一号文件已连续八年锁定“三农”。解决“三农”问题，对推进社会主义新农村建设肩负着重大历史使命。2005年10月通过的《中共中央关于制定国民经济和社会发展第十一个五年规划的建议》，提出建设社会主义新农村是我国现代化进程中的重大历史任务，并提出了“生产发展、生活宽裕、乡风文明、村容整洁、管理民主”的20字指导方针，通过实行工业反哺农业、城市支持农村来统筹城乡发展，全面加强农村的经济建设、社会建设和生态建设，实现全面建设小康社会的宏伟目标。党的十七大又把新农村建设摆上了重要位置，各地已在“十一五”阶段积极探索如何建设社会主义新农村，并在“十二五”规划中继续推进实施。

社会主义新农村建设规划(下称“新农村规划”)是为建设社会主义新农村、改善村庄人居环境而进行的基本的房屋、设施和环境总体布局规划。新农村规划要求紧紧围绕“生产发展、生活宽裕、村容整洁、乡风文明、管理民主”的总体目标，对村庄进行科学规划、合理布局，实现建设与改造并举，同步进行农村产业提升和农居环境改善。

为了进一步具体落实国家建设社会主义新农村的政策，深化上位规划，协调村域结构关系，明确农村居民点用地布局，改善村民生产条件和生活环境，维护村庄自然和历史风貌，统筹城乡协调发展、改善民生、扩大内需、节约土地、解决发展中突出问题的高度，根据国家和区域的相关政策和决议，结合自身实际情况，从城乡一体化的角度，以产业发展为基础，以切实提高农民收入为根本，有必要在县域开展新农村建设。为了能够使新农村建设具有前瞻性和科学性，需要制定新农村建设规划。本节内容是基于黄淮海平原典型县域新农村规划的实践经验而展开的。

9.1.2 问题的提出

我国正处于工业化和城镇化的快速发展期，土地作为最重要的自然要素，在城镇规模不断扩大的情况下,不可能靠无限制地扩大土地的自然供给来满足不断增加的建设用地需求量。然而,目前我国农村建设用地尤其是农村居民点用地利用中存在的问题很多,存量土地数量大。长期以来,农村居民点由于缺乏统一规划,在有利于农业耕作的前提下自由发展,布局散乱,呈现出“满天星”式的格局。伴随着城镇化进程,部分农民进城打工,但是仍然保留原有的农村宅基地,使农村出现了很多空房、旧房和闲置房。还有些农村建新不拆旧,农居点不断外扩,出现了很多“空心村”。农村用地布局散乱,集约化程度很低,不只是对土地资源的严重浪费,削弱了土地的经济效益,同时也严重影响了农村的村容村貌。

目前的黄淮海平原区域发展,正处于经济结构调整的阶段。没有农民的小康就不可能实现黄淮海平原区域整体全面小康;没有农业、农村的发展就不可能实现全社会的和谐发展。建设社会主义新农村,就是按照“生产发展、生活宽裕、乡风文明、村容整洁、管理民主”的总体要求,促进农村经济、社会的全面发展。以黄淮海平原区典型农业县曲周县为例,村庄数量众多,布局分散,用地粗放,主要呈现以下特征。

1)村镇空间布局仍以传统的分散布局为主,但已经呈现逐渐集中的趋势

曲周县大多数村镇空间布局依然以传统的分散布局形态为主。村镇选址仍然延续长久以来自然经济影响下对自然条件和交通区位的要求,广大的村镇依然散布在乡间原有的河流灌溉或者是交通便利之处。由于农居分布高度分散,导致污水处理和垃圾收集等市政环卫工程建设成本大大高于城镇。

在当前的社会经济条件下,第一产业不再成为县域经济发展的主导力量,随之带来的是村镇从事农业的人口数量急剧下滑,由农业耕作决定的村镇活动圈已经不是村镇布局的决定性力量。在各种纷繁的社会因素的影响下,村镇人口的集中已经成为趋势,虽然在空间上人口的流动和村镇用地的集中并不能得到完全的对应,但需要重视这一现象,并出台相关措施以推进村镇空间布局的集中,以适应新的经济发展条件下对村镇空间布局的要求。

2)村庄的分布与人口的分布不相一致,村庄空心化现象严重

村庄空心化是指由于农户纷纷向原村庄外部移居,导致原有的村庄住宅空置,甚至于逐渐废弃坍塌的现象。农村的村庄空心化在我国农村是普遍存在的,它的存在具备几个相近的前提:具有一定规模的村庄;村庄经济水平较高,农民具有向外迁移的经济实力;村庄的规划建设较为松散,宅基地审批不严格。村庄的空心化和村庄的经济发展是相伴而生的,这就造成了宅基地数量依然在扩大的同时,宅基地的实际利用率却大大下降,造成了土地资源的实质性浪费。由于村庄众多,因村庄空心化而浪费的土地资源总量也是惊人的。

3)村庄分布的传统影响因素依然在发挥作用,但经济发展的影响愈加明显

曲周县农村居住用地过多,农居与城镇住宅比较,人均建筑面积前者是后者的两倍多。农村生产性用地和居住性用地功能混杂、布局分散、用地效率较低。传统自然经济条件下村镇空间布局的主导影响因素在于村庄活动圈和村庄之间的社会联系约束。在现时的村镇空间布局中,这些传统的因素依然在发挥着作用,但在市场经济发展的影响下,由于经济发展对原有乡村经济模式和社会网络的冲击,这些传统因素的决定性作用已经大大降低。同时,城镇化带来的镇区集中性公共设施供给和城镇文化的吸引也对农民的重新迁移起到重要的推动作用。

4)生态环境恶化，亟须采取措施改善乡村环境

曲周县传统的农村居民点形态，在方便日常农业生产的同时，造成大量秸秆、堆肥散布于居民点附近。曲周县农村地区普遍使用明沟直接排放污水(有的甚至没有排水沟)，生活垃圾大多直接向河体倾倒或者就地堆放，严重影响水体和土壤安全，破坏了曲周县的农村生态环境。

5)农村产业发展分散

近年来，由于高速城市化和工业化，建设用地指标日益稀缺。因此，在土地利用指标分配过程中，城镇建设用地指标多于农村建设用地指标，形成较为明显的城市偏向现象。这导致农村建设用地供给严重不足，不利于农村经济和产业的集聚发展。

综上所述，以规划为龙头来引导社会主义新农村建设非常有必要。

9.1.3 意义

建设社会主义新农村，是提高农业综合生产能力、建设现代农业的重要保障；是增加农民收入、繁荣农村经济的根本途径；是发展农村社会事业、构建和谐社会的主要内容；是缩小城乡差距、全面建设小康的必由之路。以黄淮海平原地区的典型案例入手，探讨新农村建设规划模式，不仅有利于探索统筹城乡土地利用，盘活农村土地资产，提高农村土地利用效益，促进农村产业发展的新途径，而且也有利于开拓改善农居环境，开展农村生态环境建设的新思路。

9.2 曲周县新农村现状分析

9.2.1 区位概况

曲周县位于环京津的河北省南部，邯郸市的东北部，北和邢台市的广宗、平乡两县相连，南与广平、肥乡接壤，东与邱县、馆陶相邻，西和永年、鸡泽搭界，面积 667 km^2。曲周县面积占邯郸市面积的 5.85%，抚育了占邯郸市人口总数 5.01%的人口，2009 年曲周县地区生产总值占邯郸市生产总值的 2.87%，农业产值则占邯郸市农业总产值的 7.14%。

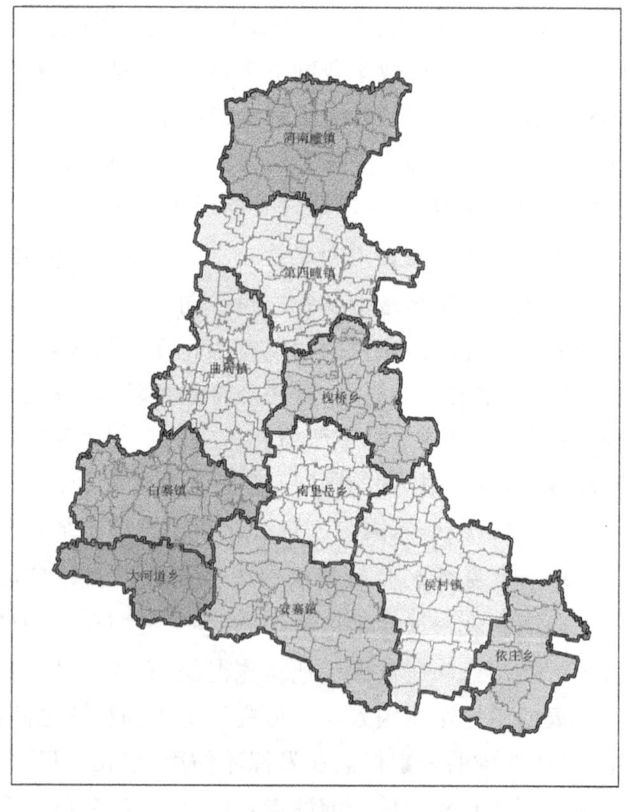

图 9-1 曲周县乡镇行政区划图

9.2.2 人口概况

曲周县辖 5 镇 5 乡 75 个行政村，包括曲周镇、侯村镇、安寨镇、河南疃镇、第四疃镇、南里岳乡、槐桥乡、依庄乡、大河道乡、白寨乡(图 9-1)。其中面

积最大为侯村镇 95.32 km^2，人口最多则为曲周镇 6.68 万人。

曲周县辖 5 镇 5 乡 342 个行政村，2000 年曲周县总人口为 393655 人，农业人口为 371011 人，占总人口的 94.2%，至 2009 年，曲周县全县总人口 445300 人，农业人口为 406107 人，占总人口的 91.2%，非农业人口为 39193 人，占总人口的 8.8%。非农人口增长较缓慢(图 9-2)。

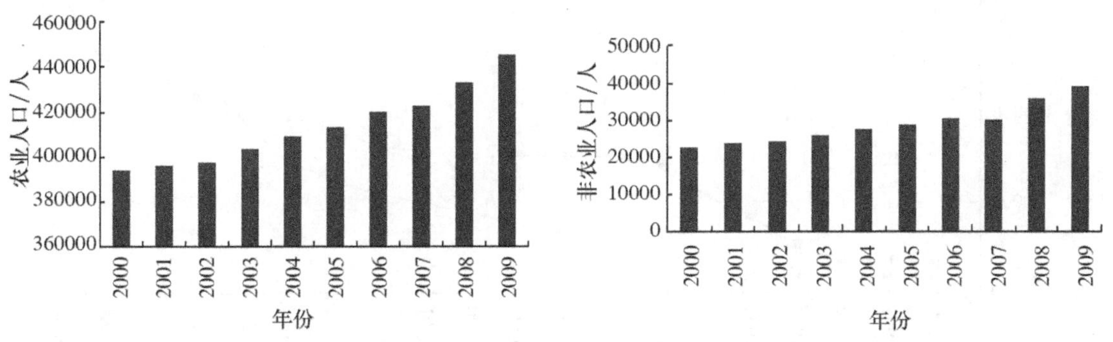

图 9-2 曲周县 2000—2009 年总人口和非农业人口变化

9.2.3 经济及产业发展状况

曲周县经济发展环境良好，1998 年被命名为省级文明卫生县城、林业达标县，2011 年创建国家级生态示范区。"十一五"时期，曲周调整产业结构，发展壮大产业，保证经济平稳较快发展，各项经济指标数据实现快速增长。2010 年农民人均纯收入 5942 元，是 2005 年的 1.7 倍。

纵观曲周县域经济的增长发展，经济总量有了大幅度提高，全县生产总值由 1990 年的 4.02 亿元增加到 2009 年的 56.35 亿元，人均生产总值也有较快增长(图 9-3)。从产业结构调整来看，2003 年第二产业比重首次超过第一产业，而在 2006 年第三产业比重超过第一产业，形成了第二产业为主体，第三产业跟进，第一产业打基础的良好产业格局(图 9-4)。

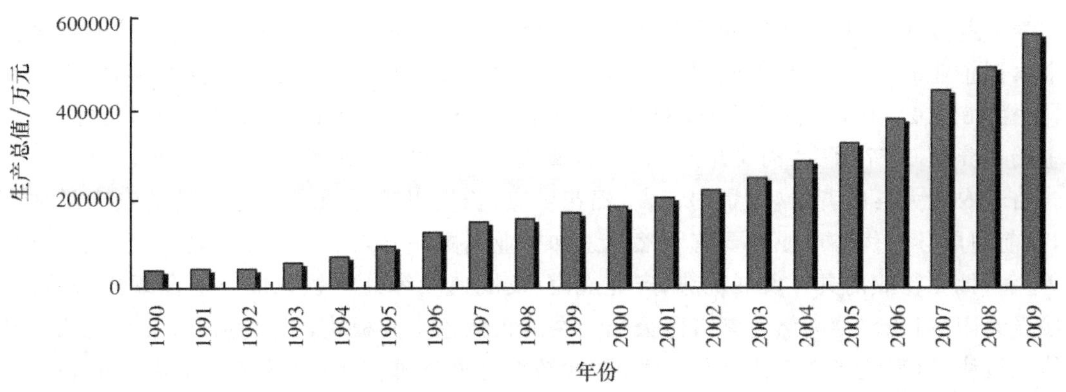

图 9-3 曲周县 1990—2009 年生产总值变化

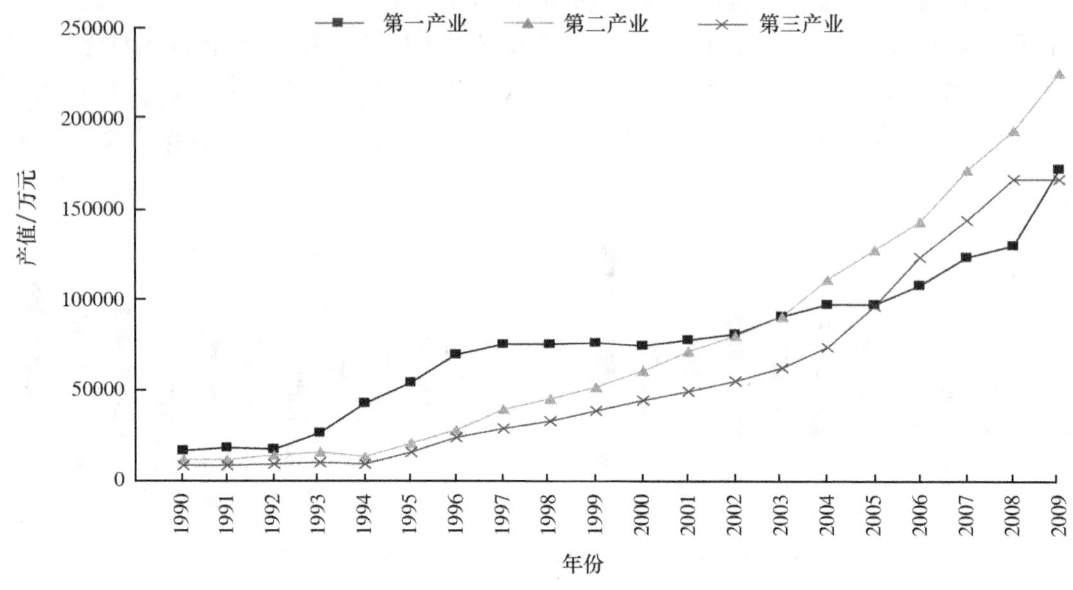

图 9-4　曲周县 1990—2009 年一、二、三产业增长趋势

曲周县是传统的农业大县，粮食作物以小麦、玉米为主，种植规模、比例都比较高；棉花、蔬菜、苹果等在种植品种、规模上都有较快发展；蔬菜育苗、姬菇、金银花、山药等经济效益较高的特色种植明显增多。在养殖业方面，生猪、蛋鸡、肉鸡存栏数目不断扩大，同时奶牛、獭兔、肉牛、肉驴等随市场行情转好，逐渐被专业养殖大户接受，存栏数目增加。在林业方面，苗木、花卉等有了较快发展。

2009 年全县粮食播种面积达到 77.57 万亩，总产量达到 31.38 万 t，比 2005 年的 28.66 万 t，增加了 2.72 万 t；其中夏粮播种面积 39.12 万亩，总产达 15.10 万 t；秋粮播种面积中玉米播种面积最大，约 37.14 万亩，总产达 15.93 万 t。2009 年棉花种植面积在 22 万亩左右，2009 年蔬菜播种面积 10.69 万亩，蔬菜总产 40.01 万 t。粮、棉、蔬菜等农产品全面稳定增长。

养殖业方面，依赖传统的养殖习惯，生猪、蛋鸡、肉鸡等存栏数目较多，尤其是近年来依托几个大型企业的养殖基地，养殖规模迅速扩大。截至 2010 年 12 月底，全县禽存栏 917.49 万只，出栏 1023.22 万只；猪存栏 20.34 万头，出栏 24.86 万头；牛存栏 3.13 万头，出栏 3 万头，其中奶牛养殖 0.57 万头；肉类总产 43821t，禽蛋总产 99981t，奶类总产 14916t。

由于农业大县的背景，大量的粮食、棉花供应，长期以来形成了一定规模的农产品加工产业，目前曲周县的优势产业主要有天然色素加工业、林板一体化产业、粮棉油加工业、食品加工业等。一批在行业内具有发展优势，产业规模、发展速度等处于领先的企业涌现出来，形成了以晨光集团、河北瑞德天然色素有限公司为主的天然色素业板块，以金赛博板业为龙头的林板一体化板块，以河北华裕粮油有限公司、新润纺织有限公司、邯郸华银纺织有限公司、恒昌纺织有限公司等为主的粮棉加工业板块，以河北福莱尔食品有限公司、河北天赐调料有限公司等为主的食品加工业板块等优势农业产业集群。

农业产业发展呈现的主要特点有：①主要粮食、经济作物稳产增产成绩突出。依托校地合作的新型模式，建设了作物高产高效示范基地，通过技术指导、示范带动等方式有力地推动了县域整体的作物种植规模和水平；②特色种养殖农副产品规模快速增长，对农民增收致富的作用明显显现。随着市场、流通等因素的逐渐健全，以及消费市场的活跃，特色经济农副产品的比较利益得以显现，农民主动参与的积极性高涨；③农村农业生产社会化服务体系处于萌芽阶段，在农机服务、农资服务、农业生产技术指导、农产品销售等环节，专业化的农民合作组织及其他中介组织已经发挥了重要作用。

“十二五”期间国家注重区域协调发展，持续支持“三农”工作，尤其是对经济欠发达的农业主产区支持的机会，为曲周的现代农业产业化经营、新农村建设注入强大动力。随着产业结构调整推进，国家加大了对新能源、新材料等重点产业支持方向。沿海地区产业发展压力加大，产业转移步伐加快，为县域经济发展提供了有利条件。在充分结合河北省“四个一”战略、邯郸东部振兴战略的实施，邯临线、定魏线升级改造，邯黄铁路、大广高速、青兰高速的建设，依托县域内现有的产业基础、资源优势，加快推进工业化、城镇化和农业现代化，全面激发曲周经济社会发展的实力、活力和竞争力。

9.2.4 土地利用情况

土地利用方面，根据2009年曲周县第二次土地调查基数转换数据统计，全县土地总面积为67668.09 hm^2，其中，农用地面积为56735.81 hm^2，占土地总面积的83.84%；建设用地面积为9098.56 hm^2，占土地总面积的13.45%；其他用地面积1833.72 hm^2，占土地总面积的2.71%（表9-1）。

表9-1 2009年曲周县各乡镇地类构成 hm^2

地区	农用地	建设用地	其他用地
曲周镇	5645.37	1574.46	146.33
河南疃镇	6403.62	867.86	168.50
安寨镇	7442.74	1098.40	197.35
侯村镇	8204.44	1402.88	284.11
第四疃镇	7176.50	888.82	391.89
槐桥乡	4962.59	610.87	138.87
白寨乡	5507.55	928.92	116.40
南里岳乡	4543.48	695.69	51.58
大河道乡	3091.66	499.50	28.83
依庄乡	3757.86	531.16	309.86

曲周县是一个以农业生产为主的县，总体呈现农用地比例大，建设用地和其他用地比例小的特征。农用地以耕地和其他农用地为主，其中耕地占总面积的79.03%；建设用地以城乡建设用地为主（尤以农村居民点为主）；其他用地面积较小，占总面积的2.71%，土地利用率97.29%。分乡镇看，农用地面积以侯村镇、安寨镇和第四疃镇数量最多，其中又以侯村镇面积最大；建设用地面积以曲周镇、侯村镇、安寨镇数量最多，其中，以曲周镇面积最大；其他用地以第四疃镇、依庄乡、侯村镇数量最多。

土地利用存在的问题有以下几个。

1)土地资源短缺与经济粗放发展之间存在矛盾

曲周县当前的经济发展仍呈粗放式增长。随着经济快速发展,高投入、高消耗、低技术、低效率的增长方式受到资源和环境的制约越来越大。随着新一轮规划的开展和实施,曲周经济发展面临资源制约的趋势将更加严重,尤其是土地资源瓶颈更加突出,耕地保护与建设用地短缺之间的矛盾更加尖锐。

2)建设用地增加较多,耕地减少速度过快

1996—2009 年全县建设用地面积占用耕地 161.33 hm^2,特别是城镇用地急剧扩大和建设占用耕地现象突出。

3)耕地后备资源不足,耕地保护形势严峻

曲周县是农业大县,开发历史悠久,耕地后备资源已相当有限,2009 年全县未利用地为 1833.72 hm^2,仅占全县土地总面积的 2.71%,其中大多为河流水面和自然保留地,宜耕未利用地的面积十分有限。

随着曲周经济的快速发展,全县耕地保有量面临着减少的压力。压力一方面来自农业结构调整,经济作物种植面积增加导致用于种植粮食作物的耕地面积减少;另一方面的压力来自城镇化和工业化进程的加快,城镇扩张、产业新区、交通水利等基础设施建设需要占用耕地;而补充耕地受到资源潜力、环境影响的双重约束,可整理开发为优质耕地的后备资源较为缺乏,耕地保护形势严峻。

4)土地利用集约度和综合效益较低

全县城乡建设用偏重于外延扩展,过多占用农用地,而内涵挖潜远远不够,集约利用水平较低。在现有建设用地中,闲置和低效利用的土地较多;农村居民点用地面积过大。2009 年农村居民点用地为 7083.79 hm^2,人均用地为 174.43 m^2,土地利用方式粗放,土地利用集约度亟待提高。

5)土地利用方式较单一,土地利用结构不尽合理

从土地利用现状分析看,农用地占 83.84%,从农用地内部结构看,耕地占 94.25%,而园地和林地仅占农用地的 0.53%和 0.85%。单一的用地结构严重影响农业生产,并制约着全县经济的发展。

6)村镇空间布局分散

从空间分布上看,曲周县村镇布局分散,建设成本增加,结果导致基础设施和公共服务配套困难,在不同程度上影响了新农村建设,制约了农民生活水平的提高。

9.2.5 农村居民点现状

曲周 2009 年总人口为 445300 人,农业人口为 406107 人,共 105679 户。据第二次土地调查基数转换成果显示,2009 年全县农村居民点面积 7083.79 hm^2,占建设用地总面积的 77.86%,占城乡建设用地总面积的 84.18%,人均农村居民点面积为 174.43 m^2,户均面积 670.31 m^2,远超全国和河北省农村居民点人均用地标准。分乡镇看,农村居民点用地最多的是侯村镇,面积为 1090.48 hm^2,占全县农村居民点总面积的 15.39%,最小的是大河道乡,455.61 hm^2,占比 6.43%。人均农村居民点用地面积最大的是第四疃镇,为 212.28 m^2/人,曲

周镇最低，为 142.86 m²/人(表 9-2)。

表 9-2 农村居民点用地现状

乡镇	农村居民点/hm²	农业人口/人	自然村个数/个	人均农村居民点/(m²/人)	占全县农村居民点比例/%
曲周镇	648.95	45426	55	142.86	9.16
河南疃镇	686.65	41811	34	164.23	9.69
安寨镇	924.74	55313	42	167.18	13.05
侯村镇	1090.48	56128	43	194.28	15.39
第四疃镇	807.86	38057	40	212.28	11.40
槐桥乡	563.31	29082	28	193.70	7.95
白寨乡	829.57	53465	43	155.16	11.71
南里岳乡	598.55	33163	27	180.49	8.45
大河道乡	455.61	24206	18	188.22	6.43
依庄乡	478.07	29456	12	162.30	6.75
总计	7083.79	406107	342	174.43	100.00

农村居民点用地特点和存在问题主要有以下几个。

1)增长快，数量多，规模小

根据统计资料，曲周 1990 年共有 17 个乡镇 342 个村，2000 年共有 10 个乡镇 342 个村，2009 年共有 10 个乡镇 342 个村。20 年来曲周县村庄数量没有发生变化，而农村居民点总面积却在不断增加，从 1990 年的 6099.61 hm²增加到 2009 年的 7083.79 hm²。《曲周县国民经济统计资料》显示，随着地区生产总值的不断提高，农民人均住房面积也逐年递增，2000 年为 23.7 m²，至 2009 年人均住房面积已经达到 28.0 m²，年均增长率为 5%。此外，传统村落规模较小，2009 年曲周县平均每个村 309 户人家，1187 人。

2)占建设用地比重高，人均用地规模超标，村庄空心化较普遍

村庄空心化是指由于农户纷纷向原村庄外部移居，导致原有的村庄住宅空置，甚至于逐渐废弃坍塌的现象。农村的村庄空心化在曲周县域也是普遍存在的，它的存在具备几个相近的前提：具有一定规模的村庄；村庄经济水平较高，农民具有向外迁移的经济实力；村庄建设较为松散，宅基地审批不严格。村庄的空心化和村庄的经济发展是相伴而生的，这就造成了宅基地数量依然在扩大的同时，宅基地的实际利用率却大大下降，造成了土地资源的实质性浪费。由于村庄众多，因村庄空心化而浪费的土地资源总量也是惊人的。2009 年全县农村居民点面积为 7083.79 hm²，占建设用地总面积的 77.86%，占城乡建设用地总面积的 84.18%。随着发展，曲周县的建设用地面积虽不断减少，但比重仍然很大，且人均建设用地面积很大，农村居民点人均占地面积为 174.43 m²，远超全国和河北省农村居民点人均用地标准。

从表 9-2 可以看出，各乡镇人均农村居民点面积，以第四疃镇最大，人均面积为 212.28 m²，曲周镇最小，为 142.86 m²，除曲周镇外，其余九个乡镇均超过国家规定的农村人均建设用地标准 150 m²/人(GB 50188—2007)。由于缺乏规划，偏重外延发展，村内空闲地较多，农村居民点整治潜力很大。

3）村镇空间布局分散，基础配套设施水平低，功能欠缺

村镇空间布局仍以传统的分散布局为主，但已经呈现逐渐集中的趋势。曲周县村镇空间布局依然以传统的分散布局形态为主。2009年，全县人均农村居民点平均用地规模为174.43 m²，住户集聚程度低。村镇选址仍然延续长久以来自然经济影响下对自然条件和交通区位的要求，广大的村镇依然散布在乡间原有的河流灌溉或者是交通便利之处(图9-5)。在当前的社会经济条件下，第一产业不再成为县域经济发展的主导力量，随之带来的是村镇从事农业的人口数量急剧下滑，由农业耕作决定的村镇活动圈已经不是村镇布局的决定性力量。在各种社会因素的影响下，村镇人口的集中已经成为趋势，虽然在空间上人口的流动和村镇用地的集中并不能得到完全的对应，但要重视这一现象，并出台相关措施以推进村镇空间布局的集中，以适应新的经济发展条件下对村镇空间布局的要求。另外，基础设施和公共服务配套普遍不足，在不同程度上影响了新农村建设，制约了农民生活水平的提高。

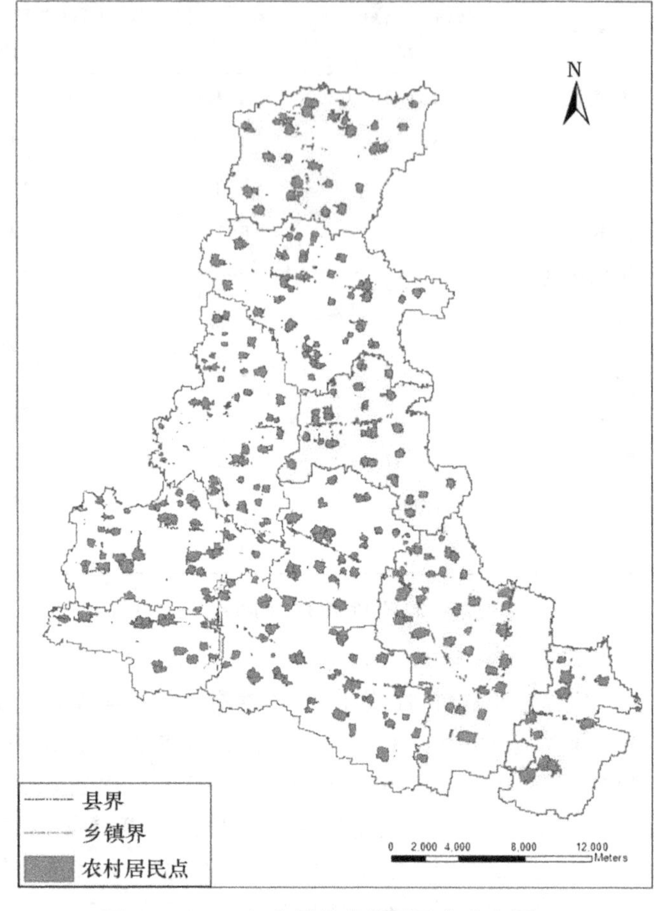

图9-5 2009年曲周县农村居民点分布图

9.3 曲周县新农村建设规划

9.3.1 规划背景

2006年，党的十六届五中全会审议通过的《中共中央关于制定国民经济和社会发展第十一个五年规划的建议》，把建设社会主义新农村作为我国现代化进程中的重大历史任务，摆在“十一五”时期主要任务的第一条，并提出“生产发展、生活宽裕、乡风文明、村容整洁、管理民主”的20字方针，为今后一个时期农村工作指明了方向。此后，新农村建设便成为社会热点问题，也成为学术讨论的焦点问题之一。

社会主义新农村建设规划是为建设社会主义新农村、改善村庄人居环境而进行的基本的房屋、设施和环境总体布局规划。新农村规划要求紧紧围绕“生产发展、生活宽裕、村容整洁、乡风文明、管理民主”的总体目标，对村庄进行科学规划、合理布局，实现建设与改造并举，大力改善农村人居环境。

为了进一步具体落实国家建设社会主义新农村的政策，深化上位规划、协调村域结构关系、明确农村居民点用地布局、改善村民生产条件和生活环境、维护村庄自然和历史风貌、统筹城乡协调发展、改善民生、扩大内需、节约土地，解决发展中突出问题，根据国家和河北省的相关政策和决议，结合自身实际情况，从城乡一体化的角度，以产业发展为基础，以切实提高农民收入为根本，在县域开展新农村建设。为了能够使新农村建设具有前瞻性和科学性，以2010—2020年为期限，研究制定了曲周县新农村建设规划。

9.3.2 规划原则

(1)城乡一体化原则　在城乡一体化下，统筹考虑各镇、村的资源环境条件、社会经济发展水平和历史文化传统，优化城乡空间资源和生产要素配置，引导资金和资源重点建设中心镇和中心村。

(2)因地制宜原则　按照有利生产、方便生活、适度集聚的原则，制定规划措施。不切实际、盲目求大、过分集中可能会造成农民群众生产生活不便，但是也要避免迁就现状布局而过于分散。

(3)节约资源原则　统筹协调好镇村居民点与区域内的产业布局、重大基础设施布局、土地利用的关系，推进各项设施共建共享。坚持保护耕地和节约用地的原则，合理归并镇村建设用地。

(4)突出特色原则　综合分析各镇、村资源环境、交通区位、发展基础和潜力，突出特色，形成合理的规模等级和空间布局结构。

(5)产业发展为支撑的原则　新农村建设是一个复杂的系统工程，不仅包括农民居住环境的改善，也要包括农村产业的发展，还要包括对整个农村生态环境保护，因此要加强和完善曲周农村地区的道路、水利、能源等基础设施，合理配置农村文化体育、科教、医疗卫生、社会保障等公共服务设施。

9.3.3 存在问题

(1)城乡发展不协调　曲周县城镇居民可支配收入增长迅速，农民收入增长缓慢，导致城乡收入差距拉大。城镇以社会化生产为基本特征的工业、商贸为主，农村则以小生产为基本特征的传统农业为主，且城乡产业自成一体，关联性不强。城镇中非农人口比重小，乡村劳动力转移缓慢，城镇集聚带动作用发挥不佳，城乡产业结构不合理和产业发展不协调。

(2)村镇空间布局分散　由于各方面的原因，曲周县村镇布局分散，建设成本增加，导致基础设施和公共服务配套困难，在不同程度上影响了新农村建设，制约了农民生活水平的提高。

一是不利于提高生活质量。基础设施建设不到位和公共服务缺失严重阻碍农民提高生活质量。大部分村庄教育设施、医疗卫生设施不足，农民接受教育和医疗服务相当困难。图书馆、体育馆、影剧院等公共文化设施建设薄弱，农民物质文化生活贫乏。

二是不利于降低生活成本。生活服务设施种类不全和对外交通体系结构不合理增加农民生活成本。村庄内部商贸、金融、邮电等生活服务设施门类不齐、水平落后，不能较好地满足村民日常生活需要。村庄内部和外部道路不成体系，邮电和通信设施不完善，出行和对外联系成本较高。

三是不利于生态环境保护。由于农居分布高度分散，导致污水处理和垃圾收集等市政环卫工程建设成本大大高于城镇。目前,曲周县农村地区普遍使用明沟直接排放污水,生活垃圾大多直接向河体倾倒或者就地堆放,严重影响水体和土壤安全。

9.3.4 新农村建设目标及规划内容

1.新农村建设的目标

统筹城乡发展,建设新农村,力争实现“六新六化”:即推进现代农业的新发展、培育农村市场的新主体、完善乡村治理的新机制、创造乡村生活的新环境、促进公益事业的新发展、营造农村和谐的新局面;实现产业园区化、居住社区化、生产规模化、组织合作化、保障社会化、环境生态化,达到“产业强村、知识富村、文明兴村、环境美村、民主管村”的总目标。

从曲周县的实际出发,因地制宜,结合“生产发展、生活富裕、乡风文明、村容整洁、民主管理”等五方面要求,提出新农村建设预期目标,通过分析国家农村全面小康社会标准和农业部农研中心“农业现代化的参考指标体系与标准”,省、市新农村建设要求标准,将相关指标量化为可操作性的指标。

1)生产发展——新农村的物质基础

(1)人均 GDP 党的十七大报告提出“2020 年人均国民生产总值比 2000 年翻两番”的目标。根据国家统计局数据显示,2000 年我国人均 GDP 约 856 美元。如果 2020 年实现翻两番,那么到时候人均 GDP 应该达到 3400 美元左右。结合曲周实际情况,因此,将这一指标的目标值的低中值设定为 4500 美元,高中值为 5500 美元。

(2)农业劳动生产率 该指标根据农林牧渔业(简称农业)从业人员与农业增加值计算,反映第一产业的生产水平。2006 年全省农业劳动生产率为 18082 元,如果按 30 年劳动生产率要上升 500%来平均计算,则 15 年后劳动生产率为 45205 元。但考虑到加快转移农业剩余劳动力速度和加强农业发展的要求,则拟定目标值的低中值为 45000 元,高中值为 55000 元。

(3)农业科技进步贡献率 这是一个综合性的条件指标,反映科技进步成果对农业生产的作用。2006 年全省农业科技进步贡献率为 53.50%。参照农业部农村经济研究中心提出的“农业现代化的参考指标体系与标准”,我们将该指标的低中值设为 65%,高中值为 80%。

(4)耕地有效灌溉率 近 10 年来,水利化建设取得了较快发展。随着政府加大对农业基础建设资金投入,建议该指标目标值的低中值定为 90%,高中值为 95%。

(5)农业机械化综合指数 在这里,我们用机耕地面积占耕地面积比重、机播面积占总播种面积比重及机收面积占总播种面积比重的加权平均值来反映农业机械化综合指数。目前,河北该指数已达 57.32%。参照农业部农村经济研究中心制定的“农业现代化的参考指标体系与标准”,我们将农业机械化综合指数标准值的低中值定为 75%,高中值为 85%。

(6)非农产业从业人员 该项指标以从事非农产业从业人员的比例来反映非农化状况。英克尔斯的现代社会指标中提出非农业劳动力占总劳动力 70%以上。综合实际发展情况,通过计算第一产业和第二产业的就业情况,我们建议 2020 年该比重低中值为 70%,高中值为 80%。

2)生活宽裕——新农村建设的核心目标

(1)农民人均纯收入 该指标是反映农民生活条件改善的重要标准。目标值的低中值定为人民币 10000 元,高中值为 15000 元。

(2)农民生活消费的恩格尔系数　恩格尔系数一直是国际上用于衡量居民生活水平高低的指标,它等于居民用于食物消费的支出与总消费支出之比。一般来说,居民收入水平越高,其恩格尔系数越小。根据世界银行和国际粮农组织采用的标准,我国在2020年建成全面小康社会,人均GDP达到3400美元时,大约相当于高中等收入国家的下限。目前,曲周县农民生活消费的恩格尔系数为42.50%,今后要力求达到30%左右。因此,指标低中值定为30%,高中值定为25%。

(3)人均合格住房面积　"合格住房"包括钢筋混凝土结构或砖木结构住房。该项指标不仅反映了农村居住面积大小,更反映了住房的质量。2009年曲周的农村人均合格住房面积已达28 m^2。考虑到经济的发展、未来城市的规划以及城市化的进程,农村的住房面积不断扩大,到2020年预计低中值可达人均40 m^2,高中值达45 m^2。当前农村住房关键是提高住房质量。

(4)农村合作医疗覆盖率　近年来,党和政府加强了农村卫生工作,采取了一系列措施,农村合作医疗滑坡的状况有所改变。从2006年起,中央和地方财政较大幅度提高补助标准,到2009年在全国农村基本普及新型农村合作医疗制度。所以,我们把农村合作医疗覆盖率的目标值的低中值设为85%,高中值设为100%。

(5)农村养老保险覆盖率　随着社会进步,在城镇普遍实行养老保险制度的同时,必须加强农村养老保险制度建设。到2020年时,至少应有一半以上的农村老人享受社会养老保险(可用农村60岁以上参加养老保险人口所占比重表示),这样才能说农村基本实现了老有所养的目标。考虑到目前农村养老保险刚刚起步的现实,参照农村全面小康社会的目标值,我们将这一指标的目标值的低中值确定为70%,高中值设定为85%。

(6)农村百人拥有电话机数　通信对人们日常生活的影响日益扩大,重要性也不断加强,是反映现代居民生活水平的一项重要标志。电话机包括固定电话和移动电话。作为信息社会中又一项必不可少的信息传媒工具,该项指标可反映居民的通信水平和信息化程度。随着经济信息化的迅猛发展,并综合参考中等收入国家的水平值,到2020年,每百人电话机数量低中值设定为80部,高中值为110部。

3)乡风文明——提高农民整体素质

(1)农村人口平均受教育年限　平均受教育年限是社会发展的重要标志之一。该项指标反映农村居民的受教育水平,从而衡量农村人口的精神文化素质状况。平均每7年农村人口受教育年限提高一年,约10年时间可以使全体人口平均受教育年限增加1.25年。随着经济的发展,人民生活水平的提高,居民对自身的要求逐步提高,提高自身的文化素质已成为自身的内在动力。2006年,河北省农村人口平均受教育年限为8.51年。因此,我们将农村人口平均教育年限低中值设定为10.5年,高中值定为12年。

(2)计划生育普及率　根据"村委人口与计划生育工作考核办法",计划生育合法率达92%。结合河北省实际情况,2006年计划生育普及率已达到90.50%,因此本文将该指标的目标值的低中值设定为95%,高中值定为100%。

(3)农村居民文教娱乐消费支出比重　到2006年,全国农村居民的文教娱乐消费支出比重已经达到10.8%,河北省为10.64%。随着人民生活水平的提高,这一指标值会继续上升。参照农村全面小康社会的标准值,并结合我省实际情况,我们将这一指标的目标值的低中值定为18%,高中值为25%。

(4)农民对社会治安的满意度　良好的社会治安是乡风文明的基础，我们必须保障绝大多数农村居民有稳定感和安全感。我们以农村居民对村社会治安的满意度这一指标来反映农村的综合治安状况。考虑到各种危害社会稳定和人民安全的不安定因素还将存在，总有一部分人对社会的安全有意见，我们的基本目标是使绝大多数人满意。参照农村全面小康社会的标准，将此目标值的低中值设定为85%，高中值为95%。

(5)万人刑事案件立案数　社会治安是社会秩序的重要表现，在今后一个时期可以沿用万人刑事案件立案率全面衡量社会治安状况。参照其他省份建立的指标体系对此目标值的确定，我们将这一目标值的低中值设定为小于或等于20件，高中值定为小于或等于15件。

4)村容整洁——改善农民生存状态

(1)农村卫生厕所普及率　根据调查，河北省农村中卫生厕所的覆盖率仅为14.56%，结合《河北省社会主义新农村建设暨农村经济发展"十一五"规划纲要》中提出的"到2010年卫生厕所普及率达到50%"，我们将目标值的低中值定为65%，高中值定为75%。

(2)村庄建设统一规划率　村庄建设是否统一规划直接影响到村容整洁及美观。因此，到2020年，各村要基本完成村庄规划编制工作，做到统一规划，布局合理，树立农村新形象。为此我们将90%作为该指标的低中值，95%作为高中值。

(3)生活垃圾处理率　这一指标是用来反映人居生活环境的状况。参考《纲要》中提出的到2010年河北省生活垃圾集中处理率达到60%的目标，并咨询统计部门专家，将此指标的目标值的低中值设为80%，高中值为90%。

(4)饮用自来水普及率　提高农民生活质量，安全饮用水是重要的保证，建设新农村必须确保每位农村居民能够饮用安全水。根据资料的可得性，我们采用自来水受益村所占比重来反映农村安全饮用水普及情况。目前，我省自来水受益村所占比重已达82%，因此，我们将该指标的低中值设为90%，高中值为100%。

(5)道路硬化率　新村庄之间的硬质道路交通是建设新农村的主要内容，《河北省农村公路发展目标及实施意见》中，以实现行政村基本通油路为目标。我们将这一指标的目标值的低中值定为90%，高中值为100%。

(6)森林覆盖率　世界上11个经济比较发达的大国，其森林覆盖率平均为35.7%。一般来讲，森林覆盖率达到30%以上，有利于改善当地的气候和环境。河北省目前森林覆盖率已达23.25%，为此将25%作为低中值，30%作为高中值。

5)管理民主——健全村民自治制度

(1)村民自治制度完善率　村民自治是衡量管理民主的一项重要指标。村民自治制度完善率，即建立村民会议或村民代表会议制度的比例。村民自治机制是实施依法治国方略，维护农村社会稳定的重要途径。鉴于该项指标的重要性，建议该指标目标值的低中值定为95%，高中值为100%。

(2)村民对村政务公开满意程度　指在村民自治中对村政务公开满意或基本满意的成年(18周岁以上)公民占农村成年居民总数的比重，用来反映基层民主政治和农民民主权利的主观指标。新农村建设要求农村基层组织实现村务的完全公开，参照农村全面小康社会的目标值，我们建议该指标低中值定为85%以上，高中值为95%以上。

(3)村民对村务管理满意程度　这项指标是人民对社会主义民主满意程度的认知指标，一般通过民意测验来获得。它是指接受测验的群众对社会主义民主政治认为满意的人数占总测验人数的比例。通过抽样调查，河北省目前村民对村务管理满意程度为74.26%，随着基层民主建设的加强，村民的满意度会不断提高。因此，我们将目标值的低中值设置为大于85%，高中值为95%以上。

2.规划的主要内容

针对上述问题，规划主要考虑以下几方面。

(1)合理确定行政村总体布局，明确需要撤并、保留和扩建的行政村和集中村落点数量，确定新农村空间布局；

(2)统筹安排跨村域基础设施和社会服务设施；

(3)制定县域农村产业发展规划；

(4)制定生态环境保护和综合防灾规划；

(5)制定县域城镇体系规划；

(6)制定与规划相配套的管理措施和政策措施。

9.3.5　新农村建设空间布局规划

1.城乡一体化空间布局原则

(1)坚持"点-轴"发展战略原则，即向公路交通沿线、县城、乡镇和产业聚集地靠近　"点-轴"发展战略中，"点"即各个等级的居民点，"轴"即产业集中布局地带，主要沿交通干线，沿省道定(州)魏(县)线交通干道形成"一纵"，省道邯(郸)临(清)公路和南(永年)馆(陶)线形成"二横"，共同构成曲周县"两横一纵"的县域空间发展模式。

(2)坚持城乡统筹、优化配置的原则　在保护资源可持续利用、维持生态环境平衡的前提下，统筹安排城乡建设用地，优化城乡空间资源和生产要素配置，引导资金和资源重点建设中心镇和中心村。综合考虑各层次村镇的性质、规模、自然和社会经济条件，注重基础设施共建共享。

(3)坚持有利生产、方便生活的原则　改善农村最基本的生产生活条件和人居环境，提高农民生活水平。小学的服务半径一般不超过2 km。中心村卫生室(社区卫生服务站)可按服务3000～5000人口、步行20 min左右的服务半径设置。按照农业适度规模化的要求，农民种地耕作半径以2～3 km为宜。

(4)坚持集约用地、节约用地的原则　严格控制村庄人均建设用地指标和用地规模，集中紧凑合理布局新农村。统筹协调好村镇居民点与区域内的产业布局、重大基础设施布局、土地利用的关系，推进各项设施共建共享。坚持保护耕地和节约用地的原则，合理归并村镇建设用地。

(5)坚持"路随田走、宅随路建"的原则　道路要根据农业生产的要求布局，通达田间地头以便于生产；以连接耕地的道路系统为基础，将农村住房布局在交通线路两侧。

(6)坚持因地制宜、突出特色的原则　综合分析各村镇资源环境、交通区位、发展基础和潜力，突出村镇特色，形成合理的规模等级和空间布局结构。不切实际、盲目求大、过分集中可能会造成农民群众生产生活不便，但是也要避免迁就现状布局而过于分散。

(7)坚持以人为本、尊重农民意愿的原则　坚持科学民主规划，满足农民需要，维护农民利益，切实发挥农民在新农村规划建设中的主体作用。

(8)坚持优势互补、产业关联的原则　强调区域的整体性，建立以区域为主体的、多层次的空间观，实现经济的分工协作、社会的有效组织和资源的合理分配。通过建立网络化的新村空间结构，实现优势互补；通过明确村镇各自职能，实现产业关联。

2. 新农村数量与规模规划

1)村镇体系规模现状

曲周县城镇化水平不断提高，村镇等级已经初具规模。但是，在现有村镇体系中，村镇等级均衡，各级村庄单个和总体的规模较小，村镇的职能较单一，相互联系较少，而且是以上、下等级村镇之间的行政、商业以及其他服务性活动的联系为主，同级村镇之间缺乏较密切的联系，更无职能分工，诸多相互孤立的集镇是区域村镇体系的主体，形成低水平的、均衡的、稳定的村镇体系。曲周县现有村镇等级规模结构现状，见表 9-3。

表 9-3　曲周县村镇体系等级规模结构现状(2009 年)

村镇规模		村镇名称	村镇数量	占村镇总人口比重/%
乡镇	7.0 万人以上	曲周镇	1	17.2
	5.0 万人以上	侯村镇、安寨镇、白寨乡	3	26.5
	3.0 万～5.0 万人	河南疃镇、第四疃镇、南里岳乡	3	25.7
	3.0 万人以下	依庄乡、槐桥乡、大河道乡	3	18.6
小计			10	100
村庄	>2500 人	北寺头、西路庄、南马店、司寨等	17	12.8
	>2000～2500 人	西来村、朱寨、大连寨、曹庄等	22	12.3
	>1000～2000 人	石韩村、第六疃、阴庄、河一等	139	47.7
	>500～1000 人	刘大寨、安上、东街、东水疃等	127	24
	<500 人	谷庄、赵街、程寨、樊庄、靳庄等	37	3.2
小计			342	100

2)新农村规模影响因素

针对曲周县村镇体系等级规模现状，结合经济发展与新农村建设实际，综合分析新农村规模(包括人口规模和用地规模)影响因素，主要包括以下几方面。

(1)城镇化发展的影响　改革开放以来，农村经济已有很大的发展，城乡非农产业增长迅速，但仍然存在城市化滞后工业化的现象。曲周是农业大县，农业人口占总人口的比重在 90%左右，预测到 2020 年城镇化水平将达到 51%，城镇总人口为 26 万人。要达到这个目标，必须加快城镇化建设，必然对村镇发展规模的确定产生较大的影响。

(2)产业结构调整的影响　农村产业结构的变化，村镇工业的兴起和发展，打破了传统的单一农业生产结构，开始由狭义的农业型向更深更广的复合型发展。曲周镇蔬菜、四疃银杏、白寨养鸡、安寨葡萄、依庄林下经济等特色产业规模发展，河南疃镇自行车配件加工基地建设，槐桥乡棉纺加工项目集群发展，极大地带动了村镇经济的繁荣，使得农民向镇区集聚的现象愈加明显，充分体现了市场经济对村镇空间布局的重新调整起到的重要作用。

(3)农民生活水平的影响 近几年来，农民人均纯收入在不断增加，生活水平有了较大幅度的提高。2009 年农民人均纯收入达到 5402 元，比上年增长 9.9%。农民收入增长有赖于第二、三产业的发展，反之，第二、三产业的繁荣和发展，更依赖于人口集中的规模和服务范围。1999 年之前，农村居民的生活消费支出主要集中在食品、衣着和居住方面。1999—2009 年，其他消费支出比例迅速上升，住房消费仍然占相当大的比重。

(4)公共设施供给的影响 新农村建设带来的中心村集中性公共设施供给对农民的重新迁移起到重要的推动作用。尤其是中小学等教育设施的规模性要求，使其一般集中布置在中心村，而出于对子女的教育考虑，农民向中心村的迁移也就成了十分合理的现象。

(5)空间区位的影响 空间区位不仅指自然地理位置，而且包括了交通地理位置和经济地理位置。它是影响村镇发展规模的一个强有力的因素。交通地理位置是一些城镇所借以形成发展不可代替的基本条件，拥有一定优势的交通地理位置，特别是具有枢纽性质的位置，一般都会形成一定规模的城镇。

(6)村庄建设条件的影响 村庄建设条件包括用地、用水、能源、交通条件、资源因素、自然因素等，对确定村镇发展规模都有一定的影响，其中最主要的因素就是用地、用水和自然因素。

综合上述分析，影响村镇规模的主要因素有城市化水平、产业结构、农民生活水平、空间区位、村镇建设条件、自然因素、村镇历史发展与现状基础条件、规模效益等。

3)新农村规模控制

村庄应该集中发展，包括土地、人口、资本等向中心村集聚。村庄集聚的规模应从两个方面来考虑。首先，以在中心村配置小学为例，推算中心村人口的适度规模。根据《农村普通中小学校建设标准》(建标 109—2008)规定，学校规模和班额宜根据生源按规定设置，完全小学最低规模和班级定额为 6 个班，平均 40 人/班，共 240 名在校学生。根据河北省人口统计资料分析，7～12 岁儿童占总人口数的比重平均为 6%，那么村庄的人口规模应在 4000 人左右。

其次，从农业适度规模化要求来看村庄人口规模。假定每平方公里可耕种的农田为 1000 亩(用于绿化、道路、沟河、公共设施等所占的面积约为 30%)，若实现适度规模经营，每个劳动力管理农田的规模达到 20 亩，则每平方公里农田需要劳动力 50 人左右。即使减半，即每个劳动力平均管理 10 亩农田则每平方公里也只需要农业劳动力 100 人。以四口之家，一个劳动力从事农业生产计，则每平方公里居住 100 户农户，400 人。若耕作平均半径为 2 km，那么集中居住区覆盖范围达到 16 km^2，则需要的农业劳动力为 1600 个、农户为 1600 户、人口为 6400 人。

根据中国城市规划设计研究院《小城镇规划标准研究》，在经济中等发达地区中型一般镇人口规模确定为 20000～35000 人，中心镇为 35000～50000 人，中心村一般是村居民委员会所在地，是农村中从事农业、工业生产活动的较大居民点，具有商店、医疗站、小学等，其目前人口规模一般在 3000～10000 人。

综合上述分析，确定新农村人口规模以 3000～5000 人为主。按照 3000～5000 人规模迁并建设中心村，依据《村镇规划标准》、冀国土资发〔2010〕7 号文件、《河北省农村宅基地管理办法》以及相关文件，人均建设用地面积根据现状设定，见表 9-4。

表 9-4　新村人均建设用地面积　　m²

现状人均居民点面积	＜150	150～200	200～250	250～300	＞300
规划人均新村建设用地面积	100	105	110	115	120

3. 农村居民点迁并方案

1)村庄迁并方法

在城乡统筹发展的指导下,“放眼于全县、行动于乡镇”。村庄布点规划往往涉及大小近百个村庄和十分庞大的现状资料,除了运用层次分析法筛选出部分村庄,考虑城市化导向剔除掉部分村庄外,还需要运用定量分析为确定各个村庄保留还是迁移提供可靠依据。在进行村庄布点规划时,把人口规模达不到规定标准的村庄撤销,然后根据耕作半径再删除分布密集的村庄,“人口规模主导论”和“耕作半径决定论”作为粗略判别村庄布局不失为一种简便的方法。但是,该方法不但忽视了农村人口减少速度的不同,而且忽视了村庄搬迁成本的差别,还忽视了经济发达村庄人口向交通干线、经济发展走廊聚集的事实。这里,村庄布点规划应从村庄城镇化能力、村庄搬迁成本两个方面进行综合考虑。

(1)村庄城镇化能力评价　村庄城镇化能力,反映村庄人口在城镇化过程中减少的速度,即村庄城镇化能力越强,农村人口减少速度就越快,那么该村就越不宜保留。根据相关研究可知,村庄城镇化能力主要受中心城、镇驻地、经济区、经济发展走廊等区位因素和外出务工比例的影响。进行村庄城镇化能力评价时,首先对人均收入、区位因素和外出务工比例进行级差标准化处理,消除各指标量纲;接着采用层次分析法确定权重;然后,每项指标的标准化数据与该指标权重乘积叠加得到各村城镇化能力指数,并依次确定村庄城市能力强弱,即城镇化能力指数高于平均数的村庄,城镇化能力强,反之,城镇化能力弱。

(2)村庄搬迁成本评价　村庄搬迁成本反映搬迁村庄所造成的经济损失和付出的时间代价,它主要受农村人口规模、房屋建筑质量和公共服务设施 3 个指标的影响,其中公共服务设施主要包括小学与集市。

村庄搬迁成本评价时,首先对 4 个影响因素数据进行标准化处理;接着采用层次分析法确定各指标权重;然后将每项指标的标准化数值与该项指标权重的乘积相叠加得到村庄搬迁成本综合指数。搬迁成本综合指数高于平均数的村庄,搬迁成本高;反之,搬迁成本低。

(3)村庄发展趋势的初判　根据村庄城市化能力和搬迁成本,初步判定村庄发展趋势,即城市化能力强、搬迁成本低的村庄,应该迁移;城市化能力强,搬迁成本高的村庄,予以保留,但应控制发展;城市化能力弱、搬迁成本低的村庄,应该迁移;城市化能力弱、搬迁成本高的村庄,予以保留且应积极或适度发展(表 9-5)。

表 9-5　不同类型村庄的整合措施

城市化能力	搬迁成本	采取方式
弱	高	保留或扩建
弱	低	迁并
强	高	保留
强	低	迁并

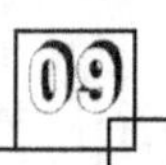

(4)村庄迁并调整的确认　在初步判定村庄发展走势的基础上，根据不同乡镇村庄布局模式对村庄布点再次进行确认。需要注意的是，具体在某一村庄的撤销与保留上，要综合权衡。要充分考虑村庄整合的过程性，保留村庄尽可能相对多地为被撤销村庄提供土地出让、社会服务等。

2)村庄迁并的结果

根据上述方法，得到曲周新农村建设过程中村庄迁并的结果。全县村庄将从 342 个合并为 75 个(表 9-6)。

表 9-6　县域村庄迁并情况汇总表

乡镇名称	村庄数量/个	
	迁并前	迁并后
曲周镇	55	15
安寨镇	42	8
侯村镇	43	7
河南疃镇	34	8
大河道乡	18	6
依庄乡	12	6
白寨乡	43	6
槐桥乡	28	5
南里岳乡	27	7
第四疃镇	40	7
总计	342	75

根据冀国土资发〔2010〕7 号文件和曲周县城市总体规划建设用地规模，新民居建设要坚持节约集约用地原则，新村规划面积原则上控制在人均 120 m^2 以内。通过各新村人口和人均新村规划面积，确定各新村规划面积，全县新村规划面积为 4252.90 hm^2(表 9-7)。

表 9-7　新农村迁并建设用地规模汇总表　　m^2

乡镇名称	建设用地规模		整合节约土地规模
	迁并前	迁并后	
曲周镇	6492745	5059228	1433517
河南疃镇	6869933	3999615	2870318
侯村镇	10910252	5818796	5091456
安寨镇	9252024	6091235	3160789
第四疃镇	8082639	4385865	3696774
依庄乡	4783090	3534720	1248370
白寨乡	8299848	5142701	3157147
槐桥乡	5635917	2846300	2789617

续表 9-7

乡镇名称	建设用地规模		整合节约土地规模
	迁并前	迁并后	
南里岳乡	5988493	3492722	2495771
大河道乡	4558378	2157790	2400588
总计	70873319	42528972	28344347

其中，规划新村各类建设用地占总建设用地的比例应按表 9-8 执行。各类建设用地取值相加不应超过总建设用地上限。

表 9-8　中心村各类建设用地标准

类别代码	用地类别	占建设用地比例/%
R	居住建筑用地	55～70
C	公共建筑用地	6～12
S	道路广场用地	9～16
G1	公共绿地	2～4
四类用地之和		72～92

4.新农村建设选址与布局

1)村镇体系结构

为了推进新农村建设，促进组团式发展，实现节约集约用地和公共服务均衡化的目标，在县域范围内形成层次鲜明、功能齐全、环境优美、带动效益好、集聚程度高的村镇发展体系。

根据县域经济发展现状和城镇发展规划，依据“点-轴”发展战略，综合分析现有 10 个乡镇的人口增长、经济发展、城镇规模、区位条件等情况，将全县村镇体系分为“中心镇、一般镇、中心村、基层村”4 个等级，体现出“金字塔”形态。其中，中心镇包括曲周镇、侯村镇、河南疃镇、安寨镇、第四疃镇；一般镇包括依庄乡、大河道乡、白寨乡、南里岳乡、槐桥乡；中心村主要分布在各乡镇的有效辐射范围内。

科学界定各类空间的发展要求、空间布局和功能定位，加强城镇与乡村之间的关系，逐步形成完善的县域村镇规划体系。中心镇规划要着眼于发挥其辐射、示范和带动功能，一般镇和中心村规划要着眼于发挥其集聚、承接功能，在重点发展曲周镇、安寨镇、侯村镇、河南疃镇和第四疃镇 5 个中心镇，加快发展白寨、槐桥、南里岳、依庄、大河道等一般乡镇的同时，因地制宜地规划建设一批中心村，从而形成以中心镇为重点，一般镇为依托，中心村为辅助的县、乡、村三位一体的县域村镇梯次发展布局。

2)村庄布局模式选择

结合村庄发展策略、规模预测与现状分析，在保持村庄体系结构科学合理的基础上，按照村庄空间集聚的思路，以中心村为重点，以行政村撤并与建设为主要手段选择相应的迁并策略：①带状延伸形态。建设用地沿公路和河川呈带状布置的村庄，应向分段集中式发展，以便分段进行公共服务设施和基础设施配套。同时加强各分段之间道路设施的规划建设，方便各

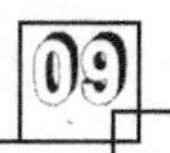

分段间联系。②块状聚集形态。建设用地呈块状聚集形态的村庄，在原有基础上进行扩张建设，对于符合中心村设置要求的村庄，可按需要将其设为中心村，并配套相应的设施。

9.4 新农村规划实施可行性分析与保障措施

9.4.1 新农村规划实施可行性分析

1. 投资分析

本规划是在全县范围内实行，考虑到统筹城乡、农民经济薄弱及统一体系等因素，首先以政府出资进行基础设施建设，然后引导农民集聚。投资主要包括基础设施和建房投资。

1)基础设施投资分析

根据前面的测算，整合后农村建设用地规模为 42528972 m^2，考虑到政府投资建设道路、上下水等基础设施，按 9%～16%用地比例，进行“五通一平(通电、通路、通水、通信、通气、土地平整)”的建设用地规模为 3827607～6804635 m^2。根据邯郸市土地一级开发和建筑工程概预算标准，“五通一平”每平方米投资为 80～100 元，估算曲周县新农村建设基础设施总投资额为 3.06 亿～6.8 亿元，10 年期平均每年为 3000 万～6000 万元。2010 年曲周县一般预算收入为 1.7918 亿元，全社会固定资产投资总额为 61.9 亿元，到 2015 年预计一般预算收入 4.5 亿元，全社会固定资产投资 100 亿元。新农村建设基础设施投资所占比例不大，因此是可行的。

2)建房投资分析

按照建房面积占新村面积的 15%～25%计算，曲周县需要投资的建房面积为 6379346～10632243 m^2，按照曲周县建房成本约为 700 元/m^2，估算曲周县新农村建设建房总投资额约为 44.6 亿～74.43 亿元。2015 年城镇居民人均可支配收入增速为 12%，农民人均纯收入增速为 13%，可见，建房投资是可以承担的。

2. 新农村建设效益分析

1)经济效益

新农村建设可以通过挂钩政策，将整理出的旧村用地转移到城镇，从而实现土地的增值，满足城镇发展的用地需要。同时，通过土地流转，促使农业生产进行适度的规模经营，进行现代化农业建设，可以使部分农民从事其他产业，从而促进农民的收入增长。

根据曲周县土地利用总体规划(2010—2020 年)数据，曲周县需要完成城乡建设用地挂钩指标 788.22 hm^2。通过计算分析，曲周县农民居民点整理潜力完全能满足挂钩需要，按照曲周县不同用途的土地出让费，同时扣除相关征地管理费、复垦费和拆迁费用等，每亩地增值 45 万元左右，则可以估算出这部分收益为 53.20 亿元左右。

新农村建设可以提高农民的收入，2009 年农民纯收入为 5402 元，规划 2020 年农村人口 262799 人，农民纯收入 10000 元，预计全县农民共增收 12.08 亿元。

2)生态效益

通过新农村建设，进行生态环境的整治，形成“田成方、路成框、林成行、沟成网、房成排”错落有致的新农村景观。这将进一步改善区域内水土保持、水源涵养和防旱抗涝条件，在一定程度上稳定生态环境，改善水土结构和田间小气候，形成良性循环的土地生态系统。

建新区通过集中规划设计，建设完善供(水)排(污水)设施，林木和绿地的覆盖率会相应提高，在改善人居环境的同时，也提高了生态系统的稳定性，减轻人类活动对环境的污染和破坏。

3)社会效益

开展“新农村建设”工作是充分体现“科学发展观”和中央“三农”精神的落实，是全面体现实现小康社会的重要途径。新农村的社会效益主要有以下几个方面。

(1)新农村建设进一步提高土地利用水平，为实现土地用途管制和可持续利用打下坚实基础。

(2)通过新农村建设，合理利用土地，为小城镇建设创造发展空间，推动区域经济的发展。

(3)通过新农村建设，改善基础设施，改变农村脏、乱、差的环境，提高农民的生产和生活质量，推动农村精神文明建设。

(4)通过新农村建设，取得部分城镇新增建设用地指标，缓解社会经济快速发展与规划建设用地指标不足的矛盾，保障各项建设的顺利进行。

(5)有利于加速农村城镇化、现代化进程。农村建设用地的整理，将有效推进“工业项目向开发区集中，农民居住向城镇及中心村集中，基本农田向保护区集中”，使农民在城镇化进程中获益。

综上所述，开展新农村建设，不仅可以带来可观的经济效益，也能产生生态效益，还能形成巨大的社会效益，因此是可行的。

9.4.2 新农村规划实施保障措施

1)通过行政手段促进规划实施

本规划由曲周县人民政府负责解释，规划编制完成后，应根据空间布局进行撤并，便于村镇体系规划的实施。

2)通过经济手段促进规划实施

通过经济手段促进本规划的实施，例如为搬迁到集中村落点居住的农户提供资金补贴，引导农民集中居住。探索通过农村相关金融机构办理贷款引导农民在集中居住点建房。可给每户农民一定额度的预授信，贷款利率按基准利率执行，待房屋土地使用证、产权证办理后，以“两证”作为抵押，申办建房贷款，最长期限不超过 5 年。

3)加强人口向中心城市、中心镇的政策引导

进一步进行户籍制度改革，加强人口向县城、中心镇的政策引导，引导农村人口向城镇集聚，降低进城门槛。深化土地制度改革，实施土地流转制度及建设用地指标置换政策。注重引导、加强建设管理；注重中心村建设引导，吸引人口向中心村集聚；同时加强建设管理，维护规划的严肃性，严肃查处违章建设。

4)完善下续建设规划

进一步完善下续中心村总体规划和建设规划、基层村的改造规划，提高农村住房设计水

平，抓好住房通用图设计推广工作。

5)保证规划建设资金

新农村建设资金来源主要有4方面：农民自筹，社会资金，县、镇财政补贴，国家、市级专项资金。要积极争取国家、市级专项资金的投入。

农民自筹是新农村建设资金的最大来源。要按照“农民主体、政府扶持、项目带动、社会参与”的原则，调动农民自力更生、建设美好家园的积极性，引导农民自筹资金和投工投劳。

通过招商、引资、合资等联合开发，采取优惠措施，多层次、多渠道，广泛吸纳和筹集社会资金对新农村建设投资。

县、镇政府应每年划拨一笔新农村建设专项资金用于补贴新农村建设中的基础设施、社会服务设施。

对农民退出的宅基地所形成的集体建设用地指标，由县政府以农村集体建设用地储备机构为主体进行市场化运作，按城乡建设用地增减挂钩政策置换使用，其收益纳入新农村建设基金统筹使用。

9.5 新农村建设模式概述

9.5.1 新农村建设模式概述

新农村建设应该坚持“政府引导、农民自愿、企业参与、规划引领、政策支持、就业为本、民生为先”的原则，其内容是十分清晰的，就是“生产发展、生活宽裕、乡风文明、村容整洁、管理民主”。它既包含了农村经济的发展，又包含了农民收入、生活质量的提高；既包含了农村整体面貌、环境的变化，又包含了农民素质的提升，还包含了农村基层民主建设等，是一个涵盖了“农业—农村—农民”3个层面和“生产—生活”两个过程的全面而完整的系统工程。

“模式是一个系统结构，表现出来各种经济社会要素间搭配起来的特有格局”(费孝通)。新农村建设过程中，各种经济社会要素的不同搭配，使新农村建设的发展机制、投入机制和工作机制表现各异，形成了不同的模式。从新农村建设的发展机制看，其动力源可以分为内生和关联两种，即形成内生模式和关联模式。内生模式的动力源是村庄内部自发形成的，而关联模式则是来自村庄外部。例如，关联模式依据城市化的影响通常可分为3种：乡村工业化和城市化模式、乡村集镇化模式、乡村生活方式城市化模式[①]。从投入机制来看，可分为5种模式：政府投入、农民集体投入、企业投入、农民个人投入以及四者的结合。实际操作中，单纯的政府投入或农民个人投入的情况比较少，更多的是三者不同程度的结合[②]。从工作机制上看，可以将其分为8种模式：政府主导型、城市带动型、村企互动型、基层组织带动型、能人领导型、科技园

① 陆益龙，社会主义新农村建设的背景、模式及误区——一种社会学的理解，北京大学学报：哲学社会科学版，2007，131-137.

② 林毅夫提到过较为复杂的案例：“省里出一点，广州市出一点，从化市出一点，镇里出一点，村里出一点，受益的机动车出一点，受益企业出一点，外出打工人员出一点，村民捐一点，百村共富扶贫资金出一点”的“十个一点”的办法。”落实社会主义新农村建设的五点建议．金融经济．2006年4期15-16页．

区带动型、主导产业带动型、高效农业带动型①。新农村建设模式详见表 9-9。

曲周县位于黄淮海平原,尽管区域内气候、地形地貌等自然条件差异不大,但由于经济社会因素的差异,产生了不同的模式,白寨村、小第八村、四疃村、蔡上村等几个村的新农村建设模式各具特色,有较强的典型性。下面分别具体介绍。

表 9-9　新农村建设模式的一般分类

分类因素		模式细分
发展机制	内生	工业带动型、农业产业带动型、商贸带动型、优势与特色产业带动型
	关联	乡村工业化和城市化模式、乡村集镇化模式、乡村生活方式城市化模式
投入机制		政府投入、农民集体投入、企业投入、农民私人投入、政府—集体—企业—个人投入的结合
工作机制		政府主导型、城市带动型、村企互动型、基层组织带动型、能人领导型、科技园区带动型、主导产业带动型、高效农业带动型

1)白寨模式

从发展机制上看,白寨模式主要是关联模式,具有乡村工业化、乡村集镇化和乡村生活方式城市社区化等多种特点。从投入机制上看,主要是企业—农民投入结合的模式,即前期企业投入建设基础设施、新居和产业,后期农民购买新居。从工作机制上看,主要是村企互动的模式,并具有产业带动的特点。总体上看,白寨模式具有"整体推进,一揽子解决"的特点,即新民居建设、产业发展同步推进,通过引入企业,以村企共建形式有效解决资金难题。这种"公司化运作"模式成效显著,持续性好。需要注意的问题主要是如何正确引导企业,使其一方面在新农村建设过程中获取合理利润,以保持对参与新农村建设的积极性,另一方面又不能把新农村建设作为牟利工具,从中获取暴利,从而损害农民利益。

2008 年 7 月,曲周县白寨村被确定为省级农村新民居工程样板村。在规划建设中,该县提出了多村合并,建设万人新村的设想,推行"政府牵头、公司运作、农民参与"的模式,按照"土地节约化、产业园区化、农民工人化"的方式,合理拆并白寨周边村庄,加强基础设施建设,明确产业方向。其中,新民居建设项目占地 180 亩,计划投资 6000 万元,工程建设中,按照"燕赵新民居"规划方案统一实施(图 9-6)。白寨生态中心村通过企业与农村结成帮扶共建对子,实行"公司化运作"模式建设新农村,以村企共建形式有效解决资金难题。同时该县谋划了总投资 6.52 亿元的富民新农村产业综合开发项目,主要包括新民居建设、土地整理、农产品加工、畜牧养殖加工和新能源开发等 5 个项目。其中,新民居建设已全面启动(图 9-7),白寨村被确定为河北省燕赵新民居"十百千"工程样板村;一期投资 2.6 亿元、年出栏 20 万头生猪的邯郸市"一号富民工程"中法现代复合优良环保养猪示范项目,正式移交可研报告,近期开工建设。在新民居建设上,该县采用"燕赵新民居"优秀设计方案,按照"统一户型、统一图纸、统一样式"的标准,一期建设 700 套二层住宅楼房,打造既反映传统风格、又呈现城市功能的新社区。白寨

① 蒋和平,朱晓峰. 社会主义新农村建设的理论与实践. 北京:人民出版社,2007.

模式探索出与邯郸中道实业有限公司合作，以公司化模式运行，以项目化形式实施的新民居建设模式，有效破解新农村建设的资金难题，创出一条建设新农村的新路子。

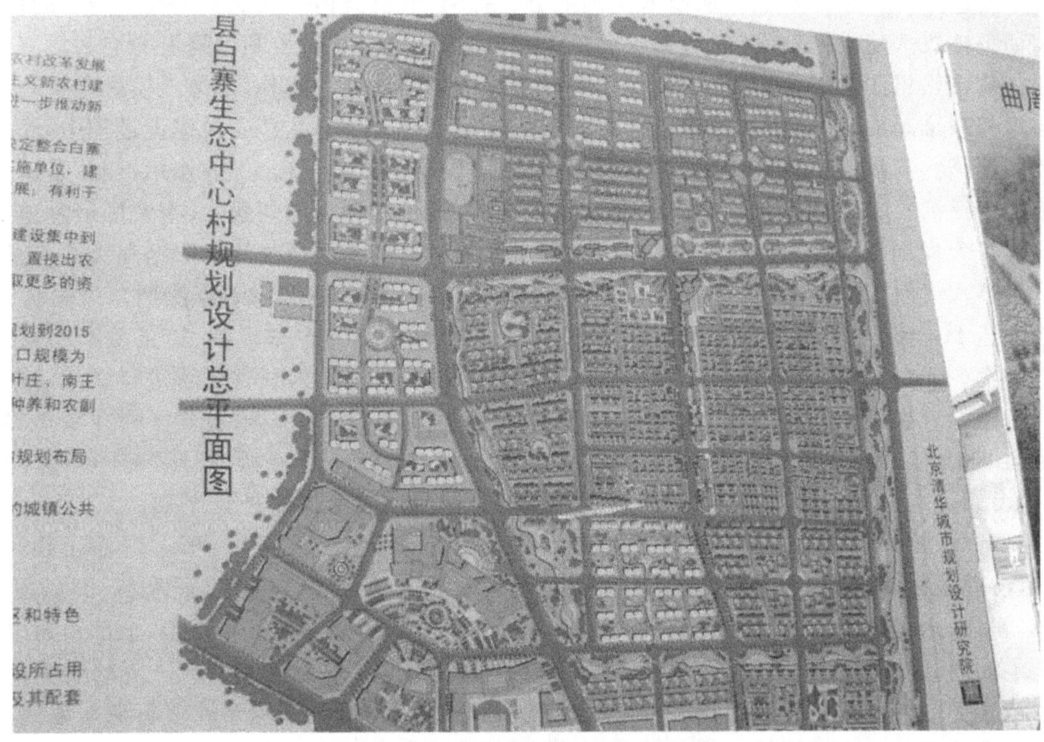

图 9-6　白寨生态中心村规划图

图 9-7　白寨生态中心村建设现场

2)小第八模式

小第八模式与白寨模式截然不同,从发展机制上看,主要是内生模式,具有农业产业带动、优势与特色产业带动的特点。从投入机制上看,主要是农民集体—农民私人投入结合的模式,即前期集体投入建设基础设施,后期农民私人出资建设新居,集体再利用腾退的宅基地来发展产业。从工作机制上看,是基层组织带动型与主导产业带动型。此外,小第八模式主要是农村基层组织来推动的,它是新农村建设公共服务的供给主体,因此,在新农村建设过程中,农民参与程度很高。与政府主导推动的“自上而下”模式不同,这种“自下而上”的作用机制,是通过基层组织广泛征收吸取村民意见和公众参与的方式,了解村庄存在的问题,寻找农民最急迫解决的问题作为规划目标,把公众参与从推进规划实施的手段变成规划决策的依据和决策工具。

小第八村面积402.2亩,现有住户360户,1565名村民,拥有2800亩耕地。过去村内空闲地高达114亩,土地浪费十分严重,“空心村”现象比较突出。宅基混乱、街道狭窄不通是困扰群众生产生活的一大突出问题。村集体聘请了专业技术人员,对村庄现状进行详细的勘察,结合村里的现状,以“节约用地、方便生活、有利生产、美化环境”为原则,框定了村庄的边界,制定了为期10年的村庄发展规划,绘制了宅基地现状图,从1998年开始,按照“两图一表”的要求,村民们行动起来,栽界桩,定村界,绕村修起了护村路,严禁越路外延扩展。从2000年开始,在咨询政策、摸清底数的基础上,支书张敬云组织支部一班人按照“一户一宅、多余收回”的原则,清理多占、闲置宅基地,治理空心村。全村一次性清理宅基167片,拆除新、旧房屋500多间,新开、拓宽街道6条,打通闷头巷11条,填平坑塘3个,腾出140亩土地,全部植树绿化;动员了规划区外的11户村民统一在村内空闲宅基地上建房;严格落实一户一宅的要求,将每户一宅外多占的宅基地和迁出户等的宅基地统一收归村集体管理,用于规划新宅基地或发展村公益事业用地。为了更快地推动治理工作的开展,村党支部书记张敬云带头将自己多占的一处宅基地交回村集体,用于村办公处所的建设。在他的带领下,全村共收回宅基167片共146亩,并且全部进行了植树绿化。对过去遗留下来的158亩超面积宅基地,县国土资源局认为少数人超出规定面积使用宅基地实际上是挤占了全体村民的耕地面积,但是在收回又不足以安置一户新宅基的情况下,他们经过广泛征求群众意见,并认真考虑了村民们的承受能力,制定出对超出面积的宅基实行“宅田挂钩”进行管理的办法。具体就是:对宅基地面积超出部分,按耕地收取一定的土地承包费,并且按照“取之于民、用之于民”的原则,用于村内的公益事业建设;农业税费取消后,则将宅基地面积与其承包地联系起来,对宅基地超占面积从所承包的责任田中扣除,将扣除部分的土地使用权收归村集体经济组织,用于缓解人地矛盾。省、市、县发出创建文明生态村的号召后,以彻底整治空心村为切入点,闯出了一条创建文明生态村的新路子。2004年,结合空心村治理,在村内空闲宅基上植树2万余株;硬化街道6条,共3000 m;安装路灯90盏;退街还绿,路街两旁新植观赏树1000余株,实现了一街一品、一街一景;鼓励农户兴建新型沼气池,推进“一建四改”,大力实施上促高效养殖业、下带绿色种植业的生态家园富民工程,着力打造生态旅游品牌。党的十六届五中全会发出建设社会主义新农村的号召后,投资15万元新开街道1条,硬化小巷16条,投资30万元在村主要街道铺设彩砖2500 m,修建花池100多个,建休闲广场1处,规划街心花园3个,设立垃圾箱30多个;投资35万元新建占地5亩上下两层办公楼18间,配置微机10台,图书5000册,群众的生活环境更美了,精神文化生活更充实了。全省新民居建设工作开展以来,通过民主决策,聘请市专家科学规划,高标准启动,2010年规划建设新民居130套,已建成50套,争取利用3年时间,使全村300户群众都住上设施完备、功能多样的新民居。为了进一步落实党的惠农政策,先后投资20多万元,建成村级卫生所,配备了各种医疗器械,使群众看病基本不用出村,极大地方便了群众生产生活。投资30多万元建成高标准文体活动室、图书室、健身路径,极大地丰富了群众的精神需求;投资90多万元,建成了达标教学楼,配备了各种教学设施,使下一代有了一个宽松的学习环境。

根据公众参与阶梯理论(图9-8),小第八村在新农村建设过程中,除了"政府操纵"和"村民自主控制"两种极端情况外,实际上其他"阶梯"基本上都涉及,特别是"组织形成""合作伙伴关系"和"授予权力"对其成功是很关键的。通过对不同参与主体的利益进行综合、协调和相对的制约,形成多元参与主体的个体利益和新农村建设的整体利益和谐发展的利益共生机制,这样才能够调动起各方面的积极性,保证新农村建设规划的顺利实施。根据基层组织的经验,"自下而上"模式要想取得成功,要素有四条:一是公平,二是依法,三是公开,四是政策的延续性。

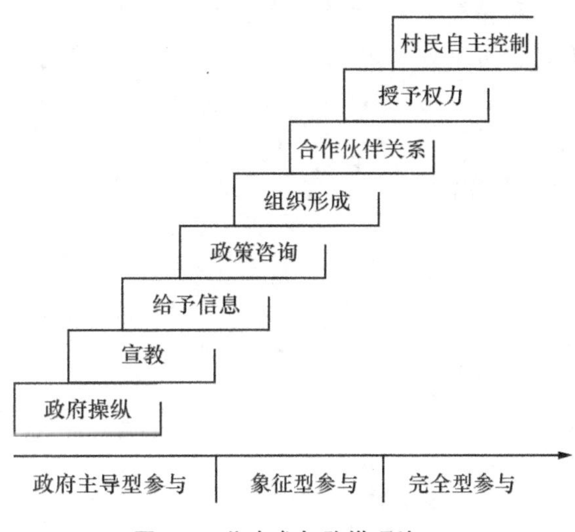

图9-8 公众参与阶梯理论

3)四疃模式

四疃模式又与上述模式不同。其主要是关联模式,具有乡村工业化、乡村集镇化和乡村生活方式城市社区化的多种特点。从投入机制上看,主要是政府—集体—农民投入结合的模式,即前期政府设立工业园区,集体把土地收益投入到基础设施、新居和产业建设,后期农民购买新居。从工作机制上看,主要是政府主导、科技园区和主导产业带动的模式。总体上看,四疃模式具有"统一规划,逐步推进"的特点,政府先开展工业园区建设,集体逐步开展新民居建设和产业发展。这种"渐进式"模式步伐稳健,持续性好。图9-9和图9-10分别为工业园区的道路和工业园区的企业。

位于四疃的是曲周县工业园区北区,距离城区约10 km,规划范围南到乡道龙堂公路,东至支漳河,北与河南疃乡接壤,西至园区现状南北道路,总规划面积为618.88 hm^2。园区新建一座给水厂提供生产生活用水;新建一座污水处理厂集中处理园区生活污水和工业废水;新建一座以辣椒糠醛废渣为燃料的热电厂,为园区生产生活供热;新建一座垃圾中转站,收集园区内的生活垃圾。园区定位为以天然色素、生态环保板业、银杏深加工、淀粉深加工、棉花深加工为主,其他农产品深加工为辅的农副产品深加工基地,同时又是新项目开发和研究的基地。

近年来,四疃围绕推进新农村建设,发展特色产业等重点工作,扎实做好"三农"工作,取得明显成效。科学规划为新农村建设奠定了坚实的基础。王庄村先后投资80余万元开展了以改门、改院、改墙、改厨、改厕和硬化、绿化、亮化、净化、文化等为主要内容的新农村建设改造工程。该村还被中国农业大学确定为农村环境治理试点村,极大地改善了全村群众的生活环境。另外,在园区周围高标准建成了6个新农村建设示范村,在这6个村的示范带动下,第四疃乡40个村全部都投入到了新农村建设中。种植晚秋黄梨是该乡发展特色产业的亮点之一。第四疃镇谋划实施了以小中寨村、三疃村和巩村等为中心的万亩晚秋黄梨种植基地。项目全部建成后，每户每年可增加1万元收入。近年来，第四疃镇按照"一村一品"的经济发展思路，先后培育了马疃高效蔬菜种植、付庄银棉间作、朱庄西瓜种植等30多个特色专业村。第四疃镇走"企业＋基地＋农户"的路子，积极协调运作，倾力打造以付庄村为中心，辐射周边八村的万亩"银棉间作"示范基地。目前该基地已发展银杏苗圃1000亩，银杏基地框架5000亩。银棉间作种植模式，可使农民每亩每年多收入1000多元。第四疃镇已建成90 km的"四纵七横"万亩银杏基地和定魏线西"村村相通"的路网格局。

图 9-9　工业园区的道路

图 9-10　工业园区的企业

9.5.2　小结

建设社会主义新农村是我国现代化进程中的重大历史任务，是构建和谐社会的重要一环。而资金短缺、城乡公共服务供给失衡、农村公共服务短缺，是新农村建设的主要障碍之一。曲周县在新农村建设的过程中，探索了一些模式，有的模式成效显著，有的模式还在发展。任何一种模式，都是在自身条件基础上所选择的行动结构和路径策略，具有主体独立性、特殊性和具体性，而不是一种普遍原则。因此，对已有或者他人模式的理解，都不能把它作为模仿对象，更不能作为一种普适性的原则来加以生搬硬套。了解和学习外部经验，应该从模式选择和建构，以及模式结构和结果中，认识模式结构的合理性以及建构合理模式的经验，从而做到他山之石，可以攻玉。

通过对几个模式的比较分析，我们可以发现虽然在新农村建设方面情况不同，有所差异，但是在实现目标的路径选择上却都有值得借鉴之处。

(1)因地制宜 在建设新农村进程中不宜强调同一模式或统一标准,要从自身实际出发,量力而行,注重实效,避免形象工程,切忌盲目复制。应借鉴经验,加强实践,循序渐进。同一时间的不同地区,在策略和切入点上应各有侧重。

(2)规划先行 规划是龙头,是基础,也是政府引导、调控和规范新农村建设的重要手段。统筹城乡规划,把规划管理机制延伸到村,不仅有利于土地资源的利用率达到最佳目标,而且有利于改善城乡人居环境和经济可持续发展。建设社会主义新农村涉及面广,是一项关系全局的战略任务,是一项庞大复杂的系统工程。只有做好规划,才能定位准确、事半功倍,并最大限度地节省建设资源。所以,必须把强化规划作为新农村建设的首要前提。要坚持从实际出发,搞好山水田林路村整体规划,突出区域特色,有步骤、有计划、有重点地推进新农村建设。抓规划既要着眼于长远,又要立足当前,还要统筹兼顾。

(3)强化政府主导作用 新农村建设应该完善县乡政府治理模式,应以"公共服务"的理念定义基层政府职能,在基层政府与农民中确立治理理念,将政府、农民、社会组织、市场等方方面面的积极性均调动起来,以合作、和谐、双赢的方式解决"三农"问题。在新农村建设中,农民是主体,政府是主导,主体需要主导,但主导不能代替主体,更不能脱离主体。主导要主动地密切地联系主体,全心全意为主体服务。主导既不能越位,又不能缺位,因此要求政府工作模式应能准确定位。

(4)发挥农民主体作用 要达到"善治",除了准确定位政府的主导作用外,还要强化农民的主体作用。让农民做主体,其实就是尊重农民群众的意愿,发挥农民群众的首创精神,维护农民在新农村建设上的决策权。想要更好地发挥农民的主体作用,就必须提高农民的综合素质,尤其是革除与现代市场经济发展不相适应的传统观念,树立现代农业发展所需要的新理念和新思维。

(5)资源整合 社会主义新农村建设是一项系统工程,它涉及中央到基层的农业、财政、发展规划、交通、国土资源、建设、教育、文化、卫生和社保等多个部门,还需要全社会的支持。社会主义新农村建设为进行资源整合,创新工作机制,协调上下级和各部门的关系提供了一个崭新的平台。此外,新农村建设也应该力争全社会的支持,要大力吸引社会投资。

第 10 章

效益分析与展望

10.1 农业生产能力显著增强

10.1.1 农作物产量明显提升

2005 年，曲周县农作物播种面积为 74967 hm^2，2010 年播种面积为 75206 hm^2，农作物播种面积基本维持稳定水平。而在"十一五"期间，曲周县农作物产量和单产水平明显提升，以粮食作物为例，2005 年曲周县粮食产量为 286528 t，粮食亩产为 359.06 kg，而 2010 年末，曲周县粮食产量提高至 401824 t，粮食亩产为 420.56 kg，总产量和单产水平较基期分别增长了 40.24%和 17.13%。"十一五"期间，曲周县农作物生产规模效益显著，农业生产能力大幅度提高（图 10-1，图 10-2）。

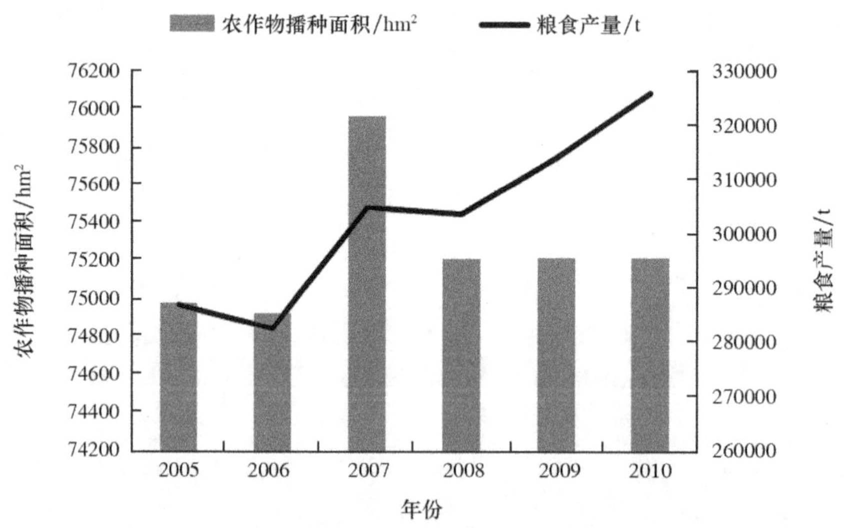

图 10-1 2005—2010 年曲周县农作物播种面积与产量变化

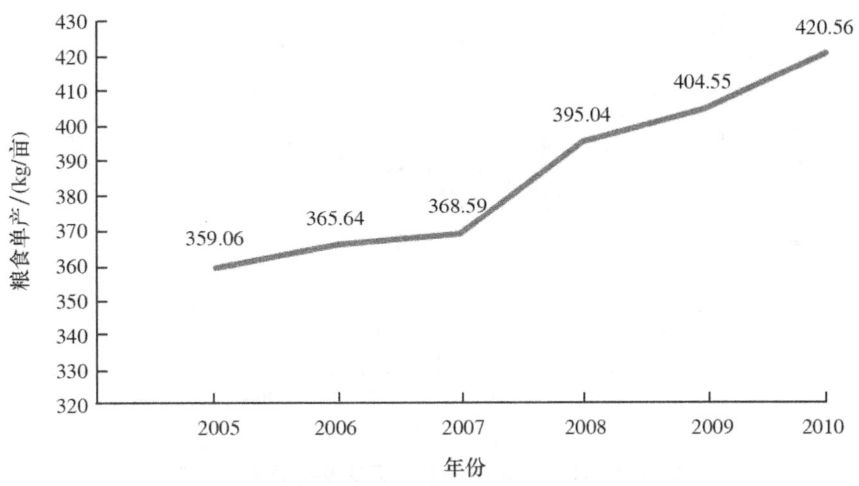

图 10-2 2005—2010 年曲周县粮食单产变化折线统计图

10.1.2 农业现代化水平大幅度提高

农业机械化、电气化是平原农区农业现代化的核心和题中之义，通过电气替代手工、机械代替人力，可以明显提高平原农区的农业生产力，“十一五”期间曲周县农业电气化和机械化发展势头迅猛。2005 年，曲周县农村用电量为 10043 万 kW·h，至 2010 年末曲周县农村用电量增长至 18578 万 kW·h，较 2005 年增长了 84.98%（图 10-3）。

农业机械化水平统计数据显示，2005 年，曲周县农业机械总动力为 83 万 kW，2010 年增长至 88 万 kW，年均增长 1 万 kW（图 10-4），农村用电量和农业机械总动力的双重增长表明，在“十一五”期间，曲周县农业科技应用程度明显提高，农业现代化水平大幅度提高。

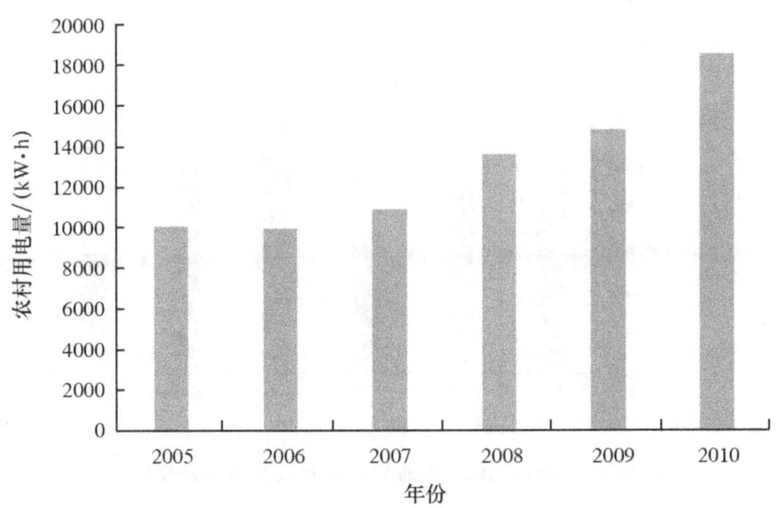

图 10-3 2005—2010 年曲周县农村用电量变化

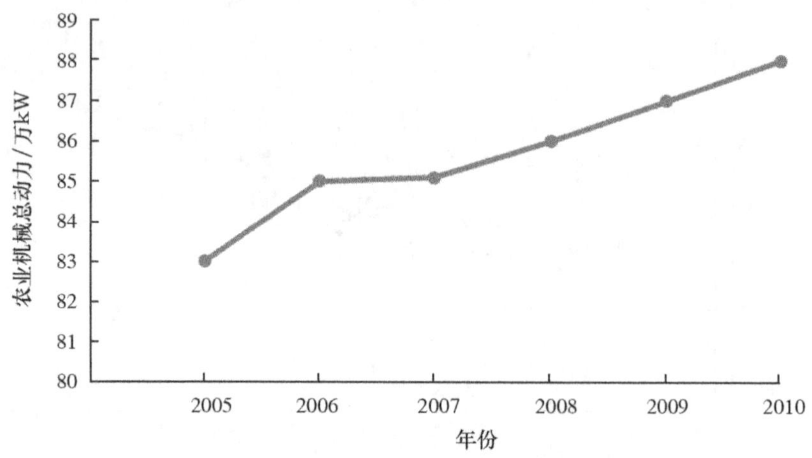

图 10-4　2005—2010 年曲周县农业机械总动力变化

10.2　农业经济产出明显提高

10.2.1　农业产值和产业化水平显著增强

2005 年基期曲周县农林牧渔业总产值为 227018 万元，2010 年末曲周县农林牧渔业总产值达到 401824 万元，总产值较基期上涨了 77%，年均增长率为 15.40%，“十一五”期间曲周试验区研究工作成果取得了积极成效，曲周县农业发展的势头迅猛，农林牧渔产值快速攀升(图 10-5)。

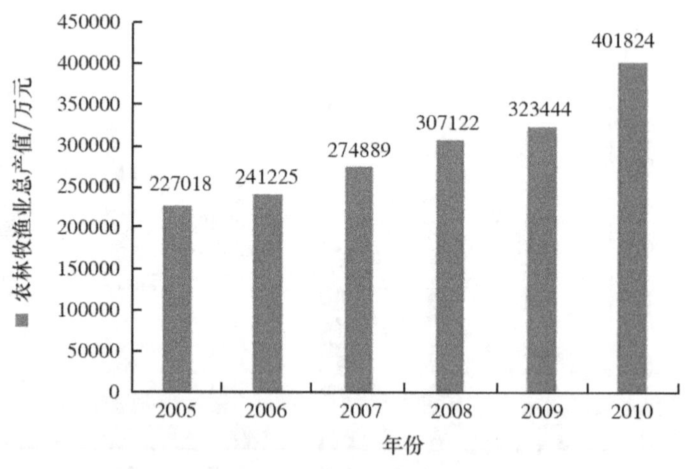

图 10-5　2005—2010 年曲周县农林牧渔业总产值变化

在农业总产值快速增长的同时，“十一五”期间，曲周县农业产业化规模也在不断扩大。通过选取农业产业化经营率和农业产业化总量作为指标，分别从效益和数量上两方面表征曲周县农业产业化发展水平。2005 年，曲周县农业产业化经营率为 38.5%，5 年间，在农业科技进步和产业化发展指导下，至 2010 年末，曲周县的农业产业化经营率提高至 61.3%。而农业产业化总量统计数据显示,2005 年曲周县全县农业产业化总量为 100428 万元,2010 年农业产业化总量为 475506 万元,较基期提高了 373.48%。曲周县农业产业化发展数量和效益的大幅度提高,充分说明了在"十一五"期间,曲周县农业产业化发展迅速,农业产业化发展研究工作取得了丰硕的成果(图 10-6)。

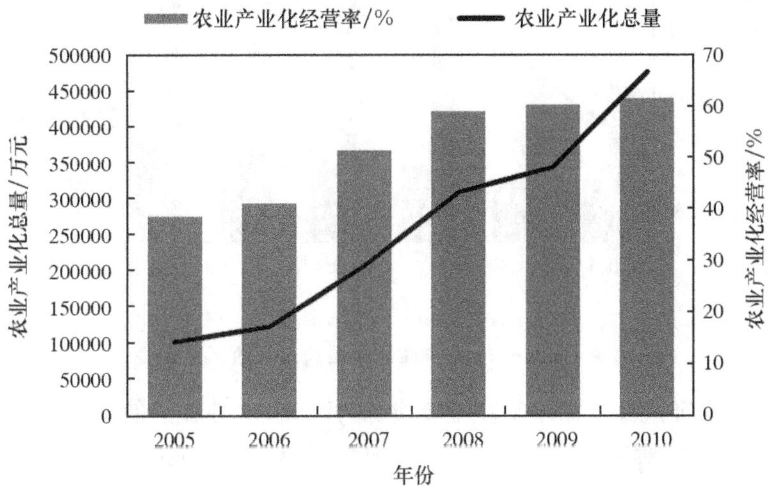

图 10-6　2005—2010 年曲周县农业产业化发展指标变化

10.2.2　农村居民收入和生活水平明显提高

2005 年,曲周县农民人均纯收入为 3553 元,至 2010 年末提高为 5943 元,5 年间农民人均纯收入增长了 67.27%。"十一五"期间,曲周县农民收入不断增长,农民的生活条件大大改善(图 10-7)。

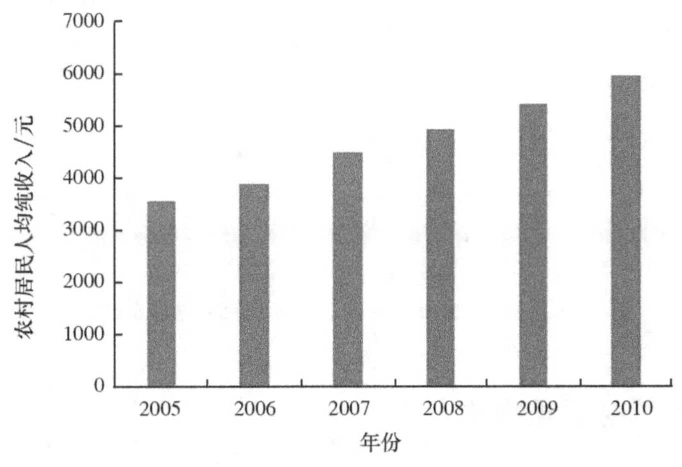

图 10-7　2005—2010 年曲周县农民人均纯收入变化

农业经济的快速发展,使得曲周县城乡居民收入差距逐渐减小,"十一五"期间虽然曲周县城乡居民收入差距比仍在增长,但差距增速明显呈现放缓趋势,2007—2010 年曲周县城乡收入差距比维持在稳定水平(3.2∶1)(图 10-8)。

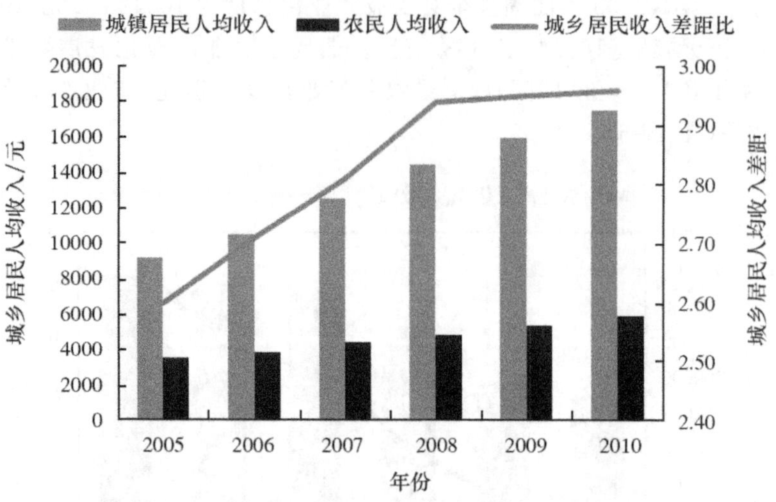

图 10-8　2005—2010 年曲周县城镇居民收入差距变化

恩格尔系数是表征人民生活水平的重要指标，按联合国对恩格尔系数的规定，当恩格尔系数在 50%～60%时为相对贫困，在 40%～50%时为温饱。“十一五”期间，曲周县居民的恩格尔系数呈降低趋势，基本保持在 33%左右，表明曲周县农村居民充分解决了温饱问题，并逐渐向小康水平迈进(图 10-9)。

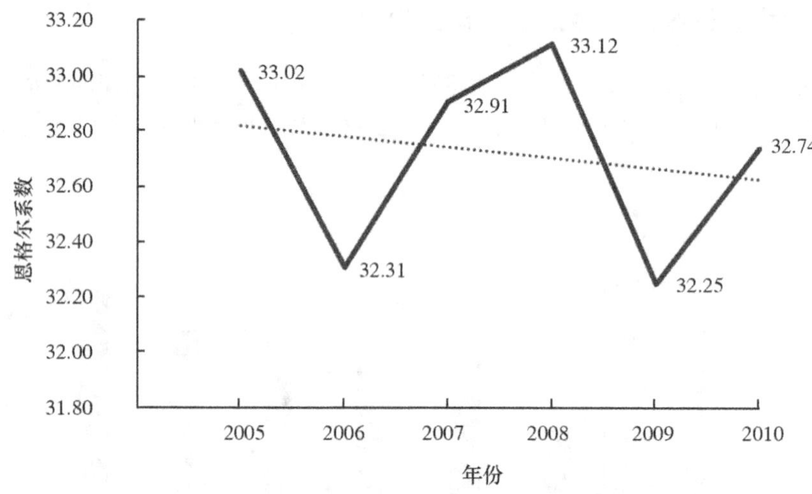

图 10-9　2005—2010 年曲周县农村居民恩格尔系数变化

10.3　农业社会效益显著提高

10.3.1　农村就业水平明显提高

“十一五”期间，曲周县乡村从业人员数和劳动力资源数整体呈上升趋势。乡村就业人员数从 2005 年的 174458 人增长至 2010 年的 207439 人，较基期提高了 18.90%；劳动力资源数则从 179021 人增长到 2010 年的 243731 人，较基期提高了 36.15%。“十一五”期间，曲周县农村就业水平有明显的提高，劳动力资源禀赋较为充裕，有利于开展进一步的耕地保护开发和农村产业发展(图 10-10)。

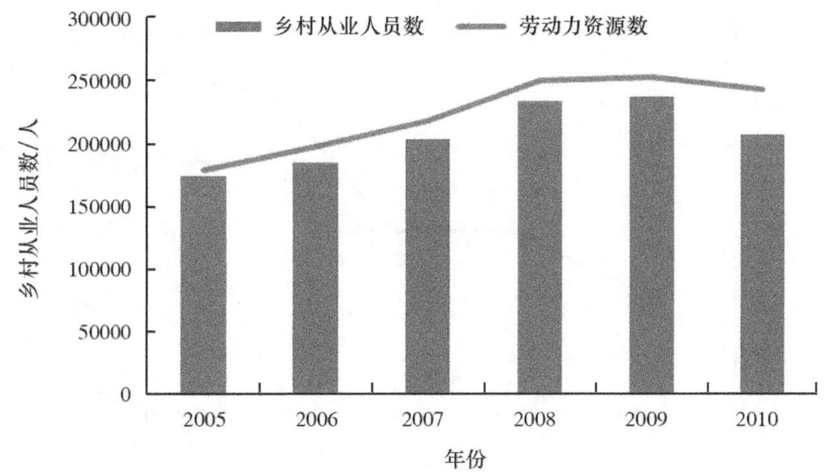

图 10-10　2005—2010 年曲周县乡村从业人员与劳动力资源变化

10.3.2　农村基础设施不断完善

“十一五”期间，曲周县农村基础设施不断完善，“三通”(通水、通电、通气)村数量明显增多。2005 年，曲周县还有 25 个村庄没有通自来水，全部村庄实现通汽车和通电话。2010 年末曲周县村庄全部实现“三通”，曲周县村庄全部实现基础现代化改造，农村面貌焕然一新(图 10-11)。

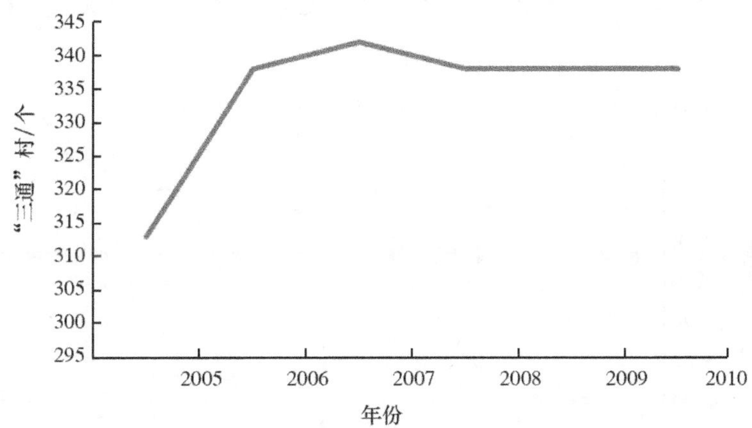

图 10-11　2005—2010 年曲周县“三通”村数量变化

10.3.3　医疗设施逐步健全，社会保障水平提高

2005—2010 年，曲周县医院、卫生院床位数由 2005 年的 487 张增长至 2010 年的 589 张，较基期提高 20.94%；社会福利院床位数由 2005 年的 264 张增长至 2010 年的 775 张，较基期

提高 193.56%。“十一五”期间，随着人民生活水平的提高，曲周县医疗水平和社会服务水平也明显改善。尤其是在社会福利方面，社会福利院床位的显著增长，城乡居民生活保障水平显著提高(图 10-12)。

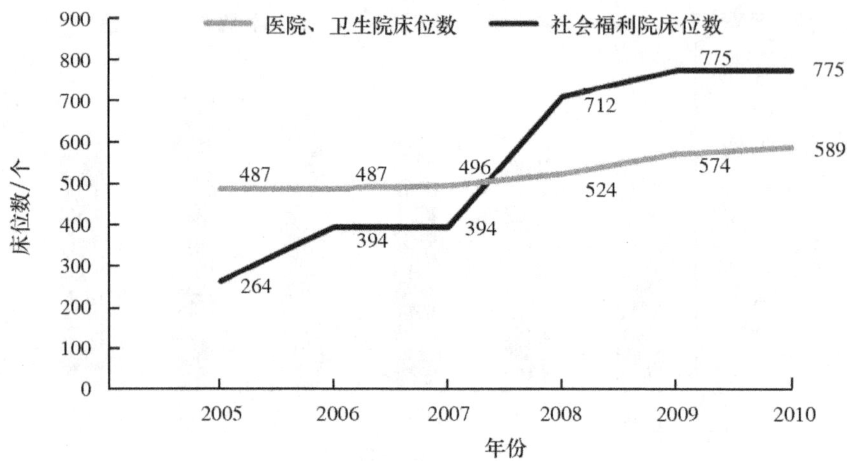

图 10-12　2005—2010 年曲周县医院床位与社会福利院床位变化

10.4　区域生态环境明显改善

10.4.1　造林面积明显提高

“十一五”期间，曲周县造林成果斐然(图 10-13)，2005—2010 年累计造林面积 6632 hm^2，曲周县林地覆盖率明显提高，显著改善了曲周县的生态环境，未来曲周县造林面积将继续增加。

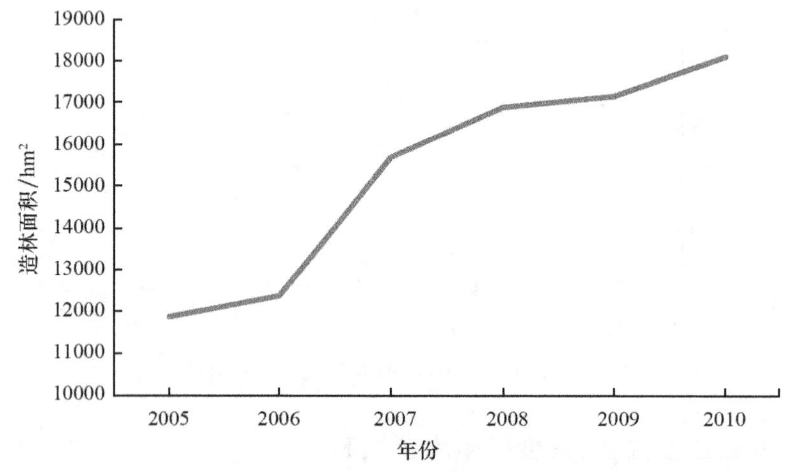

图 10-13　2005—2010 年曲周县造林面积变化